예수님의 임재 안에서
기쁨을 누리다

JESUS ALWAYS
by Sarah Young

Copyright ⓒ 2016 by Sarah Young
Originally published in English as *Jesus Always*
by Thomas Nelson, Nashville, TN, USA.

All rights reserved.

This Korean translation edition ⓒ 2017 by Word of Life Press,
Seoul, Republic of Korea

Published by arrangement with Thomas Nelson,
a division of HarperCollins Christian Publishing, Inc.
through rMaeng2, Seoul, Republic of Korea.

이 한국어판의 저작권은 알맹2 에이전시를 통하여
Thomas Nelson사와 독점 계약한 생명의말씀사에 있습니다.
신저작권법에 의하여 한국 내에서 보호받는 저작물이므로
무단 전재와 무단 복제를 금합니다.

Jesus Always
지저스 올웨이즈

ⓒ 생명의말씀사 2017

2017년 7월 17일 1판 1쇄 발행
2024년 10월 10일   8쇄 발행

펴낸이 | 김창영
펴낸곳 | 생명의말씀사

등록 | 1962. 1. 10. No.300-1962-1
주소 | 서울시 종로구 경희궁1길 6 (03176)
전화 | 02)738-6555(본사) · 02)3159-7979(영업)
팩스 | 02)739-3824(본사) · 080-022-8585(영업)

기획편집 | 박미현, 박혜주, 전보아
디자인 | 김혜진
인쇄 | 영진문원
제본 | 다인바인텍

ISBN 978-89-04-16595-7 (03230)

저작권자의 허락없이 이 책의 일부 또는 전체를
무단 복제, 전재, 발췌하면 저작권법에 의해 처벌을 받습니다.

이 책을 예수님께 드립니다.
나의 주인이며, 하나님이며,
구세주이며, 친구이신 예수님께.

그런즉 내가 하나님의 제단에 나아가
나의 큰 기쁨의 하나님께 이르리이다
하나님이여 나의 하나님이여
내가 수금으로 주를 찬양하리이다
시 43:4

주께서 생명의 길을 내게 보이시리니
주의 앞에는 충만한 기쁨이 있고
주의 오른쪽에는 영원한 즐거움이 있나이다
시 16:11

예수를 너희가 보지 못하였으나 사랑하는도다
이제도 보지 못하나 믿고 말할 수 없는
영광스러운 즐거움으로 기뻐하니
벧전 1:8

감사의 글

 이 책이 나오기까지 여러 은사를 가진 훌륭한 분들과 함께 일하는 축복을 누렸습니다. 편집을 맡아 준 프로젝트 매니저 제니퍼 고트(Jennifer Gott)는 책이 출간될 때까지 다양한 역할을 효율적으로 감당하고, 뛰어난 능력을 보여 주었습니다. 놀라울 만큼 제 작품을 잘 이해하면서 정확하게 글을 다듬어 준 편집자 크리스 베어스(Kris Bearss)에게도 감사합니다.

 마지막으로, 제 책의 출판 발행인 로라 민츄(Laura Minchew)에게도 감사의 마음을 전합니다. 항상 창의적인 아이디어가 샘솟는 그녀는 너무나 훌륭하게 팀을 이끌며 책을 출간해 주었습니다.

들어가는 글   JESUS ALWAYS

『지저스 올웨이즈(Jesus Always)』를 집필하는 일은 제게 마라톤처럼 오랜 인내를 요하는 과정이었습니다. 2012년 9월, 이 작업을 처음 시작하던 당시에 저는 호주 서부의 퍼스에 살고 있었습니다. 그리고 2013년, 저는 남편과 함께 미국으로 돌아왔습니다. 지구 반대편에서 다른 한쪽으로 옮겨 오는 멀고도 복잡한 과정의 이사였습니다. 저는 반 년 동안 일곱 군데의 가정에 왔다갔다 번갈아 머물며 떠돌이 생활을 했습니다. 당연히 그 6개월 동안은 글을 거의 쓸 수 없었습니다.

마침내 미국 테네시 주에 있는 우리 집으로 돌아와 정착하면서 글쓰기 작업을 다시 시작할 수 있었습니다. 제게는 큰 기쁨이었습니다. 『지저스 올웨이즈』 집필 작업은 제 삶의 0순위가 되었습니다. 다른 보람 있는 일들도 많았지만, 이 책을 마칠 때까지 잠시 미뤄 두기로 했습니다. 예수님과 그분의 말씀에 집중하기 위해 하루 중 많은 시간을 따로 구별하여 보낼 수 있다는 것은 기쁨이며 특권이었습니다.

『지저스 올웨이즈』는 독자들이 삶에서 더 큰 기쁨을 누리고, 예수님과의 관계를 더욱 돈독히 하는 데 도움이 되도록 쓰였습니다. 주님께 속한 사람들이라면 지금 현재 삶에서 어떤 일이 일어나고 있든지, 그들의 삶의 이야기는 이루 말할 수 없이 행복한 결말로 마무리될 것입니다. 내 삶의 이야기가 그렇게 멋지게 마감된다는 걸 제대로 알게 되면, 오늘을 사는 이 땅에서의 인생 여정은 기쁨으로 넘치게 될 것입니다. 아직 예수님을 자신의 구세주로 알지 못하는 분이 있다면 안심하기를 바랍니다. 언젠가 당신이 그분 앞에 나아가 모든 죄를 용서받고, 영광스러운 영생의 선물을 받기를 제가 매일 기도하고 있습니다. 결국 여러분도 예수님의 사랑스러운 친구가 되는 놀라운 기쁨을 경험하게 될 것입니다.

저는 2001년 8월부터 여러 해 동안 병마와 씨름하며 살아왔습니다. 병에서 낫기 위해 수많은 의사들을 찾아다니며 여러 가지 의학적인 치료를 받았지만, 저는 여전히 상당한 제약 속에서 살아가고 있습니다. 하지만 그러한 삶의 여정 속에서도 기쁨을 발견할 수 있었습니다.

기운이 없어 많이 돌아다닐 수 없었기 때문에, 예수님께 집중하며 그분의 임재를 누릴 수 있는 시간이 더 많았습니다. 소중한 친구나 지인들과 함께 시간을 보낼 수 있는 기회도 많았습니다. 2008년부터 계속된 만성 어지러움증으로 인해 저는 더 이상 운전을 하지 않습니다. 덕분에 저를 돌봐 주는 친구들이 지금까지 저를 이곳저곳으로 태워다 주며, 때로는 의사를 기다리는 긴 시간 동안 저와 함께 있어 주기도 했습니다. 이렇게 귀한 분들과 함께하는 시간들은 저에게 큰 기쁨의 원천이 되었습니다.

고요한 삶을 살다 보면 하루하루의 삶을 밝혀 주는 작은 보물들을 만나게 됩니다. 평소 함께 있는 모습을 보기 어려운 빨간 홍관조와 파란 어치새가 함께 날아다니는 모습을 볼 때면, 그 기적 같은 '우연'을 통해 내 삶의 세세한 부분에서까지 일하시는 하나님을 다시 떠올리게 됩니다. 저는 매일 시간을 내어 최근에 누린 축복들을 노트에 적습니다. 그것을 '감사 노트'라고 부르는데 '기쁨의 노트'라고 불러도 좋을 것 같습니다. 삶 속에서 소중한 것들을 찾아보며 그것들을 하나님께 감사로 올려 드리는 과정을 통해 새로운 힘을 얻게 되었고, 세상을 바라보는 시각도 변화되었습니다. '감사'라는 틀을 통해 제 삶을 바라볼 수 있게 되었습니다.

제가 좋아하는 이야기가 있습니다. 오랜 세월 광산에서 힘든 노동을 하느라 몸이 많이 상했던, 늙고 연약한 광부의 이야기입니다. 누추하고 보잘것없는 그의 집에는 테이블이 하나 있었고, 그 위에는 희멀건 죽이 담긴 작은 그릇이 놓여 있었습니다. 그는 석탄으로 얼룩진 손으로 빵 조각 한 개를 집어 들어

빈약한 끼니를 해결할 준비를 했습니다. 하지만 그는 먼저 테이블 옆에 무릎을 꿇고 기쁨 가득한 목소리로 외칩니다. "이 모든 것과 예수님을 주셔서 감사합니다! 이 모든 것과 예수님을 주셔서 감사합니다!" 그는 몇 번이고 이렇게 외쳤습니다.

저는 이 이야기에 감명을 받았습니다. 그리고 이 이야기를 통해 제 삶에 예수님이 계신다는 것은 큰 축복이라는 아름다운 진리를 깨닫게 되었습니다. 저는 기쁨이 넘치는 마음에는 언제나 감사하는 마음이 함께 있다고 확신합니다.

"이날은 이날은 주의 지으신 주의 날일세. 기뻐하고 기뻐하며 즐거워하세, 즐거워하세"("This is the day 이날은", 레스 가렛). 저는 아침 시간에 이 찬양을 즐겨 부릅니다. 이 짧고 단순한 찬양을 부르며 오늘 하루가 하나님이 주신 귀한 선물임을, 그리고 내가 숨쉬는 모든 호흡이 그분께 왔음을 기억하며 하루를 시작합니다.

『지저스 올웨이즈』의 부제는 "예수님의 임재 안에서 기쁨을 누리다"입니다. 예수님을 누리면 기쁨을 누리게 됩니다. 그분을 사랑하고, 신뢰하며, 지속적으로 교제를 이어 가는 것이 바로 주님을 누리는 것입니다. 인생의 가장 힘겨운 시간 속에서도 우리는 그렇게 살아갈 것을 선택할 수 있습니다. 실제로는 우리의 형편이 어려울수록 우리의 기쁨은 역경이라는 어두운 배경과 선명하게 대조를 이루며 더욱 밝게 빛날 것입니다. 결국 우리는 주변 사람들에게 예수님의 임재의 빛을 보여 주게 될 것입니다.

저는 성경을 가장 귀중한 보물로 여깁니다. 성경은 성령의 감동으로 된 무오하고 변함없는 하나님의 말씀입니다. 저는 즐겁게 성경을 읽으며, 하나님의 지혜와 지식의 부요함이 얼마나 깊은지 묵상합니다. 지난 5년 동안 말씀 암송은 제게 너무도 소중한 일이 되었습니다. 밤낮으로 저를 인도하고 격려하시는 하나님의 말씀을 늘 마음에 새기며 큰 위로를 받았습니다.

제가 쓴 다른 묵상집에서와 마찬가지로『지저스 올웨이즈』역시 예수님의 관점에서 독자인 여러분에게 말씀하시는 형식으로 썼습니다. 저는 말씀을 사랑하고 경외하기에 제가 쓰는 글의 내용이 항상 성경적인 진리와 일관되도록 노력했습니다. 묵상 글 속에 성경 말씀을 넣었고, 날짜별로 서너 개 정도의 관련 성경 구절을 넣었습니다. 이 말씀들도 모두 찾아보며 세심하게 읽어 보기를 권합니다. 이 말씀들은 생명의 말씀입니다! 이 책에 나오는 몇몇 묵상 내용은『나는 지금 이 순간 너와 함께 있단다(Dear Jesus)』, 『살아 계신 예수님(Jesus Lives)』에서 가져왔습니다. 더욱 기쁨이 가득한 『지저스 올웨이즈』 책을 만들기 위해 넣었습니다.

『지저스 콜링(Jesus Calling)』이 출간된 이후, 저는 제 책을 읽는 독자들을 위해 매일 기도해 왔습니다. 이렇게 시작한 기도는 해를 거듭하며 점점 길어졌고, 더욱 다양한 주제를 다루며 기도하게 되었습니다. 병원에 있는 동안에도 독자들을 위해 하루도 빠짐 없이 기도했습니다. 기도는 하나님이 제게 주신 책임인 동시에, 보람된 특권입니다. 이 소중한 기도의 공동체 속으로 『지저스 올웨이즈』의 독자들까지 더하게 되어 너무나 기쁩니다. 주님이 수많은 독자들을 말로 다 표현할 수 없는 영광스러운 그분의 나라로 인도해 주시기를 진심을 다해 매일 기도하고 있습니다!

사랑하는 독자 여러분, 이 책을 한 장 한 장 넘기면서 예수님과의 친밀한 관계에서 오는 기쁨을 맘껏 누리기를 간절히 바랍니다. 예수님은 늘 여러분 곁에 계시고, 그분의 임재 속에는 기쁨이 가득합니다.

풍성한 축복을 누리기를 기도하며
사라 영

JESUS ALWAYS

01

JANUARY

주의 말씀은
나를 안내하는 등불이며
내 길을 비춰 주는 빛입니다.
(시 119:105, 현대인의 성경)

01 | 01

**너희는 이전 일을 기억하지 말며 옛날 일을 생각하지 말라
보라 내가 새 일을 행하리니 이제 나타낼 것이라**(사 43:18-19).

지나간 과거에 연연하지 마라. 내가 이미 새 일을 행하고 있단다! 새로운 한 해를 시작하며, 내가 너의 삶 속에서 끊임없이 새로운 일을 행하고 있음을 기뻐해라. 최근에 있었던 실수와 실패가 너를 옭아매거나, 네가 가진 가능성을 꺾지 못하게 해라. 지금은 새 출발을 해야 할 때이다! 나는 무한한 창조주 하나님이다. 네 앞에 펼쳐질 올 한 해 동안 내가 행할 놀라운 일들을 기대해라.

오늘은 귀중한 선물이란다. 사랑하는 내 자녀야, 지금 이 순간 내가 너를 만나고 있다. 그러니 내가 너를 위해 만든 오늘, 너는 내 얼굴을 구해라. 내가 너를 위해 이날을 정성스레 준비했고, 사소한 부분들까지 모두 섬세하게 주의를 기울여 왔단다. 나는 오늘 네가 즐거워하고 기뻐하면 좋겠구나.

인생길을 따라 긴 여행을 하는 동안, 너를 사랑하는 내 임재의 흔적들을 찾아보아라. 네가 가는 길 곁에, 가끔은 깜짝 놀랄 만한 곳에서 내가 흩뿌려 놓은 소소한 즐거움들을 기대해 보렴. 그리고 그 하나하나에 대해 내게 감사해라. 그 감사들이 너를 내게서 떠나지 않게 하고, 삶의 여정 속에서 기쁨을 발견하도록 도와줄 거란다.

<u>함께 읽어 보세요</u> 시 16:11; 118:24

 **기쁨 묵상 :**

01 | 02

**그가 영원토록 지극한 복을 받게 하시며
주 앞에서 기쁘고 즐겁게 하시나이다**(시 21:6).

    나는 네 기쁨이다! 이 한 문장의 말이 네 삶에 빛을 비출 수 있단다. 나는 너와 항상 함께 있기 때문에, 너는 언제든지 내 임재의 기쁨을 누릴 수 있다. 나를 향한 사랑과 믿음을 통해 내 임재로 들어올 수 있단다. 이렇게 말해 보렴. "예수님, 당신은 나의 기쁨입니다." 네가 구주인 내 안에서 기뻐할 때 내 빛은 네 위를 비추며, 네 안에서 빛날 거란다. 내가 너를 위해 행해 온 모든 일을 생각해 보고, 너에게 나는 어떤 존재인지 잘 생각해 보아라. 그러면 너는 네 환경을 뛰어넘어 더 높은 곳에 있게 될 거다.

    네가 나를 믿게 되었을 때, 나는 너에게 삶의 조건을 극복할 수 있는 능력을 주었단다. 나의 영, 곧 보혜사 성령으로 너를 채웠지. 이 성령의 능력에는 한계가 없단다. 그리고 나는 다시 돌아와 너를 데리고 가서, 내가 있는 곳에 너를 영원히 있게 하겠다고 약속했다. 주변 세상이 암울하게 보일 때면 내게 초점을 맞추고, 네 눈을 밝혀 보렴. 내 임재 안에서 편히 쉬고 내 말을 들어보렴. "사랑하는 자녀야, 나는 너의 기쁨이란다!"

함께 읽어 보세요 빌 4:4; 요 14:3

기쁨 묵상 :

01 | 03

**이르시기를 너희는 가만히 있어 내가 하나님 됨을 알지어다
내가 뭇 나라 중에서 높임을 받으리라
내가 세계 중에서 높임을 받으리라 하시도다**(시 46:10).

"너는 가만히 있어 내가 하나님 됨을 알지어다." 대부분의 그리스도인들에게 익숙한 명령의 말씀이지만, 이 말씀을 진정으로 받아들이는 사람은 그리 많지 않단다. 하지만 이 명령대로 행하는 사람에게는 생수의 강과 같은 축복이 흘러간다. 나를 믿는 사람들이 나와 내 말에 초점을 맞추며 잠잠히 있을 때 그들의 의식 속에서 내 자리는 커지게 되고, 그들이 갖고 있는 문제의 중요성은 작아지게 되지.

내 사랑하는 자녀야, 이 축복을 너와 나누고 싶구나. 시간을 내어라. 시간을 내어서 나와 함께 있자. 내 임재 안에서 네가 안식하는 동안 나는 네 복잡한 생각들을 풀어서, 보다 성경적인 시각으로 상황을 바라보도록 도와줄 거란다. 기억하렴. 내 말은 네 발에 등이요, 네 길에 빛이다. 성경 말씀에 기초한 사고방식은 네 앞길에 빛을 밝혀 주고, 네가 길을 잘 찾아갈 수 있게 해줄 거다.

내가 하나님이라는 사실은 물론이고, 내가 너를 지었으며, 너는 내 소유라는 것을 꼭 알아야 한다. 너는 내 풀밭의 양이다. 양들은 목자가 그들을 위해 무엇을 하고 있는지 잘 이해하지 못하지만, 어쨌든 목자를 따라가지. 나의 양인 너희도 비슷하단다. 네가 해야 할 일은 나를 신뢰하는 것이고, 내가 이끄는 곳이 어디든지 따라오는 거란다.

함께 읽어 보세요   요 7:38; 시 100:3; 119:105

기쁨 묵상 :

01 | 04

여호와로 인하여 기뻐하는 것이 너희의 힘이니라(느 8:10).

  내가 너의 힘이니 내 안에서 기뻐해라. 네가 항상 기쁨을 유지하는 건 정말 중요한 일이란다. 역경 가운데 있을 때는 더욱 그렇지. 어려운 문제들과 씨름할 때마다 너는 말하고 생각하는 데 있어서 신중해져야 한다. 잘못된 일들에 너무 집중하다 보면 너는 점점 더 좌절하게 될 거고, 네 힘은 무너지게 될 거란다. 그런 일이 일어나고 있음을 깨닫게 되면, 너를 아프게 하는 부정적인 생각들을 즉시 멈추어라. 네가 힘들어하는 모든 일을 도와달라고 내게 간구하고 나를 의지해라.

  경배의 말과 노래들로 나를 찬양하는 시간을 가지렴. 내 안에서 기쁨을 누릴 수 있도록 도움이 되는 말씀들을 읽으려무나.

  문제는 일시적이지만 나는 영원하다는 것을 기억해라. 너와 나의 관계 또한 그러하단다. 너를 향한 변함없는 내 사랑을 즐거워하며 내 안에서 기뻐할 때, 네 힘은 더 커질 거다. 이것이 내가 주는 기쁨이란다. 이 기쁨은 영원토록 언제나 너의 것이다!

함께 읽어 보세요 시 66:1-3; 143:8

기쁨 묵상 :

01 | 05

내 속에 근심이 많을 때에 주의 위안이 내 영혼을 즐겁게 하시나이다
(시 94:19).

  내 위로와 위안이 네 영혼에 기쁨을 불어넣게 해다오. 걱정 근심이 마음속에서 솟아오를 때는, 내게 와서 마음을 쏟아 놓으렴. 내 관점으로 세상을 볼 수 있도록 내가 너를 도우며 위로하는 동안, 내 임재 안에서 잠잠해라. 내가 천국에 있는 내 목적지를 다시 기억나게 해주마. 네가 서 있는 길은 참으로 영광에 이르는 길이기 때문이지! 그 길 위에서 내 기쁨과 평안이 네 마음과 생각, 영혼 속으로 스며들고 있단다.

  네가 기뻐할 때 그 기쁨이 주위 세상을 바라보는 시선을 변화시킨단다. 비록 네게 보이는 것이 온통 어둠일지라도, 너는 동시에 여전히 빛나고 있는 내 임재의 빛을 볼 수 있다. 또 영혼의 기쁨은 너에게 회복할 수 있는 힘을 주어서 수없이 많은 삶의 문제들을 넘어설 수 있도록 해줄 거다. 일단 이런 관점을 갖게 되면, 문제의 한가운데 있을 때라도 네가 다른 사람들을 위로할 수 있단다. 네가 내 안에서 찾은 위안을 그들은 너를 통해 찾게 되겠지. 그래서 네 기쁨은 네 주변 사람들의 영혼에 기쁨으로 전해지고, 그렇게 전파되어 갈 거란다!

함께 읽어 보세요 시 62:8; 고후 1:3-4

 **기쁨 묵상 :**

― JESUS ALWAYS ―

01 | 06

**그 여자들이 무서움과 큰 기쁨으로 빨리 무덤을 떠나
제자들에게 알리려고 달음질할새**(마 28:8).

나를 믿고 따르는 이들은 두려움과 기쁨을 동시에 느낄 수 있단다. 죽은 자 가운데서 내가 살아났던 무덤으로 여자들이 찾아왔을 때 그들은 천사의 말을 듣고 두려워하기도 하고, 기뻐하기도 했었지. 네가 내 임재의 기쁨을 경험할 때 두려움이 방해하지 못하게 하렴. 그것은 네 문제들과 세상의 위기가 잘 관리되는 듯 보일 때만 누릴 수 있는 사치가 아니다. 다정한 내 임재는 오늘도, 내일도, 그리고 영원히 누릴 수 있는 너의 것이란다!

현재나 미래에 대한 걱정들이 너를 무겁게 짓누르도록 내버려 둔 채로 기쁨 없는 삶을 살지 마라. 오히려 현재 일이나 장래 일이나 권세들이나 다른 어떤 피조물이라도 너를 내 사랑에서 끊을 수 없다는 말씀을 기억하렴.

네 생각과 감정들을 자유롭게 표현하고, 네가 가진 두려움에 대해 나와 이야기하자꾸나. 내 임재 안에서 안식하고, 네 모든 염려를 나에게 맡기렴. 그리고 내 기쁨으로 너를 축복해 달라고 기도해라. 너에게서 그 기쁨을 빼앗을 수 있는 이는 아무도 없단다.

함께 읽어 보세요 롬 8:38-39; 요 16:22

기쁨 묵상 :

01 | 07

**주께서 심지가 견고한 자를 평강하고 평강하도록 지키시리니
이는 그가 주를 신뢰함이니이다**(사 26:3).

나를 생각하는 시간이 많아질수록 너는 내 안에서 더욱 온전한 평안을 누릴 수 있단다. 이것은 결코 쉽지 않은 목표지만, 동시에 아주 좋은 선물이기도 하지. 네 영혼의 목자인 나는 언제나 너에게 열려 있다.

너는 네 마음을 다른 것들에서 돌이켜 나에게 초점을 맞추는 연습을 할 수 있단다. 아름다운 것을 경험할 때는 그것에 대해 나에게 감사하렴. 사랑하는 사람이 너에게 기쁨을 줄 때는 그 기쁨의 근원이 '나'라는 것을 기억해라. 내 임재를 생각나게 해주는 메모들을 너의 집이나 차, 사무실에 붙여 놓아라. 결국 성경 말씀은 나에 대한 이야기이므로 말씀을 암송하는 것도 지혜로운 방법이란다.

너는 나를 더 많이 생각하는 걸로 나에 대한 믿음을 보여 줄 수 있다. 고통과 고민거리와 같은 원치 않는 일들이 오히려 네가 나와 소통할 수 있도록 이끌어 주지. 내 임재에 초점을 맞추면, 진전도 없이 자꾸만 생각하게 되는 문제들 속에 갇히지 않게 된단다.

창의성을 발휘해서 너의 생각을 내게 향하게 하는 새로운 방법들을 찾아보렴. 그러면 내가 주는 평안과 그 놀라운 선물을 누릴 수 있단다.

함께 읽어 보세요 벧전 2:25; 빌 4:6-7

 **기쁨 묵상** :

01 | 08

예수를 너희가 보지 못하였으나 사랑하는도다 이제도 보지 못하나 믿고 말할 수 없는 영광스러운 즐거움으로 기뻐하니(벧전 1:8).

너는 내 안에서 말로 표현할 수도 없고, 영광으로 가득한 기쁨을 발견할 수 있단다! 다른 어떤 곳에서도 이런 기쁨을 찾을 수 없을 거다. 오직 나와의 관계 안에서만 가능한 일이지. 그러니 사랑하는 내 자녀야, 나를 신뢰해라. 그리고 네 삶의 여정을 따라 자신 있게 걸어가거라. 우리가 함께하는 여행길에서 너는 많은 걸림돌을 마주하게 될 거다. 그중 어떤 것들은 꽤나 힘이 들 거야. 이런 어려움들은 매일 나타날 수 있단다. 하지만 장애물 때문에 가던 길에서 벗어나지 마라. 나로 인해 누리는 즐거움을 고난이 방해하지 못하게 하렴. 내 임재 안에서는 깊은 슬픔이 그보다 훨씬 더 깊은 기쁨과 공존할 수 있단다.

나와 함께하는 삶은 모험이란다. 흥미진진한 여행에는 항상 어느 정도의 위험이 따르기 마련이지. 고난에 담대하게 직면할 수 있는 용기를 달라고 내게 구하렴. 네 소망을 나에게, 그리고 너를 기다리는 천국의 상급에 단단히 묶어 두어라. 영원한 집에 이르는 날, 네 기쁨은 네가 상상하는 것보다 어마어마하게 클 거다. 그곳에서 너와 나는 얼굴을 마주하고 볼 거고 네 기쁨은 한이 없을 거란다!

함께 읽어 보세요 **고후 6:10; 고전 13:12**

 **기쁨 묵상 :**

01 | 09

> 이는 그들로 마음에 위안을 받고 사랑 안에서 연합하여 확실한 이해의
> 모든 풍성함과 하나님의 비밀인 그리스도를 깨닫게 하려 함이니
> 그 안에는 지혜와 지식의 모든 보화가 감추어져 있느니라(골 2:2-3).

나는 너에게 보물처럼 소중한 존재이다! 때때로 너는 주위 사람들과 상황에 이리저리 끌려다니다가 녹초가 되어 버리는구나. 의미 있는 깊은 관계에 대한 갈망은 점점 더 많은 활동을 하도록 너를 몰아붙이지. 몸이 멈춰 있을 때조차도 생각은 앞으로의 문제들을 미리 걱정하고 해결책을 찾으면서 정신없이 달려갈 때가 많다. 너는 지혜와 지식의 모든 보화가 내 안에 감추어져 있음을 기억해야 한단다. "예수님, 당신은 저의 보물입니다. 당신 안에서 저는 완전합니다."라고 속삭이고, 이 놀라운 진리를 네 자신에게 자주 일깨워 주어라.

나를 처음 사랑으로 여기며 그 무엇보다 귀하게 생각할 때, 네 마음이 깨어지지 않는단다. 생각이 갈피를 잡지 못할 때마다 너를 완전하게 만드는 단 한 분에게 마음을 돌이키는 훈련을 하렴. 이렇게 하면 네 삶에 중심이 잡히고, 나와 매우 가깝게 살 수 있도록 도움을 얻게 될 거다. 내 임재를 즐거워하며 나와 가까이 지내는 삶에는, 계명을 지키려는 노력 또한 필요하단다. 내가 너에게 이 말을 하는 이유는 내 기쁨이 네 안에 있도록, 그리고 네 기쁨이 완전해지도록 돕기 위함이란다.

함께 읽어 보세요 계 2:4; 요 15:10-11

기쁨 묵상 :

01 | 10

**하나님이여 주는 나의 하나님이시라 내가 간절히 주를 찾되
물이 없어 마르고 황폐한 땅에서 내 영혼이 주를 갈망하며
내 육체가 주를 앙모하나이다**(시 63:1).

중요하지 않은 일들에 집착하여 너무 많은 생각을 하지 않도록 조심하렴. 마음이 한가해지면 너는 자꾸만 계획을 세우려고 하는구나. 반드시 지금 해야 하는 일이 아님에도, 너는 미리 문제를 해결하려 하고 여러 가지 결정을 내리려고 하지. 그것은 통제권을 쥐려고 애쓰는 비생산적인 행동이며, 소중한 시간을 낭비하는 거란다. 그러다 너는 결국 마음이 바뀌거나, 네가 무엇을 결정했는지조차 잊어버리곤 하지. 계획을 세워야 할 때도 있지만, 늘 그래야 하는 건 아니다. 미리 세운 계획이 쓸모없어지는 경우가 훨씬 많단다.

지금 이 순간을 살도록 노력하렴. 나는 지금도 여전히 너를 기다리고 있다. 내 사랑이 네 안의 가장 깊숙한 곳까지 스며들게 해 다오. 나와의 친밀함 속에서 생기를 되찾으렴. 문젯거리들을 제쳐 놓고 나와 함께 쉬자꾸나. 그러면 내 말에 경청할 수 있고, 나의 사랑을 더 많이 받을 수 있단다. 네 영혼은 나를 갈망하고 있다. 하지만 너는 네가 진정으로 원하는 걸 깨닫지 못할 때가 많구나. 그것은 바로 내 존재를 인식하는 거란다. 내가 너를 쉴 만한 물가로 인도하고, 네 영혼을 회복시켜 주마. 연인 사이에는 많은 말을 하지 않아도 깊이 소통할 수 있는 것처럼, 네 영혼의 연인인 나와 너의 관계 또한 그렇단다.

함께 읽어 보세요 엡 3:17-19; 시 23:2-3

 **기쁨 묵상 :**

01 | 11

범사에 기한이 있고 천하 만사가 다 때가 있나니(전 3:1).

무슨 일에나 때가 있고, 하늘 아래 모든 것에는 그에 맞는 시기가 있는 법이란다. 인도하심을 따르고자 내 얼굴과 내 뜻을 구할 때, 나는 네 여정의 다음 단계를 보여 주겠지만, 그 단계로 가기 위해 예정된 시간이 언제인지는 알려 주지 않을 거다. 너는 다음에 할 일을 알게 되면 곧장 달려 나가지 말고, 언제 앞으로 나아가야 할지 내가 알려 줄 때까지 기다려야 한다.

모든 일에는 때가 있단다. 인생에서 가장 성취를 많이 이루는 시기에도 결국 새로운 어떤 것에게 자리를 내어 주어야 한다는 의미란다. 나를 따르는 사람들 중에도 새로운 영역으로 가고 싶어서 안달 내는 사람들이 많이 있지. 하지만 내가 앞으로 나아가라는 분명한 지시를 내릴 때도 머뭇거리는 이들이 있다. 편안한 생활에서 새로운 환경으로 옮겨 가는 일은 두려울 수 있다. 특히 변화를 좋아하지 않는 사람에게는 더욱 그렇단다. 하지만 내가 인도하는 곳이라면 내가 정한 때에 언제든 따라올 수 있도록, 내게 꼭 붙어 있기를 바란다. 나를 충분히 신뢰해라. 네 앞날은 내 두 손 안에 있단다.

함께 읽어 보세요 사 43:19; 고후 5:17; 시 31:15

기쁨 묵상 :

01 | 12

**내가 네게 명령한 것이 아니냐 강하고 담대하라
두려워하지 말며 놀라지 말라 네가 어디로 가든지
네 하나님 여호와가 너와 함께하느니라 하시니라**(수 1:9).

두려워하지 말고, 놀라지도 마라. 네가 어디로 가든지 내가 너와 함께한단다. 나를 믿는 자녀들이 세상 사람들의 너무 심한 반대에 부딪히면, 두려워하며 비관하기 쉽지. 절대자를 인정하지 않는 편견의 렌즈를 통해 세상을 바라보는 시선은 너를 정말 좌절하게 만들 수도 있다. 이 지독한 자극들에서 너를 구하는 해독제는 그리스도인으로서의 용기란다. 그것은 내가 항상 너와 함께 있음을 아는 지식을 먹고 자라나지.

가장 중요한 것은 네가 볼 수 있는 것들이 아주 작은 부분일 뿐이라는 거다. 엘리야가 깊은 좌절에 빠졌을 때, 그는 믿음을 지킨 사람이 오직 자신뿐이라고 말했지. 하지만 이스라엘에는 바알에게 절하지 않은 수천 명의 사람들이 있었다. 엘리야는 고립되고 낙심한 나머지 분별력을 잃었단다. 이와 비슷한 이야기가 또 있다. 엘리사의 하인은 불말과 불병거가 적으로부터 자신들을 보호하기 위해 둘러싸고 있었음에도, 엘리사가 보는 걸 보지 못했기 때문에 공포에 떨었지.

사랑하는 자녀야, 내가 너와 함께 있단다. 그뿐만이 아니다. 나는 너를 도울 수 있는 무한한 자원을 가지고 있단다. 눈에 보이는 것 이상을 바라보며 용기를 내려무나!

함께 읽어 보세요 왕상 19:14; 왕하 6:17; 마 14:27

기쁨 묵상 :

― JESUS ALWAYS ―

01 | 13

**예수께서 그들을 보시며 이르시되
사람으로는 할 수 없으되 하나님으로는 그렇지 아니하니
하나님으로서는 다 하실 수 있느니라(막 10:27).**

나와 함께라면 너는 모든 일을 할 수 있단다! 이 강력한 말씀으로 네 생각을 밝히고 마음에 용기를 얻으렴. 지금 당장 눈에 보이는 상황 때문에 겁먹지 마라. 나는 네가 눈에 보이는 것을 따르지 않고, 믿음으로 살도록 너를 훈련시키고 있단다.

앞을 볼 수 있는 능력은 내가 준 놀라운 선물이니 감사하며 기쁘게 사용해야 한다. 하지만 너는 주변의 온갖 시각적인 자극에 사로잡혀서 나를 쉽게 잊어버리는구나. 믿음은 너를 내게 연결해 주고, 미래를 바라보게 한단다. 눈에 보이는 세상에 너무 집중하지 말고 용기를 내어 나와 내 약속들을 믿어 보아라.

나는 너의 구주이며 친구이다. 나와 가깝게 살자꾸나. 하지만 기억하렴. 나는 또한 무한한 능력의 하나님이다. 내가 이 땅에 살 때는 내가 행한 표적들이 내 영광을 나타냈고, 제자들은 나를 믿었다. 네가 사는 세상에서도 나는 내 뜻과 목적에 따라 계속 기적을 행하고 있단다. 나의 뜻에 네 뜻을 맞추고 내 관점으로 상황을 바라보도록 노력해라. 믿음을 다하여 있는 힘껏 큰일을 구해라. 그리고 내가 하는 일들을 소망 가운데 지켜보아라.

함께 읽어 보세요 고후 5:7; 요 2:11; 미 7:7

기쁨 묵상 :

01 | 14

**우리가 지금은 거울로 보는 것같이 희미하나
그때에는 얼굴과 얼굴을 대하여 볼 것이요 지금은 내가 부분적으로 아나
그때에는 주께서 나를 아신 것같이 내가 온전히 알리라**(고전 13:12).

　나는 너를 온전히 알고 있단다. 너에 대한 모든 것을 완전히 알며, 변함없는 완벽한 사랑으로 내가 너를 사랑한단다. 많은 사람들은 자신을 더 잘 이해하고 받아들이기 위한 방법을 찾아다니지. 그 밑바탕에는 진심으로 자신을 이해해 주고, 있는 그대로의 모습을 용납해 줄 누군가를 찾고 싶은 욕구가 있다. 이 뿌리 깊은 갈망을 충족시킬 수 있는 누군가가 바로 나란다. 너는 나와의 관계 속에서 네가 정말 누구인지 발견할 수 있단다.

　나와 함께 있을 때는 모든 가식을 버리고, 네 자신을 완전히 나에게 터놓으며 진실해지렴. 나에게 가까이 다가올 때 이 말씀을 소리 내어 말해 보아라. "하나님이여, 나를 살피사 내 마음을 아시며 나를 시험하사 내 뜻을 아옵소서." 내 거룩한 시선의 빛 안에서는 네가 변화시켜야 할 부분들이 보일 거란다. 하지만 절망하지 마라. 내가 너를 돕겠다. 나를 향해 마음을 열어, 내 사랑이 네 안으로 아낌없이 흘러가도록 받아들이렴. 그리고 내 임재 안에서 계속 안식해라. 이 강렬한 사랑이 깊이 스며들 수 있도록 시간을 내어, 너의 빈 공간들을 사랑으로 채우고 기쁨의 경배로 흘러넘치게 해라. 크게 기뻐해라. 내가 너를 온전히 알고 영원히 사랑한단다!

함께 읽어 보세요　시 139:23-24; 147:11

 기쁨 **묵상 :**

— JESUS ALWAYS —

01 | 15

**그가 빛 가운데 계신 것같이 우리도 빛 가운데 행하면
우리가 서로 사귐이 있고 그 아들 예수의 피가 우리를 모든 죄에서
깨끗하게 하실 것이요(요일 1:7).**

그리스도인의 삶은 좋을 때나 힘들 때나 나를 신뢰하는 게 전부란다. 나는 네가 있는 모든 상황의 주인이니, 네 삶의 모든 면에 개입하고 싶구나. 지금 이 순간에도 나를 신뢰하는 믿음을 발휘하면 너는 나와 곧장 연결될 수 있다. 네가 사는 세상이 암울해 보이더라도 어쨌든 네가 나를 신뢰하면, 내 빛이 너를 통해 환히 빛날 거란다. 세상을 초월한 네 믿음은 악한 영의 세력들을 약화시킬 거다. 초자연적인 내 빛은 너를 통해 네 주위 사람들을 축복하며, 그들을 강하게 만들 거다.

어둠 속에서 내게 매달려 있으려면, 너는 의지를 갖고 끈질기게 버텨야 한다. 하지만 나를 붙잡고 있는 동안 내 손이 영원히 너를 붙들고 있음을 기억해라. 나는 절대로 너를 놓지 않을 거다! 또한 네가 계속 버틸 수 있도록 내 영이 돕고 있다. 금방이라도 포기하고 싶을 때는 도와 달라고 외치렴. "성령님, 도와주세요!" 이 짧은 기도로 너는 그분의 무한한 능력을 활용할 수 있지. 네 상황이 어둡고 위협적으로 보일 때도 내 빛은 여전히 탁월한 광채로 빛나고 있다!

함께 읽어 보세요 시 62:8; 139:10; 요 1:5

기쁨 묵상 :

01 | 16

**너희는 내 얼굴을 찾으라 하실 때에 내가 마음으로 주께 말하되
여호와여 내가 주의 얼굴을 찾으리이다 하였나이다**(시 27:8).

  네 방식대로 일이 풀리지 않을 때 허둥지둥 당황하지 마라. 하던 일을 멈추고 심호흡을 몇 번 해보아라. 잠시 내 임재를 누리면서 내 얼굴을 찾으렴. 너를 실망시키는 일들이 무엇인지 말해 다오. 네가 내 관점으로 문제를 바라보고 가장 중요한 것을 분별할 수 있도록 도와주마. 그리고 계속해서 나를 믿고 의지하며 나와 대화를 이어 나갈 때, 내가 네 앞길을 열어 줄 거란다.
  모든 것을 통제하고 싶은 욕망은 가끔씩 너를 좌절시키는 주된 이유가 된단다. 너는 하루를 계획하면서 네 계획이 신속히 이루어질 수 있도록 다른 사람들이 협조해 주기를 기대하지. 하지만 일이 그렇게 풀리지 않을 때 너는 그 상황에 대해 분노할지, 아니면 나를 신뢰할지 선택을 해야 한다. 기억하렴. 주도권은 내게 있다. 그리고 하늘이 땅보다 높은 것같이 내 길은 너희의 길보다 높이 있단다. 계획에 차질이 생겼다고 불안해하지 말고, 나는 너의 구세주 하나님이고 너는 내 사랑하는 자녀임을 다시 기억하는 계기로 삼으렴. 변함없는 내 사랑을 신뢰하며, 내 주권적인 다스림 안에서 편히 쉬려무나.

함께 읽어 보세요 사 55:9; 시 13:5; 43:5

 **기쁨 묵상 :**

JESUS ALWAYS
01 | 17

나를 넓은 곳으로 인도하시고 나를 기뻐하시므로 나를 구원하셨도다
(시 18:19).

 내가 너를 드넓은 곳으로 인도했단다. 내가 너를 기뻐하므로 너를 구원했다. 죄의 노예로 살던 너는 구원을 받아 이제 광대한 구원자의 집에 있지. 구원은 네가 지금까지 받았던 선물들 중에서 가장 후하고 위대한 거란다. 한없이 귀중한 이 선물에 대해 끊임없이 감사하렴. 아침에 잠에서 깨면 네가 내 왕국의 왕족으로 입양된 것을 크게 기뻐해라. 밤에 잠들기 전에는 영광스러운 내 은혜를 찬양해라. 네 삶을 통해 영원하고 풍성한 생명의 근원인 나를 다른 사람들이 볼 수 있게 해라.

 내가 너를 기뻐한 것은 네가 훌륭하기 때문이 아니다. 그저 너를 기뻐하기로, 내 사랑을 아낌없이 너에게 주기로 내가 선택했기 때문이지. 네가 아무리 노력한다 해도 네 스스로를 구원할 수 없기 때문에 내 완전한 의의 옷을 너에게 입혔단다. 이 구원의 옷을 넘치는 기쁨으로 감사하며 입어라. 너는 영광의 빛으로 영원히 빛나는 내 왕국의 왕족임을 기억해라. 찬란한 공의로 단단히 옷을 입은 빛의 자녀로서 살아 다오.

<mark>함께 읽어 보세요</mark> 요 8:34; 사 61:10; 엡 5:8

기쁨 묵상 :

01 | 18

**새 포도주를 낡은 가죽 부대에 넣지 아니하나니
그렇게 하면 부대가 터져 포도주도 쏟아지고 부대도 버리게 됨이라
새 포도주는 새 부대에 넣어야 둘이 다 보전되느니라**(마 9:17).

나는 네 삶 속에서 늘 새로운 일을 하고 있단다. 그러니 이제껏 보지 못했고, 심지어 생각지도 못했던 일이 닥치더라도 열린 마음을 갖도록 노력해라.

내가 인도한 일인지 알아볼 시간도 갖기 전에, 익숙하지 않은 일이라며 뒷걸음질하지는 마라. 공중 그네 곡예사를 생각해 보렴. 목표를 향해 다가가기 위해서는 타고 있는 안전한 그네를 떠나야 한단다. 있던 곳의 안전함을 버리면 다음 그네에 연결될 때까지 잠시 공중에 붕 떠 있게 되지.

불편하게 느껴지는 새로운 일을 경험할 때 '공중에 붕 떠 있는' 기분이 들 수 있단다. 이럴 때 변화에 대해 흠잡으면서 익숙한 것을 고수하려는 유혹을 받게 되겠지. 이런 유혹에 반사적으로 반응하는 대신, 기도로 나에게 나아오렴. 너의 걱정거리들을 이야기하며, 내 관점으로 상황을 볼 수 있도록 도움을 구해라. 내가 항상 너와 함께하며, 네 오른손을 붙들고 있단다. 네가 최선의 길을 분별하고 반응하며 전진할 수 있도록, 내 교훈으로 너를 인도하겠다.

함께 읽어 보세요 잠 18:10; 마 11:28; 시 73:23-24

기쁨 묵상 :

01 | 19

**문지기는 그를 위하여 문을 열고 양은 그의 음성을 듣나니
그가 자기 양의 이름을 각각 불러 인도하여 내느니라**(요 10:3).

내가 네 이름을 부르며 너를 인도하고 있단다. 나는 너를 안다. 너에 대한 사소한 일들까지 모두 알고 있지. 너는 내게 숫자나 통계로 표현될 수 있는 존재가 아니란다. 너의 삶 속에서 나는 네가 이해할 수 있는 만큼보다 훨씬 더 직접적이고 친밀하게 개입하고 있단다. 그러니 기쁜 마음으로 나를 따라오렴.

내가 부활한 후 막달라 마리아가 나를 동산지기라고 생각했을 때 나는 "마리아야."라고 그녀의 이름을 불렀단다. 이렇게 불렀을 때 마리아는 나를 알아보았고, "랍오니!"(선생님) 하고 외쳤지.

사랑하는 자녀야, 이처럼 나는 네 영혼의 깊은 곳에서 네 이름을 부르고 있단다. 성경을 읽을 때 적절한 구절 안에 네 이름을 넣어 보아라. 기억하렴. 나는 너를 어두운 데서 불러내어 내 놀라운 빛 가운데로 인도했다. 영원한 사랑을 너에게 베풀기로 선택했지. 시간을 내어 내 말을 들어다오. 나는 말씀으로 내 사랑을 확증하며 너에게 직접 이야기하고 있단다. 내가 너를 영원히 사랑한다는 흔들림 없는 진리를 알게 되면, 삶의 견고한 기반을 얻게 된다. 그 진리가 너를 굳건하게 하여 네가 평생 찬양을 선포할 수 있도록, 기쁜 마음으로 충실하게 나를 따를 수 있도록 할 거다.

함께 읽어 보세요 요 20:16; 벧전 2:9; 렘 31:3

기쁨 묵상:

01 | 20

오직 성령의 열매는 사랑과 희락과 화평과 오래 참음과 자비와 양선과 충성과 온유와 절제니 이 같은 것을 금지할 법이 없느니라(갈 5:22-23).

성령의 열매 중에 '기쁨'이 포함되어 있음을 기억해라. 성령님은 극심한 고난 가운데서도 너에게 이 경이로운 선물을 주실 수 있는 분이다. 주저하지 말고 필요할 때마다 너를 기쁨으로 채워 달라고 성령님께 구해라. 그분은 네 존재의 가장 깊은 곳에 사시므로, 네가 필요할 때마다 즉각 일하실 수 있다. 너는 네 생각을 성경 말씀으로 채우고, 그 말씀의 빛을 너에게 비춰 달라고 구하면서 그분의 일에 협력할 수 있단다.

성령님은 네가 내 생각을 따라 생각할 수 있도록 도우시고, 네 기쁨을 자라나게 하실 수 있는 분이다. 내 관점에서 상황을 바라보는 일이 많아질수록 너는 네 삶을 더 정확히 볼 수 있단다. 이를 위해서는 성경적인 진실을 아는 것도 중요하지만, 그 진실을 매일 반복해서 자신에게 말해 주어야 한다.

세상은 계속해서 거짓과 속임수로 네 생각을 공격하고 있다. 그러니 너는 부지런히 거짓을 알아차리고 떨쳐 내며, 성경의 가르침으로 그 자리를 채워야 한다. 삶을 변화시키는 가장 찬란한 진실은 '복음'이다. (나를 믿는 이들을 구원하기 위해) 나는 죽었고, 부활했다. 그리고 다시 올 거다. 내 안에서 항상 기뻐해라!

함께 읽어 보세요 살전 1:6; 요 3:16; 빌 4:4

 기쁨 **묵상 :**

01 | 21

> **도둑이 오는 것은 도둑질하고 죽이고 멸망시키려는 것뿐이요
> 내가 온 것은 양으로 생명을 얻게 하고 더 풍성히 얻게 하려는 것이라**
> (요 10:10).

내 임재를 더 온전하게 누리려면 네 자신에 대해 덜 생각해야 한단다. 이것은 그냥 하는 말이 아니라, 더 풍성한 삶을 살 수 있도록 해주는 비결이지. 자신을 잊어버릴수록 더 기쁘게 살 수 있단다!

네 자신에 대해 생각하느라 얼마나 많은 시간을 보내는지 한번 생각해 보아라. 네가 무슨 생각을 하는지 네 마음을 들여다보아라. 네가 나누지 않으면 다른 사람들은 네 생각을 알 수 없지만, 나는 네 모든 생각을 다 알 수 있단다. 네가 내 앞에서 적절하지 않은 생각을 하고 있다는 걸 깨닫게 되면, 최선을 다해 그 주제를 바꾸려고 노력해라. 자꾸만 자기중심적인 생각이 떠올라서 괴롭다면, 그 생각을 네가 좋아하는 성경 말씀이나 간단한 기도문으로 연결해 보아라. 너의 관심을 네 자신에게서 나에게 향하도록 이어 주는 다리가 될 거다. 예를 들어, "주님, 사랑해요."라고 기도할 때 네 초점은 즉시 나를 향하게 된단다.

이 과정을 계속 여러 번 반복해야 한다 해도 실망하지 마라. 너는 내 얼굴을 찾기 위해 생각을 훈련하고 있는 거란다. 그리고 이런 노력이 나를 기쁘게 한단다. 사랑하는 자녀야, 나를 찾아라. 그리고 풍성한 삶을 누려라.

함께 읽어 보세요 시 27:8; 암 5:4

 기쁨 묵상 :

01 | 22

**여호와는 나의 반석이시요 나의 요새시요 나를 건지시는 이시요
나의 하나님이시요 내가 그 안에 피할 나의 바위시요 나의 방패시요
나의 구원의 뿔이시요 나의 산성이시로다**(시 18:2).

 나는 너의 믿음과 신뢰를 전부 걸 수 있을 만큼 귀한 존재이다. 어느 정도 믿고 신뢰할 만한 사람이나 대상은 있을 수 있겠지만, 온전히 믿고 신뢰할 수 있는 대상은 오직 나뿐이란다. 점점 더 예측할 수 없고 위험 천만한 세상 속에서 나는 네 삶에 든든한 기반이 되어 주는 바위이다. 나는 너의 피난처, 네가 피할 바위란다. 나는 너의 하나님이기 때문이다.

 상황 때문에 네 안정감이 흔들리게 두어서는 안 된다. 네 삶의 주도권을 네가 쥐고 싶어 하는 마음은 당연한 일이지만, 네가 내 주권적 통치 아래 머물러 있으면 내가 너에게 현실을 뛰어넘어 사는 능력을 줄 수 있단다. 나는 환난 중에 만날 큰 도움이며, 늘 너와 함께 있다. 반갑지 않은 변화나 심지어 재앙과 같은 상황까지도 두려움 없이 마주할 수 있도록 내가 너를 돕고 있단다.

 불안한 생각들이 네 머릿속을 마음대로 돌아다니게 놔두지 마라. 나를 향한 소망을 말로 표현하면서 그 생각들을 묶어 두렴. 그리고 그 생각들을 사로잡아 내 임재 안으로 가져오렴. 내가 그것들을 무력하게 만들겠다. 나를 의지하는 자는 누구든지 안전하단다.

함께 읽어 보세요 시 46:1-2; 고후 10:5; 잠 29:25

🙂 **기쁨 묵상 :**

01 | 23

**지금은 너희가 근심하나 내가 다시 너희를 보리니
너희 마음이 기쁠 것이요 너희 기쁨을 빼앗을 자가 없으리라**(요 16:22).

나는 기쁨이란다. 이 기쁨을 너에게서 빼앗을 자는 아무도 없다. 내 임재 안에서 충분히 시간을 보내고, 이 놀라운 선물을 음미해라. 이 축복이 영원히 네 것임을, 내가 너의 것임을 기뻐해라!

세상의 많은 것들이 일시적으로 너에게 즐거움을 줄 수는 있지만, 그것들은 결국 죽고 부패하여 모두 사라져 버리지. 내 안에서 너는 세상에 비할 것이 없는 보화를 가졌다. 그 보화는 바로 어제나 오늘이나 영원토록 동일한 존재인 내 안에 있는 기쁨이다. 나는 신실하고, 결코 변하지 않는단다. 그러므로 아무도 이 즐거움을 너에게서 빼앗을 수 없단다.

기쁨이 없다고 느껴지는 원인은, 기쁨의 근원인 나에게 있는 게 아니라 그것을 받는 사람에게 있다. 삶의 즐거움이든 고난이든 다른 것들에 너무 집중한 나머지 나와의 관계가 소홀해져서 그렇다. 이럴 때 두 가지 치료 방법이 있단다. 하나는, 내가 처음 사랑임을 기억하고 나를 네 삶의 우선순위에 두려고 노력하는 거란다. 또한 내 임재를 더 많이 누릴 수 있게 해달라고 기도하는 거란다. 나의 사랑하는 자녀야, 나를 기뻐해라. 그리고 기쁨을 최대한 누려라.

함께 읽어 보세요 히 13:8; 계 2:4; 시 37:4

 **기쁨 묵상 :**

나의 힘이시여 내가 주께 찬송하오리니 하나님은 나의 요새이시며 나를 긍휼히 여기시는 하나님이심이니이다(시 59:17).

  나는 너의 힘이다! 기운 없고 피곤한 상태로 하루를 시작하는 날이 있지. 그래도 괜찮단다. 네 연약함 때문에 너에게 내가 필요하다는 사실을 떠올리면 된다. 내가 너를 도울 준비를 하고 있고, 항상 네 길을 함께 가고 있다는 걸 기억해라. 즐겁게 나를 믿으며, 내 손을 잡으렴. 내가 너를 인도하고, 너에게 힘을 더해 주마. 내 자녀야, 나는 너를 돕는 것이 참 기쁘단다.

  해야 할 일을 앞두고 네가 너무 부족하다고 느낄 때면, 잠시 멈추고 네가 가진 자원에 대해 생각해 보렴. 내가 너의 힘이고, 내 능력은 무한하단다. 나에게는 결코 부족한 것이 없다. 그러므로 나와 힘을 합쳐 일할 때는 네가 이루려는 일에 한계를 두지 마라. 네가 한 걸음씩 앞으로 나아가는 데 필요한 것들을 공급해 주마. 네가 원하는 만큼 빨리 도착하지 못할 수도 있겠지만, 너는 내가 정한 가장 완벽한 때에 목표에 이르게 될 거다. 늦어지거나 멀리 돌아가야 한다고 해도 실망하지 마라. 그 대신, 내가 모든 일을 알아서 잘 다스리고 있다고 믿고 너는 그저 다음 걸음을 내딛으렴. 나를 신뢰하는 마음이 인내심과 결합되면 강력한 힘이 된단다!

함께 읽어 보세요 빌 4:13; 사 40:28-29

기쁨 묵상 :

01 | 25

> 산들이 떠나며 언덕들은 옮겨질지라도 나의 자비는
> 네게서 떠나지 아니하며 나의 화평의 언약은 흔들리지 아니하리라
> 너를 긍휼히 여기시는 여호와께서 말씀하셨느니라(사 54:10).

산들이 사라지고 언덕들이 옮겨진다 하더라도 나의 자비는 너에게서 떠나지 않으며, 내 평안의 언약은 흔들리지 않는다. 웅장하게 우뚝 솟은 산처럼 움직이지 않고 오래 가는 것은 이 세상에 없어 보이는구나. 너는 그 높은 산 위에 올라서서 희박해진 공기를 들이마시며, 영원의 향기를 맡을 수 있을 거다. 하지만 내 사랑과 평안은 지구상의 가장 거대한 산보다 훨씬 영원히 오래 지속된단다!

내 무한한 사랑에 대해 깊이 생각해 보렴. '무한하다'는 말에는 '무궁무진하다'는 의미도 있다. 네가 아무리 궁핍하더라도, 아무리 여러 번 나를 실망시키더라도 너를 위해 쌓아 둔 내 사랑은 결코 고갈되지 않는단다. 또한 '무한하다'는 말에는 '한결같다'는 의미도 있지. 네가 멋지게 잘 해냈다고 해서 내가 너를 더 많이 사랑하는 것도 아니고, 무참히 실패했다고 해서 너를 덜 사랑하는 것도 아니란다.

내가 바로 너의 평안이다. 내 곁에 가까이 살면서 이 신비로운 평안을 누려라. 내 사랑하는 자녀야, 네 자신 때문에 낙심할 때에도 마음 편히 내 임재 안으로 들어오렴. 내가 누구인지 기억해라. 나는 너를 긍휼히 여기는 여호와 하나님이란다.

함께 읽어 보세요 사 51:6; 엡 2:14

기쁨 **묵상 :**

01 | 26

여호와의 말씀이니라 너희를 향한 나의 생각을 내가 아나니 평안이요 재앙이 아니니라 너희에게 미래와 희망을 주는 것이니라(렘 29:11).

내 아이야, 안심해라. 내가 다스리고 있단다. 아름다운 해변가에 부드러운 파도처럼 이 말씀이 반복해서 너를 적시게 하렴. 그리하여 내 끝없는 사랑에 확신을 가져라. 너는 때가 되기도 전에 문제를 해결하려고 많은 시간과 에너지를 낭비하고 있구나. 그 사이에 나는 너보다 앞서 네 길을 준비하기 위해 일하고 있단다. 그러니 오직 나만이 연출할 수 있는 놀랄 만한 일들을 기대해 보아라.

너는 내 사랑하는 자녀임을 기억하렴. 나는 네 편이고, 너에게 가장 좋은 것을 주기를 원한다. 강하고 인자한 대상에게 사랑을 받고 있는 사람은 풍성한 축복들을 기대하면 된단다. 너는 우주의 왕에게 사랑받는 자이고, 나에게는 너를 향한 좋은 계획이 있다. 알 수 없는 미래를 내다볼 때 네가 누구인지 알고 안심하렴. 너는 바로 내가 사랑하는 사람이다. 내 손을 꼭 잡고 자신 있게 앞으로 나아가거라. 생명의 길을 따라 너와 내가 함께 걸어가는 동안, 나에 대한 신뢰가 네 마음에 기쁨을 주고, 너의 생각을 평안으로 채울 거란다.

함께 읽어 보세요 신 33:12; 시 16:11

 기쁨 **묵상 :**

01 | 27

나의 하나님이 그리스도 예수 안에서 영광 가운데 그 풍성한 대로 너희 모든 쓸 것을 채우시리라(빌 4:19).

친밀하고 신실한 사랑의 띠 안에서 즐겁게 나를 의지하며 함께 걷자꾸나. '즐겁게'라는 말과 '의지한다'는 말이 서로 모순되게 들릴 수 있지만, 이것은 너에게 가장 큰 만족을 줄 수 있는 삶의 방법이지. 네가 나를 기쁘게 신뢰하며 산다면, 그것은 너를 위한 내 완벽한 디자인에 맞는 삶이란다.

나는 네가 영광스럽고 풍성한 것들로 가득한 교제를 누리도록 해주고 싶다. 나를 전적으로 믿으렴. 나는 변함없는 사랑의 마음으로 너에게 다가가고 있으며, 지금 네가 숨쉬고 있는 공기보다도 가까운 곳에 있다. 네가 나를 믿고 의지하는 삶을 추구할 때 나는 참 기쁘단다. 그런 노력은 우리를 묶고 있는 사랑의 띠가 겹겹으로 더 견고해지게 만들고, 너와 나의 관계를 굳건하게 하지.

행복한 부부는 서로에게 법과 도덕 이상의 것으로 연결되어 있단다. 그들이 함께 경험했던 따뜻한 기억들은 서로에게 계속 헌신할 수 있도록, 더 친밀해지도록 하는 결속력이 된다. 나의 소중한 자녀야, 내가 너에게 완전히 헌신하고 있음을 네가 알았으면 좋겠다! 네가 나에게 행복하게 기대어 내 임재의 빛 가운데 걸어갈 때, 나는 다정한 사랑의 추억으로 네 마음을 채워 줄 수 있단다.

함께 읽어 보세요 시 52:8; 89:15-16

 **기쁨 묵상** :

01 | 28

그를 하나님보다 조금 못하게 하시고 영화와 존귀로 관을 씌우셨나이다
(시 8:5).

나는 너를 하나님보다 조금 낮은 자리에 있게 만들었고, 영화롭고 존귀한 왕관을 씌웠다. 사랑하는 자녀야, 너는 위대한 목적을 위해 만들어졌단다. 네 자신이 중요한 존재인 것을 절대로 의심하지 마라. 나는 너를 내 형상대로, 나와 닮은 모습으로 창조했다. 나와 소통할 수 있고, 합리적으로 생각할 수 있으며, 멋진 것들을 만들어 낼 수 있고, 그 밖에 많은 일들을 할 수 있는 뛰어난 두뇌를 너에게 주었다. 바다의 물고기와 하늘의 새와 땅에 움직이는 모든 생물을 다스리는 지배권도 주었다. 내가 창조한 모든 것들 중에 오직 인간만이 내 형상을 따라 지어졌지. 이것은 영광스러운 특권이자 책임이란다. 너의 모든 순간들이 의미 있는 이유이기도 하다.

네 삶의 가장 중요한 목적은 나를 영화롭게 하는 거란다. 어두운 세상에 빛을 밝혀 다른 사람들이 나를 알 수 있도록 도우렴. 네가 내 영광을 비출 수 있도록 너에게 영화의 관을 씌웠다. 나는 또한 네가 나를 누리기를 원한단다. 나를 알아 가는 즐거움이 아무리 커지더라도 다 담아낼 수 있는 무한대의 용량으로 너를 창조했다. 지금 이 세상에서 네가 느끼는 기쁨은 천국에서 너를 기다리고 있는 영원한 기쁨을 살짝 맛만 보는 정도란다.

함께 읽어 보세요 창 1:27-28; 고후 3:18

 **기쁨 묵상 :**

— JESUS ALWAYS —

01 | 29

너희가 온 마음으로 나를 구하면 나를 찾을 것이요 나를 만나리라
(렘 29:13).

네가 온 마음을 다해 나를 찾고 구하면 나를 만날 거다. 이렇게 나를 찾아오는 과정에서 나는 네가 완벽하기를 기대하지 않는다. 그건 절대 중요한 게 아니란다. 정말 힘든 가운데서도 끊임없이 나를 찾고자 하는 노력 그 자체가 나를 참으로 기쁘게 한다.

실제로 나를 찾기 위해 전념하며 도전하는 시간들이 너에게 곧 축복이란다. 나를 만나려고 애쓰는 순간에 너의 초점은 내게 맞추어지지. 주의를 산만하게 하는 수많은 일들 속에서도 나에게 힘겹게 나아올 때, 네 안에서 내 존재감이 커져 간다. 내가 네 곁에 있다는 게 느껴지지 않는다 해도, 어느새 나와 대화를 나누고 있는 네 모습을 보게 될 거다. 그래서 나를 만나려는 노력은 어떤 의미에서는 자기실현의 과정이라고 할 수 있지. 네가 애써 노력할수록 내 존재가 네 안에서 풍성해진다. 결국 네가 적극적으로 나를 찾고 구할 때 실제로 살아 있는 나를 더욱 생생하게 느끼게 된단다.

이 황홀한 여정에 기꺼이 자신을 쏟아부으며 나를 찾아오는 네 모습이 나를 기쁘게 하는구나. 이 즐거운 여행에서 필요한 건 인내심이지. 네가 끊임없이 나를 찾고 있다면, 너는 올바른 길로 제대로 가고 있는 거란다. 게다가 네 성공은 이미 확실하다. 결국 나를 만나게 될 테니 말이다!

함께 읽어 보세요 렘 29:14; 히 12:1; 롬 5:3; 벧후 1:5-6

기쁨 묵상 :

01 | 30

**보좌에 앉으신 이가 이르시되 보라 내가 만물을 새롭게 하노라 하시고
또 이르시되 이 말은 신실하고 참되니 기록하라 하시고**(계 21:5).

나는 만물을 새롭게 한다! 하루가 다르게 부패하고 죽어 가는 이 세상에서 늘 일어나는 일과는 정반대이지. 네가 오늘 하루를 보냈다는 의미는, 이 세상에서의 네 수명이 하루 줄어들었다는 뜻이다. 사실 이것은 나를 믿는 자녀들에게는 아주 좋은 소식이란다. 하루를 마칠 때 자신에게 말해 주렴. "천국에 한 걸음 더 가까워졌구나."

너무나 절망적으로 타락해 버린 세상에서 해결책은 오직 한 가지뿐이란다. 모든 것을 새롭게 만드는 거다. 그러니 상황이 나아지도록 노력했다가 실패하더라도 실망하지 마라. 너의 노력을 포함하여 세상의 모든 것들이 인간의 타락으로 더럽혀졌다. 네가 나를 의지하며 최선을 다해 노력하는 건 내가 기뻐하는 일이지만, 네가 사는 세상은 조정이나 정비를 훨씬 넘어선 그 이상의 것이 필요하단다. 완전히 새로 만들어져야 한다! 그리고 이 세상이 끝나는 날 반드시 이 일이 이루어질 거다. 내 말은 신실하고 참되단다.

나의 사랑하는 자녀야, 너는 기쁨을 누리는 게 당연하단다. 너를 포함한 만물을 내가 새롭게, 그리고 눈부시도록 온전하게 만들 거란다!

함께 읽어 보세요 빌 1:21; 롬 8:22-23

 기쁨 묵상 :

01 | 31

존귀와 위엄이 그의 앞에 있으며 능력과 즐거움이 그의 처소에 있도다
(대상 16:27).

내가 거하는 곳에 능력과 즐거움이 있단다. 그러므로 네가 나와 가까이 살수록 너는 더 강해지고 더 즐거워질 거다.

내 임재가 네 모든 순간 속으로 스며들도록 나를 초대해 다오. 사람들을 바라볼 때 긍정적인 시선을 가질 수 있도록 도와주마. 주변에 너를 짜증나게 하는 사람이 있더라도, 그 사람의 약점에 초점을 맞추지 마라. 그 대신 마음의 눈을 통해 나를 바라보렴. 짜증스러운 일들이 너를 아프게 하거나 다른 사람에게 상처를 주지 않고 그냥 스쳐 지나갈 거다. 남을 판단하는 것은 너를 내게서 멀어지게 하고, 죄를 짓게 만드는 덫과 같단다. 네 구원의 하나님인 나로 인해 기뻐하는 편이 얼마나 더 나은 일이냐!

네가 나에게 초점을 맞출수록 나는 너에게 더 많은 능력을 줄 수 있단다. 내가 너의 힘이라는 말씀은 사실이다. 네가 집중력을 요하는 다른 일을 하고 있을 때에도 계속 나를 의식할 수 있도록 생각을 훈련할 수 있단다. 나는 너에게 동시에 여러 일들에 관심을 갖고 잘 판단할 수 있는 놀라운 두뇌를 주었지. 네 생각 속에 나만을 위한 변함없는 자리를 만들어 다오. 나의 빛으로 네 모든 순간들을 비추어 주마.

함께 읽어 보세요 마 7:1; 합 3:18-19

 기쁨 묵상 :

JESUS ALWAYS

02

FEBRUARY

보라 하나님은 나의 구원이시라
내가 신뢰하고 두려움이 없으리니
주 여호와는 나의 힘이시며
나의 노래시며 나의 구원이심이라
(사 12:2)

02 | 01

**하갈이 자기에게 이르신 여호와의 이름을
나를 살피시는 하나님이라 하였으니 이는 내가 어떻게 여기서
나를 살피시는 하나님을 뵈었는고 함이라**(창 16:13).

나는 살아 있는 하나님이다. 내가 너를 보살피고 있단다. 나는 네가 상상하지 못할 영광과 생기로 충만하다. 언젠가 너와 나는 내 영광 안에서 얼굴을 마주하듯 볼 것이며, 너는 그 경이로움에 압도될 거다! 하지만 지금은 흐릿한 거울로 비추어 보듯 너에게 나는 희미하게 보이는구나. 타락해 버린 마음이 네 시야를 가려, 너는 나를 또렷이 볼 수 없게 되었지. 그래도 나는 여전히 티 없이 선명한 시선으로 너를 보고 있단다. 가장 은밀한 생각과 감정까지 너에 대한 모든 걸 이해한다. 네가 얼마나 상처받았고 나약한 존재인지 안단다. 너는 그저 먼지에 불과하다는 것도 알고 있다. 하지만 나는 영원히 너를 사랑하기로 선택했단다.

표현할 수 없이 값비싼 사랑의 선물을 내가 너에게 주었다. 영원한 고통에서 너를 구원하기 위해 나는 이루 말할 수 없는 고통을 견뎌냈지. 내가 너를 대신해 죄인이 된 것은, 내 안에서 네가 의로워지기를 원했기 때문이란다. 이 놀라운 진실을 곰곰이 생각해 보렴. 내 의가 이제는 네 것이 되었다! 값을 매길 수 없는 이 귀중한 선물은 네가 나를 하나님의 아들로 믿었을 때부터 너의 것이 되었단다. 너를 죄에서 구원한 하나님의 아들로 나를 믿었을 때부터 말이다. 기뻐해라. 한결같이 너를 사랑하는 구원자가 지금도 살아서 너를 완벽하게 보살피고 있다!

함께 읽어 보세요 고전 13:12; 시 103:14; 고후 5:21

 **기쁨 묵상 :**

02 | 02

하나님은 우리의 피난처시요 힘이시니 환난 중에 만날 큰 도움이시라
(시 46:1).

나는 항상 너를 도울 준비가 되어 있단다. 아침에 일어나면 잠자리에서 비틀비틀 빠져나와 커피부터 찾는 이들이 많다. 아직 맑은 생각을 할 수 있는 상태는 아니지만, 생각을 추스르는 데 필요한 것을 찾아 움직이는 거지. 네 마음이 비틀거리며 내게로 다가오면, 나는 커피처럼 너를 깨어나게 하는 역할을 한단다. 얼떨떨한 상태에서 너를 깨워 나와 깊은 대화를 나눌 수 있게 해달라고 기도해라. 너는 내 형상대로 창조되었기 때문에 이미 그 놀라운 능력을 가지고 있단다.

내 임재 안에서 네가 잠시 기다리는 동안, 나는 네 생각을 정리하여 오늘 하루 네가 갈 길을 곧게 정돈해 준다. 나는 네 생활의 모든 부분을 주관하고 있지. 그래서 네 앞길을 닦아 주는 일쯤은 문제가 되지 않는단다. 어떤 사람들은 하루를 나와 함께 시작하기에는 시간이 부족하다고 단정하지. 그들은 내가 시간을 아낄 수 있는 통찰력을 주고, 장애물을 치워 주면서, 하루의 일들을 얼마나 더 쉽게 풀어갈 수 있게 해주는지 깨닫지 못하더구나. 소중한 시간을 나와 함께 보낼 때 나는 너에게 아낌없는 보상을 준단다. 생각의 갈피를 잡아 주고, 네 삶의 상황들을 순탄하게 만들어 준단다.

함께 읽어 보세요 창 1:27; 렘 32:17; 시 33:20

 **기쁨 묵상 :**

02 | 03

**그의 거룩한 이름을 자랑하라
여호와를 구하는 자들은 마음이 즐거울지로다**(시 105:3).

　나의 거룩한 이름을 기뻐해라. 나를 찾는 이들은 마음이 기쁘단다. 어떤 대상을 기뻐한다는 말은 그를 찬양하고 영광을 돌린다는 뜻이다. 내 이름 '예수'는 모든 이름 위에 뛰어난 이름이고, 죄 없는 나의 순전함을 나타내지. 너는 나를 믿는 자이기에 내가 너에게 귀를 기울이고 있음을 확신해도 좋다. 내 이름을 나지막이 부르며, 외치고 노래해라. 이렇게 너는 내게 더 가까워지고, 내 임재 안에서 능력을 얻게 된다. 또한 영적인 적들을 물리치는 데도 도움이 되지.

　나를 더 알고 싶어서 시간을 내어 나를 찾는 네 모습을 보면, 나는 정말 기쁘단다. 네 마음도 내 안에서 기쁨을 누리도록, 사랑이 가득한 내 임재 안으로 마음 편히 들어오너라. 네가 거룩한 땅 위에 있음을 기억하렴. 신성하고 고귀한 공기를 내 안에서 들이마시려무나. 내 영광의 광채 안에서 쉬는 동안에는 걱정과 근심을 놓아 버려라. 기쁨 가득한 내 임재가 너를 감싸며, 네 구석구석에 스며들게 해다오. 나와의 친밀한 관계 속에 즐겁게 머무는 동안, 시간이 멈춘 듯하고 기쁨은 커져 갈 거다. 나와 교제하는 그 달콤한 시간을 감사히 여기렴.

함께 읽어 보세요　빌 2:9-11; 4:4-5; 출 3:5

기쁨 묵상 :

02 | 04

**지존자여 십현금과 비파와 수금으로 여호와께 감사하며
주의 이름을 찬양하고 아침마다 주의 인자하심을 알리며
밤마다 주의 성실하심을 베풂이 좋으니이다**(시 92:1-3).

 아침에는 나의 사랑을, 밤에는 나의 성실함을 찬양해라. 내 사랑을 찬양하는 것은 너에게 굉장한 유익이 된단다. 내 임재 안에서 누리는 놀라운 사랑을 입술로 선포할 때, 너는 힘과 용기를 얻게 된다. 이 영광스러운 축복을 소리 내어 크게 외치면 네 안에 더욱 충만히 흘러가게 되지. 말로 다할 수 없는 기쁨과 풍성한 영광이 너를 채울 수 있도록 즐겁게 선포해라!
 놀라운 내 사랑은 과연 어떤 것인지 한번 생각해 보렴. 내 사랑은 천국에 이를 만큼 광대하고, 값으로 따질 수 없이 존귀하며, 변함이 없고, 헌신적이란다. 가장 짙은 어둠 속에서도 너를 이끌어 낼 수 있을 만큼 그 빛은 밝게 빛나지. 하루를 마무리하는 시간에는 하늘 끝까지 닿을 듯한 나의 성실함을 찬양하렴. 하루를 되돌아보며 네가 가는 길을 내가 어떻게 인도했는지 주목해 보렴. 어려운 일에 부딪힐수록 나는 너에게 더욱 큰 힘이 된단다. 나의 성실함과 그 위대함에 대해 큰 소리로 표현하는 것도 좋다. 특히 잠들기 전에 그렇게 기도하면 자리에 누워 평안히 잠들 수 있단다.

함께 읽어 보세요 벧전 1:8; 시 4:8, 36:5-7

 기쁨 **묵상** :

02 | 05

**비록 무화과나무가 무성하지 못하며 포도나무에 열매가 없으며
감람나무에 소출이 없으며 밭에 먹을 것이 없으며 우리에 양이 없으며
외양간에 소가 없을지라도 나는 여호와로 말미암아 즐거워하며
나의 구원의 하나님으로 말미암아 기뻐하리로다**(합 3:17-18).

내가 주는 기쁨은 네 환경을 뛰어넘는단다. 네 삶에서 벌어지고 있는 일들과 상관없이, 너는 내 안에서 기쁨을 누릴 수 있다는 뜻이지. 하박국 선지자는 그가 예상하는 비참한 상황들을 열거한 후에 이렇게 선포했다. "그래도 나는 여호와로 말미암아 즐거워하며, 나의 구원의 하나님으로 말미암아 기뻐하리로다." 이것이 환경을 초월한 기쁨이란다!

나는 네가 천국의 관점으로 믿음의 눈을 통해 네 삶을 바라볼 수 있도록 훈련시키고 있단다. 네가 기대했던 대로 일이 풀리지 않을 때는 나와 이야기를 나누자. 내 얼굴을 구하며, 너를 인도해 달라고 기도하렴. 상황을 바꾸기 위해 노력해야 할지, 그냥 받아들여야 할지 분별할 수 있게 내가 너를 도울 거다. 어느 쪽을 선택하든지 이렇게 고백할 수 있도록 네 자신을 길들이렴. "예수님, 그럼에도 불구하고 저는 주님 안에서 기뻐할 수 있습니다." 나에 대한 믿음을 표현하는 이 한마디의 말이 네 관점을 극적으로 변화시킨단다. 이 말을 연습할 때마다 기쁨이 자랄 거다. 천국을 향해 가는 길 위에서 많은 문제들이 너를 기다리고 있겠지만, 이런 훈련을 통해 모든 문제에 잘 대처할 수 있는 준비를 갖추게 되지. 그러니 너는 내 안에서 항상 기뻐해라.

함께 읽어 보세요 시 105:4; 빌 4:4

 **기쁨 묵상 :**

02 | 06

**내가 여호와로 말미암아 크게 기뻐하며 내 영혼이 나의 하나님으로
말미암아 즐거워하리니 이는 그가 구원의 옷을 내게 입히시며
공의의 겉옷을 내게 더하심이 신랑이 사모를 쓰며
신부가 자기 보석으로 단장함 같게 하셨음이라(사 61:10).**

구원의 옷을 너에게 입혀 주었으니 크게 기뻐해라. 이 공의의 겉옷은 언제까지나 영원토록 네 것이다! 내가 너를 구원했다. 그러므로 그 무엇도 내 완전한 공의를 너에게서 빼앗을 수 없다. 그런 일은 일어날 수 없다. 이 말은 네가 죄의 문제에 직면하거나 그것을 해결해야 할 때에 두려워할 필요가 없다는 뜻이다. 네 죄를 깨닫게 될 때마다 죄에 대해 고백해라. 그리고 충분히 시간을 들여 나에게 용서를 구하려무나.

네 자신을 용서하는 것 또한 매우 중요하단다. 자기혐오는 내가 기뻐하는 모습이 아니란다. 뿐만 아니라 스스로에게 큰 해를 끼치게 되지. 너의 죄와 실패를 마주하게 될 때마다 오히려 나에게 더 집중하렴. 자기를 미워하는 해로운 마음은 내 안에서 완전히 치료될 수 있단다.

너는 나에게 이미 귀중한 존재란다. 그러니 더 착해지려고 노력하면서 네 가치를 증명할 필요가 없다. 나는 네가 완전해질 수 없다는 걸 알고 있었기 때문에, 내가 너를 대신하여 완전한 삶을 살았단다. 깨끗이 용서받은 나의 자녀로서, 이제는 영광스러운 자유를 누리며 살아라. 나에게 속한 사람은 더 이상 정죄를 받지 않는다는 사실을 기억하렴.

함께 읽어 보세요   마 1:21; 요일 1:9; 롬 8:1-2

기쁨 묵상 :

02 | 07

**두려워하지 말라 내가 너와 함께함이라
놀라지 말라 나는 네 하나님이 됨이라
내가 너를 굳세게 하리라 참으로 너를 도와주리라
참으로 나의 의로운 오른손으로 너를 붙들리라**(사 41:10).

두려워하지 마라. 내가 너와 함께 있단다. 내 의로운 오른손으로 너를 붙들어 주마. 이 말씀을 따뜻한 담요처럼 감싸 안고, 두려움과 낙심으로부터 너를 보호하렴. 고난이 너를 집요하게 쫓아오는 것처럼 보일 때는, 내 손을 꼭 잡고 계속 대화를 나누자꾸나. 겁내지 말고 나를 신뢰하면 된단다. 내가 너의 힘이며 노래이기 때문이다. 내 강력한 임재가 언제나 너와 함께한단다. 너는 홀로 맞설 필요가 없다! 게다가 내가 이미 너를 굳세게 하고 도와주겠다고 약속하지 않았느냐.

좋을 때나 나쁠 때나 내 강한 손으로 너를 붙들고 있다. 하는 일이 잘 풀릴 때는 너를 지탱해 주는 내 임재에 별로 신경을 쓰지 않겠지만, 네가 사망의 음침한 골짜기로 다닐 때는 너에게 내가 얼마나 필요한지 절실히 깨닫게 될 거다. 그런 고난의 시간에는 나에게 매달려야 잘 버틸 수 있고, 한 발 한 발 앞으로 나아갈 수 있단다. 네가 나를 신뢰하고 의지하며 끈기 있게 역경을 견디는 동안, 내 안에 있는 풍성한 기쁨으로 너를 축복하마.

함께 읽어 보세요 사 12:2; 시 23:4

기쁨 묵상 :

02 | 08

산들이 떠나며 언덕들은 옮겨질지라도 나의 자비는 네게서 떠나지 아니하며 나의 화평의 언약은 흔들리지 아니하리라 너를 긍휼히 여기시는 여호와께서 말씀하셨느니라(사 54:10).

나의 사랑은 너를 절대 그냥 내버려 두지 않는다! 내가 너를 영원히 붙들고 있단다. 너는 여러모로 불안하고 예측할 수 없는 세상에 살고 있지. 주위를 둘러보면 지켜지지 않은 약속 때문에 엉망이 되어 버린 모습들을 볼 수 있을 거다.

하지만 내 사랑은 결코 깨지지 않는 약속이란다. 선지자 이사야는 최악의 상황을 산과 언덕이 변하는 모습에 비유하여 표현했지. 산이 흔들리고 언덕이 무너진다 해도, 내 자비로운 사랑은 흔들리지 않는단다. 무슨 일이 일어나든 내 사랑을 흔들 수는 없다. 그러니 그 위에 네 삶을 세우렴!

때로 내 자녀들은 내가 자신들을 사랑한다는 건 믿으면서도, 내 사랑을 충분히 받아들이는 건 여전히 어려워하지. 나는 네가 너를 위한 내 사랑의 너비, 길이, 높이, 깊이가 어떠한지 깨달아 알았으면 좋겠구나. 세상의 지식을 초월하는 내 사랑을 알게 해달라고 성령님께 구하렴. 잘못된 자아상에서 벗어나 내가 너를 보는 시선으로 네 자신을 바라보렴. 그러면 반짝이는 사랑에 둘러싸여 의의 빛을 발하고 있는 네 모습이 보일 거란다.

함께 읽어 보세요 엡 3:16-19; 사 61:10

 기쁨 묵상 :

02 | 09

여호와께 감사하라
그는 선하시며 그 인자하심이 영원함이로다(시 107:1).

크게 기뻐해라. 내가 너를 온전히 이해하며, 완벽하고 영원한 사랑으로 사랑하고 있단다. 누군가 자신에 대해 깊이 알게 되면 그 사람이 자신을 얕잡아 보거나, 심지어는 거절할까 봐 두려워하는 사람들이 많다. 그래서 그들은 다른 이들에게 받아들여질 것 같은 부분만을 드러내면서, 사람들과 안전한 거리를 유지하려고 열심히 노력한다. 이런 식으로 사람들과 관계를 맺는 게 더 안전하게 느껴질지 몰라도 결국은 외로워지게 된단다.

너의 방어와 가식을 꿰뚫어 보는 존재가 있다는 사실에 감사해라. 나에게 숨길 수 있는 것은 아무것도 없다! 나는 너의 모든 걸 아주 잘 알고 있단다. 누군가 너를 완벽하게 알고 있다는 놀라운 사실을 기뻐하며, 그 안에서 안식하려무나. 내 사랑을 얻기 위해 노력하며 애쓰지 않아도 된다. 너를 사랑하지 못하도록 나를 막을 수 있는 것은 아무것도 없다. 이것이 진리이다. 너는 영원히 용납받고, 귀하게 여김 받는 존재란다. 내 핏값으로 내가 너를 샀고, 이제 너는 내 것이다. 이 사실이 내면 깊이 스며들어 네 자신을 바라보는 시각이 변화될 때까지 스스로에게 계속 반복해서 말해 주어야 한다. 자기 자신에게 벗어나려면, 먼저 자신을 받아들여야 한단다. 이것이 곧 기쁨에 이르는 길이란다!

함께 읽어 보세요 고전 13:12; 시 149:4-5; 엡 1:5-6

기쁨 묵상 :

02 | 10

**수고하고 무거운 짐 진 자들아 다 내게로 오라
내가 너희를 쉬게 하리라**(마 11:28).

소중한 나의 자녀야, 내게로 오렴. 네 영혼을 편안히 쉬게 해주고 생기를 되찾아 주마. 나는 너에게 관련된 모든 일들과 너를 완벽하게 파악하고 있단다. 나에게 담대히 나아와 고민들을 숨김없이 말하렴. 그 문제들 위에 내 얼굴의 빛을 비춰 네 생각을 깨우치게 해다오. 그리고 내 임재의 아름다움을 천천히 안으로 받아들이며, 나와 함께 쉬자꾸나. 내 영원한 팔 안에서 너는 안전하니 안심해라. 네 귀한 시간을 나와 함께 보내면서 내가 네 영혼에 평안한 쉼을 베풀게 해주려무나.

영혼은 영원 불멸한 것이기에 너에게 가장 중요한 부분이란다. 신약 성경의 '영혼'이라는 헬라어 단어는 종종 '생명'으로 번역된다. 무거운 짐을 지고 큰 부담에 지쳐 있을 때는, 마치 생명이 너에게서 빠져나가는 것 같은 기분이 들 거다. 하지만 내가 너에게 영양분을 공급하며 생명을 유지할 수 있도록 놀랍게 보살피고 있지. 네가 쉬고 내 관점을 취할 수 있도록 돕고, 네 영혼을 소생시켜 주마. 내가 너를 회복시키는 동안 너는 긴장을 풀고 내 생기가 너에게 흘러 들어가는 걸 느껴 보렴. 네 영혼은 오직 내 안에서만 안식을 누릴 수 있단다.

함께 읽어 보세요 신 33:27; 시 23:2-3; 62:1

 기쁨 묵상 :

02 | 11

**항상 기뻐하라 쉬지 말고 기도하라 범사에 감사하라
이것이 그리스도 예수 안에서 너희를 향하신 하나님의 뜻이니라**
(살전 5:16-18).

항상 기뻐해라. 그리고 쉬지 말고 기도해라. 항상 기뻐할 수 있으려면 네 영혼의 연인인 나와의 관계 속에서 매 순간 즐거움을 찾아야 한단다. 이 관계 속에는 네가 역경 가운데 있을 때에도 여전히 소망을 품고 기뻐할 수 있는 위로와 격려가 가득하단다.

범사에 감사해라. "예수님, 감사합니다."라는 기도에는 엄청난 능력이 담겨 있다. 내가 너를 위해 위대한 희생을 치렀기에, 너는 언제나 어떤 상황에서나 이 말을 사용하면 된단다. 좋은 일을 만나게 되면 그것을 깨닫는 즉시 나에게 찬양과 영광을 돌리면 좋겠구나. 이런 훈련을 통해 네 기쁨은 커지고, 네가 받은 축복은 더욱 빛나게 된다.

슬픔이나 좌절을 느낄 때도 너는 여전히 내게 감사할 수 있다. 이 감사가 나에 대한 믿음을 나타내 보여 주고, 네 시각을 밝혀 준단다. 감사하는 마음을 더 많이 가지려면, 내가 너를 기쁘게 한 부분들을 구체적으로 생각해 보아라. 변함없는 내 임재와 아낌없는 은혜, 한결같은 내 사랑을 곰곰이 생각해 보렴. 범사에 감사하는 마음은 너와 나의 관계를 더욱 돈독하게 해주고, 네가 더 즐거운 삶을 살 수 있도록 돕는 힘이란다!

함께 읽어 보세요 롬 12:12; 엡 1:7-8; 시 143:8

기쁨 묵상 :

— JESUS ALWAYS —

02 | 12

예수를 너희가 보지 못하였으나 사랑하는도다 이제도 보지 못하나 믿고 말할 수 없는 영광스러운 즐거움으로 기뻐하니(벧전 1:8).

말로는 표현할 수 없는 영광스러운 기쁨을 너에게 주마! 이것은 천국에서 곧장 내려오는 기쁨이다. 천국에서 오는 이 승리의 기쁨은 오직 내 안에서만 발견할 수 있단다. 하지만 나를 기뻐하는 마음이 변질되면, 그다음에는 영적인 '황홀감'을 추구하는 잘못된 길로 서서히 빠져들기 쉽다. 내가 너에게 하늘의 영광을 잠시 맛보는 축복을 줄 때도 있지만, 그런 경험을 허락하는 주된 목적은 천국에서의 삶을 갈망하도록 하기 위함이란다. 네가 사는 이 세상은 생각보다 아픔과 깨어짐이 많은 곳이지. 내가 너를 영광스러운 천국으로 데려갈 때까지는 내 임재 안에서 누리는 기쁨과 타락한 세상에서 살아가는 슬픔이 항상 섞여 있을 거다.

언젠가 너는 얼굴과 얼굴을 마주하며 나를 만나게 될 거다. 하지만 지금까지 너는 나를 보지 못하고도 나를 사랑했고, 나를 보지 않고도 나를 믿는구나. 나를 향한 이 사랑은 비이성적이거나 별난 게 아니란다. 너를 향한 끝없는 내 열정에 대한 너의 대답이다. 내 열정은 십자가 위에서 극적으로 드러났고, 부활로 입증되었다. 너는 부활하셔서 오늘도 살아 계신 구세주를 예배하고 있다! 나를 보지 않고도 믿는 사람들은 복이 있단다.

함께 읽어 보세요 시 73:23-24; 요일 4:19; 요 20:29

기쁨 묵상 :

02 | 13

주께서 생명의 길을 내게 보이시리니 주의 앞에는 충만한 기쁨이 있고 주의 오른쪽에는 영원한 즐거움이 있나이다(시 16:11).

내 임재 안에는 충만한 기쁨이 있단다. 모든 능력과 영광을 가진 내 존재를 기억하며, 그 속을 가만히 들여다보아라. 그리고 너를 향한 내 영원한 약속을 묵상해 보렴. 그 어떤 피조물이라도 너를 나에게서 끊을 수 없다. 네가 죄를 고백하고 용서를 받은 그날 이후로 너와 나의 관계는 바위처럼 단단하고 안전해졌다. 너는 내가 기뻐하고 사랑하는 내 자녀이다. 이것이 너의 영원한 정체성이란다.

내가 너에게 영원을 사모하는 마음을 주었기에, 분열된 이 세상에서도 너는 기쁨을 찾을 수 있단다. 시간을 내어 내 임재 안에서 기운을 회복해라. 그곳에서 너는 다른 그 무엇보다 나를 가장 기뻐하는 법을 배우며 쉴 수 있단다. 너와 나 사이의 사랑의 끈이 강해질수록, 내 안에서 발견한 이 놀라운 삶을 다른 사람들도 누릴 수 있게 돕고 싶은 바람이 커질 거다. 너를 향한 내 사랑이 넘쳐흘러 다른 이들의 삶 속으로 찾아갈 때, 천국과 이 세상 모든 곳에 기쁨이 충만해질 거다! 이 생명의 길을 따라 걷는 동안 너를 인도하마. 그리고 영원토록 변하지 않는 즐거움으로 너를 축복해주마.

함께 읽어 보세요 롬 8:39; 전 3:11; 시 37:4

기쁨 묵상 :

02 | 14

**구하오니 주의 종에게 하신 말씀대로 주의 인자하심이
나의 위안이 되게 하시며**(시 119:76).

  변함없는 내 사랑으로 너를 위로해 주마. '위로'라는 단어에는 고난 중에 있을 때 걱정이나 두려움을 덜어 주는 사람 또는 어떤 대상이라는 의미가 있다. 너는 너무나 험한 세상에 살고 있기 때문에 고난이 곳곳에 도사리고 있지. 세상에서도 위로를 얻을 수 있는 것들이 많이 있지만, 결코 변하지 않는 것은 오직 나의 사랑, 그 하나뿐이란다! 다른 것들도 가끔 도움이 되겠지만, 내 다정한 임재는 항상 너와 함께 있다.

  완전하고 무궁무진한 내 사랑은 네 속상한 마음을 덜어 주는 어떤 것이기도 하지만, 동시에 인격적인 관계란다. 어떤 피조물도 너를 나에게서 끊을 수는 없다. 그리고 나는 내 사랑과 절대 떨어질 수 없는 존재이다.

  너는 내가 아끼는 제자이기에 위로가 필요할 때면 언제든 내게 기대면 된단다. 무한한 축복의 근원인 내가 너와 함께 있으니까 너도 다른 사람들의 삶에 축복이 되어 주면 좋겠구나. 나에게서 받는 그 위로로 너도 온갖 환난을 당하는 사람들을 위로할 수 있단다.

함께 읽어 보세요 요 16:33; 롬 8:38-39; 고후 1:3-4

기쁨 묵상 :

02 | 15

여호와는 나의 목자시니 내게 부족함이 없으리로다(시 23:1).

나는 너를 인도하고 보호하는 네 목자란다. 선한 목자는 그의 양들에게 마음을 쓰며, 그들을 아주 잘 이해하지. 나는 너를 가장 완벽하게 보살피고 있다. 내 사랑은 언제나 변함없이 온전하다. 나는 네 단점과 한계, 장점과 능력, 너를 힘들게 하는 일들과 네가 잘못한 일들, 너에 관한 모든 것을 알고 있다. 그래서 나는 누구보다 너를 잘 인도할 수 있단다.

나는 네가 위태로운 이 세상을 살아가는 동안 나를 신뢰하고 의지하도록 만들었다. 너를 사랑하는 마음으로 내가 너보다 앞서가며 길을 열고, 네가 걸어올 길을 정성 들여 준비한단다. 앞으로 가야 할 길 위에 있는 많은 위험과 장애물들을 치우며, 아직 남아 있는 어려운 문제들을 네가 이겨낼 수 있도록 내가 너를 돕고 있단다.

사망의 음침한 골짜기를 지날 때에도 너는 두려워할 필요가 없다. 내가 네 곁에 있단다. 사랑하는 내 자녀야, 즐거운 마음으로 내 곁에 머물며 나와 이야기를 나누자꾸나. 오늘도, 앞으로 남은 네 일생 동안에도 너를 세심하게 이끌어 주마. 나는 너를 끝까지 인도하는 영원한 너의 하나님이다.

함께 읽어 보세요 출 15:13; 시 23:4; 48:14

 기쁨 묵상 :

02 | 16

**무슨 일을 하든지 마음을 다하여 주께 하듯 하고
사람에게 하듯 하지 말라**(골 3:23).

일을 시작할 때는 그 일이 크든 작든 먼저 시간을 내어 그 일에 대해 기도하렴. 그렇게 하는 것은 너에게 내가 필요하다는 걸 인정하고, 내가 너를 도와줄 거라고 신뢰하는 믿음을 시인하는 거란다. 이런 기도는 네가 날 의지하면서 일을 시작할 수 있게 해주지. 이것이 습관이 되면 좋은 점들이 많다. 어떤 일을 계획하고 결정할 때 내가 네 생각을 지도할 수 있게 된단다. 또 네가 하는 일에 내가 개입하고 있다는 걸 아는 것만으로도 너는 자신감이 생기고, 스트레스를 덜 받게 된단다. 내가 주는 도움에 대해 자주 감사를 표현하며, 최선의 길로 인도해 달라고 꾸준히 기도하는 것은 지혜로운 삶이란다.

성경은 너에게 쉬지 말고 기도하라고 가르치지만, 너는 이 말씀을 못 본 척할 때가 많구나. 네 마음이 조급할 때는 속도를 줄여 지금 닥친 일을 내가 어떻게 바라보고 있는지 묻고, 내 뜻을 구하는 게 힘들 거다. 하지만 너 혼자 그 일에 뛰어들어 앞으로 나아가다 보면 오히려 역효과를 낳게 되지. 일을 시작하기 전에 먼저 나에게 그 일에 개입해 달라고 간구하면, 내가 옳은 방향을 알려 줄 수 있단다. 그리고 너는 소중한 시간과 에너지를 아낄 수 있게 된다. 나는 네가 하는 모든 일을 도와주는 게 무척 기쁘단다. 아주 단순한 일이라도 참 즐겁단다. 너는 내 사랑하는 자녀이기 때문이란다.

함께 읽어 보세요 시 32:8; 살전 5:17; 아 6:3

 **기쁨 묵상 :**

02 | 17

그러므로 너희가 이제 여러 가지 시험으로 말미암아 잠깐 근심하게 되지 않을 수 없으나 오히려 크게 기뻐하는도다 너희 믿음의 확실함은 불로 연단하여도 없어질 금보다 더 귀하여 예수 그리스도께서 나타나실 때에 칭찬과 영광과 존귀를 얻게 할 것이니라(벧전 1:6-7).

전혀 뜻밖의 장소에서도 기쁨을 발견할 수 있단다. 하지만 그러려면 노력이 필요하지. 그곳에 있는 것을 못 보게 하는 네 본능적인 반응을 거부하고, 좋은 것을 찾아내려는 노력을 해야 한단다. 네가 초자연적인 방식으로 반응할 수 있도록 내가 도와주마. 모두가 확실하다고 생각하는 그 이상의 것을 보며, 고난 속에 숨겨진 보물을 발견할 수 있는 눈을 주마. 너는 그저 나에게 구하기만 하렴.

기쁨이 넘치는 삶은 너의 선택이다. 죄로 물든 이 험한 세상을 즐겁게 살아가려면 하루에도 몇 번씩 기쁨을 선택해야만 하지. 특히 고난 가운데 있을 때는 더욱 그렇단다. 어떤 일이 네 삶의 안정감과 행복을 깨뜨리고 있다면, 지금 너는 시험을 겪는 중인 거란다. 시험을 통해 금보다 귀한 네 믿음을 증거 할 수 있고, 더 강한 믿음을 갖게 되지. 여러 가지 시험을 만날 때 그것들을 기쁘게 여길 수 있도록 내가 너를 훈련시키고 있단다.

나는 앞에 놓인 기쁨을 내다보며 십자가를 견디는 고통스러운 선택을 했다. 많은 믿음의 자녀들을 영광으로 들어가게 하는 영원한 기쁨을 바라보았지. 사랑하는 자녀야, 나만을 바라보며 시련 속에서 보물을 찾고 기쁨을 선택하렴.

함께 읽어 보세요 약 1:2; 히 2:10; 12:2

기쁨 묵상 :

02 | 18

주께서 생명의 길을 내게 보이시리니 주의 앞에는 충만한 기쁨이 있고 주의 오른쪽에는 영원한 즐거움이 있나이다(시 16:11).

나와 함께하는 동안 너는 충만한 기쁨과 완전한 평안, 그리고 변함없는 사랑을 누릴 수 있단다. 생명의 길을 따라 나와 같이 걷자. 걸음마다 함께하는 나와의 동행을 즐기려무나. 나는 언제나 네 곁에 있으니, 내 임재의 기쁨은 항상 너의 것이다. 마음대로 가져라!

나를 믿고 의지하는 너에게 내가 참된 평화를 주겠다. 네 입술의 말과 생각과 노래로 나와 소통하자꾸나. 말씀에 깊이 몰입할 수 있도록 충분한 시간을 가지렴. 성경 말씀이 네 마음속에 들어가서 네가 생각하고 살아가는 방식을 변화시키도록 해라. 내가 정말 누구인지 깊이 묵상하는 동안 내 빛이 마음속을 따뜻하게 비추며, 네가 평강 가운데 살 수 있도록 도울 거란다.

사랑받는 나의 자녀야, 하나님의 집에서 자라나는 올리브 나무 같이 네가 내 임재 안에서 무성하게 자라나기를 바란다. 내 임재의 햇살이 너에게 영양을 공급할 때, 천국의 풍성한 열매를 맺을 수 있단다. 내 한결같은 사랑을 신뢰하면 할수록, 네가 얼마나 완벽하게 안전한지 깨닫게 될 거다.

함께 읽어 보세요 사 26:3; 시 52:8

 기쁨 묵상 :

02 | 19

내가 여호와를 항상 내 앞에 모심이여 그가 나의 오른쪽에 계시므로 내가 흔들리지 아니하리로다(시 16:8).

나를 항상 네 앞에 두고, 나에게 시선을 고정해라. 나는 네 오른편, 네 바로 가까이에 있다. 내가 언제나 곁에 있다는 사실을 아는 것은 가장 든든한 기쁨의 원천이란다. 내 임재를 더 분명히 깨달으려고 노력하면, 삶의 순간순간 나를 누리며 더욱 안정감을 느낄 수 있을 거다.

조용한 기도로, 속삭임으로, 입술의 말들로, 소리 높인 찬양으로 나와 이야기를 나누는 것은 네가 나에게 계속 집중할 수 있는 최선의 방법이란다. 나는 네가 기도 속에서 나를 진정으로 만나기를 바란다. 어떤 일에 대해 걱정하거나 집착하는 대신, 그 생각들을 나에게 가져오너라. 마음속에서 생각하는 모든 걸 말해 다오. 네가 염려하는 사람이나 상황을 어떻게 대해야 할지 알려 주마.

말씀을 공부하고 깊이 묵상해라. 말씀이 네 마음과 생각을 흠뻑 적셔서 네 사고방식을 변화시킬 수 있게 해라. 그리고 너의 기도를 성경적인 개념과 내용들로 가득 채워라. 나와 친밀한 소통을 이어 갈 때 내 임재 안에서 누리는 기쁨은 네 것이란다!

함께 읽어 보세요 시 71:23; 90:14; 빌 4:6

기쁨 묵상 :

02 | 20

또 여호와를 기뻐하라 그가 네 마음의 소원을 네게 이루어 주시리로다
(시 37:4).

기도를 따분한 의무로 생각하지 말고 사랑하는 이와 나누는 대화로 여기렴. 네가 나를 즐거워하면 너는 나와의 교제 속으로 거부할 수 없이 빠져들게 될 거란다. 내가 너에게 진정 어떤 존재인지를, 내가 너를 위해 했던 모든 일을 떠올려 보아라. 나는 완전하고 끝없는 사랑으로 너를 사랑하고, 너로 인해 기쁨을 이기지 못한단다. 내가 너를 다정하게 감싸 안고, 네가 참으로 내 사랑하는 자녀임을 굳게 믿게 해주마. 나는 너를 절대로 포기하지 않는단다. 그러니 내 안에서 크게 기뻐해라!

나와 대화를 시작할 수 있는 가장 쉬운 길은 나에게 감사하는 거란다. 너의 죄를 대신 지고 너를 구원했으며, 친구가 되어 준 나에게 감사해라. 너의 삶 속과 가정과 교회, 그리고 그 밖의 곳에서 일어나고 있는 모든 일에 대해서도 감사해라. 이러한 감사 기도는 너를 나에게 연결시켜 주고, 다른 기도 제목으로 부드럽게 이어 준단다.

너와 너를 둘러싼 상황에 대해 내가 모두 알고 있으니, 너는 거리낌 없이 나와 이야기를 나누면 된단다. 나의 피가 너를 위한 온전한 죗값이 되어 치러졌기에, 나는 결코 너를 거절하지 않는단다. 나를 굳게 믿고 네 마음을 다 털어놓으렴. 나는 너의 피난처란다.

함께 읽어 보세요 습 3:17; 시 62:8; 118:28-29

기쁨 묵상 :

JESUS ALWAYS

02 | 21

**밤이 깊고 낮이 가까웠으니
그러므로 우리가 어둠의 일을 벗고 빛의 갑옷을 입자**(롬 13:12).

빛의 갑옷을 입으렴. 너를 보호해 줄 수 있는 이 빛나는 옷을 입으려면 악한 행실을 벗어 버려야 한다. 너는 사방이 어둠으로 뒤덮인 세상을 살아가고 있기에, 사물을 분명하게 바라볼 수 있도록 도와줄 빛의 갑옷이 필요하지. 이 옷이 너를 둘러싼 세상적인 것들에 미혹되지 않도록 너를 지켜 줄 거다.

네가 나와 함께 빛 가운데를 걸어가면 좋겠구나. 사랑이 가득한 내 임재에 늘 깨어서, 모든 노력을 다해 내 가까이에서 살아라. 네 몸에 옷을 입는 것처럼 내가 네 옷이 되게 해다오. 나와 가깝게 있으면 너는 항상 옳은 결정을 내릴 수 있지. 그럼에도 죄악으로 너를 이끄는, 나쁜 선택을 하게 될 때도 있을 거다. 그래도 절망하지 마라. 나는 너의 구세주이다. 네가 죄지을 것에 대한 대비까지 이미 다 해두었단다. 십자가에서 흘린 나의 피로 너는 깨끗하게 되었고, 빛 속을 계속 걸어갈 수 있게 되었단다.

네가 죄를 고백하면, 너를 용서하고 모든 불의에서 깨끗하게 씻어 주마. 나는 신실하고 의롭다. 네가 내 곁에 있을 때 나는 참 즐겁단다.

함께 읽어 보세요 롬 13:14; 요일 1:7, 9

기쁨 묵상 :

02 | 22

이는 한 아기가 우리에게 났고 한 아들을 우리에게 주신 바 되었는데 그의 어깨에는 정사를 메었고 그의 이름은 기묘자라, 모사라, 전능하신 하나님이라, 영존하시는 아버지라, 평강의 왕이라 할 것임이라(사 9:6).

사람들은 나를 '훌륭한 조언자'라고 부르지. 나는 너를 네 자신보다 훨씬 더 깊이 이해하고 있단다. 그러니 마음이 불안하거나 골치 아픈 일이 있다면, 나에게 와서 조언을 구하렴. 내가 비추는 사랑의 빛으로 인해 너는 네가 진정 누구인지 알 수 있단다. 너는 내 찬란한 의로움 안에서 사랑스럽게 빛나고 있다. 내 의는 완전하지만, 네가 이 세상을 사는 동안에는 네 자신과 다른 사람들의 불완전함 때문에 계속 힘든 싸움을 해나가야 한다. 그럼에도 나와 함께 있으면 너는 안전하단다. 세상의 그 어떤 피조물도 너를 내 사랑에서 끊을 수는 없다!

좋은 조언자는 진리를 깨닫고, 그 깨달음을 따라 살도록 돕지. 나는 사실 진리를 전하기 위해 태어났고, 이 세상에 왔단다. 그러므로 걱정거리들을 가지고 나에게 올 때는 솔직해지렴. 또한 절대적인 진리가 담긴 내 말씀으로 마음과 생각을 채우려무나.

훌륭한 조언자는 사람들을 돕는 일에 탁월하단다. 또한 상대방이 기쁨과 즐거움을 누리도록 격려하는 일도 매우 잘할 수 있지. 사랑하는 자녀야, 내 안에서 기뻐해라. 내가 네 마음의 소원을 이루어 주마.

함께 읽어 보세요 **롬 8:38-39; 요 18:37; 시 37:4**

기쁨 묵상 :

02 | 23

**태초에 말씀이 계시니라 이 말씀이 하나님과 함께 계셨으니
이 말씀은 곧 하나님이시니라**(요 1:1).

나는 영원한 생명의 말씀이란다. 나는 항상 존재해 왔고, 태초부터 있었다. 또한 나는 하나님이다. 사도 요한이 쓴 것처럼 "이 말씀은 곧 하나님"이다. 이 성경 말씀이 나를 믿는 모든 사람에게 생명을 준단다.

이 세상이 창조될 때부터 말씀은 생명과 연결되어 있었다. 원래 세상은 형태도 없이 공허하고 깜깜했단다. 그때 내가 "빛이 있으라"고 말했지. 그러자 빛이 생겨났다. 나는 식물과 동물을 포함한 모든 것들을 말씀으로 창조했고, 마지막으로 사람을 창조했다.

내가 너에게 주는 생명은 영원한 것이란다. 네가 나를 유일한 구세주로 믿었을 때 그 생명이 시작되었지. 하지만 그 생명은 절대로 끝나지 않을 거다. 너는 이제 더 이상 정죄받지 않는다는 걸 알아서 엄청난 자유를 누릴 수 있게 됐다. 나는 죄와 사망의 법에서 너를 영원히 해방시켰다. 이 영광스러운 선물에 대해 네가 보일 수 있는 최선의 반응은 감사하며 기뻐하는 거란다. 너를 온전히 그리고 영원히 사랑하는 이 안에서 기쁨을 누리렴. 나는 언제나 네가 숨쉬고 있는 공기보다 더 가까운 곳에 있다는 걸 기억하려무나.

함께 읽어 보세요 요일 1:1-2; 창 1:1-3; 롬 8:1-2

 **기쁨 묵상 :**

02 | 24

주 여호와께서 학자들의 혀를 내게 주사 나로 곤고한 자를 말로 어떻게 도와줄 줄을 알게 하시고 아침마다 깨우치시되 나의 귀를 깨우치사 학자들같이 알아듣게 하시도다(사 50:4).

나는 아침마다 너를 일깨우고, 나의 뜻을 알아들을 수 있게 가르쳐 준단다. 사랑하는 자녀야, 나는 항상 마음 깊이 너를 생각한다. 나는 절대 잠들지 않기에 네가 자는 동안 너를 지켜 줄 수 있다. 아침에 네가 잠에서 깰 때에도 나는 여전히 너와 함께 있단다. 네가 내 다정한 임재를 알아차리면, 나는 네가 더 민감하게 깨어 있을 수 있도록 너를 도울 거다. 네 마음속에 뒤엉켜 있는 생각들을 매만져 나를 더 분명히 볼 수 있도록 해주마. 내 임재를 즐거워하며 말씀으로 영혼을 비옥하게 채우는 시간을 가지려무나. 내가 너를 초대하고 있단다. 네가 나에게 가까이 다가오고 내 사랑의 부름에 응답할 때 나는 참 기쁘단다.

나에게 전념하는 시간은 너에게 큰 축복이 되고, 너를 훨씬 더 강건하게 만들지. 나는 네 눈을 열어 말씀을 잘 알아듣게 해서 성경 말씀을 잘 이해하고, 그것을 삶에 적용할 수 있도록 돕는단다. 하루의 계획을 세울 때는 먼저 내 뜻을 분별할 수 있게도 한단다. 이렇게 나와 힘을 합쳐 하루하루를 지내다 보면, 너에게 무슨 일이 생기든지 너는 그것을 해결할 능력을 갖게 될 거다. 나는 네가 모든 상황 속에서 늘 나를 의지하도록 너를 훈련시키는 중이란다.

함께 읽어 보세요 시 62:8; 139:17-18; 약 4:8

 기쁨 묵상 :

02 | 25

**믿음의 주요 또 온전하게 하시는 이인 예수를 바라보자
그는 그 앞에 있는 기쁨을 위하여 십자가를 참으사
부끄러움을 개의치 아니하시더니 하나님 보좌 우편에 앉으셨느니라**
(히 12:2).

사랑하는 자야, 내 영광의 빛이 너를 비추고 있단다. 예배하는 마음으로 나를 우러러보렴. 내 사랑의 광채가 네 위로 쏟아져 존재의 가장 깊은 곳까지 스며들게 해다오. 나와 단 둘만의 순간을 만끽하려무나. 네가 나를 더욱 닮아 가도록 그 시간을 사용하고 있단다. 한가할 때나 바쁠 때나 네가 나를 바라보는 시간이 많아질수록, 너를 통해 다른 사람들에게도 내 영광이 더 밝게 비출 거다.

바쁠 때도 나를 계속 의식하며 지내는 것은 정말 어려운 일이지. 하지만 나는 너를 창조할 때 여러 가지 일들을 동시에 생각할 수 있는 훌륭한 두뇌를 만들어 주었단다. 항상 나를 의식하며 매사에 임하는 연습은 내 임재를 누리는 좋은 습관이다. 이 연습은 너에게 많은 유익을 줄 거다. 너는 내가 함께 있다는 걸 의식하면서, 내가 싫어하는 말이나 행동은 되도록 안하게 될 거다. 힘든 상황이나 고통스러운 마음과 씨름하는 중에 내 임재를 느끼게 되면 용기와 위로를 얻게 될 거다. 나는 네가 나를 닮은 형상으로 변화되어 점점 더 큰 영광에 이르도록 네 삶의 모든 것을 선하게 사용하고 있단다.

함께 읽어 보세요 고후 3:18; 롬 8:28

기쁨 묵상 :

02 | 26

**여호와께서 사무엘에게 이르시되 그의 용모와 키를 보지 말라
내가 이미 그를 버렸노라 내가 보는 것은 사람과 같지 아니하니
사람은 외모를 보거니와 나 여호와는 중심을 보느니라 하시더라**
(삼상 16:7).

사람은 외모를 보지만, 나는 마음의 중심을 본단다. 볼 수 있는 능력은 위대한 선물이지. 나는 네가 아름다운 자연을 보며 내 영광을 조금씩 엿볼 수 있게 해놓았다. 위대한 그림이나 조각품, 영화를 볼 때에도 네 영혼이 깨어나게 된단다. 이 놀라운 선물들을 즐겁게 누리렴. 하지만 눈에 보이는 것의 노예가 되지는 마라. 나는 네 마음의 상태에 가장 관심이 있단다. 그리고 그 속에서 아름다운 것들을 창조하기 위해 일한단다.

시간을 따로 할애해서 네 마음을 가꾸는 것은 매우 중요한 일이다. 너는 그 무엇보다도 마음을 지켜야 한다. 생명의 근원이 마음에 있기 때문이지. 근원이란 풍성한 공급이 일어나는 곳을 말한다. 너는 내게 속해 있기 때문에 내 생명이 너를 통해 흘러간단다. 하지만 이 생명이 풍성하게 흘러가게 하려면 네 마음이 악한 영향을 받지 않도록 지키고, 성경 공부와 기도로 양분을 공급해야 한다.

내 가르침에 따라 우선순위를 맞추어 가면 큰 자유를 누릴 수 있게 된단다. 세상에서 일어나는 일들이 마음에 들지 않을 때는, 눈을 감고 내가 누구인지 잘 생각해 보아라. 기억하렴. 나는 임마누엘, 너와 함께하는 하나님이다.

함께 읽어 보세요 잠 4:23; 마 1:23

 기쁨 묵상 :

02 | 27

**나는 빛으로 세상에 왔나니
무릇 나를 믿는 자로 어둠에 거하지 않게 하려 함이로라**(요 12:46).

나는 세상에 빛으로 왔단다. 나를 믿는 사람들은 누구든지 어둠에 머물러 있지 않게 되지. 나는 세상에 빛을 가져왔을 뿐만 아니라, 어둠 속에서 빛나고 있는 빛이다. 나는 무한하며 전능하다. 그러므로 아무것도 이 빛을 끌 수 없다!

너는 나를 믿고 빛의 자녀가 되었고, 밝은 빛이 너의 내면 속으로 들어갔다. 그 빛은 네가 내 관점으로 세상을 바라보고, 네 마음을 들여다볼 수 있도록 돕고 있단다. 마음속에 광채가 비출 때 너는 몹시 괴로움을 느낄 수도 있을 거다. 하지만 그로 인해 네가 회개하고 내 방법대로 살아가게 된다면, 그것이 오히려 너를 자유롭게 만드는 길이란다.

밝은 시각을 갖게 된 것을 기뻐해라. 이 세상의 신이, 믿지 않는 사람들의 마음을 어둡게 만들어서 내 영광을 드러내는 복음의 광채를 보지 못하게 했다. 하지만 너는 내가 아끼는 내 자녀란다. 네 마음속에서 내 영광을 아는 지식의 빛이 빛나고 있단다. 이 큰 기쁨을 누리렴!

함께 읽어 보세요 요 1:5; 살전 5:5; 고후 4:4, 6

기쁨 묵상 :

02 | 28

내가 너를 모태에 짓기 전에 너를 알았고 네가 배에서 나오기 전에 너를 성별하였고 너를 여러 나라의 선지자로 세웠노라(렘 1:5).

소중한 자녀야, 나는 너를 너무나 잘 알고 있다. 내가 너를 모태에 짓기 전부터 너를 알았고, 지금까지 내가 너를 몰랐던 순간은 단 한 번도 없단다. 네가 이 세상에 태어날 때부터 네 인생이 다할 때까지 앞으로도 계속 그럴 거다. 내가 너를 창조할 때 계획했던 모습으로 점점 변화시켜 가는 일이 나는 정말 기쁘단다. 마치 숙련된 옹기장이가 작품을 만들면서 그 작품으로 인해 기뻐하는 마음과 같지.

내 임재가 끊임없이 너와 함께한다는 말은, 네가 절대로 혼자가 아니라는 걸 의미한단다. 나는 네가 나를 점점 더 깊이 알아 가도록 훈련시키고 있다. 하지만 너는 인간이고, 훈련에 집중할 수 있는 시간에도 한계가 있다는 걸 안다. 가끔씩 네가 고난 중에 있을 때는 홀로 버려진 것 같은 기분이 들기도 할 거다. 하지만 내가 십자가에서 홀로 겪은 고통으로 인해 너는 더 이상 혼자 고통을 겪을 필요가 없게 되었단다. 너는 늘 나와 함께 있고, 내가 네 오른손을 꼭 붙들고 있다.

네가 마지막으로 마주하게 될 상대는 죽음이라는 적이다. 하지만 내가 십자가에 못 박혀 죽었다가 다시 살아난 부활의 능력으로 그 원수는 이미 죽음을 맞이했다! 그러니 나를 신뢰하렴. 평생 내가 너를 인도하고, 그 후에는 천국의 영광 속으로 너를 데려가마.

함께 읽어 보세요 시 73:23-24; 139:16

 기쁨 묵상 :

02 | 29

**그러나 너희는 택하신 족속이요 왕 같은 제사장들이요 거룩한 나라요
그의 소유가 된 백성이니 이는 너희를 어두운 데서 불러 내어
그의 기이한 빛에 들어가게 하신 이의
아름다운 덕을 선포하게 하려 하심이라**(벧전 2:9).

나는 너를 어두운 데서 불러내어 내 놀라운 빛 속으로 이끌었다. 게다가 내 나라의 왕족이 되게 했다. 너에게 공의의 겉옷을 친히 입혀 주었고, 내 나라에 어울리는 왕족이 되게 해주었지. 이제 너는 내 특별한 백성이 되었다. 너는 나에게 속해 있고, 나는 너를 기뻐한단다.

나를 찬양하고, 내 이름을 널리 선포하게 하도록 나는 너처럼 불완전한 사람들을 선택했단다. 나는 네가 스스로 원하는 만큼 잘 해낼 수는 없다는 걸 안다. 사실 내 도움 없이는 불가능하지. 내가 너에게 준 삶의 소명과 이에 응답하기 위한 네 능력 사이에는 큰 차이가 있지만, 그것이 내 계획이란다. 그로 인해 너는 자신의 부족함을 더욱 절실하게 깨달을 수 있게 되지. 너는 내 것이다. 그러므로 너는 나와 연합하여 네 무능력을 내 무한한 능력으로 채울 수 있단다. 너의 부족한 점에 주목하지 말고, 더욱 열심을 내어 나의 곁에 가까이 머물러 있어라. 무슨 일을 하든지 내 도움을 의지해야 함을 잊지 말고, 자신을 다 내려놓을 때 경험할 수 있는 신기한 기쁨을 누리며 살아라. 너에게 필요한 모든 것을 내가 줄 것을 믿고 나를 기대하렴. 너의 얼굴은 탁월한 내 영광의 빛이 깃들어 밝게 빛나게 될 거란다.

함께 읽어 보세요 사 61:10; 요 15:5; 고후 3:18

 **기쁨 묵상 :**

JESUS ALWAYS

03

MARCH

우리가 다
그의 충만한 데서 받으니
은혜 위에 은혜러라
(요 1:16)

03 | 01

**너희가 피곤하여 낙심하지 않기 위하여 죄인들이 이같이
자기에게 거역한 일을 참으신 이를 생각하라**(히 12:3).

네가 세상을 살아가는 동안 나는 너에게 기쁨을 선사한단다. 이 찬란한 선물은 사치품이 아닌 필수품이지! 네 앞에는 울퉁불퉁한 거친 길, 급격한 커브길, 오르막길과 내리막길까지 놓여 있다. 네 마음에 기쁨이 없다면 너는 곧 피곤하고 낙심하게 될 거다.

기쁨은 네 삶의 환경에 좌우되지 않는단다. 모든 상황을 초월할 수 있지! 물질적으로 부유한 사람들보다 빈곤한 사람들이 더 즐겁게 살 수 있는 이유가 바로 이것이다. 나를 자신의 구원자, 주인, 친구로 믿으면 아픈 사람은 물론이고 죽어 가는 사람들조차 기쁨을 누릴 수 있단다.

네 주위에 기쁨을 퍼뜨리기 위해 노력하렴. 미소, 웃음, 말씨 같은 너의 태도를 통해 내 빛이 드러나게 하렴. 성령님께 네 삶의 한 자리를 내어 드리면, 네가 준비를 갖추도록 그분이 도와주실 거란다. 너를 한없는 기쁨으로 채워 달라고 성령님께 간구하렴. 그리고 내 곁에 머무는 데 집중해라. 그러면 너를 생명의 길로 인도해 주마. 내 임재 안에는 충만한 기쁨이 있단다.

함께 읽어 보세요 합 3:17-18; 시 16:11

 **기쁨 묵상 :**

03 | 02

깊도다 하나님의 지혜와 지식의 풍성함이여, 그의 판단은 헤아리지 못할 것이며 그의 길은 찾지 못할 것이로다(롬 11:33).

어느 누가 내 길을 찾아낼 수 있겠느냐! 겸손한 마음으로 나아와, 내 무한한 지혜 앞에 고개를 숙여라. 다 알려고 하는 마음을 버리고, 네가 이해할 수 없는 것들이 많다는 사실을 그냥 받아들이렴. 나는 무한하고, 너는 유한하다. 네 생각은 네 삶과 세상에서 일어나는 많은 일들을 다 이해하기에 한계가 있다. 그러니 너의 세계관 안에 신비한 비밀을 담아 둘 자리도 필요하단다.

이전에 수수께끼였던 많은 일들, 영원 전부터 모든 세대에게 감추어졌던 비밀을 너도 알게 되었구나. 이것은 특권이란다. 나의 성육신과 삶과 죽음, 그리고 부활을 통해 드러난 계시들이 신약 성경에 가득 들어 있다. 네가 이 귀중한 지식을 얻게 된 것은 헤아릴 수 없이 큰 축복이란다!

그럼에도 네가 사는 세상에서 내가 일하는 방식은 종종 여전히 이해할 수 없는 신비로 남아 있게 될 거다. 내 방식 앞에서 너는 원망하고 화를 내든지, 아니면 경이로운 마음으로 내게 엎드려 절하고 경배하든지 선택해야 한다. 나의 지혜와 지식은 깊고도 풍성하니 그 놀라움을 누려라!

함께 읽어 보세요 잠 3:5; 골 1:26

 기쁨 묵상 :

03 | 03

**내 평생에 선하심과 인자하심이 반드시 나를 따르리니
내가 여호와의 집에 영원히 살리로다**(시 23:6).

나의 사랑은 평생 너를 따라 날마다 함께 가고 있단다. 그러니 오늘 하루 다정한 내 임재의 흔적을 찾아보렴. 나는 여러 가지 다양한 방법들로 너에게 나를 나타내고 있다. 네 상황에 딱 맞는 성경 말씀, 주위 사람들을 통해 들려주는 유익한 말들, 성령님이 연출하시는 '우연의 일치', 자연의 아름다움 등이 그렇단다. 나는 너를 소극적으로 사랑하는 게 아니라, 적극적으로 따라가며 네 삶에 뛰어든단다. 네 마음의 눈을 열 수 있도록 나를 초대해 다오. 내가 너를 크고 작은 무수한 방법들로 축복하는 모습을 '보게' 될 거다.

나는 네가 내 풍성한 축복을 받아들이되 특별한 주의를 기울이면 좋겠구나. 그 모든 축복을 아주 소중하게 마음에 새겨 두렴. 너의 삶 속에서 여러 가지 방법으로 내가 나를 드러내고 있다는 것에 감사하려무나. 그중 몇 가지를 적어 보렴. 그러면 두고두고 그 기쁨을 간직할 수 있을 거란다. 내 임재의 흔적들이 너를 강하게 만들고, 앞으로 겪게 될 어려움에도 대비시켜 줄 거다. 그 어떤 피조물도 너를 내 사랑에서 끊을 수는 없다는 걸 기억하렴.

함께 읽어 보세요 시 119:11; 눅 2:19; 롬 8:39

기쁨 묵상 :

03 | 04

**그러나 여호와께서 기다리시나니 이는 너희에게 은혜를
베풀려 하심이요 일어나시리니 이는 너희를 긍휼히 여기려 하심이라
대저 여호와는 정의의 하나님이심이라
그를 기다리는 자마다 복이 있도다**(사 30:18).

나를 기다리는 모든 이들에게 복이 있다! 참을성 있게 기다리는 게 쉬운 일은 아니겠지만, 그럼에도 그 기다림은 아주 유익한 시간이란다. 너는 미리 계획을 세우고, 확실한 결정을 내리며 일을 이루어 가기를 간절히 원하지. 그렇게 해야 할 때도 있겠지만 지금은 그럴 때가 아니란다. 지금은 전심을 다해 나를 신뢰하며, 내 임재 안에 거해야 할 때이다. 이 훈련의 시간이 네가 가는 길에 넉넉한 축복을 가져다줄 거다.

내가 너에게 주는 좋은 것들 중 어떤 것은 미래에서 너를 기다리고 있다. 순종하며 나를 기다리는 시간은 아직 오지 않은 축복의 가치를 높여 가는 과정이지. 미래에 있는 축복들은 신비롭게 가려져 있기 때문에 지금은 선명하게 보이지 않는단다. 그 밖의 축복들은 현재를 위한 것이지. 나를 기다리는 과정 자체가 유익이 된단다. 네가 눈을 들어 소망 가운데 나를 바라볼 때, 네 영혼은 나를 기다리며 준비될 수 있다. 내가 모든 것을 주관하고 있다는 걸 인정하고, 나의 선함 속에서 쉼을 누리렴. 이렇게 오래 기다려야 하는 이유를 이해할 수 없더라도, 온 마음을 다해 나를 신뢰하기로 선택하면 내가 너를 축복한단다.

함께 읽어 보세요 시 143:8; 잠 3:5

 **기쁨 묵상 :**

너희 염려를 다 주께 맡기라 이는 그가 너희를 돌보심이라(벧전 5:7).

  내가 너를 돌보고 있단다. 때때로 너는 타락한 세상의 '비바람'을 맞으며 자신의 외로움과 나약함을 느끼곤 하지. 그런 감정을 느낄 때는 잠시 멈추어 스스로에게 이렇게 말해 주렴. "예수님이 나를 돌보고 계신다." 이 말이 너를 위로하고 편안한 마음을 갖도록 도울 거다. 앞으로 일어날 일에 대해 알아내려고 애쓰면서 미래에 집착하지 않도록 너를 한 걸음 물러서게 할 거다.

  혼란스러운 상황 속에서 어느 길로 가야 할지 알 수 없을 때는 내가 너를 지켜보며 보호하고 있다는 사실을 기억하렴. 나는 너와 네 사정, 그리고 미래에 대해서도 알고 있단다. 풍족한 가정의 자녀는 부모님이 자신을 내일, 다음 주, 내년에 어떻게 부양할지 걱정할 필요가 없지. 너는 더없이 좋은 가정의 자녀이고, 내 자산은 무한하다! 그러니 네 모든 어려움과 걱정거리를 내게 가져오렴. 나에게 다 맡기고, 너는 만왕의 왕의 자녀답게 자신 있게 살아라! 내가 너를 소중히 돌보고 있으니 편안한 마음으로 기쁨을 누리려무나.

함께 읽어 보세요   사 58:11; 계 19:16

기쁨 묵상 :

— JESUS ALWAYS —

03 | 06

**내가 사망의 음침한 골짜기로 다닐지라도
해를 두려워하지 않을 것은 주께서 나와 함께하심이라
주의 지팡이와 막대기가 나를 안위하시나이다**(시 23:4).

사망의 음침한 골짜기를 지날 때에도 겁내지 마라. 깊고 음산한 골짜기 속에서도 내 환한 임재가 밝은 빛을 발하며, 너에게 힘과 용기와 위안을 주고 있단다. 나는 졸지도, 자지도 않기 때문에 끊임없이 너를 지켜볼 수 있지. 골짜기가 아무리 깊고, 구덩이가 아무리 어두워도 내가 그 바닥을 볼 수 없을 만큼 깊거나 어두울 수는 없단다.

가끔 나로부터 벗어나 질펀이는 수렁에 빠지더라도 내가 너를 구해 줄 것을 믿어라. 네가 나에게 부르짖으면 너를 수렁에서 끌어올려 반석 위에 세우고, 네 걸음을 안전하게 지켜 주마. 실수를 할 때조차도 너를 돕기로 한 내 약속을 기억하고 안심하렴.

두려워지기 시작할 때마다 내가 너와 함께 있음을 기억해라. 나는 결코 너를 떠나지 않겠다고 이미 약속했단다. 나 여호와가 너를 앞장서 가고 있다. 역경의 골짜기를 걸어가는 동안 너를 위로하는 이 한마디의 말이 네 마음속을 떠나지 않게 해라. "주님이 나와 함께하시니 나는 아무것도 두렵지 않습니다."

함께 읽어 보세요 시 40:1-2; 121:2-3; 신 31:8

기쁨 묵상 :

03 | 07

**그들은 종일 주의 이름 때문에 기뻐하며
주의 공의로 말미암아 높아지오니**(시 89:16).

  온종일 내 이름을 즐겁게 부르며, 내 의로움으로 인해 기뻐하는 사람에게는 복이 있단다. 내 이름은 곧 나를 나타내고, 영광스러운 내 모든 속성이 그 안에 담겨 있지. 내 이름을 잘 사용하면 사랑이 가득한 내 임재로 더 가까이 나아올 수 있단다. 누군가를 욕하고 저주할 때 내 이름을 사용해서 나를 욕되게 하는 사람들이 많단다. 그럴 때 나는 굉장히 불쾌하지. 하지만 내 자녀들은 '예수님'이라는 내 이름을 온종일 다정하게 소리 내어 부르며, 내 안에서 기쁨을 찾고 도움을 얻을 수 있단다. 나는 너의 구주 하나님이다. 내 이름의 영광을 위하여 내가 너를 도우마.

  나는 내 의로움을 기뻐하라고 너를 초대하고 있단다. '기뻐한다'는 말은 마냥 즐겁고, 신나고, 행복하고, 환희에 넘친다는 뜻이다. 특히 승리나 성공을 거두었을 때 느끼는 감정이지. 십자가에서 숨을 거두기 직전에 나는 "다 이루었다!"라고 말했다. 이 말은 상상을 뛰어넘는 가장 위대한 승리를 성취했음을 알린 말이란다. 나를 믿는 모든 사람을 위해 죄와 죽음으로부터 승리했다는 뜻이지. 사랑하는 자녀야, 비할 바 없는 이 최고의 성과를 통해 내 의로움은 영원히 네 것이 되었다. 내가 너에게 공의의 겉옷을 주었단다. 즐겁고 신나고 행복한 환희를 누리며, 영광으로 빛나는 이 구원의 옷을 입어라!

> 함께 읽어 보세요   시 79:9; 요 19:30; 사 61:10

🙂 **기쁨 묵상 :**

**나의 발로 암사슴 발 같게 하시며
나를 나의 높은 곳에 세우시며**(삼하 22:34).

나는 너에게 높은 곳에 설 수 있는 힘을 준단다. '높은 곳'이라는 말에는 여러 가지 뜻이 있는데, 문자 그대로 사용할 때는 실제로 높이가 아주 높은 곳을 의미하지. 산꼭대기나 고층 건물의 가장 위층을 설명할 때 적절한 말이란다. 비유적으로 사용되는 '높은 곳'이라는 말은 대단한 만족감이나 무거운 책임감을 느꼈던 경험과 관련이 있다. 네가 특별히 큰 성취를 거두고 인정받는 높은 위치에 오르기를 원한다면, 그에 따른 책임도 짊어질 준비가 되어 있어야 한단다. 하지만 나와 함께, 나를 통해, 그리고 나를 위해 좋은 것들을 이루어 가는 성취감을 즐기는 것도 잊지 마라.

너는 내 것이다. 그러므로 너는 진리의 허리띠로 허리를 동여매고, 의의 흉배로 가슴을 무장하고 굳게 설 수 있단다. 나는 진리이기에 내 모든 가르침은 분명한 진실이지. 이것이 너에게 견고한 기반이 되어 너는 반석 위에 설 수 있다. 네 창고에 내 완전한 의로움이 영원토록 채워져 있단다. 아무리 많은 곤경에 처하더라도 내 의로움이 너를 굳게 세워 줄 거다!

함께 읽어 보세요 엡 6:14; 요 14:6; 롬 3:22

 기쁨 **묵상** :

— JESUS ALWAYS —
03 | 09

**너는 마음을 다하여 여호와를 신뢰하고
네 명철을 의지하지 말라**(잠 3:5).

나의 방법들은 신비롭고 예측할 수 없지만 항상 선하단다. 세상에서 일어나는 악한 사건들을 보면 너는 두렵고 절망적일 거다. 또 내가 왜 그렇게 잔인하고 고통스러운 일들을 허용하는지 이해하기 어려울 거다. 나에게는 무한한 능력이 있지만, 너는 그렇지 않기 때문이란다. 이해하기 어려운 일들이 많겠지만 낙심하지 마라. 이해력의 한계에 이르렀을 때 그저 나를 신뢰해라. 그러면 그 믿음이 너를 앞으로 이끌고 갈 거다. 네 믿음을 마음속으로 그리고 소리를 내어서 선포하렴. 나와 계속 대화를 나누자!

"왜?"라고 묻고 싶은 마음에 사로잡히지 마라. 나에게 이유를 묻는 것은 적절하지 않단다. 네가 해야 할 질문은 이것이다. "이 상황을 제가 어떻게 바라보기를 원하세요?" "지금 당장 제가 무엇을 하길 원하세요?" 과거를 바꿀 수는 없으니 지금부터 시작해라. 그리고 내 방법을 따라 힘써 나아가렴. 한 번에 하나씩, 그리고 하루씩, 점점 더 나를 신뢰하렴. 두려워하지 마라. 내가 너와 함께한단다. 내가 너에게 힘을 주고 도와줄 거란다.

함께 읽어 보세요 전 8:17; 시 37:12-13; 사 41:10

기쁨 묵상 :

03 | 10

**우리가 다 그의 충만한 데서 받으니
은혜 위에 은혜러라**(요 1:16).

너는 내 충만한 은혜로부터 복에 복이 넘치는 큰 축복을 받았단다. 잠시 멈추어서 네가 선물로 받은 놀라운 구원에 대해 잘 생각해 보렴. 이것은 네가 나를 믿었기 때문에 그 믿음으로 말미암아 받은 은혜란다. 착한 행동의 대가가 아니라 선물로 거저 받은 것이니, 네가 구원받았다는 건 확고한 사실이다. 네가 할 일은 너를 위해 내가 십자가에서 이룬 것들을 믿음으로 신뢰하고 그저 받아들이는 것뿐이다. 이 과분한 사랑과 특권이 영원히 네 것이 되었구나. 내가 베푼 은혜의 가치는 무궁무진하단다!

수많은 축복들이 은혜로부터 흘러나올 수 있는 것은, 내 은혜의 특별한 풍성함 때문이지. 죄책감은 따뜻한 내 용서의 빛 안에서 점점 녹아 사라져 버릴 거다. 하나님의 자녀로서의 정체성이 곧 네 삶의 의미이고 목적이란다. 다른 사람들을 사랑과 용서의 마음으로 대할수록 그들과의 관계도 더 좋아질 거다.

아낌없는 내 은혜에 대한 가장 좋은 응답은 감사로 가득한 마음을 갖는 거란다. 날마다 시간을 내어서 네 삶에 주어진 축복들에 대해 생각하고 나에게 감사하려무나. 은혜를 잊어버린 잡초 같은 마음이 쉽게 싹트지 않도록 너를 지켜 줄 거다. 감사하는 사람이 되어라!

함께 읽어 보세요 엡 2:8-9; 요 1:12; 골 3:15

 **기쁨 묵상 :**

03 | 11

**이날은 여호와께서 정하신 것이라
이날에 우리가 즐거워하고 기뻐하리로다**(시 118:24).

나와 함께 오늘을 열심히 살아보자꾸나! 네 인생은 수없이 많은 순간들로 이루어진 내 선물이다. 헤아릴 수도 없고 미미해 보이는 이 순간들이라는 선물은, 잘 사용되지 못한 채 그냥 흘려 보내기 쉽단다. 네 삶의 순간들을 헛되이 낭비하지 않기 위한 가장 좋은 방법은, 그 자리를 내 임재로 채우는 거란다. 하루를 시작할 때 이렇게 기도하면서 나와의 소통을 시작해라. "예수님, 제 인생에서 이렇게 소중한 하루를 주셔서 감사합니다. 저와 함께하시는 주님의 임재를 계속 느낄 수 있도록 도와주세요."

감사하는 마음은 너를 나에게 연결시키고, 현재의 시간에 닻을 내려 흔들리지 않게 해준단다. 반면, 걱정은 너를 미래로 떠밀어서 불안하고 메마른 땅을 방황하게 만들지. 하지만 "주님, 도와주세요."라고 한마디만 속삭이면, 너는 언제든 내게 돌아올 수 있단다.

지금 현재의 시간에 계속 꾸준하게 충실하려면 더 많이 감사해라. 주위를 둘러보며 내가 너에게 부어 준 많은 선물들을 찾아보아라. 그 축복들에 대해 감사하는 마음이 들거든 구체적으로 네 마음을 표현해 보렴. 열렬하게 감사를 표현해 보아라! 이런 습관을 통해 감사하는 마음이 더욱 커질 거고, 네가 얼마나 축복받은 사람인지 진정으로 깨달을 수 있는 능력도 자라날 거다.

함께 읽어 보세요 골 2:6-7; 시 13:5; 고후 9:15

기쁨 묵상 :

03 | 12

주께서 생명의 길을 내게 보이시리니 주의 앞에는 충만한 기쁨이 있고 주의 오른쪽에는 영원한 즐거움이 있나이다(시 16:11).

네가 내 안에서 누릴 수 있는 기쁨은 너의 상황과는 무관하단다. 내 임재 안에는 충만한 기쁨이 있고, 너는 나에게서 결코 분리될 수 없단다. 오늘 네가 걸어가는 길 위에서 나를 찾아보아라. 너에게 나를 드러내 보이는 일이 나는 아주 즐겁단다. 때로 나는 내가 아니고서는 만들어 낼 수 없는 '우연의 일치'와 같은 사건들을 통해 장엄하고 뚜렷한 방법으로 너와 소통하지. 어떤 때는 잘 알아채지 못할 미묘한 방법들로 나를 표현하기도 한다. 이런 방법들은 너만이 알 수 있는 신호들이라서 다른 사람들은 눈치를 못 채지. 이렇게 섬세한 흔적들이 오히려 더 깊고 친밀한 기쁨을 준단다.

네가 주의를 기울일수록 하루의 사소한 일들 속에서 나를 더 많이 발견할 수 있단다. 그러니 나를 찾는 일에 소홀해지지 말고 깨어 있으렴.

말씀으로 네 마음과 생각을 채워라. 나는 말씀 속에서 가장 분명하게 드러난단다. 약속의 말씀들로 네 생각을 적시렴. 그리고 말씀을 통해 나에게 가까이 붙어 있으렴. 내 음성을 귀 기울여 들어라. 나는 너를 알고, 너는 나를 따라온다. 나는 너에게 영원한 생명을 준단다. 아무도 너를 내 손에서 빼앗아 갈 수 없다. 이 큰 기쁨을 누려라!

함께 읽어 보세요 렘 29:13; 요 10:27-28

 기쁨 **묵상** :

03 | 13

**너희는 이전 일을 기억하지 말며 옛날 일을 생각하지 말라
보라 내가 새 일을 행하리니 이제 나타낼 것이라 너희가 그것을 알지
못하겠느냐 반드시 내가 광야에 길을 사막에 강을 내리니**(사 43:18-19).

사랑받는 자녀야, 지난 일을 생각하지 마라. 과거로부터 교훈을 얻을 수는 있겠지만 과거에 집중하지는 마라. 네가 아무리 간절히 원한다고 해도 이미 일어난 일은 돌이킬 수 없단다. 불가능한 일을 바라지 말고 나에게 와서 마음을 털어놓으렴. 기억해라. 나는 너의 피난처니 항상 나를 의지해라.

나에 대한 확신이 커지도록 이렇게 자주 말해 다오. "예수님, 당신을 믿습니다." 이 한 문장을 소리 내어 말하고 나면, 너의 하루는 금세 밝아질 거란다. 아이처럼 단순한 믿음은 근심의 먹구름을 단숨에 걷어 낼 수 있지.

이제 내가 새 일을 시작하겠다! 내가 네 삶에서 이루어 가는 모든 일을 세심히 살펴보아라. 네 마음과 생각의 눈을 열어, 너의 여행길에 내가 놓아 둔 많은 기회들을 볼 수 있게 해달라고 간구하렴. 익숙한 것만 보는 타성에 빠져서 새로운 것을 놓치는 일이 없게 하려무나. 나는 길이 보이지 않는 곳에도 길을 만들 수 있음을 기억해라. 나는 모든 일을 할 수 있단다!

함께 읽어 보세요 시 62:8; 마 19:26

기쁨 묵상 :

03 | 14

**너의 하나님 여호와가 너의 가운데에 계시니
그는 구원을 베푸실 전능자이시라 그가 너로 말미암아
기쁨을 이기지 못하시며 너를 잠잠히 사랑하시며
너로 말미암아 즐거이 부르며 기뻐하시리라**(습 3:17).

너를 보며 나는 기쁨의 노래를 부른단다. 내가 주는 풍요로운 축복을 받아들일 수 있게 네 마음과 생각과 영을 활짝 열어라. 내 핏값으로 네가 내 자녀가 되었기 때문에 은혜의 보좌로부터 너를 향해 끊임없는 사랑이 흘러나온단다. 고개를 들어 내가 너에게 주는 모든 것을 받아들여라. 너를 반기고 기뻐하는 내 즐거운 노래에 귀를 기울이렴. 내가 사랑하는 그 한 사람이 바로 너라는 것을 믿고, 자신 있게 담대하게 나에게 다가오려무나.

세상은 너에게 '사랑이란 상대방의 지위, 겉모습, 성과에 좌우되는 조건적인 것'이라고 가르치지. 지금은 네가 이 거짓말을 믿지 않는다 해도, 각종 매체들이 끊임없이 퍼붓는 메시지들이 결국 네 생각 속으로 파고들어갈 수 있단다. 그러니 내 임재에 푹 잠겨서 말씀을 받아들이고 내게 집중하는 시간이 무척 중요하단다.

나와 단 둘만의 시간을 구별해 두는 것은 세상의 흐름을 거스르는 일이기 때문에 그만큼 훈련과 결단이 필요하다. 하지만 그렇게 노력할 만한 가치는 충분하단다. 나와 가까이 살아갈 때 너의 하루하루는 말로 표현할 수 없을 만큼 밝아질 거란다. 생명의 원천이 나에게 있으니 너는 내 안에서 밝은 빛을 보게 될 거다.

함께 읽어 보세요 히 4:16; 신 33:12; 시 36:9

기쁨 묵상 :

03 | 15

**여호와께서는 모든 넘어지는 자들을 붙드시며
비굴한 자들을 일으키시는도다**(시 145:14).

나는 넘어진 모든 사람을 일으켜 세우고, 낮아진 모든 사람을 들어올린단다. 네가 한 실수나 실패에 대해 너와 나만 알고 있을 때가 있지. 이럴 때는 그 일을 숨기고 싶은 마음이 들 거다. 감당 못할 정도로 수치스러운 것까지는 아니더라도, 약간의 죄책감이 들거나 불안하거나 혼란스러울 거다. 하지만 그때에도 여전히 나는 너를 완벽하게 사랑한다. 때때로 나는 너를 겸손하게 만들기도 하고, 큰 기쁨을 주는 놀라운 방법들로 내 사랑을 표현한단다. 그렇게 함으로 너는 네 죄에 대해 더 민감하게 인식하게 될 거다. 또한 그 죄를 고백하고 나와 더 가까이 있고 싶은 마음이 간절해질 거다. 구원받은 자녀야, 네가 마땅히 있어야 할 자리를 지킬 때 동요했던 마음이 평온해진단다. 네가 넘어질 때 내가 너를 일으켜 세워 주마.

기억하렴. 나는 모든 일을 가지고 선을 이룰 수 있단다. 너의 실패까지도 선하게 사용한단다. 왜냐하면 너는 나를 사랑하고, 내 목적을 위해 부름받았기 때문이지. 네가 잘 해내지 못할 때조차도 내가 너를 얼마나 아끼고 사랑하는지 이해하는 게 우리의 관계를 더욱 깊어지게 한단다. 또한 한결같은 내 사랑 안에서 네가 편안한 마음으로 기쁨을 누리는 데도 도움이 된단다.

함께 읽어 보세요 롬 8:28; 애 3:22-23

기쁨 묵상 :

03 | 16

이는 나 여호와 너의 하나님이 네 오른손을 붙들고 네게 이르기를 두려워하지 말라 내가 너를 도우리라 할 것임이니라(사 41:13).

나는 외로운 마음을 치유한단다. 주 너의 하나님인 내가 네 오른손을 붙잡고 이렇게 말하고 있다. "두려워하지 마라. 내가 너를 도와주겠다." 마치 내 손을 붙잡고 있는 것같이 네 오른손을 꽉 잡아 보렴. 이 상징적인 몸짓이 너를 나에게로, 살아 있는 내 임재로 연결시키는 것처럼 느껴질 거다. 외롭거나 두려워지려고 할 때마다 너는 다시 나에게 연결되어야 한단다.

너에게 닥친 고난과 너의 감정들을 내게 말해 주렴. 나는 이미 모두 알고 있지만, 네 문제를 나에게 가지고 오는 게 도움이 되기 때문이란다. 내 임재의 빛을 쬐며 몸을 녹이는 시간을 가져라. 내 안에 있으면 네가 얼마나 안전하고 안심할 수 있는지 느낄 수 있을 거다. 네 인생의 아주 짧은 순간들 하나하나까지 언제나 나는 너와 함께 있다. 너는 결코 혼자가 아니란다!

네 삶을 보는 내 관점과 내 얼굴을 구해라. 때로는 너의 걱정거리들을 자세히 적어 보는 것도 좋단다. 생각을 분명하게 정리할 수 있고, 기도 제목을 기록으로 남길 수 있기 때문이지. 그리고 이렇게 하면 네가 가진 문제들을 나에게로 흘려보낼 수 있단다. 내가 너를 끊임없이 지켜보고 있다는 걸 잊지 마라.

함께 읽어 보세요 마 28:20; 시 27:4; 창 28:15

기쁨 묵상 :

03 | 17

**내가 확신하노니 사망이나 생명이나 천사들이나 권세자들이나
현재 일이나 장래 일이나 능력이나 높음이나 깊음이나
다른 어떤 피조물이라도 우리를 우리 주 그리스도 예수 안에 있는
하나님의 사랑에서 끊을 수 없으리라**(롬 8:38-39).

세상의 그 어떤 존재도 너를 내 사랑에서 끊을 수 없단다. 이것이 얼마나 깜짝 놀랄 만한 약속인지 잠시 생각해 보렴. 네가 사는 세상에는 관계가 멀어지고 깨어지는 일들이 허다하구나. 부부 관계, 부모 자식 관계, 친구 관계가 멀어지고, 어린 시절의 꿈들은 어른이 된 현실 속에서 깨어져 버리지. 그중에서도 네가 절대로 겪지 말아야 할 끔찍한 일은, 사랑이 가득한 내 임재로부터 멀어지는 거란다.

나는 네가 강한 믿음으로 내게 끈질기게 매달려 있기를 바란단다. 그래야만 상처투성이인 불안정한 세상에서 불확실한 상황들에 대처할 수 있는 힘을 얻을 수 있기 때문이지. 나의 사랑은 너를 절대로 실망시키지 않는다는 걸 잊지 마라. 그렇지 않으면 걱정 근심이 네 마음을 괴롭히고, 너를 두려움으로 가득 채울 거다. 겁이 날 때는 아이 같은 믿음으로 내 손을 꼭 붙잡고, 너를 보호하는 내 임재 안에서 쉬렴. 그리고 온전한 사랑은 두려움을 몰아낸다는 걸 기억하렴.

세상에서 가질 수 있는 가장 많은 재산도 한없는 내 사랑의 부유함에 비교하면 아주 하찮을 것일 뿐이란다. 하지만 이것은 나를 믿는 모든 이들에게 내가 거저 주는 선물이지. 변함없는 나의 이 사랑은 얼마나 값진 것이냐!

함께 읽어 보세요 사 30:15; 요일 4:18; 시 36:7

 **기쁨 묵상 :**

03 | 18

**그러므로 내일 일을 위하여 염려하지 말라
내일 일은 내일이 염려할 것이요
한 날의 괴로움은 그날로 족하니라**(마 6:34).

 내일 일을 염려하지 말고, 현재를 더 충실히 살도록 애쓰렴. 애를 쓴다는 것은 힘든 노력이 필요한 일에 대해 수고와 에너지를 쏟는 걸 말한단다. 내 임재 안에서 현재에 충실한 삶을 살기 위해서는 끊임없는 노력을 다해야 하지. 매일의 생활 속에서 나를 우선순위로 삼고 따라오너라.

 걱정하려는 마음이 들려고 할 때 그 유혹을 떨쳐 버리는 것도 중요하단다. 너는 죄와 분쟁으로 꽉 찬 타락한 세상에 살고 있기 때문에, 너를 불안하게 만드는 일은 계속 있을 거다. 하지만 기억해라. 그날의 괴로움은 그날로 충분하단다. 너에게 주어진 하루 동안 네가 겪어야 할 어려움의 분량을 내가 신중하게 조절하고 있다. 네가 내 도움을 힘입어 하루에 감당할 수 있는 정도를 내가 정확히 알고 있지. 그리고 나는 늘 네 곁에서 너에게 힘과 용기를 주며, 너를 위로할 준비가 되어 있단다.

 나와 가까이 걸어가려는 노력은 네가 현재를 충실하게 살 수 있는 최선의 방법이란다. 생각이 흐트러질 때마다 다시 내게 집중하렴. 사랑하는 나의 자녀야, 즐겁게 나에게로 돌아오렴. 나는 너로 인해 기쁨을 이기지 못하며, 너 때문에 노래하고 즐거워한단다.

함께 읽어 보세요 사 41:10; 습 3:17

 기쁨 묵상 :

03 | 19

**내게 능력 주시는 자 안에서
내가 모든 것을 할 수 있느니라**(빌 4:13).

나와의 생기 넘치는 관계를 통해 너는 모든 일에 대한 준비를 갖출 수 있고, 어떤 일이든 감당할 수 있단다. 내가 네 안에 힘을 불어넣을 테니 그동안 너는 내 임재 안에서 쉬렴. 너는 왕 중의 왕의 자녀이기에 네가 아는 것보다 훨씬 더 큰 능력을 가지고 있단다. 하지만 이 특권을 충분히 사용하려면 나와 많은 시간을 함께 보내야 하지. 마음을 열고 나를 기뻐하는 시간을 가지렴. 이렇게 내 안에서 안식할 때 내면의 힘을 가득 채워 주마. 우리가 함께 보내는 시간을 통해 너는 즐거움뿐만 아니라, 능력도 얻게 된단다.

해야 할 일이 많은 날에는 서둘러 나와의 시간을 마치고 그 일에 빨리 뛰어들고 싶을 거다. 하지만 건강한 아침식사가 최상의 컨디션에 도움이 되듯이, 너의 영혼에는 '나'라는 건강한 양식이 필요하단다. 말씀이 네 안에서 살아 숨쉬게 해달라고 성령님께 간구하고, 말씀 안에서 행복을 누리렴. 생명의 말씀들을 음미해 보아라! 이렇게 날마다 나와의 생생한 관계를 이어 갈 때 닥쳐 올 모든 일들에 대한 준비를 갖추고, 담대하게 하루하루를 시작할 수 있단다.

함께 읽어 보세요 시 5:3; 37:4

🙂 **기쁨 묵상 :**

03 | 20

**또 너희 중에 누가 염려함으로 그 키를 한 자라도 더할 수 있느냐
그런즉 가장 작은 일도 하지 못하면서
어찌 다른 일들을 염려하느냐**(눅 12:25-26).

다음 일을 쉴 새 없이 걱정하면서 계획 세우기에 몰두하지 마라! 미래에 가 있는 네 마음을 지금 이 순간으로 데려오렴. 사랑이 가득한 내 임재가 이곳에서 너를 기다리고 있단다. 내가 너를 기뻐한다는 걸 떠올리며, 미소 짓는 마음으로 내 얼굴을 구하렴. 너의 걱정거리나 무거운 과제들에 대해 이야기를 나누자. 내 뜻에 따라 우선순위를 정할 때 큰 소리로 내게 도움을 청하렴. 그런 다음, 너의 초점을 나에게로 그리고 네가 당장 해야 할 일에 맞추어라. 이렇게 너의 생활 속으로 나를 초대하면 너는 더 즐겁게, 더 효율적으로 생활할 수 있을 거란다.

휴식이 필요할 때는 내가 안식처라는 것을 기억하렴. 너를 떠받치고 든든히 붙들어 줄 영원한 팔이 항상 준비되어 있단다. 하던 일을 잠시 멈추고 나와 함께 안식하며 기다리는 시간이, 나에 대한 진짜 믿음을 입증한단다. 해야 할 일들로 돌아갈 준비를 할 때는 너의 계획 속에 나를 포함시켜 다오. 네가 다시 걱정에 빠지지 않도록 지켜 주마. 또한 내 임재를 즐거워하며 나와 가까이 있도록 도와주마.

함께 읽어 보세요 시 62:5-6; 신 33:27

 기쁨 묵상 :

03 | 21

**여호와여 아침에 주께서 나의 소리를 들으시리니
아침에 내가 주께 기도하고 바라리이다**(시 5:3).

나는 네가 고난을 견뎌 내도록, 또 그 고난을 영광으로 변화시키도록 훈련시키는 중이란다. 이것은 초자연적인 능력이 필요한 일이기에 너는 초자연적인 성령님께 도움을 구해야 한다. 네가 가진 문제들이 무겁게 너를 짓누를 때, 너는 해답을 찾는 일에 미친 듯이 매달리며 더 **빠른** 속도로 생활하곤 하는구나. 이것이 고난에 대응하는 너의 자연스러운 방식이지. 하지만 이럴 때 네게 필요한 것은 속도를 늦추고 느긋하게 내 얼굴을 구하는 태도란다. 그 문제들에 대해 나와 상의하면서, 도우시는 성령님을 초대하렴. 그런 다음, 내 앞에 네 소원들을 내려놓고 잠잠히 응답을 기다려라.

네가 아무리 간절히 기다린다 해도 네 모든 기도에 재빨리 응답하지는 않을 거란다. 나는 늘 네 삶에서 중요한 일을 하고 있다. 단순히 문제를 해결해 주는 것보다 훨씬 더 중요한 일이지. 지금 네 고난은 훨씬 더 큰 싸움의 일부분이란다. 네가 이 고난에 어떻게 대처하는지에 따라 그 영향력은 영원히 의미 있는 결과로 이어질 거다. 어려움 속에서도 나를 신뢰하며 감사 기도를 올릴 때, 네가 나를 영화롭게 한단다. 사랑하는 자녀야, 너의 머리에 내가 영광의 관을 씌웠다. 끈기 있게 기도하는 훈련을 하렴. 그 시간들이 결국 네 안에서 엄청난 차이를 낳게 될 거다.

함께 읽어 보세요 빌 4:6; 시 8:5

기쁨 묵상 :

03 | 22

그러므로 이제 그리스도 예수 안에 있는 자에게는 결코 정죄함이 없나니 이는 그리스도 예수 안에 있는 생명의 성령의 법이 죄와 사망의 법에서 너를 해방하였음이라(롬 8:1-2).

사랑하는 자녀야, 기뻐해라. 십자가 위에서의 내 희생이 너의 과거, 현재, 미래의 모든 죄를 해결했단다. 이제 내 안에 있는 자는 결코 정죄를 받지 않는다. 나를 믿고 따르는 자녀로서 죄에서 자유로운 신분을 얻게 된 것은 매일매일 네가 기뻐해야 할 충분한 이유란다. 에덴동산에서 추방된 이후로 죄는 줄곧 인류의 가장 큰 문제였지. 내 희생적인 죽음이 이 끔찍한 문제의 해결책이 되었단다. 인간의 상상을 뛰어넘는 가장 좋은 소식은 바로 '복음'이란다. 내가 너의 죄를 지고 너를 대신해 죄인이 되었고, 내 완전한 의로움을 너에게 주었다. 이것은 영원히 변하지 않는 놀라운 계약이다!

나의 나라에서 너는 무죄가 되었으니 그 사실을 더욱 풍성히 누리면 좋겠구나. 생명을 주는 성령의 법이 나를 통해 죄에서 너를 해방시켰다! 이것은 악한 생활 방식에 다시 빠져들어도 된다는 유혹이 아니다. 영원히 나에게 속하게 된 영광스러운 특권을 한껏 즐기며 환희에 넘쳐 살아가라는 초대의 말이란다! 이것이 너의 진정한 정체성이다. 네 삶의 모든 순간이 의미를 갖게 될 거다. 네가 누구인지 바로 알고, 그것을 기뻐하렴. 너는 하나님의 사랑을 받는 소중한 자녀란다.

함께 읽어 보세요 창 3:6-7; 고후 5:21; 요 1:11-12

 **기쁨 묵상 :**

03 | 23

**천사가 여자들에게 말하여 이르되 너희는 무서워하지 말라
십자가에 못 박히신 예수를 너희가 찾는 줄을 내가 아노라
그가 여기 계시지 않고 그가 말씀 하시던 대로 살아나셨느니라
와서 그가 누우셨던 곳을 보라(마 28:5-6).**

나는 너의 살아 있는 하나님, 부활의 하나님이다. 나는 살아서 왕성하게 역사하는 구세주이니 이 기쁨을 널리 알려라! 그리고 즐거워해라. 내가 너와 끊임없이 영원히 같이 있기로 약속했단다. 앞으로 네가 겪게 될 커다란 시련과 실망 속에서도 이 진리가 너를 지탱해 줄 거다. 그러니 내가 너의 손을 결코 놓지 않을 것을 확실히 믿고, 나와 함께 삶의 여정을 담대히 걸어가자.

내가 너에게 무엇을 주었는지 곰곰이 생각해 보렴. 나는 너에게 나 자신을 주었고, 네 모든 죄를 용서해 주었으며, 천국의 영원한 기쁨을 주었단다. 넘치도록 후히 베푼 이 엄청난 선물들의 의미를 너는 온전히 이해하지 못하는구나. 예배는 네가 이해할 수 있는 범위를 뛰어넘어, 너를 나에게 연결시키는 강력한 방법이기에 예배하는 시간이 무척 중요하단다. 또한 예배는 내 임재를 선포하는 시간이다. 나를 예배하는 방법에는 여러 가지가 있단다. 찬양하는 것, 성경 말씀을 공부하고 암송하는 것, 기도하는 것, 내가 창조한 만물의 경이로움을 기뻐하는 것 등이지. 내 사랑을 힘입어 다른 사람들을 섬기고 사랑하는 것 역시 예배가 될 수 있단다. 그러니 무슨 일을 하든지 다 하나님의 영광, 곧 내 영광을 위해서 해라!

함께 읽어 보세요 시 42:2; 골 2:2-3; 고전 10:31

기쁨 묵상 :

03 | 24

**여호와와 그의 능력을 구할지어다
그의 얼굴을 항상 구할지어다**(시 105:4).

네 자신이 아무리 자격 없게 느껴지더라도 언제든지 나에게 도움을 구하렴. 내 얼굴을 구하기 위해 특별한 장소에 가거나, 일부러 어떤 태도를 취하지 않아도 된단다. 내 환심을 사려고 노력하거나, 억지로 고상한 말을 쓸 필요도 없다. 나는 항상 따뜻한 눈으로 너를 바라보고 있단다. 너는 내 의로움의 옷을 입은 자녀이기 때문이지. 나는 네 안에 살아서 존재하고, 네 생각을 완벽하게 이해한다. 그러니 네가 믿음을 가지고 나를 바라볼 때, 아주 잠시만으로도 내 도움을 얻기에 충분하단다.

너는 네 능력으로 하루를 살아가기에 충분한지 계산하느라 에너지를 낭비하곤 하는구나. 나의 공급을 구하는 대신, 너에게 어느 정도 에너지가 남아 있는지 확인하는 데 여념이 없지. 하루를 시작할 때 네 부족함을 그냥 인정해 버리면 얼마나 좋으냐! 그렇게 하면 내 무한한 능력에 거리낌 없이 기댈 수 있단다. 네가 나와 연결되어 있는 한, 필요할 때마다 마음껏 사용할 수 있는 충분한 능력을 주마. 나는 너의 큰 도움이니 항상 나를 향해 있으렴. 그러면 그날 필요한 만큼의 힘을 얻을 수 있을 거다.

함께 읽어 보세요 사 61:10; 시 46:1; 신 33:25

기쁨 묵상 :

03 | 25

**예수께서 이르시되 나는 부활이요 생명이니
나를 믿는 자는 죽어도 살겠고(요 11:25).**

나는 부활이며 생명이다. 나를 믿는 자는 죽어도 다시 살아날 거다. 마르다의 오빠인 나사로가 죽었을 때 나는 마르다에게 이 진리를 말해 주었고, 마르다는 나를 믿었다. 곧이어 나사로에게 무덤에서 나오라고 명하자 그대로 되었다. 모든 사람이 그렇듯 나사로도 결국 다시 죽었지만, 그는 나를 믿는 모든 성도와 함께 다시 일어나 영원히 살 것을 알았다.

십자가에 못 박히기 바로 전, 나는 제자들에게 "내가 곧 길이요, 진리요, 생명이다."라고 가르쳤다. 이 세상에서도, 천국에서도 너에게 필요한 전부는 바로 나란다. 세상 모든 보물을 품고 있는 최고의 보물이지. 이 사실이 너의 삶을 굉장히 단순하게 만들 수 있다! 나는 네가 몸부림치는 모든 문제에 대한 해답이며, 어떠한 때와 형편에서도 차고 넘쳐나는 기쁨이란다. 나로 인해 힘든 시간들을 견딜 수 있게 되고, 좋은 시간들은 더욱 기쁘고 즐거워질 거다. 그러니 사랑하는 내 자녀야, 네 모습 그대로 나에게 오렴. 네 삶의 더 많은 부분들을 나와 함께 나누자꾸나. 언제나 네 길을 인도하고, 너에게 영원한 생명을 주는 길이요 부활인 내가 너의 여정에 함께하고 있단다. 나와의 여행을 기쁘게 누리렴.

함께 읽어 보세요 요 11:43-44; 14:6; 골 2:2-3; 마 11:28

기쁨 **묵상** :

03 | 26

> 그러므로 너희가 그리스도 예수를 주로 받았으니 그 안에서 행하되 그 안에 뿌리를 박으며 세움을 받아 교훈을 받은 대로 믿음에 굳게 서서 감사함을 넘치게 하라(골 2:6-7).

더 많이 감사하게 해달라고 기도하렴. 그러면 너의 하루는 밝아지고, 네 마음은 나를 향해 열릴 거란다. 너의 상황 가운데서 나를 보기 위해 노력해라. 생명의 길을 따라 걸어가는 동안 눈에 잘 띄지 않는 내 임재의 흔적들을 찾아보아라. 감사가 네 눈과 마음을 열어 줄 거다. 친밀하게 나를 알아갈수록 인생의 큰 그림뿐만 아니라, 무수히 많은 사소한 일들 속에서도 나를 발견할 수 있단다. 내가 부어 준 크고 작은 모든 축복을 알아채기 위해 노력하고, 그것에 대해 감사하는 시간을 가지려무나. 나로부터 온 많은 선물들을 누리는 데 도움이 될 거다.

그리고 한결같이 나를 신뢰할 수 있도록 단련시켜 달라고 구하렴. 잘 훈련된 믿음은 네가 위험한 곳을 지날 때에 넘어지지 않게 해주는 힘이 된단다. 가는 길이 힘들수록 나에 대한 확신을 더 자주 말로 표현해야 한다. "나는 하나님의 한없는 자비하심을 의지합니다."라고 기도해라. 이 짧은 기도 덕분에 내가 너와 함께 있고, 너를 돌보며 영원히 사랑한다는 것을 잊지 않게 될 거란다. 사랑하는 나의 자녀야, 나는 너의 감사와 신뢰를 받기에 충분한 자격이 있으니 너는 그 기쁨을 누리면 된단다.

함께 읽어 보세요 시 16:11; 52:8

 기쁨 묵상 :

그런즉 누구든지 그리스도 안에 있으면 새로운 피조물이라 이전 것은 지나갔으니 보라 새 것이 되었도다(고후 5:17).

내가 죽은 자 가운데서 부활함으로 너는 거듭났고, 삶의 소망을 갖게 되었다. 너에게 행한 모든 일은 너를 새롭게 하기 위한 거란다. 네가 나에게 속해 있는 한, 너는 새로운 피조물이지. 이전의 모습은 지나갔으니 보아라, 새 생명이 시작되었다! 네가 처음 나를 구세주로 믿었을 때 너는 즉시 왕의 가족으로 입양되었다. 그 순간 너의 영적인 상태는 죽음에서 생명으로, 영원한 생명으로 변화되었지. 너를 위해 하늘에 간직해 둔, 썩지 않고 더럽혀지지 않고 사라지지도 않는 유업을 네가 상속받게 된 거다.

네 안에 성령님이 살아 계시기에 너는 진정 새로운 피조물이다. 하지만 네가 그리스도인이 된 것은 내가 네 안에서 이루어 갈 일들의 단지 시작일 뿐이다. 너는 마음을 새롭게 하여 점점 더 경건하고, 의롭고, 거룩한 새 사람이 되어야 한단다. 이것은 평생에 걸쳐 힘써야 할 일이며, 천국의 영광을 향해 네 자신을 준비시키는 과정이지. 그러니 감사하는 마음으로 용기를 내어서 새 삶을 받아들여라. 민감하게 깨어 있으렴. 그리고 내가 네 삶에서 이루어 가는 놀라운 일들을 다 찾아보려무나.

함께 읽어 보세요 벧전 1:3-4; 엡 4:22-24; 롬 6:4

기쁨 묵상 :

03 | 28

**나는 오직 주의 사랑을 의지하였사오니
나의 마음은 주의 구원을 기뻐하리이다 내가 여호와를 찬송하리니
이는 주께서 내게 은덕을 베푸심이로다**(시 13:5-6).

친밀하게 나를 알아 갈수록 너는 점점 너의 죄를 깨닫게 될 거다. 이때 너는 네 흠과 실패에 주목할 건지, 아니면 네가 받은 영광스러운 구원의 선물에 기뻐할 건지 선택해야 한단다. 네 죄를 대속한 나의 희생에 집중하렴. 그러면 네 자신이 놀랄 만큼 사랑받는 사람이라는 즐거운 깨달음 속에서 살아갈 수 있을 거란다. 나의 사랑보다 더 큰 사랑은 없다. 그리고 이 사랑이 영원히 네 것이 되었다! 깊이를 헤아릴 수 없는 이 선물에 감사하고 싶다면, 온 마음을 다해 나를 사랑해라.

나에게 용서받아야 할 일을 한 적이 없다고 생각하는 사람들이 많구나. 이것은 비극적인 일이다. 절대적인 진리는 존재하지 않는다는 거짓말이 세상에 널리 퍼져 있다. 이 거짓말이 그들을 속였고, 선과 악은 상대적인 것이기에 구원자는 필요 없다고 생각하게 만들었지. 이처럼 착각에 빠진 이들은 나에게 용서를 구하지 않게 되고, 그들의 죄는 사함 받지 못한 채로 남아 있게 되지. 악한 자의 속임수가 그들의 생각을 어둡게 만들어 버린 거다. 하지만 나는 세상의 빛이고, 나의 빛이 너를 통해 그들의 삶에 비춰질 수 있단다. 너는 생명의 빛을 가진 내 제자이므로 다시는 어두운 길로 다닐 일이 없단다!

<u>함께 읽어 보세요</u> 요 8:12; 15:13; 마 22:37-38

 기쁨 묵상 :

03 | 29

**그가 빛 가운데 계신 것 같이 우리도 빛 가운데 행하면
우리가 서로 사귐이 있고 그 아들 예수의 피가 우리를 모든 죄에서
깨끗하게 하실 것이요**(요일 1:7).

네가 나와 가까이 살며 빛 가운데로 걸어간다면, 나의 피가 네 모든 죄를 계속 씻어 줄 거다. 죄지은 것을 깨달았을 때는 나에게 그 죄를 고백한 후 변화될 수 있도록 도움을 구하렴. 하지만 죄를 얼마나 빨리 철저하게 고백하느냐에 따라 나와의 관계 안에서 너의 지위가 달라지는 것은 아니란다. 너를 나에게 어울리는 존재로 만드는 유일한 능력은 내 완전한 의로움이지. 네가 내 영원한 가족이 되었을 때, 나는 너에게 절대로 변하지 않는 내 의를 아무런 대가 없이 선물했단다. 공의의 겉옷을 멋지게 차려 입은 너는 이제 내 것이 되었다. 그러니 내 빛나는 임재 속으로 당당하게 들어오렴. 내가 너를 초청하고 있단다.

내 임재의 빛 속에서 걸어가는 길은 여러모로 너에게 큰 축복이 될 거다. 좋은 일도 나쁜 일도 너와 내가 공유할 때, 좋은 일은 더 좋아지고 나쁜 일도 견딜만 해질 거란다. 내 사랑의 빛 안에서 기쁨을 누릴수록 다른 성도들과도 더욱 충만한 사랑으로 교제를 나눌 수 있지. 죄로 인해 넘어지거나 실패할 일도 적어질 거다. 나의 거룩한 빛 안에서는 죄악이 명백히 드러나기 때문이다. 내 임재를 즐거워하며, 내 의로움으로 인해 기뻐 뛰렴. 온종일 내 이름을 부르며 기쁨을 누리려무나.

함께 읽어 보세요　사 61:10; 시 89:15-16

기쁨 묵상 :

03 | 30

이는 우리 하나님의 긍휼로 인함이라
이로써 돋는 해가 위로부터 우리에게 임하여 어둠과 죽음의 그늘에 앉은
자에게 비치고 우리 발을 평강의 길로 인도하시리로다(눅 1:78-79).

나는 어둠 속에 앉은 자들에게 밝은 빛을 비추는, 높은 곳으로부터 너에게 임해 온 빛이다. 네 상황이 너무 어렵고 혼란스러울 때는 마치 어둠에 둘러싸인 것처럼 느껴질 거다. 문제 해결을 위한 다양한 방법을 열심히 생각해 보아도, 이미 실패만 맛본 방법들만 떠오를 거다. 그러다 너는 좌절과 낙심을 하고, 이제는 어떻게 해야 할지 고심하며 조바심을 내겠지. 이럴 때는 눈을 들어 너에게 임하는 나의 빛을 보아라. 어린아이 같은 믿음으로 나를 바라보며 내 안에서 쉬려무나. 문제를 해결하려는 노력은 잠시 내려놓으렴. 힘겹게 애쓰는 일을 그만 멈추고, 내가 하나님인 것을 깨달아라.

내 임재 안에서 편히 쉬면서 평화의 왕인 나를 생각해라. 나를 더 깊이 받아들일수록 더 깊은 평안을 느낄 거란다. 그러니 숨을 쉴 때마다 나를 들이마시렴. 잠시 나와 함께 쉰 다음, 네 어려움들에 대해 내게 말해 주렴. 내가 도와주리라 믿어도 좋단다. 내 자녀야, 나에게 꼭 붙어 있으렴. 그러면 내가 네 발을 평강의 길로 인도해 줄 거란다.

함께 읽어 보세요 시 46:10; 사 9:6

 기쁨 묵상 :

03 | 31

**그러나 귀신들이 너희에게 항복하는 것으로 기뻐하지 말고
너희 이름이 하늘에 기록된 것으로 기뻐하라 하시니라**(눅 10:20).

천국에 있는 생명책에 네 이름이 기록되었으니 기뻐하고 즐거워하렴. 너는 내게 속해 있으므로 환경에 구애받지 않는 기쁨도 네 것이란다. 아무도 빼앗을 수 없는 영원한 생명을 너에게 주었다. 나를 부활의 구세주로 믿는 사람들은 의롭고 영화롭게 되었지. 네가 나와 함께 이미 하늘에 앉았다는 성경 말씀은 사실이란다.

기쁨은 나에게 속한 자라면 누구나 누릴 수 있는 당연한 권리이지. 이 기쁨은 가장 힘들고 비통한 상황과도 공존할 수 있단다. 그러니 매일 아침 두 팔을 벌리고 마음을 열어 나에게 나아오너라. 그리고 이렇게 말해 다오. "예수님, 제가 주님의 기쁨을 받아들입니다." 그런 다음, 내 임재의 빛이 너를 비추어 마음속 깊은 곳까지 스며드는 동안 나와 함께 기다리자꾸나. 그 시간을 통해 내가 너를 굳세게 하고, 네 앞에 펼쳐질 하루를 준비시킬 수 있단다.

오늘의 여정을 걸어가다 새로운 기쁨이 필요할 때는 언제든지 나를 돌아보렴. 나는 풍요롭고 무한한 하나님이다. 나에게는 항상 너를 채우고도 남을 만큼 넉넉한 기쁨이 있단다.

함께 읽어 보세요 롬 8:30; 엡 2:6

기쁨 묵상 :

JESUS ALWAYS

04

APRIL

여호와는 네게 복을 주시고
너를 지키시기를 원하며
여호와는 그의 얼굴을 네게 비추사
은혜 베푸시기를 원하며
(민 6:24-25)

04 | 01

**네가 눈먼 자들의 눈을 밝히며 갇힌 자를 감옥에서 이끌어 내며
흑암에 앉은 자를 감방에서 나오게 하리라**(사 42:7).

나는 네 눈을 밝혀 네가 바른 시각을 갖도록 돕는 일이 참 좋단다. 끔찍한 대가를 치를 것을 잘 알면서도 내가 위험을 무릅쓰고 이 세상에 뛰어든 이유가 바로 그 때문이란다. 나는 눈먼 사람의 눈을 뜨게 하고, 감옥에 갇힌 사람을 자유롭게 하고, 어둠 속에 사는 사람을 이끌어 내기 위해 이 땅에 왔단다. 혹시 네가 은혜를 모르고 감사하지 않는 마음에 갇혀 있다면, 눈을 열어 그 어두운 곳에서 너를 풀어 달라고 간구하렴.

너는 권리를 주장하는 것이 당연한 시대에 살고 있지. 더 많은 권리를 누려야 한다고 주장하는 세상의 메시지에 휩쓸려서는 안 된다. 한 가지 방법은 그날그날 감사한 일들을 글로 써보는 거란다. 이 과정을 통해 너는 네가 갖고 싶은 것들이 아니라, 이미 받은 축복들에 대해 더 집중하게 된단다.

네 마음을 성경 말씀으로 흠뻑 적시면, 무한한 지혜로 가득한 나의 시각으로 세상을 보게 되지. 내 말은 좌우에 날 선 어떤 검보다도 예리하단다. 나는 이 검으로 네 마음에 숨어 있는 생각과 의도에 대해 영적인 수술을 하지. 성경 말씀이 세상을 보는 네 관점에 빛을 비출 때, 나는 감사가 없는 마음의 감옥에서 너를 풀어 내어 자유롭게 감사의 기쁨을 누릴 수 있게 해줄 거란다.

함께 읽어 보세요 시 119:105; 히 4:12

 기쁨 **묵상 :**

04 | 02

**예수를 너희가 보지 못하였으나 사랑하는도다 이제도 보지 못하나
믿고 말할 수 없는 영광스러운 즐거움으로 기뻐하니
믿음의 결국 곧 영혼의 구원을 받음이라**(벧전 1:8-9).

나를 믿으면 좋은 점들이 참 많이 있단다. 그중에 하나는 말할 수 없이 영광스러운 기쁨을 갖게 된다는 거다! 말할 수 없을 정도로 크고 경이로운 기쁨을 네가 경험할 수 있게 되는 거란다. 그러니 내 임재 속으로 기대하는 마음을 갖고 나오너라. 네 마음을 나에게 활짝 열어 다오. 네가 내 안에서 누릴 수 있는 기쁨은 하늘 영광으로 가득한 승리의 기쁨이란다. 나는 일찍이 죄와 죽음으로부터 영원한 승리를 얻었다! 이 승리가 나를 믿는 모든 자들에게 천국으로 가는 길을 열어 주었다.

아무리 많은 어려움이 너에게 닥치더라도 이미 너는 믿음의 목적을 이루었단다. 네 영혼은 벌써 구원을 받았기 때문이지. 내가 구주 하나님이라는 것을 진정으로 믿는 모든 사람에게 마찬가지다. 천국에서 누리게 될 영광스러운 미래를 기뻐하면서, 네 빛을 사람 앞에 비추어라. 나의 영, 곧 진리의 영이 네가 다른 이들의 삶 속에 진리를 전할 수 있도록 도와줄 거다. 나는 진리를 증명하기 위해 세상에 왔단다. 그러니 많은 사람들에게 나를 나타내렴. 어둠 속을 헤매던 사람들도 나를 만나면 큰 빛 가운데로 걸어갈 수 있게 된단다. 그들을 돕는 이 귀한 여정에 너도 동참해라.

함께 읽어 보세요 마 5:16; 요 18:37; 사 9:2

기쁨 묵상 :

04 | 03

**여호와는 네게 복을 주시고 너를 지키시기를 원하며
여호와는 그의 얼굴을 네게 비추사 은혜 베푸시기를 원하며**(민 6:24-25).

사랑하는 나의 자녀야, 나를 바라보렴. 내 얼굴을 너에게 비추고 있단다. 내 거룩한 영광을 경외해라. 내 사랑의 빛이 네 속사람에 스며들게 해다오. 너의 믿음으로 인해 내가 네 마음속에서 살고 있다는 걸 기억하렴. 나는 이 세상을 창조하고 다스리는 주인이요, 네 안에서 살고 있는 구세주란다. 나의 위풍당당한 위대함과 부드러운 겸손함이 결합하면, 너에게 필요한 모든 것을 줄 수 있다. 너는 네가 상상조차 할 수 없을 만큼 부유한 사람이다!

끔찍하게 망가져 버린 세상에서 살아가다 보면, 네 자신이 만왕의 왕에게 입양된 왕족이라는 사실을 기억하기 어려울 수 있다. 살다 보면 너는 고통과 고민으로 가득 찬 길이나, 궁핍하고 비통한 사막 같은 곳을 통과하게 될 수도 있다. 이처럼 사나운 시험이 오더라도 놀라지 마라. 오히려 그 시험을 당연하게 받아들이고, 결코 네 곁을 떠나지 않을 나를 신뢰하려무나. 때가 되면 내가 너를 다시는 밤이 찾아오지 않는, 영광의 빛으로 가득한 내 왕국으로 데려갈 거란다.

함께 읽어 보세요 엡 3:16-17; 계 19:16; 21:25

기쁨 **묵상 :**

04 | 04

**여호와여 그러하여도 나는 주께 의지하고 말하기를
주는 내 하나님이시라 하였나이다 나의 앞날이 주의 손에 있사오니
내 원수들과 나를 핍박하는 자들의 손에서 나를 건져 주소서**
(시 31:14-15).

너의 시간은 내 손안에 있단다. 내 거룩한 손에는 너를 완벽하게 돌보며 네 필요를 채울 수 있는 능력이 있지. 내가 너에게 가장 좋은 일을 행할 것을 믿으렴. 그리고 너를 지키고 보호하는 내 주권 안에서 쉼을 누려라. 나는 전적으로 믿을 만한 존재이기 때문에, 네 삶의 모든 일과 모든 시간을 내게 맡기고 돌보게 하는 게 안전하단다.

네가 이 세상에 머물러 있는 한, 시간의 현실에 굴복할 수밖에 없을 거다. 예를 들어볼 테니 생각해 보렴. 결혼식 날짜가 정해진 신부는 그 황홀한 날이 빨리 다가오기를 간절히 바랄 거다. 하지만 아무리 바란다 해도 시간의 흐름을 바꿀 수는 없으니, 그녀는 기다려야만 한다. 고통 중에 있는 사람은 당장 회복되기를 간절히 원하지만 그 역시도 기다려야만 하지. 하지만 나는 시간의 횡포를 초월한단다. 나는 시간의 주인이다. 기다림이 필요한 일과 씨름하고 있다면, 믿음으로 그 상황을 받아들이고 나를 의지하렴. 네가 바꿀 수 없는 것에 대항해서 싸우지 마라. 그 대신, 시간의 주인인 내가 너의 힘든 싸움을 이해하고 너를 영원히 사랑할 거라는 사실을 기뻐하고 즐거워하려무나.

함께 읽어 보세요 시 62:8; 렘 31:3

 기쁨 묵상 :

04 | 05

**그러므로 너희가 기쁨으로
구원의 우물들에서 물을 길으리로다**(사 12:3).

  나는 네가 구원의 우물에서 기쁨으로 물을 길어 올리기를 바란다. 내가 너를 모든 죄로부터 영원히 구원했음을 알게 되면, 매일의 삶 속에서 기쁨이 샘솟게 될 거다. 내가 네 구주임을 아는 것은 영원한 생명의 샘을 네 안에 가진 것과 같단다. 이 놀라운 선물이 얼마나 엄청난 건지 곰곰이 생각해 보렴. 그리고 기뻐해라! 내가 너에게 허락한 모든 것에 대해 감사하면서 하루를 시작하고 끝마치도록 노력하렴.

  내 구원의 선물은 너뿐만 아니라, 네 주변의 사람들까지 축복하기 위해 계획된 거란다. 네가 나를 신뢰할 때 네 속에서 생수의 강이 넘쳐흐를 거다. 네 속에 계신 성령님께 너를 통해 다른 사람들을 축복해 달라고, 그들의 삶 속으로 축복이 흘러가게 해달라고 구하렴. 한 가지 좋은 방법은 이렇게 기도하는 거다. "성령님, 저를 통해 생각하시고, 저를 통해 살아가시고, 저를 통해 사랑을 베풀어 주세요." 생수의 강이 너를 통해 사람들의 마음속으로 흘러가는 동안, 내가 너희 모두를 기쁨으로 채워 주마!

_{함께 읽어 보세요} 요 4:13-14; 7:38

기쁨 묵상 :

04 | 06

**사람의 걸음은 여호와로 말미암나니
사람이 어찌 자기의 길을 알 수 있으랴**(잠 20:24).

삶의 여정이 되는 대로 흘러가는 것처럼 느껴질 때도 있겠지만, 네 걸음은 내가 인도하고 있단다. 네 앞에 놓인 길이 불확실할 때 네가 할 수 있는 최선은, 바로 내 곁에 붙어 있는 거란다. 분주한 도시의 거리에서 한 어린 소녀가 믿을 만한 어른과 함께 걷고 있는 모습을 상상해 보렴. 소녀는 홀로 떨어져 길을 잃을까 봐 두려워하면서, 도시가 주는 모든 감각적인 자극에 압도되어 있지. 하지만 이 소녀가 어른의 손을 계속 꼭 잡고 있다면 안전하게 목적지까지 가게 될 거다. 마찬가지로, 너를 돕고 인도하는 내 손을 네가 붙들고 있는 한 너는 결국 안전하단다.

어느 길로 가야 할지 잘 모른다 해도, 내가 곧 길이라는 것을 너는 분명히 알고 있지 않느냐. 내가 네 걸음을 인도하고 있단다. 그 걸음이 이랬다저랬다 마구잡이처럼 보일 때조차도 말이다. 내가 네 삶의 주관자이기 때문이지. 너의 불확실한 상황에 대해, 그리고 잘못된 의사 결정에 대한 두려움에 대해 나와 이야기해 보자. 순간순간 네가 할 수 있는 가장 중요한 선택은 나와의 소통 안에 머무는 거란다. 이것이 네가 내 곁에 붙어 있는 길이며, 너를 안전하게 인도할 내 임재를 신뢰하는 방법이란다.

함께 읽어 보세요 요 14:6; 잠 16:9; 고후 5:7

 기쁨 묵상 :

04 | 07

**내 양은 내 음성을 들으며 나는 그들을 알며 그들은 나를 따르느니라
내가 그들에게 영생을 주노니 영원히 멸망하지 아니할 것이요
또 그들을 내 손에서 빼앗을 자가 없느니라**(요 10:27-28).

너에게 영생을 주노라. 너는 절대로 멸망하지 않을 거고, 누구도 너를 내 손에서 빼앗을 수 없단다. 이것은 나를 구주로 아는 모든 이들에게 깜짝 놀랄 만큼 좋은 소식이다. 너에게 약속된 유산은 네가 상상할 수 없을 정도로 영광스러운 거란다! '영생'이라는 선물은 네가 짙은 어둠 속에 있을 때조차도 그 위로 밝은 빛을 비추지. 네가 좌절하지 않도록 그 밝은 빛이 너에게 손짓하며 인도하고 있단다. 이 세상의 사악함과 힘든 상황들이 너를 무너뜨리지 못하게 하렴. 그 대신, 너를 기다리고 있는 영광을 내다보아라. 수평선 너머 저 멀리에서 반짝반짝 빛나고 있는 영광을 보아라.

삶의 여정에서 너는 꽤 깊은 물을 건너가게 될지도 모른단다. 하지만 기억하렴. 네가 물 가운데로 지날 때에 내가 함께할 것이며, 그 물이 너를 침몰시키지 못할 거란다. 나를 의지하고 신뢰하며 내 손을 계속 붙잡고 있어라. 내가 너를 사랑함을, 그리고 그 어떤 것도 너를 나에게서 떼어 놓을 수 없음을 확신하렴. 힘든 일들이 네 앞에 놓여 있어도 두려워하지 말고, 나와 함께 모험 가득한 여행을 평생 즐기자꾸나.

함께 읽어 보세요 벧전 1:3-4; 사 43:2; 롬 8:38-39

기쁨 묵상:

04 | 08

너희 마음에 그리스도를 주로 삼아 거룩하게 하고 너희 속에 있는 소망에 관한 이유를 묻는 자에게는 대답할 것을 항상 준비하되 온유와 두려움으로 하고(벧전 3:15).

누군가 너에게 소망을 잃지 않는 이유를 물으면 언제든 대답해 줄 수 있도록 준비하렴. 삶이 평탄하게 흘러가고 편안할 때는 이 명령을 따르기 어렵지 않겠지만, 기진맥진 지쳐 있을 때는 문제가 달라진단다. 하지만 이때야말로 희망으로 가득 찬 네 대답이 가장 큰 영향력을 발휘할 수 있단다. 그러니 그때를 위해서 항상 준비되어 있으렴. 또한 네가 늘 소망 가득한 삶을 살 수 있는 이유를 물어보는 사람들에게도 항상 대답해 줄 준비가 되어 있어야 한다. 어떤 사람들에게는 내가 누구인지, 내가 너에게 어떤 의미인지 설명해도 이해하지 못할 거라고 판단하고 싶을 때도 있을 거다. 하지만 그들의 마음과 그들을 향한 계획은 오직 나만이 알고 있단다.

좋은 대답을 준비하기 위해 꼭 필요한 것은, 나를 네 소망으로 삼고 온전히 신뢰하며 내 임재 안에 사는 거란다. 살면서 겪게 되는 우여곡절 속에서도 이 소망을 붙들면 흔들리지 않을 거다. 어려움 속에서 씨름할 때마다 복음의 진리를 깊이 묵상하고, 나를 바라보며 네 자신을 다독이렴. 너의 영광스러운 소망은 바로 나란다.

함께 읽어 보세요 **롬 5:5; 시 27:4**

 기쁨 묵상 :

04 | 09

> 너희는 이 세대를 본받지 말고 오직 마음을 새롭게 함으로 변화를 받아
> 하나님의 선하시고 기뻐하시고 온전하신 뜻이 무엇인지
> 분별하도록 하라(롬 12:2).

사랑하는 자녀야, 내가 이끄는 대로 기꺼이 따라오너라. 네 마음을 활짝 열어 두렴. 너를 위한 내 계획과 나를 향해서 말이다. 네가 원하는 것에만 너무 몰입하지 마라. 그러면 내가 너를 위해 준비해 둔 것들을 놓칠 수 있단다. 너의 내면 깊은 곳에서 새 일을 행함으로 내가 네 마음을 새롭게 하고, 너를 변화시키고 있다. 그러니 나와 함께 쉼을 누리자꾸나. 네가 기대하고 필요로 하는 것들을 다 내려놓을 수 있을 만큼 나를 신뢰하렴. 너는 잠잠히 멈춰 서서 내가 하나님인 것을 지켜보아라.

때때로 너는 네가 원하는 일을, 네가 원하는 때에, 네 뜻대로 이루려고 아등바등하는구나. 그러다 오히려 일을 그르칠 때가 많지. 나는 네가 무엇을 갈망하는지 잘 알고 있단다. 그것을 이룰 수 있는 가장 좋은 방법도 알고 있지. 원하는 것을 얻으려고 주도권을 쥐기 위해 발버둥치지 말고, 내 얼굴을 구해라. 허심탄회하게 나와 이야기를 나누고, 내 임재 안에서 잠시 쉬렴. 기운이 회복되면 이제 앞으로 나아갈 길을 보여 달라고 청해라. 내가 너의 평생을 가장 선한 길로 인도하고, 너를 지켜보며 조언하마.

함께 읽어 보세요 시 32:8; 46:10; 대상 16:11

 기쁨 묵상 :

04 | 10

주여 내가 만민 중에서 주께 감사하오며 뭇 나라 중에서 주를 찬송하리이다 무릇 주의 인자는 커서 하늘에 미치고 주의 진리는 궁창에 이르나이다(시 57:9-10).

내 사랑은 하늘만큼 높고 위대하며, 내 진실함은 천국에 이를 만큼 크고 놀랍단다. 한량없는 내 사랑과 성실함 안에서 너는 놀라운 안정감을 느낄 수 있을 거다.

이 경이로운 선물에 예배로 응답하렴. 나를 찬양하면 할수록 내 영광을 다른 이들에게 더 잘 비출 수 있게 된단다. 이것은 성령님이 하시는 일이지. 성령님은 점점 더 영광스럽게 너를 나와 같은 형상으로 변화시키신단다. 예배를 통하여 내게 가까이 나아올수록 나는 네가 다른 이들에게 나를 전할 수 있을 만큼 준비시키고, 아주 깊은 곳에서부터 변화시킬 수 있단다.

저 하늘에 닿을 만큼 위대한 내 사랑은, 하늘의 왕국으로부터 너에게 내려오는 거란다. 사랑하는 자녀야, 계속 나를 올려다보렴. 너에게 따뜻한 미소를 짓고 있는 나를 보렴. 너를 기뻐하기 때문이란다. 한량없는 사랑이 끊임없이 너를 향해 쏟아질 거다. 하늘을 바라보는 네 얼굴 위로 마치 눈송이가 녹아내리듯 말이다. 네 상황이 아무리 힘겹더라도 내 사랑은 너를 지탱하기에 충분하단다. 언젠가 너는 그 사랑을 타고 천국으로 올라가게 될 거다. 너를 영광으로 이끌어, 나와 영원히 함께할 그날을 나는 열렬히 기대하고 있단다.

함께 읽어 보세요 고후 3:18; 민 6:25-26; 시 73:23-24

기쁨 묵상 :

04 | 11

**육신의 생각은 사망이요
영의 생각은 생명과 평안이니라**(롬 8:6).

나의 생각을 따라 생각하도록 더 많이 노력하렴. 성령님의 도우심을 구해라. 성령님께 이끌린 영의 생각에는 생명과 평안이 있단다.

이 세상의 근심 걱정이 너를 짓누를 때, 내 임재 안에서 충분히 생각할 시간을 가지렴. 사랑하는 자녀야, 내 안에서 편히 쉬어라. 내 영원한 팔이 너를 평안히 감싸게 해다오. 염려로부터 잠시 벗어나서 나에게 생각을 고정시켜라. 성경 말씀을 읽고 나를 향한 찬양의 말과 노래를 하면서 경건의 시간을 보내렴. 성경 말씀을 인용하여 기도하는 것도 좋다. 말씀이 너의 생각과 기도로 스며들 때 말씀을 신뢰하는 마음이 더욱 커질 거란다.

나는 네가 마음을 새롭게 함으로 변화되기를 바란다. 세상에 존재하는 각종 통신 수단과 매체들이 너에게 너무 많은 영향을 미치는구나. 세상과 세상의 도구들에 좌지우지되지 마라. 너의 사고방식을 변화시킬 수 있도록 나를 초대해 다오. 내가 네 마음을 새롭게 할 때, 네 목적과 태도가 점점 더 나를 닮아 갈 거란다.

함께 읽어 보세요 신 33:27; 히 3:1; 롬 12:2

기쁨 묵상 :

04 | 12

> **내 형제들아 너희가 여러 가지 시험을 당하거든
> 온전히 기쁘게 여기라 이는 너희 믿음의 시련이
> 인내를 만들어 내는 줄 너희가 앎이라**(약 1:2-3).

너와 나의 관계는 네 모든 상황을 뛰어넘는 것이다. 그러므로 너는 어두운 고난의 한가운데서도 나를 찬양하며, 내 임재를 누릴 수 있단다. 고난의 시간 속에서 나를 발견하기 위해서는 네 모든 믿음을 발휘해야 하겠지. 하지만 나는 언제나 네 곁에 가까이 있단다.

그리스도인로서 너는 두 개의 세계 위에서 동시에 살아가고 있다. 부정적인 상황들로 가득 찬 현실의 세계와 내가 최고 통치자로서 다스리고 있는 초현실의 세계이다. 나를 향한 신뢰는 고통스러운 시간 속에서도 내 임재를 경험하게 해주는 힘이 되지. 사실 고난을 겪으면 믿음이 강해지고, 네가 나를 얼마만큼 신뢰하는지 깨달을 수 있게 된단다.

신뢰의 근육을 강하게 단련시켜라. 한 가지 좋은 방법은 마음과 심령을 말씀으로 가득 채우는 거란다. 끊임없이 내 얼굴을 구하는 것도 좋은 방법이지. 너만의 생각에 빠져들지 말고, 생각의 방향을 내게로 돌리렴. 나에 대한 믿음에 확신이 있는지, 아니면 아직 부족한지 마음을 자주 점검해 보아라. 그 대답은 나와의 관계에 달려 있음을 기억하렴. 나는 네 안에 내면의 힘을 불어넣어서, 네가 모든 일에 잘 준비되고 잘 감당할 수 있는 사람이 되게 한단다.

함께 읽어 보세요 시 105:4; 빌 4:13

 기쁨 묵상 :

04 | 13

내가 너와 함께 있어 네가 어디로 가든지 너를 지키며 너를 이끌어 이 땅으로 돌아오게 할지라 내가 네게 허락한 것을 다 이루기까지 너를 떠나지 아니하리라 하신지라(창 28:15).

생활 속에서 내 자리가 더 커져 가도록 나를 기쁘게 의지하며 살아라. 나는 너를 계속 지켜보면서 너와 함께 있단다. 네가 무슨 일을 하든지 내 시야에서 벗어날 수 없다. 내게 도움을 구할 필요가 없을 만큼 작은 일이나 기회라는 건 없다. 사실 네가 숨쉬는 호흡 하나하나를 포함하여 너라는 존재 자체가 내 힘으로 지탱되고 있단다.

어려운 일이 네 앞에 닥칠 때는 그 힘든 도전을 시작하기 전부터 모든 과정마다 기도하는 일을 잊지 않게 될 거다. 그런 다음, "저를 도와주세요, 주님.", "감사해요, 예수님." 같은 짧은 기도로 일을 끝마치겠지. 이렇게 나와 소통하는 시간이 나를 더 의지하게 만들고, 내가 늘 함께 있음에 더 많이 감사하도록 해줄 거다. 하지만 덜 힘든 상황에서는 종종 나를 잊어버린 채 네 힘을 의지하며 문제에 깊이 빠져들지. 어느 정도의 성공을 경험할 수는 있겠지만, 내게 도움을 구했다면 누릴 수 있었을 훨씬 더 큰 축복을 놓친 셈이란다. 나를 의지했다면 잘 해결되었을 일을 비참하게 실패한 걸 수도 있단다. 그러니 범사에 나에게 의지하렴. 너를 축복하기 위해 내가 기다리고 있단다.

함께 읽어 보세요 히 1:3; 잠 3:6

기쁨 묵상 :

04 | 14

**너희 몸은 너희가 하나님께로부터 받은 바 너희 가운데 계신 성령의 전인 줄을 알지 못하느냐 너희는 너희 자신의 것이 아니라 값으로 산 것이 되었으니
그런즉 너희 몸으로 하나님께 영광을 돌리라**(고전 6:19-20).

너는 네 자신의 소유가 아니라, 내가 값을 주고 산 나의 소유란다. 내 생명으로 대가를 치렀으니 너는 엄청난 값어치를 지녔다. 네 죄를 대신해 희생 제물이 되었을 때, 나는 끔찍한 고통과 모욕을 견뎌 냈지. 이것은 한없이 보배로운 선물이며, 말로 다 설명할 수 없는 사랑의 실천이었다. 하지만 자신의 죄인 됨과 구주의 필요성을 인정하는 사람만이 이 놀라운 사랑의 선물을 받을 수 있단다. "수고하고 무거운 짐 진 자들아 다 내게로 오라 내가 너희를 쉬게 하리라." 이렇게 외치는 내 초대의 말을 들어보렴. 죄는 처절하게 짓누르는 무거운 짐이다. 하지만 죄로부터 너를 영원히 구원하기에 충분한 대가를 내가 이미 치렀단다.

매일 아침 잠에서 깨어 "저는 제 자신의 것이 아닙니다. 저는 예수님의 것입니다."라고 고백하렴. 그런 다음 하루를 지내면서, 특히 어떤 계획을 세우거나 결정해야 하는 순간에는 더더욱 네가 누구의 소유인지 명심해라. 네가 나에게 속해 있음을 아는 지식이 네 발걸음을 평강의 길로 가도록 도울 것이며, 네 뿌리 깊은 필요들을 모두 채워 줄 수 있단다. 나의 사랑하는 자녀야, 네가 내 것임을 늘 기억하면 영적으로 정서적으로 깊은 안정감을 누리게 될 거란다.

함께 읽어 보세요   마 11:28; 눅 1:76-79

 기쁨 묵상 :

04 | 15

**우리 주 예수 그리스도의 은혜를 너희가 알거니와
부요하신 이로서 너희를 위하여 가난하게 되심은
그의 가난함으로 말미암아 너희를 부요하게 하려 하심이라**(고후 8:9).

너를 위해 목숨을 내어 준 이를 믿으며 살아도 된다. 조작과 사기로 가득한 이 세상을 살다 보면, 누군가를 믿는 게 얼마나 어려운지 알게 되곤 한단다. 사람들은 다른 이들에게 자신을 증명해 보임으로 신뢰를 '얻으라'고 말하지. 나는 본질적으로 네가 완전히 신뢰할 만한 존재란다. 나는 너를 위해 완벽한 천국의 영광을 떠나, 무기력한 아기로 마구간에서 태어나 네가 사는 이 세상의 삶을 시작했다. 33년 동안 모든 유혹을 견뎌 내고 온전한 삶을 살아내며, 죄인들을 대신할 희생 제물이 될 수 있었다. 모든 죗값을 치르기 위해 극심한 고통과 십자가형을 겪으며 내 몸을 기꺼이 내어놓았지. 나의 죽음과 부활의 결과로, 나를 믿는 자는 누구든지 영생을 얻게 되었단다.

나를 믿고 확신하렴. 나는 네 구세주이자, 너를 돌보는 친구 같은 하나님이란다. 내가 얼마나 믿을 만한 존재인지는 이미 다 증명되었다. 지금 내 초청에 응하여 사랑이 가득한 내 임재 안에서 안식해라. 그리고 모든 비밀을 털어놓아라. 네가 바라는 것들과 걱정하는 모든 것을 이야기해 다오. 모든 염려를 다 내게 맡겨라. 내가 너를 돌보고 있단다.

함께 읽어 보세요 요 3:36; 벧전 5:7

 기쁨 묵상 :

04 | 16

**이날은 여호와께서 정하신 것이라
이날에 우리가 즐거워하고 기뻐하리로다**(시 118:24).

오늘은 내가 만든 날이다. 오늘 내가 너를 초청하고 있단다. 이 하루를 나와 함께 지내며, 기쁨을 누리자꾸나. 네 삶 속에서 내 자리가 커져 갈수록 네 기쁨도 점점 더 커져 갈 거란다.

네 모든 순간 속으로 나를 초청해 주렴. 네 마음속에 있는 것이 무엇이든, 네가 걱정하는 모든 것을 나와 이야기하자. 나와 대화를 나누면서 너의 사고방식이 근본적으로 변화될 거다. 별 것 아닌 일들에 그동안 집착해 왔다면, 네 생각 속으로 내가 들어가게 해다오. 너를 사로잡았던 일들이 얼마나 하찮은 것이었는지 깨닫게 될 거다. 이미 일어난 일이 달라지기를 원하면서 여전히 과거에 묶여 있다 해도, 내 임재가 너를 사랑으로 이끌어 현재로 다시 데려올 거란다. 앞으로 네가 무슨 일을 겪게 되든지 잘 감당해 낼 수 있도록 내가 도와줄 수 있단다.

너를 위해 만들어 둔 오늘이라는 시간 속에서 기쁨을 발견하는 데 힘써라. 네가 걸어가는 삶의 여정 위에 작은 기쁨들을 숨겨 놓았단다. 잘 살펴보면서 찾아낸 다음 그 하나하나에 대해 내게 감사하렴. 너에게 기쁨을 주는 그 소소한 것들은 대부분 너만이 누릴 수 있는 거란다. 나는 너를 너무나 잘 알기에, 너를 행복하게 해주는 것들을 너에게 다 줄 수 있단다. 사랑하는 자녀야, 기쁨을 누리렴!

함께 읽어 보세요 살전 5:16-18; 시 139:1-3

기쁨 **묵상** :

04 | 17

**믿음의 주요 또 온전하게 하시는 이인 예수를 바라보자
그는 그 앞에 있는 기쁨을 위하여 십자가를 참으사 부끄러움을 개의치
아니하시더니 하나님 보좌 우편에 앉으셨느니라**(히 12:2).

너의 초점을 기쁜 마음으로 내게 맞춰라. 너는 기쁨을 누리기 위해 만들어졌단다. 그리고 나는 네 삶 속에서 끝없이 넘쳐흐르는 기쁨의 원천이란다.

나에게는 한계가 없기 때문에 결코 부족함이 있을 수 없다. 다른 재미있는 일들로부터 네가 너무 큰 즐거움을 얻는다면, 결국 그것 때문에 실망하게 될 거다. 중독의 본질은 네가 빠져드는 대상에게 전과 같은 효과를 기대하며 점점 더 집착하게 된다는 거다. 이것은 스스로를 파괴하는 덫이란다. 하지만 나에게 집중하면 할수록 너는 다른 것들에게 덜 의존하게 되지. 내가 선사한 좋은 선물들을 너는 언제든 변함없이 누릴 수 있단다. 그것으로부터 최대한의 쾌락을 짜내려고 애쓰며 움켜쥘 필요가 없다.

세상의 멋진 것들이 뽐내며 네 앞을 지나가더라도, 너는 시선을 내게 고정시키는 법을 배워야 한다. 내가 곁에 있음을 기억하며, 내 이름을 속삭여라. 그리고 너를 힘들게 하는 일들에 대해 이야기해 다오. 네가 누리고 있는 모든 것을 감사하렴. 사랑하는 사람들, 쉴 수 있는 집, 음식, 햇빛, 별빛, 특별히 내 영광스러운 임재에 대해 감사하렴. 내 얼굴과 뜻을 찾기 위해 노력하고, 내 능력과 나를 기대하려무나.

함께 읽어 보세요 요 15:11; 딤전 1:17; 시 105:4

기쁨 묵상 :

04 | 18

**영접하는 자 곧 그 이름을 믿는 자들에게는
하나님의 자녀가 되는 권세를 주셨으니**(요 1:12).

너에게 '용서'라는 영광스러운 선물을 준 나에게 감사하렴. 나는 너의 구주 하나님이다. 용서는 오직 나만이 줄 수 있는 축복이란다. 너를 위한 이 선물을 마련하기 위해 나는 엄청난 대가를 치렀단다. 나를 영접하고 내 이름을 믿음으로, 너는 용서를 받고 내 자녀가 되었지. '예수'라는 내 이름은 '주님이 구원하신다'는 뜻이다. 구원을 선물로 받기 위해, 너는 네 모든 죄로부터 너를 구해낸 나를 유일한 소망으로 삼고 신뢰해야 한단다.

내 안에 있는 자녀는 결코 정죄를 받지 않는다. 나는 네가 내 제자로서 살아가는 놀라운 삶을 누리기를 바란단다. 그것은 완전히 용서받은 삶이다! 이 놀라운 선물에 대한 최고의 응답은 그 무엇보다도 내 기쁨을 추구하면서 감사하며 사는 거란다. 내 사랑을 얻으려고 선한 일을 할 필요는 없다. 내 사랑은 이미 네 것이기 때문이지. 감사하는 마음에서 나를 기쁘게 하고 싶은 소망이 자연스레 흘러나오게 하렴. 자주 나에게 감사하다 보면 내 곁에 가까이 머무르게 되고, 내가 이끄는 곳 어디든 따라올 준비를 갖추게 될 거란다. 나의 사랑하는 자녀야, 크게 기뻐하렴. 생명을 전하는 성령의 능력이 나를 통해 너를 이미 자유롭게 했단다.

함께 읽어 보세요 　행 4:12; 롬 8:1-2

 **기쁨 묵상 :**

04 | 19

**우리가 사랑함은
그가 먼저 우리를 사랑하셨음이라**(요일 4:19).

내가 먼저 너를 사랑했기 때문에 네가 나를 사랑하게 된 거란다. 네가 나에게 관심을 갖기 오래전부터 내 눈은 너를 지켜보고 있었지. 너에 관한 모든 것을 주목했고, 어디든 너를 따라다녔다. 너에게 내가 필요하다는 걸 깨달을 수 있도록 네 삶의 환경과 사건들을 세심히 조율했단다. 내 진리를 네가 이해할 수 있는 방법으로 전해 줄 사람들을 만나게 했고, 배움의 기회도 주었지. 나를 영접하고 내 이름을 믿을 수 있도록, 그래서 영적인 생기가 살아나도록 내 영이 네 속에서 역사했단다. 이 모든 것은 너를 향한 나의 깊고도 강력한 애정에서 흘러나왔고, 나는 너를 영원한 사랑으로 사랑해 왔단다.

너에 대한 내 엄청난 열정을 깨달아 알수록, 나를 더 깊이 사랑할 수 있게 될 거다. 그 사랑이 너를 조금씩 더 자라나게 해서 내가 처음 계획했던 모습으로 빚어 갈 거다. 내 부드러운 임재 안에 머무는 시간이 길어질수록 나를 통해 더 많은 기쁨을 누리게 되고, 다른 사람에게 친절을 베푸는 일도 쉬워질 거다. 다른 이들과 함께 있을 때 내게 구하렴. 내 사랑으로 그들을 사랑할 수 있도록 간구해라.

함께 읽어 보세요 요 1:12; 렘 31:3

 **기쁨 묵상** :

04 | 20

**이날은 여호와께서 정하신 것이라
이날에 우리가 즐거워하고 기뻐하리로다**(시 118:24).

너의 인생에서 오늘 하루는 내가 준 귀한 선물이다. 이날을 보물처럼 여기고, 기도하며 우선순위를 정해라. 네 앞에 펼쳐진 하루를 미리 점검하면서 내 얼굴을 구하렴. 무엇이 가장 중요한지 분별할 수 있도록 내가 도와주마. 내 뜻에 따라 우선순위를 정하여 네 걸음을 인도하는 지침으로 삼아라. 이렇게 날마다 연습하면 시간과 에너지를 사용할 때 좋은 선택을 하는 데 도움이 될 거다. 하루를 마칠 때에는 오늘 네가 한 일들에 대해, 그리고 아직 하지 못한 일들에 대해서도 평안한 마음을 가질 수 있을 거다.

네가 하는 모든 일에 나를 초대해 다오. "도와주세요, 주님."과 같은 아주 짧은 기도만으로도 나를 네 일과에 참여시키는 데 충분하다. 너에게 내가 끊임없이 필요함을 인정할 때, 나는 무척 기쁘단다. 나는 네가 네 부족함을 기뻐하면 좋겠구나. 내 찬란한 임재로 너를 이어 주는 강력한 연결고리가 되기 때문이란다. 누군가를 의지하며 사는 삶은 이 세상의 방식이 아니지. 그럼에도 그것은 내 임재의 영광을 기쁘게 누릴 수 있는 복된 길이란다.

함께 읽어 보세요 대상 16:10-11; 요 15:5; 유 1:24

기쁨 묵상 :

04 | 21

**의인의 소망은 즐거움을 이루어도
악인의 소망은 끊어지느니라**(잠 10:28).

의인의 소망은 기쁨이 된단다. 사랑하는 자녀야, 이 말은 네 소망에 대단히 좋은 소식이란다. 나는 너를 위해 지극히 의로운 삶을 살았고, 너를 대신해 죽었으며, 네 죄 때문에 모든 형벌을 견뎌 냈지. 그래서 너에게 의의 옷을 입힐 수 있게 되었단다. 그러니 이제 넘치는 감사와 기쁨으로 구원의 옷을 입으렴.

감사하고 기뻐하는 태도는 내 뜻을 따라 살아가는 데 도움이 될 거다. 긍정적인 마음가짐으로 하루를 시작하면 네 발걸음이 옳은 길로 나아간단다. 감사가 기쁨을 자라나게 하고, 그 기쁨은 다시 더 큰 감사의 마음을 갖게 하지. 감사와 기쁨 사이에는 동반 상승이라는 즐거운 효과가 있다. 기쁨을 누릴 수 있는 힘이 약해지는 것 같을 때에는, 감사라는 약을 충분히 복용함으로 기쁨에 활기를 불어넣으렴. 시편을 읽거나 경배와 찬양의 노래를 부르는 것도 도움이 된단다. 네 삶에서 누리고 있는 축복들을 마음속이나 종이 위에 적어 보는 것도 감사의 마음을 커지게 하는 효과적인 방법이지. 내가 너를 위해 행한 놀라운 일들을 기억해 다오. 그러면 네 안에 기쁨이 가득 채워질 거란다.

<함께 읽어 보세요> 사 61:10; 시 13:6; 126:3

 **기쁨 묵상:**

04 | 22

**그런즉 너희는 먼저 그의 나라와 그의 의를 구하라
그리하면 이 모든 것을 너희에게 더하시리라 그러므로 내일 일을 위하여
염려하지 말라 내일 일은 내일이 염려할 것이요
한 날의 괴로움은 그날로 족하니라**(마 6:33-34).

내일 일을 위하여 염려하지 마라! 이것은 자비가 가득한 명령이란다. 나는 사람의 연약함을 이해하지. 네가 한낱 먼지에 불과한 존재라는 것도 안다. 이 명령은 너에게 부담을 주거나 비난하기 위한 말이 아니란다. 오히려 세상의 근심 걱정에서 너를 자유롭게 해주기 위함이다.

나를 따르는 이들에게 이 명령을 주기 전에, 그런 자유를 누릴 수 있는 법을 이야기해 주었다. 기억해라. 네 하늘 아버지는 너에게 무엇이 필요한지 다 알고 있단다. 먼저 내 나라와 의를 구하면, 네 관점이 변화될 거다. 그리고 세상의 가치를 추구하는 일은 별로 중요하지 않게 될 거다. 눈에 보이지 않는 영원한 실제인 내 나라를 이루어 가는 일을 가장 중요시하게 될 거다. 그러니 내 임재와 뜻을 구하며, 나와의 관계를 돈독히 하는 데 더 많은 시간과 에너지를 동원하렴. 내가 이끄는 곳이 어디든지 따라올 준비를 해라. 네 삶을 의미로 가득 채워 줄 모험의 여정으로 내가 안내해 주마.

너를 보호하고 보살피는 내 손에 미래를 맡기고, 너는 지금 이 순간 내 임재를 누리려무나. 그것이 내가 너를 만든 이유란다. 네가 내 안에서 기쁨을 찾으면, 네 마음에서 간절히 바라는 그것을 내가 준단다.

함께 읽어 보세요 시 37:4; 103:14

기쁨 묵상 :

04 | 23

말씀이 육신이 되어 우리 가운데 거하시매 우리가 그의 영광을 보니 아버지의 독생자의 영광이요 은혜와 진리가 충만하더라(요 1:14).

나는 하나님 아버지의 독생자이며, 은혜와 진리가 충만하다. 나는 삼위일체 중 두 번째 하나님이기 때문에 하나님에게서 와서 하나님에게로 돌아갔다.

나는 네가 하나님 아버지와 참되고 영원한 교제를 나눌 수 있도록 길을 터주기 위해 이 세상에 왔단다. 나를 알지 못하는 사람들은 하나님께로 이르는 길에 여러 가지가 있다고 곧잘 말하지만, 그 주장은 절대로 사실이 아니란다. 내가 길이요, 진리요, 생명이다. 나를 거치지 않고는 아무도 아버지께 갈 수 없다.

내 사랑하는 자녀야, 나는 충만한 은혜 속에서 너에게로 왔단다. 너에게는 내가 십자가에서 희생 제물이 되어 죽음으로 죄에서 구원을 받았다는 믿음이 있지. 그렇다면 너에게는 두려울 게 없다. 기대 이하의 결과나 실패를 두려워할 필요도 없다. 내가 너의 구주이고, 너는 스스로를 구원할 수 없단다. 그러니 너는 내 은혜 안에 있을 때만 안전하다. 나는 신실하며 전능한 구주이니 기뻐해라. 세상은 환난 중에 있으나, 너는 내 안에서 평안을 얻었다. 내가 세상을 이겼기 때문이다!

함께 읽어 보세요 요 14:6; 16:33

 기쁨 묵상 :

04 | 24

**하나님의 도는 완전하고 여호와의 말씀은 순수하니
그는 자기에게 피하는 모든 자의 방패시로다**(시 18:30).

나는 내게 피하는 모든 사람을 위한 방패이다. 너를 보호하는 내 임재가 어느 때보다 더욱 간절하게 필요한 날이 있을 거다. 가끔씩 너는 네가 보호받아야 한다는 사실조차 깨닫지 못하지만, 나는 줄곧 가까이에서 너를 보살피고 있단다. 내가 보호자가 되었기 때문에 언제든 네가 내 안에서 쉴 수 있다는 것이 내게는 큰 기쁨이란다.

나를 피난처로 삼을 수 있는 가장 좋은 방법은, 나에게 집중하면서 마음을 내게 쏟아 놓는 시간을 갖는 거란다. 네가 겪은 불공평한 처사나 부당한 말들처럼 너를 상처 입힌 일들에 대해 이야기해 다오. 나는 너에게 관심이 많으며, 네 상처를 치유하기 원한다는 사실을 신뢰하렴. 나는 모든 진실을 알고 있지. 너를 보는 내 시선은 너에 대한 반쪽짜리 진실이나 빈정거리는 말들 때문에 달라지지 않는단다.

내가 너를 완벽하게 이해한다는 사실을 아는 것이 네가 치유되는 과정에 꼭 필요하단다. 너에게 상처 준 사람들을 용서하는 것 또한 중요하다. 용서에는 시간이 걸리기 마련이지. 그러므로 네 마음이 자유로워질 때까지 계속 반복해야 한단다. 사랑하는 나의 자녀야, 나는 너를 자유롭게 하기 위해 세상에 왔다. 그러니 내 안에서 기쁨을 누려라.

함께 읽어 보세요 시 62:8; 요 8:32

기쁨 묵상 :

04 | 25

**예수께서 이르시되 내가 곧 길이요 진리요 생명이니
나로 말미암지 않고는 아버지께로 올 자가 없느니라**(요 14:6).

  나는 시대를 초월하는 변함없는 진리이다! 진리가 때와 상황과 사람에 따라 변할 수 있는 상대적인 것이라고 믿는 사람들이 너무나 많구나. 하지만 절대적인 진리만이 네 삶의 굳건한 기초가 될 수 있단다. 그 밖의 모든 것들은 쉽게 무너지는 모래와 같지.
  나는 오류가 없는 진리이기에, 온갖 지혜와 지식의 보화가 내 안에 숨겨져 있단다. 너는 나와의 관계 안에서 필요한 모든 것을 찾을 수 있다. 나는 너에게 네 삶을 세워 갈 기초를 제공한단다. 내가 곧 생명이다. 따라서 네가 나와 가깝게 살수록 더욱 활기찬 생명력을 느끼게 될 거란다!
  많은 사람이 자신이 정말 누구인지, 삶의 의미와 목적이 무엇인지 질문하며 정체성의 문제로 씨름을 한다. 하지만 진리인 나를 온전히 알아 갈수록 너는 네 자신에 대해, 그리고 삶의 의미에 대해 더 잘 이해할 수 있단다. 그러니 내가 정말 누구인지, 내 참모습을 알기 위해 모든 노력을 다해라. 그리고 너를 구속하시고 자유롭게 하신 네 구주 하나님을 다른 이들에게 전할 준비를 해라.

함께 읽어 보세요   골 2:2-3; 벧전 3:15; 요 8:32

기쁨 **묵상 :**

04 | 26

그 성은 해나 달의 비침이 쓸데없으니 이는 하나님의 영광이 비치고 어린양이 그 등불이 되심이라(계 21:23).

천국에는 밤이 없단다. 하나님의 영광이 밝은 빛을 비추기 때문이지. 너는 그곳에서 잠을 잘 필요도 없단다. 영광을 입은 네 몸에는 늘 에너지가 충만할 것이기 때문이다. 피로는 이 세상을 살면서 사람이 해결해야 할 큰 문제 중 하나란다. 나이가 많아지고 몸이 아프게 될수록 더욱 그렇지. 하지만 천국에는 피로가 전혀 없고, 따라서 잠을 잘 필요도 없단다.

천국에 있는 영광의 빛은 완전하고 눈부셔서, 그 속에 어둠이 조금도 없다. 그곳에는 죄가 없고 숨길 것도 없단다. 영화롭게 된 눈을 통해 너는 이전에 본 적 없는 것들까지 모두 보게 될 거다. 색깔들은 더욱 선명해지고, 얼굴들은 더 밝게 빛날 거다. 그리고 내 얼굴을 제대로 볼 수 있게 될 거다. 내 영광이 지나갈 때 바위 틈에 숨어야 했던 모세보다 훨씬 더 가깝게 나를 경험할 수 있단다. 모세는 단지 내 뒷모습만을 보도록 허용되었지만 너에게는 어떠한 제약도 없을 거란다. 천국에서 너는 내 모든 영광 속에서 나와 얼굴을 마주 보듯이 보게 될 거다!

함께 읽어 보세요 계 21:25; 요일 1:5; 출 33:22-23; 고전 13:12

기쁨 묵상 :

04 | 27

**그를 잠시 동안 천사보다 못하게 하시며
영광과 존귀로 관을 씌우시며**(히 2:7).

　너는 실패에 대한 두려움으로 고민하고 있지만, 너를 향한 내 사랑은 절대로 실패하지 않는단다. 사랑하는 자녀야, 내가 너를 바라볼 때 네가 어떤 모습인지 설명해 주마. 너는 왕의 자녀답게 위풍당당하구나. 너에게 내 의로움의 옷을 입히고, 영광과 존귀의 왕관을 씌웠기 때문이지. 너는 밝게 빛나고 있단다. 특히나 나를 보고 있을 때 네 모습은 더욱 찬란하게 빛나지. 내 영광의 빛을 네가 다시 나에게 비출 때 너는 정말로 아름답단다. 사실 나는 네가 너무 좋아서 너 때문에 즐겁게 소리치며 기뻐한단다! 이 모습들은 은혜로 충만한 내 눈에 비친 네 모습이다.

　내 능력은 무한하기 때문에 지금 네 모습, 그리고 장차 천국에서의 네 모습을 동시에 볼 수 있단다. 나는 지금 너에게 변화가 필요한 부분들을 너와 함께 고쳐 나가고 있다. 한편 천국의 관점으로 너를 바라보며, 네가 이미 완벽한 사람인 것처럼 너를 사랑한단다.

　내 한결같은 사랑의 렌즈를 통해 스스로를 바라보고 다른 사람들을 바라보는 법을 네가 배우면 좋겠구나. 인내심을 가지고 계속 연습해 가다 보면, 네 자신과 다른 사람들을 사랑하는 일이 점점 더 쉬워질 거란다.

　　　　　　　　　　　　함께 읽어 보세요　시 34:5; 고후 3:18; 습 3:17

🙂 **기쁨 묵상 :**

04 | 28

**백성들아 시시로 그를 의지하고 그의 앞에 마음을 토하라
하나님은 우리의 피난처시로다**(시 62:8).

모든 상황 속에서 나를 신뢰해라. 나는 너의 피난처이니 네 마음을 내게 쏟아 놓으렴. 네가 나에게 기대고 의지할수록 너를 더 효과적으로 도울 수 있단다. 나를 신뢰하는 마음은 기쁠 때나 슬플 때나, 평안할 때나 스트레스가 많을 때나, 그 어떤 상황에도 한결같이 필요하단다. 너에게 스트레스가 되는 일들이 오히려 내 얼굴을 구하도록 일깨우는 역할을 할 수 있지. 삶이 힘겨울 때에도 내가 너와 함께 있으며, 너를 돌보고 있다는 사실을 기억하렴. 괴로운 문제들을 나에게 모두 이야기하고 맡겨 다오. 내가 너를 대신해서 일하는 동안 내 임재 안에서 편히 쉬어라.

내 진리를 네 자신에게 계속 말해 주어라. "그는 나의 피난처요, 나의 요새요, 내가 의뢰하는 하나님이라."와 같이 나를 설명하는 구절들을 사용하렴. 진실로 나는 너의 피난처란다. 인생의 폭풍 속에서 너에게 은신처가 되어 줄 안전한 곳이다. 이렇게 진리를 말하고 노래할 때 내 곁으로 더 가까이 다가올 수 있단다. 보통 네 마음속에는 동시에 여러 가지 생각이나 그 조각들이 스쳐 지나가지. 그럴 때는 나에 대해 그냥 생각만 하지 말고 큰 소리로 외쳐라. 그러면 흩어져 있던 너의 생각과 믿음이 다시 내게로 집중될 거란다.

함께 읽어 보세요 대상 16:11; 벧전 5:7; 시 91:2

 **기쁨 묵상 :**

04 | 29

**여호와께서는 자기에게 간구하는 모든 자
곧 진실하게 간구하는 모든 자에게 가까이하시는도다**(시 145:18).

나는 네 모든 믿음과 확신을 다 걸어도 될 만큼 가치 있는 존재란다. 그러니 세상에서 벌어지는 일들 때문에 겁먹지 마라. 그 대신 나를 신뢰하며 세상 속에서 내 임재의 흔적을 찾는 일에 모든 힘을 쏟아 부으렴. 내 이름을 속삭이면 네 마음과 생각이 즉시 내게 다시 연결된단다. 나는 나를 부르는 모든 사람 곁에 있단다. 내가 네 안에 임재하면서 너를 감싸고 내 평안으로 위로해 주마.

나는 인자하고 진실한 하나님임을 기억해라. 내 사랑은 하늘에 가득 차 있고, 내 진실함은 공중에 사무쳐 있단다. 이 말은 내 사랑의 끝이 어디인지 너는 결코 알 수 없다는 뜻이란다. 내 사랑은 한계가 없고 영원히 변하지 않는다. 게다가 네가 어떤 환경을 마주하게 되더라도 너는 진실한 내 반석 위에 굳게 설 수 있단다.

사람들은 판에 박힌 듯이 자신의 능력과 교육 수준, 재산, 외모 등을 신뢰하며 살지. 하지만 너는 오직 나만을 온전히 의지했으면 좋겠구나. 희생적인 죽음과 기적적인 부활을 통해 영원한 영광 속으로 들어가는 길을 열어 준 너의 구세주, 오직 나만을 신뢰해라.

함께 읽어 보세요 시 36:5; 고후 4:17

 기쁨 묵상 :

04 | 30

**아침에 주의 인자하심이 우리를 만족하게 하사
우리를 일생 동안 즐겁고 기쁘게 하소서(시 90:14).**

아침마다 내 변함없는 사랑으로 너를 채우렴. 그 사랑 때문에 너는 평생 기쁨의 노래를 부르며 즐거울 수 있단다. 사람들은 다양한 방법을 통해 자신의 만족을 추구하지. 하지만 스스로를 해롭게 하는 방법들이 대부분이고, 중독에 빠지는 경우도 많단다. 이렇게 자기 만족을 위한 방법이 나보다 우선시된다면, 그것이 설령 좋은 방법일지라도 너를 만족시킬 수 없을 거다. 그러니 매일 아침, 공허한 마음과 여러 가지 갈망들을 그대로 갖고 내게로 나오너라. 내 임재 안에 조용히 앉아 나와 교제를 나누자. 무한한 내 사랑으로 너를 가득 채울 수 있도록 나를 초대해 다오. 한없이 넓고, 길고, 높고, 깊고, 드넓은 축복의 바다를 묵상해 보렴.

무엇보다도 나에게서 만족을 얻을 때 네 삶은 흔들림 없는 토대 위에 세워질 수 있단다. 굳건한 토대 위에서 걸어가는 삶의 여정은 평생 즐겁고 기쁠 거란다. 너무도 험한 세상 속에서 네 앞에는 여전히 시련이 기다리고 있겠지. 하지만 나를 신뢰하며 내 곁에 꼭 붙어 있을 때, 내가 네 인생길을 다정하게 인도해 주마. 너의 최종 목적지인 영광의 문을 향해 여행하는 동안, 너는 의미 있고 만족스러운 삶을 살아가게 될 거란다.

함께 읽어 보세요 엡 3:17-19; 시 73:24

 기쁨 묵상 :

JESUS ALWAYS

05

MAY

내가 온 것은 양으로 생명을 얻게 하고
터 풍성히 얻게 하려는 것이라
(요 10:10)

05 | 01

**무슨 일을 하든지 마음을 다하여 주께 하듯 하고
사람에게 하듯 하지 말라**(골 3:23).

지금 이 순간 너의 시간은 영원과 맞닿아 있단다. 지금 이곳에서 너는 영원한 구주인 나를 만날 수 있다. 그러니 바로 지금 내 임재를 기뻐하며, 할 수 있는 한 최선을 다해 현재에 집중하렴.

네가 열중해 있는 일에 초대해 다오. 그 일을 온 마음을 다해 잘 해낼 수 있도록 내게 도움을 구하렴. 나와 협력해서 일하면 더 유능해질 수 있고, 너의 짐도 더 가벼워질 거란다. 일할 때뿐만 아니라 쉬는 시간까지도 함께 보내자꾸나. 일할 때도 쉴 때도 나에게 감사하렴. 어떤 일 때문에 마음이 몹시 상하더라도, 무섭고 극단적인 생각이 마음을 차지하게 내버려 두지 마라. 너를 괴롭히는 일이 무엇인지 다 이야기해 다오. 그런 다음, 내가 너를 돌보고 있다는 걸 믿고 모든 염려를 내게 맡겨라.

나에게 간구하면 나는 네 눈을 뜨게 하고, 네 마음을 깨어나게 할 거다. 지금 이 순간이 담고 있는 모든 의미를 네가 충분히 깨달을 수 있도록 말이다. 온전히 깨어 있는 마음으로 너와 내가 만나는 시간이 나는 정말 기쁘단다. 내가 이 세상에 온 것은 네 삶 속에 흘러넘칠 만큼 풍성한 생명을 주기 위해서란다.

함께 읽어 보세요 벧전 5:7; 요 10:10

기쁨 묵상 :

05 | 02

**너는 마음을 다하여 여호와를 신뢰하고
네 명철을 의지하지 말라**(잠 3:5).

  절망에 빠지거나 현실 도피를 피할 수 있는 유일한 길은, 나를 신뢰하는 것뿐이란다. 고난 중에 있을 때 생각이 흐트러지지 않기란 어려운 일이지. 하지만 고난 가운데 있을 때야말로 현명한 결정을 내리는 게 더욱 중요하단다. 때로는 여러 가지 기회들이 주위를 맴돌며, 네가 가장 좋은 선택을 해주기만을 기다리는 것 같을 거다. 하지만 모든 상황에 적절하고도 효과적인 선택의 길이 단 하나 있지. 그것은 바로 마음과 뜻을 다해 나를 신뢰하기로 결단하는 거란다.

  절망의 깊은 수렁에 빠져 들어갈 때 그 자리에 멈추어 나에 대한 신뢰를 선포하렴. 속삭여라! 말해라! 크게 소리 내어 외쳐라! 나를 신뢰해야 할 이유들을 생각해 보는 시간을 가지렴. 너를 향한 내 변함없는 사랑을 기억하고 기뻐해라. 현실을 부인하며 고통에 무감각해지고 있었다면 나를 향한 신뢰를 말로 표현해 보렴. 그러면 궁극적 실재인 나에게로 연결될 거다! 사랑하는 자여, 나를 신뢰해라. 나는 모든 것을 알고 있단다. 네 상황을 완전하게 이해하고 있으니 내가 너를 도와주마.

함께 읽어 보세요 시 52:8; 사 41:13

 **기쁨 묵상 :**

05 | 03

이를 위하여 나도 내 속에서 능력으로 역사하시는 이의 역사를 따라 힘을 다하여 수고하노라(골 1:29).

어떤 일이 정말로 잘되고 있다면 내가 일하고 있기 때문이란다. 네가 하는 일이 나를 기쁘게 할 때, 나는 네 노력을 도우며 네 곁에 가까이 함께 있단다. 내 임재가 너에게 능력을 더하고 있음을 네가 깨달을 때도 있고, 그렇지 않을 때도 있지. 하지만 너를 돕고 인도하는 나에게 의지하면 할수록 너에게 더 많은 축복이 쏟아진단다. 네 일과 네 마음을 향한 축복이지. 내 임재를 느낄 때 안정감은 더욱 커지고, 기쁨은 충만해질 거란다.

나는 네가 어디에 있든, 어떤 상황에서든 나를 발견하도록 훈련시키는 중이다. 내 찬란한 임재의 표적을 찾기 위해 주변을 잘 살펴보아야 할 때가 있단다. 먼지 낀 창을 통해 바라보는 햇살 가득한 멋진 정원을 상상해 보렴. 만일 유리창의 먼지에 초점을 맞춘다면, 훌륭한 정원의 아름다움을 놓쳐 버리고 말 거다. 창문 너머 펼쳐진 아름다운 광경을 볼 수 있도록 네 눈을 훈련시켜라. 상황을 주의 깊게 살피는 법을 배워라. 그러면 너를 향해 비추는 내 얼굴을 '보게' 될 거란다. 그러니 모든 곳에서 나를 찾기 위해 힘쓰렴.

> 함께 읽어 보세요 행 2:28; 민 6:24-25

기쁨 묵상 :

05 | 04

나의 유리함을 주께서 계수하셨사오니 나의 눈물을 주의 병에 담으소서 이것이 주의 책에 기록되지 아니하였나이까(시 56:8).

나는 네 모든 어려움을 하나하나 잘 알고 있다. 네 눈물을 모두 모아서 내 병에 담아 두었단다. 그러니 눈물 날만큼 힘든 상황이나 눈물 흘리기를 두려워하지 마라. 네가 가진 문제들은 아무렇게나 의미 없이 일어나는 일이 아니란다. 나를 믿으렴. 너를 다스리는 내 주권을 신뢰하렴. 나는 내가 하는 일의 의미와 목적을 잘 알고 있단다!

내 관점은 시간과 공간의 제약을 받지 않고 무한하다. 그래서 너는 내가 일하는 방식을 이해할 수 없을 때가 많지. 네가 하나님의 관점으로 세상을 볼 수 있다면 내 뜻이 완성되어 가고 있음을 알게 되고, 내 영광 안에서 큰 기쁨을 경험하게 될 거다. 하지만 지금 네 눈에 보이는 것은 희미할 뿐이니, 이 신비를 간직한 채 살아가는 법을 배워야 한단다.

너는 너무나 소중한 존재이기에, 내 병에 네 눈물을 모두 모아 두었다. 언젠가는 네 눈에서 흐르는 눈물을 모두 닦아 줄 거다. 그때에는 더 이상 고통이나 죽음이나 애통하고 통곡하는 일이 없을 거란다. 너를 기다리고 있는 영광스러운 천국의 미래를 꿈꾸며 기뻐해라!

함께 읽어 보세요 고전 13:12; 계 21:4

 기쁨 묵상 :

05 | 05

**우리가 감사함으로 그 앞에 나아가며
시를 지어 즐거이 그를 노래하자**(시 95:2).

나는 네가 감사의 자리에 오래 머물러 있었으면 좋겠구나. 이곳은 내 임재의 기쁨이 따뜻하게 너를 비추는 가장 즐거운 자리이지.

너는 원하는 응답을 얻을 때까지 기도에 열중하기도 하는구나. 내가 네 기도대로 응답하면 기쁨과 감사로 반응하지. 하지만 그런 다음, 네 관심은 너무도 빨리 다음의 문제로 옮겨져 버린다. 나는 네가 감사의 기쁨을 오랫동안 간직하면 좋겠구나. 오래가지 않는 한바탕 요란한 감사로 그치지 마라. 그 대신 내가 행한 일을 계속 기억할 수 있도록 자신을 훈련시키면서 이 기쁨을 미래로 자연스럽게 흘려보내렴. 한 가지 좋은 방법은 나에게 감사한 마음을 사람들에게 이야기하는 거란다. 그렇게 하면 네 자신과 듣는 사람 모두에게 축복이 되고, 나를 기쁘게 할 수 있단다. 또 다른 방법은 눈길이 자주 닿는 곳에 기도 응답 내용을 적어 두는 거란다.

지속적으로 나에게 감사를 표현해라. 우리가 나눈 즐거운 기쁨과 기도 응답을 받고 행복했던 기억과 함께, 감사가 너에게 갑절의 축복을 더할 거란다.

<u>함께 읽어 보세요</u> 고전 15:57; 대상 16:12

 기쁨 묵상 :

05 | 06

너를 만들고 너를 모태에서부터 지어 낸 너를 도와줄 여호와가 이같이 말하노라 나의 종 야곱, 내가 택한 여수룬아 두려워하지 말라
(사 44:2).

내가 너를 만들었고, 네 어머니의 배 속에서부터 너를 지었다. 나는 너를 도와줄 하나님이다. 내가 이렇게 말하니 두려워하지 마라. 나는 네가 태어나기 전부터 지금까지 늘 네 삶에 관여해 왔단다. 나의 핏값으로 너를 샀기에 너는 내 것이다. 그러니 이 세상을 살아가는 삶의 여정 속에서 너를 돕겠다는 내 약속을 믿으면 된다. 항상 너를 돕고 있는 나를 신뢰하는 게 온갖 두려움을 극복하고 승리를 얻는 비결이란다.

아직 일어나지 않은 일들을 미리 상상하고, 너무 오래 생각하다 보면 문제로 이어지기 쉽단다. 미래에 집중되어 있는 마음은 금세 문제에 초점을 맞추면서 상황을 악화시키지. 이런 상태의 '마음 밭'에서는 걱정과 두려움의 잡초가 마구 싹트게 된단다. 네 마음이 이렇게 되었다는 걸 알아차리면, 걱정에서 돌아서서 나에게 돌아오너라. 나는 늘 다정하게 너와 함께 있단다. 네가 인생의 새로운 단계에 이를 때마다 내가 변함없이 함께할 것을 믿고 기뻐해라. 오늘 하루를 그리고 네 평생을 도와줄 나를 신뢰하며, 내 임재에 완전히 기대렴.

함께 읽어 보세요 시 23:6; 46:1

 기쁨 묵상 :

— JESUS ALWAYS —

05 | 07

**사랑하는 자들아 우리가 지금은 하나님의 자녀라
장래에 어떻게 될지는 아직 나타나지 아니하였으나
그가 나타나시면 우리가 그와 같을 줄을 아는 것은
그의 참모습 그대로 볼 것이기 때문이니**(요일 3:2).

너는 하나님의 자녀이다. 언젠가 너는 영광 속에서 내 얼굴을 대면하고, 있는 모습 그대로의 나를 보게 될 거다. 그때까지 너는 마음을 새롭게 하고, 새 사람이 되기 위한 훈련을 받아야 한단다. 새 사람이 된다는 것은 내 형상을 따라가는 것이지만, 그렇다고 해서 네 본질이 사라지지는 않는단다. 나를 닮아 갈수록 내가 본래 디자인했던 너만의 고유한 모습으로 오히려 발전하게 되지.

네가 처음 나를 구주로 믿은 순간부터 너는 하나님 나라 왕국의 가족이 되었다. 하나님의 상속자로서 내가 받은 유산을 함께 상속받게 되었지. 하지만 내 영광을 공유하기 위해서는 고난도 함께 나누어야 한단다. 고난을 겪게 될 때 고통스러운 몸부림 한가운데서 나를 찾으렴. 왕의 자녀에게 어울리는 방법으로 고통을 잘 견딜 수 있게 도와달라고 내게 구해라. 네가 견뎌 내는 모든 것이 나를 닮아 가는 데 도움이 된단다. 너의 궁극적인 목적지를 늘 기억해라. 그곳에서 내 의로운 얼굴을 보고 비로소 만족을 얻게 될 거다!

함께 읽어 보세요 엡 4:23-24; 롬 8:17; 시 17:15

기쁨 묵상 :

05 | 08

**네 생명을 파멸에서 속량하시고 인자와 긍휼로 관을 씌우시며
좋은 것으로 네 소원을 만족하게 하사
네 청춘을 독수리같이 새롭게 하시는도다**(시 103:4-5).

나는 너를 파멸에서 건져 내어 사랑과 긍휼로 관을 씌운단다. 그리고 아름다움으로 너를 감싸고 네 젊음을 새롭게 하지.

참으로 귀한 이 선물들을 주는 이유는 내가 너를 기뻐하기 때문이다. 내 기쁨이 네 존재 깊숙이 스며들어 네 영혼을 만족시키게 해다오. 네 모든 죄와 허물을 다 알고 있지만, 내 완전한 사랑은 절대로 흔들리지 않는단다. 너는 구원받은 자녀이기 때문에 나에게 더없이 소중한 존재이다. 나는 너에게 천국의 관을 씌우고, 영원한 아름다움으로 감쌌단다.

나에게 사랑받는 자녀라는 너의 정체성이 네 마음 가장 중요한 곳에 자리잡기를 바란다. 하지만 네 생각은 종종 사소한 문제들에 사로잡히는구나. 네 마음의 정체성이 불분명해질 때는 더욱 그렇지. 그러므로 너에게 강권한다. 깨어서 기도하기를 항상 힘써라. 네 모든 상황 속으로, 네 생각과 감정과 선택 속으로 나를 초대해 다오. 나와 소통할 때 하찮은 일들에 매이지 않고, 내 영광스러운 실체에 더 집중하게 될 거다. 내 임재 안에서 기다리는 동안 새 힘을 얻을 수 있단다. 네 나이가 몇 살이든 내 임재 안에서 너는 늘 청춘이다!

함께 읽어 보세요 시 149:4; 엡 6:18; 사 40:31

기쁨 묵상 :

05 | 09

너희가 알거니와 너희 조상이 물려준 헛된 행실에서 대속함을 받은 것은 은이나 금같이 없어질 것으로 된 것이 아니요 오직 흠 없고 점 없는 어린 양 같은 그리스도의 보배로운 피로 된 것이니라(벧전 1:18-19).

  나는 너의 가장 갈급한 필요를 채울 수 있단다. 가식으로 꾸며 낸 모습이나 이제껏 거둔 성과들을 모두 버려두고, 있는 모습 그대로 내게로 나오너라. 나는 너를 투명하게 다 들여다볼 수 있고, 네 모든 것을 알고 있지. 그렇지만 너는 내 피로 구속한 내 소유이기에, 무한하고 변함없는 사랑은 너를 위한 거란다.

  마음을 열어 정직해지게 해달라고 내 영에게 간구하렴. 네 부족함을 부끄러워하지 마라. 그 부족함 때문에 나를 겸손히 의지하며, 내게로 연결될 수 있단다. 네 삶에서 내 뜻을 이루어 가도록 초대해 다오. 나는 토기장이고, 너는 진흙임을 기억하렴. 네 연약함을 나에게 맡기면 내 손 안에서 단련될 거다. 나는 그 연약한 부분들을 사용하여 내 의지대로 너를 빚어 간단다.

  너에게 가장 절실하게 필요한 것은 나를 의지하고, 신뢰하며, 확신하는 마음이다. 네 힘이 부족하다는 사실을 받아들임으로 너는 부끄러움 없이 내게 의지하고 기댈 수 있단다. 온 마음과 정성을 다해 나를 신뢰하도록 내가 너를 훈련시키고 있다. 이 훈련은 네 평생에 걸쳐 계속될 과정이지. 두려움을 버릴 수 있는 최고의 방법은 너의 힘인 나를 확신하는 거다.

함께 읽어 보세요 　사 12:2; 64:8; 잠 3:5

 기쁨 묵상 :

05 | 10

**하나님이 그들로 하여금 이 비밀의 영광이 이방인 가운데
얼마나 풍성한지를 알게 하려 하심이라
이 비밀은 너희 안에 계신 그리스도시니 곧 영광의 소망이니라**(골 1:27).

  사랑하는 자녀야, 네 선택은 정말 중요하단다. 너를 변화시키는 내 역사는 선택을 통해 이루어질 때가 많지. 너는 대부분의 선택을 고독한 마음 상태로 혼자서 하곤 하는구나. 하지만 기억하렴. 나는 네 안에 있는 예수 그리스도이다! 네가 어떤 생각과 결정을 할지 이미 다 알고 있단다. 네 속에서 일어나는 모든 일을 내가 알고 있음을 인식하면, 제멋대로 이기적인 삶을 살지 않게 될 거다. 나는 너를 아주 세밀하게 알고 있단다. 나를 기쁘게 하기 원한다면 네 생각과 삶의 방식을 바꿔라.

  네 선택이 크게 중요한 문제가 아니라고 생각하겠지만, 그것은 사실이 아니다. 오늘 네가 훌륭한 결정을 내렸다면, 그것이 아주 작은 일이었을지라도 장차 아주 중요한 일을 성취하기 위한 밑거름이 될 수 있다. 사소하게 보이는 일일지라도 잘못된 결정을 했다면, 훗날 심각한 실패나 손실로 이어질 수 있단다. 네가 내리는 선택의 의미는 이렇게 중요하지. 하지만 그럼에도 내게 속한 자들은 결코 정죄받지 않는다는 사실을 기억해라. 나는 네 실패와 허물을 전부 알고 있지만, 이와 동시에 변함없이 빛나는 사랑으로 너를 사랑할 수 있단다.

<u>함께 읽어 보세요</u> 살전 4:1; 롬 8:1-2; 시 13:5

 **기쁨 묵상 :**

05 | 11

하나님이 미리 아신 자들을 또한 그 아들의 형상을 본받게 하기 위하여 미리 정하셨으니 이는 그로 많은 형제 중에서 맏아들이 되게 하려 하심이니라(롬 8:29).

나는 네 형제이자 친구란다. 너는 우리의 많은 형제자매들 중 맏아들인 나를 닮아 가고 있구나. 이것은 놀라운 특권이며 축복이다! 자신을 돕고 보호해 주는 힘세고 다정한 형이 있는 아이들은 참 복되단다. 너에게도 네 관심사를 주의 깊게 살피고, 끊임없이 너를 보살피는 놀라운 힘을 가진 큰 형제가 있다. 아무리 헌신적인 가족이나 친구일지라도 항상 함께 있을 수는 없지. 하지만 나는 절대로 네 곁을 떠나지 않을 거란다. 나는 형제보다 더 친밀한 친구란다.

네 곁에 꼭 붙어 있는 내 임재를 절대로 당연하게 생각하지 마라. 신실한 친구인 내가 또한 만왕의 왕이라는 사실을 명심해라. 영광 중에 빛나는 내 모습을 네가 얼핏이라도 볼 수 있다면, 요한이 나를 보고 내 발 앞에 죽은 자같이 엎드렸던 이유를 이해할 수 있을 거다. 나는 한때 죽었었지만 이제는 세세토록 살아 있는 처음이자 마지막이다! 나는 네가 경외감을 가지고 나와 교제하기를 바란다. 내가 너의 구주 하나님이기 때문이다. '구원'이라는 영광스러운 선물이 영원히 네 것이라는 사실을 잊지 않도록 스스로 상기시키렴. 그리고 감사의 마음으로 내게 경배하렴.

함께 읽어 보세요 잠 18:24; 계 1:17-18; 17:14

기쁨 묵상 :

05 | 12

**내 영혼아 네가 어찌하여 낙심하며 어찌하여 내 속에서 불안해하는가
너는 하나님께 소망을 두라 그가 나타나 도우심으로 말미암아
내가 여전히 찬송하리로다**(시 42:5).

너를 돕는 내 임재를 찬양해라. 언제나 어디서나 이렇게 기도하면 좋단다. "예수님, 지금 이곳에서 저와 함께 계시니 감사해요." 내 임재를 느끼지 못할 수도 있겠지만, 나는 이미 약속을 했고 그 약속이면 충분하다!

그리스도인으로서 꼭 해야 할 중요한 일은, 내가 항상 너와 함께 있다는 사실을 믿는 거다. 이 믿음 안에서 네 생각과 느낌, 힘든 일과 즐거운 일들에 대해 이야기해 다오. 내가 진심으로 너를 아끼고, 네 모든 기도를 듣고 있음을 신뢰하렴. 확신을 갖고 기대하고, 내 도움을 구하렴. 내가 네 안에서, 너를 통해 일하는 방식을 잘 살펴보아라. 네가 구하고 생각하는 모든 것보다 넘치도록 많은 일을 우리가 함께 이룰 수 있음에 기뻐해라. 내 능력은 네 안에서 역사하고 있단다. 특별히 네 연약한 부분들을 내 뜻에 맡길 때 내 능력은 더욱 커진단다.

내게는 능치 못할 일이 없음을 기억하고, 주눅 드는 상황에 처하더라도 겁먹지 마라. 내 임재가 너를 도우니 나를 찬양해라!

함께 읽어 보세요 마 28:20; 엡 3:20; 눅 1:37

기쁨 묵상 :

05 | 13

**외모로 판단하지 말고
공의롭게 판단하라 하시니라**(요 7:24).

  겉모양으로 사람을 판단하지 말고 항상 공정한 판단을 해라. 이것은 내가 예루살렘 성전에서 했던 말이지. 겉으로 보이는 모습만으로 나를 비판하던 사람들에게 판단은 옳을 수도 있고, 나쁠 수도 있다는 것을 가르치며 이 말을 했었다. 그들은 율법의 진정한 의미보다는 율법 조문에 초점을 맞추고 있었다. 그들이 했던 행동은 잘못된 것이었지만, 그렇다고 모든 판단이 나쁘다는 의미는 아니란다. 내가 금하는 것은 독선적이고, 위선적이며, 겉만 보고 내리는 피상적인 판단이다. 나는 나를 따르는 이들이 도덕적이고 신학적인 주제들에 대해 성경의 진리에 바탕을 둔 공의로운 판단을 내려 주기를 바란단다.

  오늘날과 같은 '관용'의 시대에는 옳고 그름을 구별하는 표현을 자제하도록 사람들에게 엄청난 압박감을 준다. 옳은 판단을 할 수 있는 사람들도 '편협하다'는 낙인이 찍힐까 두려워 대부분 침묵하고 있지. 나는 너희가 사랑 안에서 참된 것을 말할 수 있는 용기를 갖게 되기를 바란단다. 내가 그렇게 이끌어 주마. 그렇게 준비되기에 가장 좋은 방법은 성경 말씀을 찾아보며 네 마음을 들여다보는 거란다. 그런 다음, 너를 통해 다른 사람들을 사랑하시는 성령님께 이제는 너를 통해 말씀해 달라고 간구하렴.

함께 읽어 보세요 마 7:1; 엡 4:15

 **묵상 :**

05 | 14

능히 너희를 보호하사 거침이 없게 하시고 너희로 그 영광 앞에 흠이 없이 기쁨으로 서게 하실 이 곧 우리 구주 홀로 하나이신 하나님께 우리 주 예수 그리스도로 말미암아 영광과 위엄과 권력과 권세가 영원 전부터 이제와 영원토록 있을지어다 아멘(유 1:24-25).

나는 네가 넘어지지 않도록 도울 수 있다. 내가 너를 붙들고 있지 않으면 네가 얼마나 쉽게 발을 헛디디는지, 네가 얼마나 약한 존재인지 알고 있단다. 너는 은혜 안에서 자라 가고 있지만 타락한 이 세상을 살아가는 한, 죄로부터 완전히 자유로울 수는 없을 거다. 그래서 너에게는 내 도움이 지속적으로 필요하지.

나는 네가 내 영광 속에서 온전하고 깨끗하게, 흠 없는 모습으로 서게 할 수 있단다. 내가 너에게 구원의 옷을 입히고 공의의 겉옷으로 감쌌기 때문이지. 네가 확신을 갖고 이 고귀한 옷을 입기를 바란다. 너는 내 의로 구원받았기 때문에 너는 완벽하게 안전하단다.

넘치는 기쁨이 너와 나를 위해 예비되었다. 나는 지금의 너를 기뻐한단다. 하지만 이 기쁨은 영광 속에서 너와 내가 만나는 날 측량할 수 없을 만큼 더욱 커질 거다. 네가 천국에서 경험하게 될 희열은 이 세상에서 즐길 수 있는 어떠한 쾌락과도 비할 수 없는 거다. 썩지 않고, 더럽혀지지 않고, 사라지지 않을 이 영광스러운 유업을 너로부터 빼앗을 수 있는 존재는 세상에 없단다!

함께 읽어 보세요 벧후 3:18; 사 61:10; 벧전 1:3-4

 **기쁨 묵상 :**

— JESUS ALWAYS —

05 | 15

**주를 찾는 모든 자들이 주로 말미암아 기뻐하고 즐거워하게 하시며
주의 구원을 사랑하는 자들이 항상 말하기를
하나님은 위대하시다 하게 하소서**(시 70:4).

나를 찾고 구해라. 내 안에서 기쁨과 즐거움을 누리도록 도와주마. 나를 찬양하는 시간을 가져라. 나는 영광과 위엄과 아름다움이 있는 곳에 거한단다. 내가 누구인지 생각해 보렴. 그런 다음, 어떻게 내가 하늘의 영광을 떠나 이 세상에 오게 되었는지, 그리고 어떻게 내가 너를 영원한 생명과 빛이 있는 내 왕국으로 들어가게 할 수 있었는지 묵상해 보렴. 그렇게 하면 내 안에서 기쁨을 누리는 데 도움이 될 거다. 그 기쁨이 나에게 더 가까이 이끌어서 내 거룩한 임재를 더 깊이 경험하도록 안내할 거다. 나에게 가까워질수록 기뻐해야 할 이유가 훨씬 더 많아질 거다!

기뻐하는 마음은 다른 사람들에게도 축복이 된단다. 너의 기쁨이 가족과 친구들에게 고스란히 퍼져 그들도 너를 통해 유익을 얻게 되지. 게다가 가깝게 지내는 사람들 외에 더 많은 사람들에게 선한 영향력을 끼칠 수도 있다. 내 제자들이 기뻐하며 살아가는 모습을 보고, 믿지 않는 사람들도 내게 다가오는 경우가 많단다. 갈수록 어두워져만 가는 세상 속에서 네 기쁨은 더욱 찬란히 빛을 발할 거다. 사람들이 네가 소망을 가질 수 있는 이유를 묻겠지. 그럴 때를 대비해 항상 대답할 준비가 되어 있어야 한단다.

함께 읽어 보세요 시 96:6; 합 3:18; 벧전 3:15

기쁨 묵상 :

05 | 16

**나에게 이르시기를 내 은혜가 네게 족하도다 이는 내 능력이 약한 데서
온전하여짐이라 하신지라 그러므로 도리어 크게 기뻐함으로
나의 여러 약한 것들에 대하여 자랑하리니
이는 그리스도의 능력이 내게 머물게 하려 함이라**(고후 12:9).

어떤 일이나 하루를 시작하면서 무언가 부족하다고 느껴지거든 이 말을 떠올려라. "내 은혜가 네게 족하도다." 이 말은 어제나 오늘이나 앞으로도 변함없이, 내 놀라운 은혜가 너와 함께한다는 뜻이란다. 네가 얼마나 나약한지 깨닫고 괴로워하는 데에 에너지를 낭비하지 마라. 오히려 네 부족함을 받아들이고 너에게 내가 얼마나 필요한지 깨달을 수 있었음에 기뻐하렴. 내게 와서 도움을 구하고, 끝없는 풍성함을 누려라! 내 능력은 네 연약함 속에서 더 강해진단다.

나에게 즐겁게 의지하며 일을 시작할 때 얼마나 많은 성취를 이룰 수 있는지 놀라게 될 거다. 게다가 나와 협력하여 일함으로 네 결과물의 가치도 크게 향상될 거다. 만왕의 왕, 만주의 주인 나와 나란히 걸어가며 함께 일할 수 있는 놀라운 특권에 대해 곰곰이 생각해 보렴. 네 자신을 살아 있는 제물로 내어놓고, 내 뜻을 따르기 위해 힘써라. 이것은 예배의 한 방식이며, 나를 기쁘게 하는 일이란다. 또한 네 삶을 의미 있고 즐겁게 해줄 거다. 이것은 천국에서 너를 기다리고 있는, 말할 수 없이 영광스러운 기쁨의 극히 일부분을 미리 맛보는 것일 뿐이지만 말이다!

함께 읽어 보세요 계 19:16; 롬 12:1; 유 1:24

 **기쁨 묵상:**

05 | 17

**네 짐을 여호와께 맡기라 그가 너를 붙드시고
의인의 요동함을 영원히 허락하지 아니하시리로다**(시 55:22).

너의 짐을 내게 맡기라. 내가 너를 붙들어 주마. 그렇게 짐을 짊어지고 가다 보면 곧 지친단다. 네 어깨는 무거운 짐을 지기 위해 만들어진 것이 아니니, 그 짐을 내게 맡기는 법을 배우면 좋겠구나. 먼저, 뭔가 너를 짓누르고 있음을 인정해야 한다. 그리고 짐을 유심히 살펴서 그게 너의 것인지, 아니면 다른 사람의 것인지 확인해야 한다. 만약 네 것이 아니라면 그 짐을 내려 그 자리에 두렴. 그게 네 문제라면 그 문제에 대해 나와 이야기를 나누자. 그러면 내 시각을 갖도록 돕고, 네가 나아갈 길을 보여 주마.

필요에 따라 조치를 취할 수 있도록 준비하렴. 하지만 네가 다시 억눌리지 않도록 문제에 초점을 맞추지 마라. 나에게는 아주 강한 어깨가 있다! 그러니 온 힘을 다해 네 염려를 내게 맡겨라. 그런 다음, 기쁘게 나를 의지하며 다음에 해야 할 일을 그냥 시작하면 된단다.

너를 붙들어 주겠다는 내 약속을 기억하고 용기를 내려무나. 이 약속은 내가 너를 단단히 떠받치고, 너의 쓸 것들을 공급해 주겠다는 뜻이란다. 내 풍성한 영광 속에서 네 모든 필요를 채워 주마.

함께 읽어 보세요 사 9:6; 빌 4:19

 **기쁨 묵상 :**

05 | 18

여자가 그 나무를 본즉 먹음직도 하고 보암직도 하고 지혜롭게 할 만큼 탐스럽기도 한 나무인지라 여자가 그 열매를 따먹고 자기와 함께 있는 남편에게도 주매 그도 먹은지라 이에 그들의 눈이 밝아져 자기들이 벗은 줄을 알고 무화과나무 잎을 엮어 치마로 삼았더라(창 3:6-7).

내 임재를 더 민감하게 느낄 수 있으려면 자신을 초월하는 기술을 배워야 한단다. 너는 네 자신에게 초점을 맞추도록 만들어지지 않았다. 하지만 에덴동산에서 있었던 아담과 하와의 불순종 때문에 자기중심적인 이기심이 모든 인류의 본성이 되었지. 이것은 치명적인 덫이다. 나는 네가 이 본성을 벗어나서 살아갈 수 있도록 준비시켜 왔단다. 너의 구주가 되어 달라고 내게 요청한 그 순간부터 지금까지, 네 안에는 성령님이 살고 계신단다. 자기중심성에서 벗어나게 해달라고 보혜사 성령님께 구하라. 필요할 때마다 자주 이렇게 기도해라. "저를 도와주세요, 성령님."

거울이나 다른 사람들의 눈에 비친 겉모습에 지나치게 관심을 갖는 것은 너를 자기도취의 덫에 가두는 길이란다. 네 자신을 관심의 대상으로 삼지 마라. 그 대신, 나를 주의 깊게 바라보고 네 주위 사람들에게 관심을 기울여라. 스스로를 뛰어넘어 참된 것을 볼 수 있는 눈을 달라고 성령님께 구하렴. 너는 내 영원한 팔 안에서 안전해지고, 내 사랑의 임재 안에서 완성된단다. 그러니 나를 신뢰하고 사랑하는 일에 관심을 돌리려무나.

함께 읽어 보세요 롬 8:9; 요 15:26; 신 33:27

🙂 **기쁨 묵상 :**

— JESUS ALWAYS —

05 | 19

**내가 혹시 말하기를 흑암이 반드시 나를 덮고
나를 두른 빛은 밤이 되리라 할지라도 주에게서는 흑암이 숨기지 못하며
밤이 낮과 같이 비추이나니
주에게는 흑암과 빛이 같음이니이다**(시 139:11-12).

삶의 고통스러운 자리에서 나를 찾아라. 기도를 응답받았거나 최고의 기쁨을 마음 깊이 느끼고 있을 때에는 쉽게 나를 찾을 수 있을 거다. 하지만 고난 속에서도 나는 여전히 자애롭게 존재한단다. 사실 너의 힘든 문제들은 오히려 비옥한 토양과도 같다. 깊고도 광대한 내 사랑의 임재를 만나고 은혜가 자라나기에 아주 좋은 자리이지. 그러니 지난 일 때문이든, 지금의 일 때문이든 우울할 때에는 나를 만나는 데 집중하렴. 고통스러운 기억이나 과거의 아픈 경험 때문에 괴롭다면 그 괴로움 속에서 나를 찾으렴. 나는 네 모든 고통을 다 알고 있단다. 그리고 그곳에서 너와 만날 준비도 되어 있다. 상처받고 깨어진 자리로 나를 초대해 다오. 조각난 파편들을 새롭게 맞추는 데 우리의 힘을 합치자꾸나.

지금 이 순간 힘든 길을 걷고 있다면 내 손을 꼭 붙잡는 것을 잊지 마라. 고난이라는 어두운 배경을 향하여 내 임재의 빛이 탁월한 광채로 빛나고 있단다. 너를 위로하고, 인도하며, 참으로 너를 축복하는 빛이란다. 한 걸음 한 걸음 나아갈 길을 보여 주마. 내 곁에서 가까이 걸어갈 때 우리의 친밀함은 더 깊고 풍요로워질 거다.

함께 읽어 보세요 요 1:5; 시 73:23-24

기쁨 묵상 :

05 | 20

내가 문이니 누구든지 나로 말미암아 들어가면 구원을 받고 또는 들어가며 나오며 꼴을 얻으리라 도둑이 오는 것은 도둑질하고 죽이고 멸망시키려는 것뿐이요 내가 온 것은 양으로 생명을 얻게 하고 더 풍성히 얻게 하려는 것이라(요 10:9-10).

나는 문이다. 나를 통해 들어오는 사람은 누구든 구원을 받는단다. 나는 잠겨 있는 문이 아니라, 선택받은 백성들과 너를 위해 열려 있는 문이란다. 내가 세상에 왔으므로 너는 생명을 얻었고, 풍성한 삶을 누릴 수 있게 되었다.

풍성한 삶이라는 의미는 사람들마다 각자 다를 거다. 그러니 풍성한 삶을 추구하며 살아갈 때 네 환경을 다른 사람들과 비교하지 마라. 남들이 가진 만큼의 돈과 호화스러운 물건들을 다 가져야만 잘살 수 있는 것은 아니란다.

지금 가진 것에 자족하는 마음은 경건한 삶을 사는 데 큰 유익이 된다. 내가 너에게 공급해 주는 것들에 만족하면 좋겠구나. 사는 데 필요한 기본적인 먹을 것과 입을 것이 있다면, 그것들로 만족하도록 노력해 보렴. 내가 그보다 많은 것을 주면 기쁨과 감사함으로 받으면 된단다. 하지만 소유에 너무 집착하거나, 너에게 없는 것을 탐하지 마라. 매달리고 집착해도 네 영혼을 상하게 하지 않을 유일한 대상은 오직 나뿐이란다. 네가 이 세상에서 무엇을 소유하고 있든 꼭 기억할 것이 있다. 소유가 많든 적든 나를 가진 사람은 모든 것을 가진 거라는 사실이다.

함께 읽어 보세요 딤전 6:6-8; 시 63:8; 요 3:16

기쁨 **묵상** :

05 | 21

천국은 마치 밭에 감추인 보화와 같으니 사람이 이를 발견한 후 숨겨 두고 기뻐하며 돌아가서 자기의 소유를 다 팔아 그 밭을 사느니라(마 13:44).

  나를 그 무엇보다도 귀하게 여기렴. 네 마음과 생각이 기쁨으로 채워지고, 나를 영화롭게 하는 길이란다! 어떤 대상을 귀하게 여긴다는 것은, 그것을 소중히 대하면서 꼭 붙잡거나 포기하지 않는 거란다. 너의 구주 하나님이며, 신실한 친구인 나를 단단히 붙들도록 나는 너를 훈련시키고 있단다. 내가 절대로 너를 떠나지 않음을 안다면, 기쁨과 평안은 측량할 수 없을 만큼 자라날 거다. 나를 존귀한 구주로 소중히 생각한다면, 나를 '네 시선 안에' 두고 내 뜻을 따라 살고 싶은 소망이 커질 거다.

  다른 어떤 것보다 나를 높일 때 다른 것들은 너를 통제할 수 없게 된단다. 너에게 가장 소중한 게 무엇인지 분별할 수 있는 한 가지 방법은, 마음이 평안할 때 네가 무슨 생각을 하는지 잘 살펴보는 거란다. 그 결과가 맘에 들지 않더라도 절망하지 마라. 더 꾸준하게 나를 생각할 수 있는 방법을 네 스스로 터득할 수 있단다. 성경 말씀을 암송하는 것도 도움이 되지. 특별히 너를 내게로 더 가까이 이끌어 주는 구절들을 마음에 담아 두렴. 내 애정 어린 임재를 떠올려 주는 것들을 가정이나 직장 등 눈길 닿는 곳마다 놓아두렴. 성령님께 도움을 구하는 것도 잊지 마라. 성령님은 네가 나에게로 다시 돌아오도록 안내하는 일을 기뻐하는 분이란다.

> 함께 읽어 보세요   빌 3:8-9; 요 14:26; 16:14

 기쁨 묵상 :

05 | 22

능히 모든 성도와 함께 지식에 넘치는 그리스도의 사랑을 알고 그 너비와 길이와 높이와 깊이가 어떠함을 깨달아 하나님의 모든 충만하신 것으로 너희에게 충만하게 하시기를 구하노라(엡 3:18-19).

모든 지식을 뛰어넘는 내 사랑이 얼마나 깊고 넓은지 네가 깨달았으면 좋겠구나. 나를 아는 지식을 갖는 것과 나에 대해 깨닫는 것에는 어마어마한 차이가 있단다. 이처럼 내 성품에 대한 사실을 아는 것과 사랑이 가득한 내 임재를 경험하는 것은 크게 다르단다. 내 임재를 경험하려면, 너에게 능력을 부어 주시는 성령님의 역사가 필요하다. 네 속사람이 능력으로 강건해지도록 성령님께 구하렴. 그러면 내 사랑을 충만하게 경험할 수 있을 거다.

네가 구원을 얻은 순간부터 나는 네 마음 안에서 살아왔단다. 네 안에 나를 위한 공간이 넓어질수록 더 많은 사랑으로 너를 채워 줄 수 있다. 네 마음에 내 공간을 넓혀 갈 수 있는 몇 가지 방법이 있지만, 내 임재를 즐거워하고 말씀을 공부하면서 나와 함께 시간을 보내는 게 가장 중요하단다. 나와의 소통을 계속 이어 가는 것도 중요하지. 사도 바울이 말한 것처럼 쉬지 말고 기도해라. 이 즐거운 훈련이 너를 내 곁에 가까이 있도록 지켜 줄 거다. 그리고 마지막으로, 네 언행을 통해 내 사랑을 다른 이들에게 흘려보내 주렴. 이렇게 하면 네 안에 있는 내 사랑이 온전히 이루어질 수 있단다.

함께 읽어 보세요 행 4:12; 살전 5:17; 요일 4:11-12

 **기쁜 묵상 :**

05 | 23

**내게 능력 주시는 자 안에서
내가 모든 것을 할 수 있느니라**(빌 4:13).

지금 네가 가야 할 길이 너무 힘겨워 보일 때 내게 와서 이렇게 말하렴. "저는 할 수 없지만, 주님과 내가 함께라면 할 수 있어요." 주어진 상황을 혼자 힘으로 감당할 수 없다고 인정하는 것은, 너의 현실에 꼭 필요한 약이란다. 하지만 이것만으로 문제가 해결되지는 않는단다. 자신의 무력감에 빠져들어서 아무것도 할 수 없게 되기 쉽기 때문이지. 이 문제에서 가장 중요한 부분은 내가 너를 돕기 원하고, 변함없이 너와 함께 있음을 깨닫는 거란다.

내 앞에 마음을 토해 놓아라. 너의 짐을 대신 들어 달라고, 그리고 갈 길을 알려 달라고 간구해라. 네가 통제할 수 없는 일을 걱정하느라 에너지를 낭비하지 마라. 그 대신, 그 에너지를 나와 친해지는 데 사용해라. 항상 내 얼굴을 구하렴. 내가 이끄는 대로 따라올 준비를 하고, 너보다 앞서가며 길을 열어 주는 나를 신뢰하렴.

네 부족함이 곧 내 임재로 들어가는 문이라는 사실을 받아들이고 용기를 내어 다오. 네 삶의 여정을 나와 같이 떠나는 즐거운 모험으로 생각하렴. 우리가 동행하는 여행길을 즐기면서 친밀한 교제를 나누자꾸나.

함께 읽어 보세요 시 62:8; 105:4

 기쁨 묵상 :

05 | 24

**여호와께서 너의 출입을
지금부터 영원까지 지키시리로다**(시 121:8).

다정한 내 임재 안에는 평안과 기쁨이 충만하단다. 오늘 하루를 지내며 나를 잘 찾아보렴. 네가 나를 발견해 주기를 간절히 기다리고 있단다. 나는 끊임없이 너를 지켜보며 너에게서 눈을 떼지 않는다. 하지만 너에게는 나를 보지 못하게 방해하는 일들이 너무 많구나. 그중 대부분은 잠깐의 기분 전환을 위한 것이고, 그런 일들은 세상에 넘쳐나지. 해결 방법은 단순하단다. 내가 너와 함께 있음을 스스로에게 계속 일깨워 주는 거다.

그런데 훨씬 더 심각한 문제가 있단다. 그건 바로 너의 처음 사랑을 잃어버리는 거다. 이럴 때는 즉시 내게로 달려와 회개해야 한단다. 너를 나에게서 멀어지게 만든 우상이 무엇인지 고백하렴. 그리고 감사하며 내 용서를 받아들이는 시간을 가지렴. 네 삶에서 나를 최우선순위에 둔 다음, 나머지 우선순위들을 나와 함께 다시 조정해 보자꾸나. 내 임재 안에 머무르며, 내가 누구인지 생각해 보아라. 나는 온 우주의 왕이며, 세상의 빛이다. 다른 이들에게도 나를 비출 수 있도록 이 생명의 빛을 쬐어라. 내 안에서 기쁨을 누리는 동안 사랑과 기쁨과 평화를 너에게 채워 주마.

함께 읽어 보세요 계 2:4; 요 8:12; 갈 5:22-23

 **기쁨 묵상** :

05 | 25

**내 형제들아 너희가 여러 가지 시험을 당하거든
온전히 기쁘게 여기라**(약 1:2).

　삶에서 겪게 되는 모든 시련 속에서 나에게 감사해라. 시련은 내가 주는 선물이다. 너를 더 강하게 만들고, 더 많이 나를 의지하도록 돕는 기회란다. 대부분의 사람들은 자신이 강해질수록 누군가에게 의지하는 일이 없을 거라고 생각하지. 하지만 내 왕국에서는 의지하는 만큼 힘이 생긴단다. 인생을 여행하는 동안 너는 나와 가까이 동행하도록 만들어졌다. 힘겨운 시련 속에서 네 궁핍함이 드러나고, 결국 내 무한한 부요함에 기대게 될 거다.

　위기 상황일 때 나를 신뢰하면서 대처해 나갈 수 있다는 것은 축복이란다. 너무 버겁게 여겨졌던 시련을 잘 극복해 내는 것은 아주 신나는 일이지. 네가 나에게 의지하며 어려움을 이겨 낼 때 우리 관계는 더욱 튼튼해진단다.

　시련을 극복하게 되면 안정감도 더욱 커지게 된단다. 너와 내가 함께하면 앞으로 아무리 힘든 일이 닥쳐 온다 해도 잘 극복할 수 있다는 확신을 가질 수 있지. 너는 무슨 일이든 감당할 수 있는 준비를 갖췄다. 내가 네 안에 능력을 불어넣고 있기 때문이다. 그러니 내 충만한 능력 속에서 크게 기뻐해라!

함께 읽어 보세요　시 31:14-16; 빌 4:13

기쁨 **묵상 :**

05 | 26

**그런즉 내가 하나님의 제단에 나아가
나의 큰 기쁨의 하나님께 이르리이다
하나님이여 나의 하나님이여 내가 수금으로 주를 찬양하리이다**(시 43:4).

　나는 네 기쁨이자 즐거움인 하나님이다. 네가 내 안에서, 내 말씀 안에서 기쁨을 발견하면 좋겠구나. 나는 태초부터 영원까지 살아 있는 말씀이다. 그러므로 너는 내 말씀이 기록된 성경 속에서 내 풍성한 임재를 만날 수 있단다. 말씀이 네 속사람으로 점점 스며들어 갈수록, 너는 지속적으로 내 임재의 기쁨을 경험하게 될 거다. 말씀을 묵상하고 그 말씀을 암송하는 데 시간을 내어라. 잠 못 이루는 밤들을 지나 역경을 견뎌 내는 데 도움이 될 거란다.

　내가 네 기쁨이라는 사실을 알면, 너보다 상황이 나아 보이는 사람들을 부러워하거나 환경을 한탄하지 않게 된단다. 나는 너와 항상 함께 있기에 너는 네 삶에 끊임없는 기쁨의 원천을 가진 셈이다. 종일 내 이름을 기뻐하면서 내 안에서 기쁨을 누리려무나. 기도 시간에 "예수님" 이렇게 내 이름을 부르는 것만으로도 기운이 나게 될 거다. 내 안에서 큰 기쁨을 누릴 수 있는 아주 좋은 방법이 있다. 그것은 바로 사랑을 가득 담아 너에게 입혀 준 내 의로움의 옷을 입고 즐거워하는 거다. 이 공의의 옷은 너를 영원히 완벽하게 감싸 줄 수 있단다!

　　　　　　　　　　　함께 읽어 보세요　요 1:1; 시 89:16; 사 61:10

기쁨 묵상 :

05 | 27

**예수께서 대답하시되 내 나라는 이 세상에 속한 것이 아니니라
만일 내 나라가 이 세상에 속한 것이었더라면 내 종들이 싸워
나로 유대인들에게 넘겨지지 않게 하였으리라
이제 내 나라는 여기에 속한 것이 아니니라**(요 18:36).

내 나라는 이 세상에 속한 나라가 아니다. 멸망하지 않는 영원한 나라이다. 주변에 벌어지는 악한 일들과 부조리한 상황들을 볼 때 절망하지 마라. 내가 체포되던 날, 나는 제자들에게 "아버지께 요청하면 열두 군단 이상의 천사들을 보내셔서 나를 구해 주실 것이다."라고 말했었다. 하지만 이것은 아버지와 내가 정한 계획이 아니었지. 나는 내 이름을 부르는 모든 사람을 구원하기 위해 꼭 십자가에 달려야만 했단다.

너는 영원한 생명과 빛이 있는 내 나라의 일부라는 것을 기억해라. 네가 사는 세상이 어두워질수록 너는 내 안에 있는 소망을 더욱 단단히 붙들어야 한다. 세상이 어떻게 돌아가든 내가 모든 것을 다스리며, 네가 이해할 수 없는 방식으로 내 목적을 이루고 있단다. 비록 이 세상은 심히 타락했지만, 너는 그 안에서 마음의 기쁨과 평안을 누리며 살 수 있지. 제자들에게 했던 말을 지금 너에게도 하겠다. 담대해라. 내가 세상을 이겼다. 너는 내 나라에 속해 있기에 내 안에서 평안할 수 있단다.

함께 읽어 보세요   마 26:53; 행 2:21; 요 16:33

 기쁨 묵상 :

05 | 28

**나는 포도나무요 너희는 가지라
그가 내 안에, 내가 그 안에 거하면 사람이 열매를 많이 맺나니
나를 떠나서는 너희가 아무것도 할 수 없음이라**(요 15:5).

나는 포도나무요, 너희는 가지이다. 내가 그 안에, 그가 내 안에 거하는 자는 누구라도 풍성한 열매를 맺을 수 있다. 하지만 나와의 결합에서 끊어져 나를 떠나간다면, 너는 아무것도 할 수 없단다.

내가 네 안에 살아 있다는 영광스러운 진리를 깊이 묵상해 보렴. 나무의 수액이 가지를 통해 포도나무로 흘러가듯이, 내 생명은 너를 통해 흘러간단다. 나는 무한하고 완전한 존재이지만 네 안에서 살아가기로 선택했다. 우리의 이 친밀한 관계는 경이로울 만큼 값진 거란다. 나는 네 모든 생각을 읽을 수 있고, 모든 느낌을 알고 있다. 또한 네가 얼마나 연약한지 알기에, 언제라도 너에게 내 능력을 불어넣어 줄 준비가 되어 있단다.

네 안에 거하는 내 임재와 동역하며 주도권을 나에게 맡길 때, 풍성한 열매를 맺을 수 있다. 나와의 연합이 꼭 필요하다는 사실을 외면한 채 네 힘만으로 무언가 해내려고 애쓴다면, 너는 쉽게 실패하게 될 거다. 네가 나를 떠나서 무엇을 이루어 내든, 내 나라에서는 아무 가치 없는 일이란다. 사랑하는 자녀야, 나와의 친밀한 관계를 잘 가꾸어 가렴. 생명을 주는 내 임재를 기쁨으로 누려라!

<u>함께 읽어 보세요</u> 골 1:27; 고후 12:9; 신 33:12

🙂 **기쁨 묵상 :**

05 | 29

**이 생명이 나타내신 바 된지라
이 영원한 생명을 우리가 보았고 증언하여 너희에게 전하노니
이는 아버지와 함께 계시다가
우리에게 나타내신 바 된 이시니라**(요일 1:2).

기뻐하며 감사해라. 과거, 현재, 미래에 이르는 네 모든 죄가 용서받았단다. 드러난 죄이든, 드러나지 않은 죄이든 모두 사함을 받은 거다. 너에게는 용서가 반드시 필요했고, 내가 그 절실한 필요를 영원히 완벽하게 충족시켜 주었다! 나는 아버지와 함께 있다가 너에게로 온 영원한 생명이다. 나를 너의 구주 하나님으로 믿으면 영생을 얻을 수 있단다. 이 놀라운 약속을 믿고 충만한 기쁨을 누리며, 미래에 대한 두려움을 내어 쫓으렴. 썩지 않고, 더럽혀지지 않고, 사라지지 않을 유업이 너를 위해 하늘에 간직되어 있단다. 그러므로 네 미래는 눈부시게 아름답고, 확실히 보장되어 있단다. 무한하고 존귀한 이 선물에 대한 최고의 반응은 바로 감사란다!

자주 나에게 감사할수록 네 삶은 더 즐거워질 거다. 너의 감사에 활기를 불어넣을 방법들을 힘써 찾아보아라. 말이나 글로 감사를 표현해 보렴. 침묵의 기도나 속삭임, 외치는 소리, 경배의 노래들도 좋은 방법이란다. 이렇게 감사하는 행동들이 네 환경을 뛰어넘어 커다란 기쁨을 갖는 데 도움이 된단다. 경배의 마음을 즐겁게 표현하려면 시편을 크게 소리 내어 읽는 것도 좋은 방법이다. 구원받은 나의 자녀야, 내 안에서 기쁨을 누려라. 아무것도 너를 내 사랑에서 끊을 수 없단다.

함께 읽어 보세요   요 3:16; 벧전 1:3-4; 롬 8:38-39

기쁨 묵상 :

05 | 30

**예수께서 이르시되
사탄이 하늘로부터 번개같이 떨어지는 것을 내가 보았노라**(눅 10:18).

나는 하나님이고, 너는 하나님이 아니다. 가혹하게 들릴 수 있지만, 이 말은 오히려 네 현실에 약이 되는 축복의 말이란다. 에덴동산에서 사탄은 하와를 유혹하며 그녀의 욕망을 부추겼다. 그 욕망은 바로 자신도 하나님처럼 되어 하나님의 성역을 침범하기 원하는 마음이었지. 사탄 역시 같은 욕망으로 인해 천국에서 추방당했었다. 하와는 물론, 아담도 마찬가지로 사탄의 유혹에 굴복했지. 그로부터 시작된 사람의 원죄는, 사람으로 하여금 마치 자신이 하나님인 것처럼 행동하며 모든 것을 통제하려 들도록 부추긴다. 자신이 원하는 대로 상황이 진행되지 않을 때는 나를 비판하면서 말이다.

네가 하나님이 아니라는 사실을 기억하는 것은, 자유를 누리며 살 수 있는 길이란다. 아주 중요한 문제들을 포함해서 네 능력을 넘어서는 일들에 대해 네가 책임지지 않아도 되지. 네 책임이 아닌 일들을 모두 내려놓으면 불필요한 짐들로부터 자유로워질 거다. 네가 주도적으로 일할 수 있는 영역에서는 더 큰 능력을 발휘할 수 있단다. 내 주권을 신뢰하고, 네 모든 염려를 내게 맡겨라. 감사하는 마음으로 기도하고 간구하며, 나에게 다 아뢰어라. 이런 방법으로 살아갈 때 걱정 근심으로부터 네 자신을 보호할 수 있다. 그리고 모든 지각에 뛰어난 평강의 하나님이 너를 축복해 주신단다.

함께 읽어 보세요 창 3:5; 빌 4:6-7

05 | 31

**그러므로 너희가 그리스도 예수를 주로 받았으니 그 안에서 행하되
그 안에 뿌리를 박으며 세움을 받아 교훈을 받은 대로
믿음에 굳게 서서 감사함을 넘치게 하라**(골 2:6-7).

내 안에 뿌리내리고 굳게 서서, 감사가 넘치는 생활을 하렴. 언제나 내 안에서 살아가거라. 너와 나의 관계는 다른 관계와는 다르단다. 너는 내 안에, 나는 네 안에 살고 있기 때문이지. 나 없이 너 혼자서는 아무 곳도 갈 수 없단다! 우리 사이의 이 놀라운 유대 관계가 네 삶을 바위처럼 든든한 기초 위에 세웠다. 이 기초 위에서 매 순간 내 임재를 의식하며 즐겁게 살아 다오.

감사는 네 삶을 세우는 데 가장 중요한 벽돌을 제공한다. 인생의 집을 지을 때 감사의 벽돌을 많이 사용할수록 더 좋은 경험들을 하게 될 거다. 감사는 네 마음속 기쁨의 자리를 넓혀서, 아무리 커다란 기쁨이라도 넉넉히 담아내도록 만든단다. 또한 절망이나 자기 연민에 빠지지 않고 고통을 견뎌 낼 수 있도록 돕지. 네 삶에 무슨 일이 일어나고 있든지 상관없이, 너는 너에게 주어진 영원한 구원과 변함없는 사랑에 항상 감사해야 한단다. 감사의 마음이 곧 축복이다. 인간관계, 경제적 여건, 건강 등의 축복은 자주 변할 수 있지만, 감사하는 마음은 오래도록 변하지 않는 축복이란다. 감사가 흘러넘칠 때까지 네가 받은 구원과 사랑을 잘 헤아려 보면 좋겠구나!

함께 읽어 보세요 골 1:27; 시 13:5-6

 기쁨 묵상 :

JESUS ALWAYS

06

JUNE

그가 깃털로 너를 감싸주실 것이니
네가 그 날개 아래서 피난처를 찾으리라.
그의 성실하심이 너의 방패가 될 것이니
(시 91:4, 현대인의 성경)

06 | 01

**곧 창세 전에 그리스도 안에서 우리를 택하사 우리로 사랑 안에서
그 앞에 거룩하고 흠이 없게 하시려고(엡 1:4).**

내 아이야, 내가 너를 기뻐한단다. 너는 왕족인 내 가족으로 입양되었고 나의 소유이기에 나는 너를 은혜의 눈으로 바라보고 있단다. 너를 내 앞에서 거룩하고 흠이 없게 하려고, 창세 전에 내가 너를 선택했다. 매일의 삶 속에서 너는 '거룩'이라는 완벽한 기준에 턱없이 부족하다는 걸 안다. 하지만 나는 너를 거룩하고 흠 없는 자녀로 바라본단다. 이것은 내 왕국에서 네가 가진 영원히 변함없는 지위이다. 물론 이 말이 네가 하는 (또는 네가 하지 않은) 모든 일을 지지한다는 뜻은 아니다. 하지만 나는 너를 네 진정한 자아, 곧 내가 창조한 네 모습 그대로 기뻐한단다.

이 사실을 네가 얼마나 확인받고 싶어 하는지, 그러면서도 또 얼마나 받아들이기 힘들어하는지 잘 알고 있다. 나는 네가 은혜의 시선으로 네 자신과 다른 이들을 볼 수 있으면 좋겠구나. 은혜의 눈으로 볼 때 악하고 잘못된 것보다는 선하고 옳은 것에 더 초점을 맞출 수 있단다. 나는 네가 점점 더 큰 영광에 이르도록 나와 같은 형상으로 변화시켜 가는 중이란다. 그리고 너는 네 삶에서 내가 하는 일들을 받아들이고, 나와 동역하는 방법을 배우는 중이지. 나는 너로 인해 큰 기쁨과 즐거움을 누리고 있단다!

함께 읽어 보세요 빌 4:8; 고후 3:18; 시 149:4

 기쁨 묵상 :

06 | 02

우리가 주목하는 것은 보이는 것이 아니요 보이지 않는 것이니 보이는 것은 잠깐이요 보이지 않는 것은 영원함이라(고후 4:18).

눈에 보이는 것이 아닌, 보이지 않는 것에 주목하렴. 너는 피상적인 문제나 사소한 일들을 생각하느라 너무 많은 시간과 정신적 에너지를 소비하지만, 내 나라에서는 아무 가치 없는 일이란다. 시각은 내가 준 놀라운 선물이지. 하지만 잘못 사용하면 오히려 너를 속박하는 도구가 될 수 있다. 너는 언제든지 쉽게 거울을 볼 수 있어서 자신의 모습을 분명하고 정확하게 비춰 볼 수 있다. 이것은 완벽해 보이는 사람들의 사진이나 영상을 접함으로 자신의 외모에 너무 치중하도록 유혹하지. 너의 집이나 가족의 문제에 있어서도 마찬가지이다. 이렇게 겉모습에 초점을 맞추다 보면 나를 알아가면서 네 영혼이 누릴 수 있는 즐거움에서 멀어지게 된단다.

네가 나를 찾고자 구할 때, 너는 이제껏 세상에 존재해 온 단 한 명의 완벽한 사람과의 동행을 누릴 수 있다. 하지만 내 완전함은 내 겉모습이 아닌, 죄가 없고 거룩한 성품 때문이란다. 나는 영원한 사랑으로 너를 사랑하며, 완전한 평안을 줄 수 있는 하나님이다. 그러니 하찮은 일들에 시간을 허비하지 마라. 그 대신, 나를 향해 생각을 고정시키고 내 평안을 받아들이렴.

함께 읽어 보세요 시 36:7; 사 26:3

 기쁨 **묵상:**

06 | 03

**내가 여호와께 바라는 한 가지 일 그것을 구하리니
곧 내가 내 평생에 여호와의 집에 살면서 여호와의 아름다움을 바라보며
그의 성전에서 사모하는 그것이라**(시 27:4).

네가 내 아름다움을 바라보도록, 그리고 더 간절하게 나를 찾도록 너를 초대하마. 이것은 몹시도 즐거운 초대란다! 너는 경이로운 자연 속에서 내 아름다움을 얼핏 엿볼 수 있겠지만, 그것들은 내 광대한 영광을 아주 조금 희미하게 드러낼 뿐이다. 사실 최고의 것은 아직 오지 않았단다. 그것은 천국에서 너와 내가 얼굴과 얼굴을 마주하는 날 보게 될 거다. 내 아름다움을 바라보려면 당분간은 네가 해야 할 일이 있다. 기도와 말씀 묵상을 통해 보이지 않는 내 임재에 집중해야 한단다.

나를 추구하는 삶에서 가장 기초가 되는 것은, 내가 줄곧 너와 함께 있다는 사실을 기억하는 거다. 나는 늘 너와 마음을 맞추어 가면서, 내 임재를 점점 더 깨달아 알아 가도록 너를 훈련시키고 있다. 집 안, 자동차 안, 사무실 등에 내 존재를 떠오르게 하는 것들을 곳곳에 놓아두렴. 나지막이 내 이름을 부르며 내가 곁에 있다는 걸 기억하렴. 나를 향해 찬양의 노래를 불러라. 소리 내어 성경을 읽고 암송해라. 나를 더욱 온전히 알고 싶어 하는 사람들을 찾아보고, 이 영광스러운 길을 그들과 함께 걸어가라. 네 삶에 절실히 필요한 나를 계속 그렇게 구하고 찾아라. 온 마음을 다해 나를 찾아라.

함께 읽어 보세요 고전 13:12; 렘 29:13

 기쁨 묵상 :

06 | 04

**그리하면 여호와 그가 네 앞에서 가시며 너와 함께하사
너를 떠나지 아니하시며 버리지 아니하시리니
너는 두려워하지 말라 놀라지 말라**(신 31:8).

나는 너의 기쁨이다! 이 한 문장이 마음에 울려 퍼져 네 내면 깊은 곳까지 스며들게 하렴. 나는 결코 너를 떠나지 않을 거란다. 너의 친구인 나는 한없는 기쁨의 원천이다. 네가 이 말을 진실로 믿는다면 너는 네 삶의 매일매일이 좋은 날이라는 진리 안에서 쉼을 누릴 수 있단다. 그러니 몹시 힘겨운 날에도 '나쁜 날'이라는 딱지를 붙이지 마라. 네 상황이 정말로 많이 힘들 수 있지만, 그래도 나는 여전히 네 오른손을 붙들고 너와 함께 있단다. 내 지속적인 임재와 흔들림 없는 사랑이 있으니, 힘겨운 날들을 포함한 네 모든 날이 다 좋은 날이란다.

세상의 기준으로 너는 부유하지 않을지 몰라도, 너를 위한 내 변함없는 사랑은 값을 매길 수 없을 만큼 보배로운 것이다! 내 사랑이 보장한다. 어떤 상황이 오더라도 너는 내 날개 그늘 아래 피할 수 있단다. 너를 내 기쁨의 강물로 인도하마. 세상살이가 전혀 즐겁지 않을 때는 나에게 기대렴. 그런 다음, 이 매혹적인 강물로부터 듬뿍 물을 길어 마시렴. 나는 너의 기쁨이란다!

함께 읽어 보세요 시 36:7-8; 73:23

기쁨 묵상 :

06 | 05

**백성들아 시시로 그를 의지하고 그의 앞에 마음을 토하라
하나님은 우리의 피난처시로다**(시 62:8).

네가 할 수 있는 최선을 다하고 나머지는 내게 맡겨 다오. 어려운 상황에 휘말릴 때 내가 듣고 있고, 돌보고 있음을 믿으렴. 그리고 네 마음을 내게 털어놓으렴. 환난 중에 내게 기대려무나. 나는 영원히 변하지 않는 너의 도움이란다. 문제를 해결하고 싶은 마음이 아무리 크더라도 그 문제가 네 주된 관심사가 되지 않게 해라. 지금까지 네가 할 수 있는 모든 일을 다했다면, 이제는 내 임재 안에서 새 힘을 얻으며 그저 기다리는 것만이 최선이란다. 문제가 해결될 때까지는 삶을 누릴 수 없다는 거짓말에 속아 넘어가지 마라. 세상에서 환난을 당할지라도, 혼란의 한가운데 있더라도 너는 내 안에서 평화로울 수 있단다!

너와 나는 협력하는 관계란다. 우리가 함께 동역하고 있다는 뜻이지. 내가 돕고 인도할 것을 기대해도 좋다. 네가 할 수 있는 만큼은 최선을 다하고, 네가 할 수 없는 일은 내가 할 수 있음을 믿어라. 섣부른 결론 속에서 일을 밀어붙이려 하지 말고, 마음을 느긋하게 가지렴. 내 계획 속에서 나아갈 길을 보여 달라고 기도해라. 사랑하는 나의 자녀야, 나를 굳게 믿고 나의 손을 잡아라. 그리고 내 임재 안에서 이 여행을 즐기자꾸나.

함께 읽어 보세요 시 46:1; 143:8; 요 16:33

 기쁨 **묵상** :

06 | 06

**우리가 감사함으로 그 앞에 나아가며
시를 지어 즐거이 그를 노래하자**(시 95:2).

  네 마음의 감사가 잘 자라나게 하렴. 감사는 기쁨으로 가는 지름길이기 때문이다! 사실 감사를 표현하지 않고 온전해지는 기쁨이란 결코 있을 수 없단다. 너에게 축복의 통로가 되어 준 모든 사람에게 감사하는 건 참 좋은 일이지. 하지만 그 모든 축복이 하나님인 나로부터 흘러왔다는 사실을 꼭 기억해라. 그러니 나를 향해 매일 자주 찬양하고 감사하렴. 이것은 네 영혼을 양육하고, 네 기쁨을 완성시키는 길이란다. 또한 이것은 너를 나에게 더 가까이 이끌어서 우리 관계를 돈독하게 해주는 간단한 방법이란다.

  내 소중한 제자인 너는 이미 영광스러운 은혜의 선물을 받았다. 이것은 노력 없이, 자격 없이 거저 받은 선물이지. 어느 누구도 이 후한 선물을 너에게서 빼앗을 수 없단다. 너는 영원히 내게 속해 있다! 너를 내 사랑에서 끊을 수 있는 존재는 세상에 없단다.

  매일 아침 일어나서 이렇게 말해 보렴. "오늘도 새로운 하루를 선물로 주셔서 감사해요, 예수님." 하루를 살아가면서 네 걸음을 따라 흩뿌려 놓은 축복과 즐거움을 잘 찾아보아라. 그중에서 가장 귀한 보물은 너와 내가 함께하는 내 임재란다. 나는 말로 형언할 수 없을 정도로 좋은 선물이다!

_{함께 읽어 보세요} 엡 2:8-9; 롬 8:38-39; 고후 9:15

기쁨 묵상 :

06 | 07

**사람이 만일 온 천하를 얻고도 제 목숨을 잃으면 무엇이 유익하리요
사람이 무엇을 주고 제 목숨과 바꾸겠느냐**(마 16:26).

너의 구원자요, 주인이요, 친구인 나를 가졌다면 너는 정말로 중요한 것을 모두 가진 거란다. 부, 명예, 성공을 가지고 있지 않을 수도 있지만, 그래도 용기를 잃지 마라. 내가 제자들에게 일렀듯이, 사람이 온 세상을 얻고도 자기 목숨을 잃으면 무슨 소용이 있겠느냐? '영원한 생명'이라는 귀중한 보물과 비교할 수 있는 것은 아무것도 없다! 좋은 보석을 찾아다니는 상인을 생각해 보아라. 흠이 없이 빼어난 보석 하나를 그가 발견한다면 자기의 소유를 다 팔아서라도 그 보석을 살 거다. 내 나라인 천국도 이와 같단다. 천국의 가치는 값으로 매길 수 없다! 그러니 사랑하는 내 자녀야, 이 세상에서 너에게 무엇이 부족하든지 상관없이 나를 소유하고 있다는 사실에 만족하는 법을 배우렴.

자신을 다른 사람들과 비교하는 데서 많은 불평 불만이 시작된단다. 이 치명적인 덫을 피하기 위해 온 힘을 다하면 좋겠구나. 너는 내 독특한 창작품이라는 걸 기억하렴. 내 피로 구원한 너는 나에게 너무나도 소중하단다. 네가 상상하는 그 이상으로 나는 너를 엄청나게 더 많이 사랑한단다. 나와의 즐거운 교제 안에 머물러 주렴. 내가 처음 디자인했던 걸작의 모습으로 너를 점점 더 변화시킬 거다.

<u>함께 읽어 보세요</u> 마 13:46; 딤전 6:6; 엡 2:10

 기쁨 묵상 :

06 | 08

죄로부터 해방되어 의에게 종이 되었느니라 (롬 6:18).

내 사랑이 너를 차지했고, 너를 해방시켰다! 내 사랑의 힘은 너무 위대하기에 그 사랑 때문에 너는 내 종이 되었다. 너는 네 자신의 것이 아니다. 거룩한 내 보혈의 값으로 내가 너를 샀기 때문이지. 나를 향한 사랑이 커질수록 너는 모든 것을 다해 나를 섬기고 싶어질 거다. 네 자신을 나에게 온전히 내어 줄 때 네 마음에 천국과 같은 기쁨이 가득 채워질 거란다.

나에게 이용당할지 모른다는 두려움을 가질 필요 없이, 너는 그저 전심으로 내게 굴복하면 된단다. 나는 모든 면에서 이미 완벽하기 때문이지. 오히려 나에게 정복당함으로 너는 진정한 자유를 누리게 되었단다. 나는 네 존재의 가장 중심으로 파고들었고, 네 안에 있는 내 영은 갈수록 영역을 넓혀 가고 있다. 성령이 계신 곳에는 참자유가 있다. 나는 네가 날마다 더욱 영광스럽게 나를 닮아 가도록 변화시키고 있단다. 그래서 다른 이들을 향해 내 영광을 비춰 주었으면 좋겠구나. 내 안에서 찾은 자유를 크게 기뻐하렴. 그리고 언제나 승리하는 내 사랑 앞에 기꺼이 무릎을 꿇어라!

함께 읽어 보세요 고전 6:19-20; 고후 3:17-18

기쁨 묵상 :

06 | 09

나는 포도나무요 너희는 가지라
그가 내 안에, 내가 그 안에 거하면 사람이 열매를 많이 맺나니
나를 떠나서는 너희가 아무것도 할 수 없음이라(요 15:5).

나를 떠나서 너는 아무것도 할 수 없단다. 네 앞에 놓인 일들이 너무 버겁게 느껴지는 날에는 이 사실을 기억하렴. 내가 너와 함께하며, 언제든 도울 준비가 되어 있음을 말이다. 잠시 시간을 내어 사랑이 깃든 내 임재 안에서 편히 쉬려무나. 그리고 이렇게 속삭여라. "주님이 지금 이곳에 계신다." 너는 너 자신의 힘만으로 살아갈 수 있게 만들어지지 않았단다. 그러니 마음을 편하게 가지렴. 너는 나를 필요로 하고, 나에게 의지하도록 디자인되었다. 모든 가식과 수치심을 내려놓고, 있는 그대로의 모습으로 내게 나오너라. 너에게 닥친 어려운 문제와 그 앞에서 느끼는 무력함에 대해 나와 이야기를 나누자. 갈 길을 알려 달라고 내게 간구해라. 서둘러 덤벼드는 대신, 나와의 교제 속에서 조금씩 신뢰의 걸음을 내딛자꾸나.

나는 포도나무이고, 너는 가지이다. 네가 나와 연결되어 있을 때 내 생명이 너를 통해 흘러가서 더 많은 열매를 맺게 하지. 세상적인 관점의 성공을 거두지 못할까 봐 걱정하지 마라. 내 나라에서 열매를 맺는다는 것은, 오래전 너를 위해 계획된 선한 일들을 이루어 간다는 뜻이란다. 그러니 내 뜻에 따를 준비를 하고, 내 곁에 가까이 있으렴. 그러면 네 앞의 길을 열어 주마.

함께 읽어 보세요 창 28:16; 마 11:28-29; 엡 2:10

기쁨 묵상 :

06 | 10

**그의 영광의 힘을 따라 모든 능력으로 능하게 하시며
기쁨으로 모든 견딤과 오래 참음에 이르게 하시고**(골 1:11).

내가 주는 영광스러운 힘을 받아라. 문제가 계속 발생하는 일을 끝까지 해야 할 때 이를 바득바득 갈면서 마지못해 하거나, 울적한 기분으로 시간을 흘려보내지 않도록 조심해라. 나는 네가 어려움에 처했을 때 이렇게 소극적이거나 부정적으로 대처하기를 원하지 않는단다.

내가 네 삶의 상황들을 주관하고 있기 때문에 언제든지 그 안에서 기회를 찾을 수 있단다. 성경에 나오는 어떤 어리석은 사람은 자신의 환경에 불만을 품고 주인이 맡겨 둔 달란트를 땅 속에 묻어 두기만 했지. 그는 주어진 기회를 최대한 활용하기보다는 힘든 상황만 탓하면서 미리 포기해 버리는 쉬운 방법을 택했다. 너도 그 사람처럼 되지 않게 조심해라. 사실 네 상황이 어려울수록 그것을 통해 더 많은 것들을 얻을 수 있단다.

나는 너에게 영광스러운 능력을 기꺼이 내어 준단다. 성령님이 네 속사람을 강건하게 하시며, 친히 그 능력을 부어 주므로 그 능력은 대단히 강력하다. 그뿐 아니란다. 한없는 내 영광의 능력으로 너는 견딜 수 없는 걸 계속 견뎌 낼 수 있게 될 거다. 이 어마어마하게 큰 능력은 기쁨으로 흘러넘치고도 남을 만큼 충분하단다!

함께 읽어 보세요 사 40:10; 마 25:25; 엡 3:16

 **기쁨 묵상 :**

06 | 11

**여호와께서 이르시되
내가 친히 가리라 내가 너를 쉬게 하리라**(출 33:14).

내 임재가 친히 너와 함께 갈 거고, 너에게 쉼을 줄 거다. 네가 어디에 있든지, 어디로 가든지, 나는 너와 함께 있다! 참으로 놀라운 말이지만 사실이 그렇단다. 눈에 보이지 않는 내 임재는 살과 피를 가진 네 주변의 사람들보다 더 실제적인 존재이다. 그렇지만 너는 마음의 눈으로 나를 '보아야' 하고, 기도를 통해 나와 이야기를 나눠야 한다. 정말로 내가 너에게 귀를 기울이고 있으며, 너를 돌보고 있다는 사실을 신뢰하면서 말이다.

기도 제목들이 항상 네가 원하는 기간 안에, 네가 이해할 수 있는 방식으로 이루어지지는 않을 거란다. 하지만 네가 기도하면 분명한 차이가 있을 거다. 내가 장담한다. 최고 주권자로서 세상을 다스릴 때에 나는 성도의 기도에 귀를 기울인단다. 유한한 생각을 지닌 너희가 이해하기에는 너무 복잡한 방법을 사용하지만 말이다. 잊지 마라. 하늘이 땅보다 높음같이, 내 길은 네 길보다 높은 곳에 있단다. 너는 내 생각을 다 이해할 수 없단다.

이 세상에서 나는 아주 신비로운 방식으로 일할 때가 많다. 그러니 너는 하나님인 내가 일하는 모습을 지켜보며 잠잠히 멈춰 있는 시간을 가지렴. 내 임재 안에 조용히 앉아 내 평강을 깊이 들이마셔라. 내가 너에게 평안한 쉼을 주마.

함께 읽어 보세요 사 55:8-9; 시 29:11; 46:10

기쁨 묵상 :

06 | 12

**그런즉 이 일에 대하여 우리가 무슨 말 하리요
만일 하나님이 우리를 위하시면 누가 우리를 대적하리요**(롬 8:31).

  내가 너를 위해 일할 때에 누가 너를 대적할 수 있겠느냐? 내 사랑하는 자녀야, 나를 믿고 따르는 너를 위해 내가 일하고 있다는 것은 틀림없는 사실이란다. 물론 아무도 너를 방해하지 못할 거라는 뜻은 아니다. 내가 네 편이라는 사실이 네 존재를 설명하는 가장 중요한 요소라는 뜻이다. 네 삶에 어떤 일이 일어나든지 간에 너는 승리하는 편에 서 있다! 죽음과 부활을 통해 나는 이미 승리를 얻었다. 영원한 승자인 내가 승리를 너에게 나누어 주었지. 천국을 향해 가는 네 여정에 아무리 많은 고난을 만나게 될지라도 이 사실에는 변함이 없단다. 결론을 말하자면, 너를 이길 수 있는 존재는 세상 어디에도 없다. 너는 영원히 내게 속해 있기 때문이다.

  미래에 대해 걱정할 필요가 전혀 없음을 믿으렴. 그러면 네 시각이 극적으로 바뀔 수 있단다. 네 자신을 고통으로부터 보호하기 위해 필사적으로 애쓰는 방어적인 태도를 버리고, 내가 이끄는 대로 담대하게 나를 따르는 법을 배워라. 내 얼굴을 찾고, 내가 인도하는 대로 따라오고, 네 자신을 나에게 내어 맡기는 모험을 즐길 수 있도록 나는 너를 훈련시키는 중이란다. 기억해라. 나는 환난 중에도 변함없이 너를 돕는 너의 힘이란다.

함께 읽어 보세요 시 27:8; 46:1

🙂 **기쁨 묵상 :**

06 | 13

**주 안에서 항상 기뻐하라 내가 다시 말하노니 기뻐하라
너희 관용을 모든 사람에게 알게 하라 주께서 가까우시니라**(빌 4:4-5).

나의 평강으로 마음과 생각을 지켜라. 내가 가까이 있음을 기억하고, 나의 변하지 않는 임재 안에서 기뻐해라. 네가 바라는 것들을 감사함으로 내게 아뢰며, 많은 시간을 함께 보내자꾸나. 이렇게 함으로 너는 사람의 생각을 뛰어넘는 내 평강을 누릴 수 있고, 네 마음과 생각을 지킬 수 있단다. 이것은 너와 내가 함께 힘을 합쳐야 할 공동의 과제이다. 그 어떤 것도 너 홀로 맞서지 마라!

그리스도인에게 자신이 혼자 있다는 생각은 착각이다. 스스로를 우울한 감정과 자기 연민에 빠뜨릴 수 있는 위험한 생각이지. 사탄과 그 부하들은 네가 내 임재를 의식하지 못하게 방해하려고 무척 애쓰고 있단다. 이럴 때 그들의 공격을 알아차리고 제대로 저항하는 게 중요하다. 살아 있고 활력이 있는 내 능력의 말씀으로 강하게 맞서라. 말씀을 읽고, 묵상하고, 암송하며, 입으로 선포해라.

내가 너와 항상 함께 있음을 믿으렴. 외롭다고 느껴질 때가 있겠지만, 그럴 때조차도 거리낌 없이 이야기해 다오. 나와 오래 이야기를 나눌수록 내가 가까이 있음을 확실히 느끼게 될 거다. 사탄에게 저항해라. 그러면 너로부터 도망칠 거다. 나에게 가까이 오너라. 그러면 내가 너의 곁에 더 가까이 다가갈 거란다.

함께 읽어 보세요 빌 4:6-7; 히 4:12; 마 28:20; 약 4:7-8

 **기쁨 묵상 :**

06 | 14

**사랑은 오래 참고 사랑은 온유하며 시기하지 아니하며
사랑은 자랑하지 아니하며 교만하지 아니하며**(고전 13:4).

사랑은 오래 참는다. 고린도전서에서 사도 바울이 사랑을 설명할 때 사용했던 첫 번째 표현은 "오래 참고"라는 말이다. 이 말은 21세기의 사랑에서는 쉽게 찾아볼 수 없는 표현이지만, 나는 내 제자들 안에 있는 "오래 참고"라는 가치를 아주 귀하게 여긴단다.

오래 참는 사람들은 까다로운 상대나 문제에 대처해야 할 때, 그리고 길고 긴 기다림을 견뎌야 할 때도 침착함을 유지할 수 있단다. 네 자신의 삶을 잘 살펴보렴. 힘든 기다림이나 어려운 상황에 네가 어떻게 반응하는지를 말이다. 이것은 네가 얼마나 오래 참을 수 있는지, 얼마나 사랑이 많은지 판단할 수 있는 좋은 척도가 된단다.

'오래 참음'은 성령의 아홉 가지 열매 중 네 번째 열매이지. 이 중요한 성품이 네 안에서 잘 자라나도록 성령님이 도와주실 거다. 특별히 네가 성령님께 간구할 때 더 큰 도움을 주실 수 있다. 어떤 그리스도인들은 오래 참을 수 있는 인내를 달라고 기도하기를 두려워한단다. 그 기도에 내가 응답하여 모진 고통과 시련을 줄까 봐 염려하기 때문이다. 하지만 고통은 내 나라의 중요한 목적을 이루어 가는 데 필요한 과정이란다. 그리고 시련은 네가 선택할 수 있는 문제가 아니다. 그 과정을 통해 네 믿음의 진가를 증명할 수 있고, 너는 칭찬과 영광과 존귀를 얻게 될 거다!

<u>함께 읽어 보세요</u> 갈 5:22-23; 벧전 1:6-7

기쁨 묵상 :

— JESUS ALWAYS —

06 | 15

**그러므로 함께 하늘의 부르심을 받은 거룩한 형제들아
우리가 믿는 도리의 사도이시며
대제사장이신 예수를 깊이 생각하라(히 3:1).**

사랑하는 자녀야, 내게로 오렴. 나에게 더 가까이 다가오라고 끊임없이 너를 초대하고 있단다. 내 임재 안에 멈추어서 나를 더 깊이 생각해 주렴. 네 마음에 속삭이는 내 사랑의 음성에 편안한 마음으로 귀 기울여 다오. "나는 영원한 사랑으로 너를 사랑한단다." 내가 너와 언제나 함께 있다는 영광스러운 진리를 깊이 묵상해라. 반석과 같은 이 굳건한 진실 위에 네 삶을 세울 수 있단다!

네가 살아가는 세상은 계속해서 변하고 있구나. 그곳에서 너는 견고한 땅을 찾지 못할 거다. 그러니 하루를 시작할 때 종일 내 임재에 깨어 있기로 도전해 보렴. 완벽하게 해내기는 어려울 거란다. 하지만 네가 부탁할 때 내가 도와주마. 이렇게 기도하렴. "예수님, 당신의 임재에 계속 깨어 있도록 해주세요." 이 문장이 네 마음과 생각 속에 자주 울려 퍼지게 해라. 때로는 네 생각이 다른 길로 흘러가겠지만, 이 단순한 기도가 너를 다시 내게로 데려올 수 있단다.

생활 속에서 내게 가까이 머물며 나를 의식하는 시간이 많아질수록 기쁨은 점점 더 커지고, 더 많은 사람들이 너를 통해 축복받게 될 거다.

함께 읽어 보세요 렘 31:3; 마 28:19-20

기쁨 묵상 :

06 | 16

**우리가 그에게서 듣고 너희에게 전하는 소식은 이것이니
곧 하나님은 빛이시라 그에게는 어둠이 조금도 없으시다는 것이니라
(요일 1:5).**

나는 너를 위한 선한 목적을 가지고 있단다. 그것은 네가 바라고 기대하는 바와는 근본적으로 다른 거지만, 그럼에도 내 목적은 언제나 선하다. 나는 빛이다. 내 안에는 어둠이 조금도 있을 수 없다. 그러니 네 모든 상황에서 내 빛을 찾아야 한다. 나는 네 모든 순간들 속에 아주 분명하게 존재한단다. 네가 할 일은 너에 대한 내 방식과 나를 향해 마음을 여는 거란다. 때로는 네가 계획하고 꿈꾸어 왔던 것들을 포기해야 할 때도 있겠지. 하지만 아무리 힘들더라도 내 길은 완전하다는 것을 기억해라. 그리고 전심으로 신뢰해라.

나는 나에게 피하는 모든 사람을 위한 방패란다. 괴롭거나 두려울 때는 내게로 와서 이렇게 말하렴. "주님, 나의 피난처가 되어 주세요." 네가 감당해야 할 일에 대해서까지 내가 방패가 되어 주지는 않을 거란다. 이 세상에서 네가 수행해야 할 중요한 몫이 있기 때문이지. 하지만 네 생각보다 더 위험하고 곤란한 상황에서는 내가 너를 보호한단다. 그러니 내가 너에게 맡겨 준 삶을 최선을 다해서 살아라. 나에게 기쁘게 의지하며 살아갈 때 네 영혼은 풍성한 만족을 얻게 될 거다.

함께 읽어 보세요 시 18:30; 63:5; 고전 7:17

 기쁨 묵상 :

**기다리는 자들에게나 구하는 영혼들에게
여호와는 선하시도다**(애 3:25).

나를 더욱 깊이 받아들이고, 나에게 점점 더 많이 반응하며 살도록 해라. 나는 네 인생에 늘 적극적으로 개입하고 있단다. 네가 원하는 것을 원하는 때에 얻으려고 하기보다 느긋하게 내가 이미 하고 있는 일들을 잘 살펴보렴. 나를 기다리고, 내가 정한 때를 신뢰하면서, 내 뜻을 받아들이는 태도로 살아가렴. 나는 내게 소망을 두고, 나를 기대하며 기다리는 모든 이들에게 선한 하나님이란다. 눈을 열어 내가 너를 위해 준비해 둔 모든 것을 볼 수 있게 해달라고 구해라. 그것을 알게 되면 너는 나에게 더욱 적극적으로 반응하며 살게 되고, 내 뜻을 행할 수 있게 준비될 거란다.

나를 따르는 사람들도 내가 부어 준 많은 축복들을 다 보지 못하고 지나칠 때가 많다. 다른 것들을 찾느라 너무 바쁜 나머지 눈앞에 있는 축복과 인생길에서 만나는 많은 것들을 놓치고 말지. 내가 모든 것을 다스리는 하나님이며, 모든 일의 때를 정하는 것은 나만이 가진 권한이라는 사실을 그들이 잊었기 때문이다.

나를 충분히 신뢰해 다오. 그래야 내가 너를 인도할 수 있단다. 한 쌍의 남녀가 춤을 출 때 한 사람은 이끌어 가고, 다른 한 사람은 그를 따르지. 그렇지 않으면 혼란이 오고 관계가 거북해진단다. 사랑하는 나의 자녀야, 나와 함께 춤을 추자. 내가 우아하게 네 삶을 이끌어 갈 테니 너는 나를 따라오너라.

함께 읽어 보세요 엡 5:17; 시 28:7; 71:16

기쁨 묵상 :

06 | 18

**보라 처녀가 잉태하여 아들을 낳을 것이요
그의 이름은 임마누엘이라 하리라 하셨으니
이를 번역한즉 하나님이 우리와 함께 계시다 함이라**(마 1:23).

불안하고 요동치는 세상 속에서 고요히 멈춰 있는 것은 점점 더 힘든 일이 되어 가고 있다. 네가 나를 위해 시간을 내려면 전쟁을 치러야 할 지경이구나. 나와 함께 조용히 있으려 해도 우리를 방해하는 일들이 사방에서 밀려오기 때문이지. 하지만 우리의 친밀한 관계는 그것을 얻기 위해 힘써 싸워야 할 만큼 가치 있는 거란다. 그러니 절대 포기하지 마라! 방해받지 않을 만한 시간을 나를 위해 따로 구별해 다오. 나는 너와 함께하는 임마누엘의 하나님인 것을 기억해라. 염려를 모두 내려놓고, 내 평화로운 임재 안에서 쉬렴. 사랑하는 내 자녀야, 잠잠히 멈추어서 내가 하나님 됨을 보아라.

오랜 시간 나를 바라볼수록 위엄 있게 빛나는 내 광채 속에서 더 큰 기쁨을 누릴 수 있단다. 그리고 주권자인 내 섭리를 더욱 신뢰하게 될 거다. 땅이 변하든지, 산이 흔들려 바다 가운데 빠지든지 나는 너의 피난처이다. 내 임재 안에서 누리는 안정감은 무엇과도 비할 수 없다. 내 힘과 영광의 광대함을 묵상할 때 네 관점이 달라지고, 네가 가진 문제들은 작아 보이게 될 거다. 이 세상에서는 네가 환난을 당하겠지만 담대해라! 내가 이미 세상을 이겼다.

함께 읽어 보세요 시 46:1-2, 10; 요 16:33

기쁨 묵상 :

06 | 19

**내가 지혜로운 길을 네게 가르쳤으며
정직한 길로 너를 인도하였은즉**(잠 4:11).

나는 너에게 지혜의 길을 가르치고 정직한 길로 인도한단다. '지혜'란 지식과 경험을 바탕으로 좋은 결정을 내릴 수 있는 능력을 나타내는 말이지. 따라서 참된 지식을 배우고 그것을 네 삶에, 특히 어떤 결정을 내릴 때에 적용하는 게 중요하단다. 나는 길이요, 진리요, 생명이기 때문에 너를 가장 좋은 길로 인도하는 안내자란다. 또한 나는 말씀이다. 나는 하나님과 함께 거하는 말씀인 동시에 하나님이기도 하다. 성경에 쓰여 있는 말씀 속에서 네가 지혜의 길을 발견한다면, 그 길은 너를 아주 효과적으로 인도할 거다. 그러니 세상을 살아가는 동안 내 말씀을 공부하고, 내 곁에 머물러라.

내가 너를 위해 준비해 둔 정직한 길을 찾아서 그 길을 따라가렴. 그 길이 항상 쉬운 길이 될 거라고 약속할 수는 없단다. 하지만 내 곁에서 가까이 걸어가는 네 여정은 결코 먼 길로 돌아가는 길이 아니란다. 앞을 내다보면, 네 눈앞에 혼란스럽게 구부러진 모퉁이길들이 보이겠지. 그렇지만 이미 지나온 길을 뒤돌아볼 때 알게 될 거다. 내가 그 길의 걸음마다 위험으로부터 너를 보호하고, 장애물을 제거하며, 네 길을 바로잡아 왔다는 것을 말이다.

함께 읽어 보세요 요 1:1; 14:6

 기쁨 **묵상** :

06 | 20

**여호와 앞에 잠잠하고 참고 기다리라 자기 길이 형통하며
악한 꾀를 이루는 자 때문에 불평하지 말지어다**(시 37:7).

악한 자가 형통해 보이더라도 걱정하지 마라. 그들의 악한 계획 때문에 초조해하지 마라. 요즘처럼 빠른 소통의 시대에는 압도당할 만큼 많은 양의 정보와 뉴스를 쉽게 접할 수 있다. 악한 사람들과 그들의 악한 속임수에 대해 듣게 될 뿐만 아니라, 생생하고 구체적인 현장의 모습까지 눈으로 볼 수 있지. 이렇게 시각적인 이미지들은 보는 사람의 뇌 반응에 강력한 영향을 미친다. 참혹한 장면에 꾸준히 노출되다 보면 너는 불안과 두려움을 느끼게 될 거다.

나는 네가 세상에서 일어나는 일들에 대해 기도하고, 되도록 평화를 추구하기를 바란단다. 하지만 그것이 네가 변화시킬 수 있는 일인지, 그럴 수 없는 일인지를 먼저 파악하는 게 중요하다. 네 힘으로 할 수 없는 일 때문에 조바심을 내다 보면, 에너지는 고갈되고 낙담에 빠지게 될 거다. 너를 해롭게 하는 일들에 집중하지 말고, 네 생각을 나에게 고정시키기 위해 힘써라. 나는 너를 위해서 너와 함께 있단다. 그러니 내 안에서 기쁨을 누리렴!

나는 정의의 하나님이라는 것을, 그리고 내가 모든 것을 알고 있다는 것을 기억해라. 결국에는 내가 모든 잘못을 바로잡을 거다. 그러니 내가 일할 때까지 기다려라. 그리고 변함없는 마음으로 나를 신뢰하며, 내 임재 안에 잠잠히 머물러 있으려무나.

함께 읽어 보세요 히 3:1; 시 37:3-4

기쁨 **묵상** :

06 | 21

내가 그리스도와 함께 십자가에 못 박혔나니 그런즉 이제는 내가 사는 것이 아니요 오직 내 안에 그리스도께서 사시는 것이라 이제 내가 육체 가운데 사는 것은 나를 사랑하사 나를 위하여 자기 자신을 버리신 하나님의 아들을 믿는 믿음 안에서 사는 것이라(갈 2:20).

네 안에 내가 살고 있단다! 구주 하나님 안에서 너에게 필요한 전부는 바로 나란다. 환히 빛나는 생명과 사랑으로 너를 채우며, 나는 네 안에서 생생히 존재한다. 네 안에 있는 나의 생명이 흘러넘쳐 다른 이들에게도 영향을 주면 좋겠구나. 그들과 네가 상호작용을 할 때 내가 너를 통해 살아가고 사랑하기를 구하렴. 이와 같이 너와 내가 함께 일하면 내 빛이 네 얼굴에서 드러나고, 내 사랑이 네 말들을 아름답게 빛나게 할 거란다.

너는 내 안에 있을 때 완전해질 수 있단다. 네 구원과 영적 성장을 위해 필요한 모든 것이 내 안에 있다. 내 신성한 능력 때문에 너는 내가 준 영원한 생명을 유지하는 데에 필요한 모든 것을 갖고 있다. 나는 네가 친밀히 나를 알아 가도록 돕고 있단다. 네 마음속 가장 깊은 곳까지 나에게 터놓고, 기쁜 일과 힘든 일 모두를 나와 함께 나누어 갖자꾸나.

내 사역을 완성한 십자가 밑에서 너는 안식해라. 내 안에 있으면 영원히 안전하다는 사실에 기뻐하렴. 그리고 사랑 많은 구주이자 영원한 친구인 나를 알아 가면서 영혼의 풍성한 만족을 누리렴.

함께 읽어 보세요 고후 3:18; 골 2:9-10; 벧후 1:3

 기쁨 묵상 :

06 | 22

**지금은 너희가 근심하나 내가 다시 너희를 보리니
너희 마음이 기쁠 것이요 너희 기쁨을 빼앗을 자가 없으리라**(요 16:22).

나는 네가 슬픔을 느낄 때마다 다시 기뻐할 날을 기대하기를 바란단다. 그렇게 하면 슬픔이 곧 잦아들 거다. 슬픔도 일시적인 감정일 뿐이라는 걸 네가 알기 때문이지. 슬픔은 시간이 흐를수록 몇 배로 더 커지면서 너는 앞으로도 계속 행복하지 않을 거라고 스스로 믿게 만들 때가 많다. 하지만 이것은 거짓이다! 진실은, 나를 믿는 모든 사람들 앞에는 무한한 기쁨이 영원히 보장되어 있다는 사실이다! 이 기쁨을 빼앗을 수 있는 자는 아무도 없단다.

세상을 통과하는 너의 길 위에는 많은 기복이 있을 거다. 내리막길 위에 서 있을 때는 몹시 힘들겠지. 그렇지만 그 시간에는 중요한 목적이 있단다. 역경의 한가운데서도 네가 나를 신뢰할 때 고통과 몸부림이 너를 변화시키고, 네가 더 강해지도록 도울 거다. 너의 괴로움은 해산의 진통을 견디는 여인과 비교할 수 있겠구나. 산모가 겪어야 하는 고통은 정말 엄청난 거라서, 진통 중의 산모는 자신이 이 고통을 얼마나 더 견뎌 낼 수 있을지 알지 못한단다. 하지만 그 힘든 고통은 신생아라는 놀라운 결실을 낳지. 세상에서 힘든 싸움을 하며 애쓰는 동안 '천국의 무한한 기쁨'이라는 약속된 상급에 시선을 고정해라! 내 임재 안에는 충만한 기쁨이 있고, 지금 이 순간에도 너는 내 임재 안에서 성장할 수 있단다.

함께 읽어 보세요 요 16:21; 시 16:11

🙂 **기쁨 묵상 :**

06 | 23

> 그러나 우리의 시민권은 하늘에 있는지라 거기로부터 구원하는 자
> 곧 주 예수 그리스도를 기다리노니(빌 3:20).

너의 시민권은 천국에 있단다. 언젠가는 내가 너의 비천한 몸을 변화시켜 나와 같은 영광스러운 몸을 갖게 할 거다. 그리고 너는 네 완전하고 영화로운 몸을 기뻐하며 영원히 살게 될 거다. 그러니 지금 네 몸 상태에 대해 지나치게 걱정하지 마라. 천국 문 앞에 다다랐는데도 자기의 세속적인 삶에 필사적으로 매달리는 경우가 내 제자들 중에도 많단다. 하지만 일단 얇은 장막 하나를 통과해 천국으로 들어가고 나면, 이전에 그들이 상상했던 것을 훨씬 뛰어넘는 황홀한 기쁨을 경험하게 될 거다!

너의 일생은 내 손에 달려 있단다. 나는 지금까지 너의 모든 날들을 세심하게 계획해 왔다. 너에게 남아 있는 날들이 얼마인지도 정확하게 알고 있지. 너의 몸은 성령님이 사시는 성전이기 때문에, 나는 네가 너의 몸을 소중히 다뤄 주기를 바란단다. 하지만 네가 건강 문제에 너무 많이 집중하지 않았으면 좋겠구나. 너를 불안하게 만들고, 나의 임재로부터 멀어지게 할 수 있기 때문이지. 대신에 너의 하루하루를 내가 주는 귀중한 선물로 받아들이렴. 내가 너의 앞길 위에 즐거운 일들과 책임져야 할 일들을 놓아두었단다. 그러니 그 두 가지 모두를 잘 찾아보렴. 기쁨으로 나를 신뢰하면서 내 손을 붙잡아라. 나는 항상 너의 곁에 있단다.

함께 읽어 보세요 고전 2:9; 6:19; 시 31:15

 기쁨 묵상 :

06 | 24

> 너희는 유혹의 욕심을 따라 썩어져 가는 구습을 따르는
> 옛 사람을 벗어 버리고 오직 너희의 심령이 새롭게 되어
> 하나님을 따라 의와 진리의 거룩함으로 지으심을 받은
> 새 사람을 입으라(엡 4:22-24).

나는 너를 새로 만들고 있단다. 특히 네 마음의 태도를 새롭게 하고 있단다. 새로운 변화를 위해서 무엇보다 중요한 것은, 내 곁에서 나와 친밀하게 살아가는 거다. 나는 네 마음을 완전히 새롭게 바꾸며 너를 변화시키고 있다. 이것은 네가 죽는 날까지 계속될 엄청난 공사란다. 하지만 건축업자들이 집을 지을 때 사용하는 생명 없는 재료들과 달리, 너는 살아서 숨쉬는 '재료'이다. 나는 너에게 일을 계획하고 중요한 선택을 할 수 있는 놀라운 능력을 주었다. 내가 너를 변화시키는 동안 나를 닮은 이 능력을 사용하여 나와 협력해 다오. 나에게 협력한다는 것은 예전 방식으로 일하고 생각하는 옛사람을 벗어 버리고, 새로운 자아를 입는 거란다.

내 뜻에 맞는 선한 선택을 하기 위해서는 나를 진정으로 알아야 한다. 성경 말씀 속에서 나를 찾아보렴. 성령님께 그 말씀을 비춰 달라고 구해라. 성경 말씀에 성령의 빛이 비춰지면 말씀이 살아서 생생하게 다가올 거다. 네가 내 뜻을 따라 살기로 선택하면 할수록 나를 더욱 닮아 가며, 내 임재의 빛 안에서 더욱 즐겁게 걸어갈 수 있단다.

함께 읽어 보세요 고후 5:17; 롬 12:2; 시 89:15

기쁨 묵상 :

06 | 25

여호와여 그러하여도 나는 주께 의지하고 말하기를 주는 내 하나님이시라 하였나이다(시 31:14).

소중한 나의 자녀야, 걱정을 물리쳐라. 걱정하는 마음을 신뢰와 감사의 마음으로 바꾸렴. 내 존재와 내가 행해 온 모든 일을 찬양하며, 내 안에서 네 믿음을 굳세게 해라. 신뢰의 마음과 찬양이 연합하면 강력한 능력이 된단다. 그래서 어둠의 세력과 불안을 몰아내고, 나와의 관계를 더 견고하게 만들 수 있지. 너에게는 네가 해결해야만 하는 걱정거리들이 여전히 남아 있구나. 그 문제들에 대해서도 내가 너를 도와주마. 네 마음이 보다 평온해질 때 비로소 내 임재의 빛 안에서 네 문제들을 바라볼 수 있고, 내의 조언을 구할 수도 있단다. 나와 좀 더 분명히 소통하도록 성경 말씀으로 생각을 깨우치렴.

네가 가진 많은 것들에 대해 나에게 감사하는 시간을 가져라. 네가 기도할 때, 다른 사람들과 대화할 때, 또는 혼자서 생각할 때 감사를 많이 표현하렴. 나는 쉬지 않고 네 마음을 들여다보고 있단다. 네 마음 안에 감사가 있을 때 나는 정말 기쁘구나. 네가 기대했던 것과 다른 결과를 얻더라도 감사해라. 이렇게 행동으로 믿음을 표현할 때 네 안의 부정적인 생각들을 떨쳐 버릴 수 있단다. 범사에 감사해라. 이것이 너를 향한 내 뜻이다.

함께 읽어 보세요 시 32:8; 살전 5:18

 **기쁨 묵상** :

06 | 26

**그런즉 이 일에 대하여 우리가 무슨 말 하리요
만일 하나님이 우리를 위하시면 누가 우리를 대적하리요(롬 8:31).**

네가 너를 위하는데 누가 너를 대적할 수 있겠느냐? 내가 너를 위해 일하고 있음을 제대로 이해하는 것은 너에게 꼭 필요한 일이다. 이것은 나를 믿고 따르는 모든 사람을 위한 약속이란다. 네가 원하는 방향으로 일이 진행되지 않거나, 믿었던 사람들이 너에게 등 돌릴 때 너는 나에게 버림받은 것 같은 기분이 들겠지. 그럴 때는 네 자신에게 이 진실을 꼭 이야기해 주렴. "나는 너와 항상 함께 있을 뿐만 아니라, 너를 위해 일하고 있다." 네가 네 역할을 잘 해낸 날이나 그렇지 않은 날이나, 사람들이 너에게 잘 대해 준 날이나 그렇지 않은 날이나 진실은 변하지 않는단다.

내가 너를 위해 일하고 있음을 확실히 이해하고 온전히 믿는다면, 마음속의 두려움이 점점 사라지고 좀 더 침착하게 역경에 맞설 수 있을 거다. 나는 너에게 결코 등을 돌리지 않을 거다. 이 사실을 믿으면 힘든 시간을 견뎌야 할 때도 자신감이 생길 거다. 내 사랑하는 자녀야! 나는 너를 기뻐한단다. 너는 내 것이기 때문이다! 이것이 너에 대한 내 분명한 생각이다. 이 생각은 영원토록 변함없이 계속될 거다. 그 누구도 그리고 그 어떤 것도 너를 내 사랑의 임재로부터 분리시킬 수 없다!

함께 읽어 보세요 민 6:26; 롬 8:39

기쁨 묵상 :

— JESUS ALWAYS —

06 | 27

**여호와와 그의 능력을 구할지어다
항상 그의 얼굴을 찾을지어다**(대상 16:11).

  나는 성령님을 통해 충만히 임재한다. 너를 둘러싼 세상 속에도, 말씀 안에도, 그리고 네 마음속에도 내가 있단다. 나는 네 모든 순간에 다정하게 함께 있으니, 나를 볼 수 있도록 마음의 눈을 열어 달라고 기도하렴. 내 얼굴을 구하는 시간을 따로 정하여 구별해 두는 것은 정말 중요하단다. 그 시간을 위해 지속적으로 마음을 훈련시켜라. 너를 유혹하는 우상들로부터 생각을 돌이켜 나를 향하도록 선택하는 연습이 필요하다. 네가 성경 구절 안에서 나를 찾고자 할 때 활기차게 살아 임재하는 나를 만날 수 있는 이유는, 내가 곧 살아 있는 말씀이기 때문이란다.

  나는 바라만 봐도 숨이 멎을 만큼 아름다운 것들을 세상에 창조했다. 그 아름다움을 보면 너는 자연스레 그 모든 것을 만든 존재를 향하게 될 거다. 나 없이 만들어진 것은 하나도 없단다. 아름다운 것을 즐길 때마다 나에게 감사하렴. 감사가 나를 기쁘게 하고, 네 기쁨 또한 커질 거다. 타락한 세상 속에서 힘들고 추악한 일들과 마주하게 되더라도 나를 신뢰해라. 좋을 때도, 힘들 때도, 그 한가운데에서 나를 찾는 일을 멈추지 마라. 네 앞날이 내 손에 달려 있다는 사실을 믿음으로 소망과 평안을 얻으렴.

<u>함께 읽어 보세요</u> 요 1:3; 시 31:14-15

 **기쁨 묵상 :**

06 | 28

**여호와 하나님이 땅의 흙으로 사람을 지으시고
생기를 그 코에 불어넣으시니 사람이 생령이 되니라**(창 2:7).

  네가 가진 모든 것은 내 선물이란다. 지금 네가 들이쉬고 내쉬는 모든 호흡까지도 말이다. 너는 워낙 많은 축복을 받아 온 까닭에 나의 이 값진 선물들을 당연하게 받아들이기 쉬울 거다. 많은 사람들은 내가 부어 준 생기를 끊임없이 들이마실 수 있음이 얼마나 경이로운 축복인지 깨닫지 못한단다. 내가 아담에게 생기를 불어넣었을 때 비로소 그는 생명을 가지게 되었지.

  내 임재 안에 평온히 앉아, 숨을 들이마실 때마다 조용히 내게 감사를 표현해 보렴. 숨을 내쉴 때에는 나를 향한 믿음을 분명히 말해 주렴. 이렇게 여러 번 반복하다 보면 마음이 더욱 편안해질 거다. 네가 나와 함께 시간을 보내는 동안, 그냥 지나쳐 버리곤 했던 축복들을 깨닫고 감사할 수 있도록 너를 도와주마. 하늘과 나무와 빛과 여러 가지 색깔들, 사랑하는 사람들과 일상의 안락함 등 감사할 이유에는 끝이 없단다! 너의 삶 속에서 좋은 것들을 자꾸 찾아낼수록 시야가 더욱 선명해질 거다.

  물론 가장 큰 감사의 이유는 네가 영원한 생명을 얻었다는 점이지. 네가 나를 믿었기 때문에 영생이 너의 것이 되었다. 이것은 내 임재 안에 있는 너를 점점 더 큰 기쁨으로 채워 줄, 값을 매길 수 없는 영원한 선물이다!

_{함께 읽어 보세요} 요 3:16; 시 16:11

🙂 **기쁨 묵상 :**

— JESUS ALWAYS —

06 | 29

**눈물을 흘리며 씨를 뿌리는 자는 기쁨으로 거두리로다
울며 씨를 뿌리러 나가는 자는 반드시 기쁨으로
그 곡식 단을 가지고 돌아오리로다**(시 126:5-6).

눈물을 흘리며 씨를 뿌리는 자는 기쁨의 노래를 부르며 추수하게 된단다. 그러니 내 자녀야, 네 눈물을 부끄럽게 생각하지 마라. 나에게는 정말 소중한 것이란다. 훗날에는 내가 네 눈물을 닦아 주겠지만, 지금의 너는 눈물의 계곡에 살고 있구나. 씨앗이 나무로 자라나려면 물이 필요한 것처럼, 네 눈물은 더 강건한 그리스도인이 되어 기쁨을 누릴 수 있도록 성장하는 데 도움이 된단다. 너무 타락해 버린 세상의 슬픔을 네가 기꺼이 나누어 가질 때 마음속 연민이 커지고, 너는 더 깊이 있는 사람이 될 거다. 또한 좋을 때나 힘들 때나 나를 기뻐할 수 있는 능력이 자라나며, 네 마음속에 기쁨을 담아낼 자리가 넓어질 거다.

기쁨의 노래는 네가 내 제자가 된 순간부터 당연히 누려야 할 네 권리란다. 이 즐거운 방법을 통해 너는 나를 경배할 수 있고, 네 기분 또한 좋아질 거다. 그러니 기쁨의 노래를 부르는 일을 소홀히 여기지 마라. 슬플 때 찬양하라는 말이 쉽게 납득되지 않겠지만, 이것은 내 안에서 희망을 되찾게 해주는 강력한 방법이다. 네가 나를 기뻐하고, 내가 너를 기뻐할 때 너는 내 임재의 빛 안에서 기뻐 뛰놀 수 있단다. 이것이 왕의 기쁨이다!

함께 읽어 보세요 계 21:4; 사 62:4; 느 8:10

기쁨 묵상 :

06 | 30

보라 하나님은 나의 구원이시라 내가 신뢰하고 두려움이 없으리니 주 여호와는 나의 힘이시며 나의 노래시며 나의 구원이심이라(사 12:2).

두려워하지 말고 나를 신뢰해라. 세상에서 벌어지는 사건이나 뉴스의 보도들 때문에 겁먹지 마라. 이런 보도들은 마치 내가 존재하지 않는 것처럼 편향된 소식을 전한다. 극히 일부분의 사건들만을 짧게 전달하면서 가장 중요한 사실을 정교하게 빼 버리지. 내가 세상에 임재해 있다는 사실을 말이다. 기자들은 방대한 양의 정보들을 추려내야 하기 때문에, 이 땅에서 내가 이루어 가는 일들과 나에 대한 모든 내용을 제거해 버린단다.

네가 사는 세상이 무서운 곳이라고 느껴질 때마다 나에게 의지하고, 내 임재 안에서 용기를 얻으렴. 다윗을 본으로 삼아라. 다윗은 백성들이 그를 돌로 치겠다고 위협했을 때, 하나님인 나를 힘입어 용기를 얻었다. 너 역시도 내 존재를 기억함으로 용기를 낼 수 있단다. 나의 한결같은 사랑을 기뻐하며, 내 경이로운 영광과 능력에 대해 잘 생각해 보렴. 모험이 가득한 삶의 여정을 나와 함께하고 있다는 사실을, 그리고 네 최종 목적지가 천국이라는 사실을 크게 기뻐하렴. 나와 풍성한 교제를 누리는 동안 마음속의 두려움은 가라앉고, 기쁨이 떠오를 거란다. 사랑하는 나의 자녀야, 나는 너의 힘이고 노래란다. 나를 전심으로 신뢰해라.

함께 읽어 보세요 출 33:14; 삼상 30:6

 기쁨 묵상 :

JESUS ALWAYS

07

JULY

나는 너를 잊지 아니할 것이라
내가 너를 내 손바닥에 새겼고
(사 49:15-16)

07 | 01

**여인이 어찌 그 젖 먹는 자식을 잊겠으며 자기 태에서 난 아들을
긍휼히 여기지 않겠느냐 그들은 혹시 잊을지라도
나는 너를 잊지 아니할 것이라 내가 너를 내 손바닥에 새겼고
너의 성벽이 항상 내 앞에 있나니**(사 49:15-16).

나는 네 이름을 내 손바닥에 새겼다. 이것은 영원한 약속의 의미란다. 이렇게 새겨진 네 이름은 그 어떤 것으로도 지우거나 녹슬게 할 수 없단다. 너는 내 핏값으로 산 소중한 내 소유이기 때문이지.

값비싼 금속 위에 무엇을 새기는 것은 그것이 영원히 지속되기를 바라는 의미의 행동이다. 하지만 이렇게 새긴 것들은 세월이 가면서 닳아 없어질 수도 있고, 잃어버리거나 도둑을 맞기도 하고, 녹아 버리기도 하지. 그러므로 사랑하는 자녀야, 가장 중요한 것을 제일 우선순위에 두고 살아라. 금이나 은 같은 귀금속이 세상에서는 어느 정도 가치가 있지만, 영원히 나를 알아 가는 고귀한 가치에 비하면 하찮고 시시한 거란다!

네 이름이 내 손바닥에 쓰인 그날 이후, 내가 항상 너를 보고 있다는 걸 굳게 믿고 안심하렴. 사람들은 가끔씩 중요한 것을 잊지 않으려고 손바닥에 적어 두곤 하지. 나에게 너는 영원히 소중한 존재이기에 내 손바닥에 너를 새겼단다. 우주의 왕인 나에게 너는 값으로도 매길 수 없는 귀중한 보물이다. 이 놀라운 사실을 믿고 즐겁게 누리렴! 이 세상 그 무엇보다 나를 가장 귀하게 여김으로 내 사랑에 반응해 다오.

함께 읽어 보세요 빌 3:8-9; 시 43:4

 **기쁨 묵상 :**

07 | 02

**내 영이 내 속에서 상할 때에도 주께서 내 길을 아셨나이다
내가 가는 길에 그들이 나를 잡으려고 올무를 숨겼나이다**(시 142:3).

네 영혼이 점점 연약해질 때 나는 네가 가야 할 길을 알고 있다. 이때 너는 내 도움 없이는 길을 찾아갈 수 없다는 걸 확실히 알게 되지. 이것은 약함이 주는 유익이란다. 만일 기진맥진하거나 혼란스럽다면 그런 감정들을 떨쳐 버리고 전심을 다해 나에게로 돌아오면 된다. 나에게 마음을 거리낌 없이 쏟아 놓고, 내 임재 안에서 쉬려무나. 나는 네가 천국에 이를 때까지의 모든 길을 완벽하게 알고 있단다.

네 자신이 강하게 느껴지고 자신감이 넘칠 때에도 나를 바라보는 연습을 멈추지 마라. 사실은 이때 잘못된 방향으로 갈 위험이 가장 크단다. 네 삶의 다음 여정이 어디인지 알고 있다고 넘겨짚지 마라. 그 대신, 내 임재 안에서 인도함을 구함으로 앞날을 계획하는 법을 스스로 훈련해라. 하늘이 땅보다 높음같이 내 길은 네 길보다 높고, 내 생각은 네 생각보다 높다. 이 말씀을 기억하며 내게 나아와 나를 경배해라. 영원히 살아 있고, 지극히 높은 내가 너를 돕기 위해 이 낮은 곳에 임했단다.

함께 읽어 보세요 사 55:9; 57:15

기쁨 묵상 :

07 | 03

이는 나 여호와 너의 하나님이 네 오른손을 붙들고 네게 이르기를 두려워하지 말라 내가 너를 도우리라 할 것임이니라(사 41:13).

나는 너의 주 하나님이다. 내가 네 오른손을 잡고 말한다. 그러니 두려워하지 마라. 내가 너를 도와주겠다. 네 삶에서 가장 중요한 일은 내가 너의 구세주이며, 또한 네 하나님이라는 것을 알고 믿는 거란다. 나를 순교자나 본받을 만한 위인쯤으로 생각하는 사람들이 많다. 하지만 내가 한낱 인간에 불과했다면, 너는 여전히 자신의 죄로 인해 죽게 되었을 거다. 네 손을 잡아 주며, 네 마음의 두려움을 가라앉혀 주는 분은 바로 살아 계신 하나님이다! 이 놀라운 진리를 마음속에 새기고 기쁨을 누리렴. 삼위일체의 놀라운 신비 속에서 기뻐하고 즐거워해라. 성부, 성자, 성령은 한 분 하나님이다.

따로 시간을 내어 나의 임재 안에서 기다리렴. 내 앞에 마음을 털어놓고 네가 겪는 어려움에 대해 말해 다오. 내 음성에 귀를 기울여 보아라. "사랑하는 자녀야, 두려워하지 마라. 너를 도와주려고 내가 여기에 있다." 네 안에 있는 두려움에 대해 나무라는 게 아니다. 다만, 나는 네가 나를 믿고 기대하며 그 두려움을 내어쫓기를 간절히 바란다. 나에게 소망을 두고 믿음으로 살면, 영원토록 변함없는 내 사랑을 누릴 수 있을 거다.

함께 읽어 보세요 엡 2:1; 시 33:22; 62:8

기쁨 묵상 :

07 | 04

> 귀 있는 자는 성령이 교회들에게 하시는 말씀을 들을지어다
> 이기는 그에게는 내가 하나님의 낙원에 있는
> 생명나무의 열매를 주어 먹게 하리라(계 2:7).

나는 승리한 모든 이들에게 낙원에 있는 생명나무 열매를 줄 거다. 사랑하는 자녀야, 이 말씀에는 두 가지 의미가 있단다. 어떤 의미에서 너는 이미 승리를 얻었다. 내가 예정한 이들을 불렀고, 부름 받은 이들을 의롭게 했으며, 또한 의롭게 된 이들을 영화롭게 했다. 내가 너를 어둠에서 이끌어내어 빛나는 내 왕국으로 데려왔단다. 이 말은 지금 네가 영광의 나라를 향해 가고 있다는 뜻이지! 내가 십자가 위에서 완성한 일을 통해 너는 승리를 얻었다.

그런가 하면, 네가 평생에 걸쳐 씨름하며 승리하는 삶을 살아내야 한다는 의미도 있다. 이 세상에서 맹렬한 시험과 유혹에 부딪히며 살다 보면, 네 죄성과 연약함이 드러나게 될 거다. 수많은 실패를 맛보며 낙담할 수도 있고, 심지어 네가 나에게 더 이상 속하지 않은 것 같은 기분이 들 수도 있을 거다. 하지만 감정에 속지 않도록 하렴. 오히려 천국을 믿으며 끈질기게 내 손을 붙들어라. 실제로 너는 기쁨과 놀라움으로 가득한 그곳을 유산으로 약속받았단다. 천국 도성은 눈부시게 밝게 빛나지. 내 영광이 그곳을 비추고, 어린양인 내가 그곳의 등불이기 때문이란다.

함께 읽어 보세요 롬 8:30; 계 21:23

 기쁨 묵상 :

― JESUS ALWAYS ―
07 | 05

> 즐겁게 소리칠 줄 아는 백성은 복이 있나니
> 여호와여 그들이 주의 얼굴 빛 안에서 다니리로다
> 그들은 종일 주의 이름 때문에 기뻐하며
> 주의 공의로 말미암아 높아지오니(시 89:15-16).

내 임재의 빛 속에서 걸어가거라. 이 길은 내 이름을 기뻐하며 그 이름을 크게 외치는 삶, 내 의로움으로 인해 환희에 가득 찬 행복한 삶이란다. 내 이름을 크게 외친다는 것은 강렬하고 열정적으로, 때로는 환호를 지르고 박수를 치며 나를 찬양하는 거다. 내 이름을 기뻐하는 것은 내 모든 이름 속에서 기쁨을 발견하는 거지. 나는 너의 구원자이며 목자, 주인이자 하나님, 너를 다스리는 왕, 그리고 끝없는 사랑으로 너를 사랑하는 친구란다. 내 의로움을 너에게 나눠 주었기에, 너는 그로 인해 크게 기뻐할 수 있다. 비록 네가 이 땅에서 계속 죄를 짓게 될지라도, 내 완전한 의로움으로 네 모든 죗값을 이미 치렀다.

네가 내 영광스러운 빛 속에서 걸어가면, 내 피가 모든 죄에서 너를 몇 번이고 깨끗하게 한다. 네가 용서받아야 할 죄인임을 인정하며 내 곁에서 살고자 하면, 내 거룩한 빛이 너를 정결하게 한단다. 이 축복은 나를 믿는 모든 이들을 위한 것이며, 그들이 서로 풍성한 교제를 나눌 수 있도록 돕는 힘이다. 나의 친구야, 이제 나와 함께 빛 가운데로 걸어가자. 밝게 빛나는 내 사랑의 임재를 누리며 같이 시간을 보내자꾸나.

함께 읽어 보세요 시 31:16; 롬 3:22; 요일 1:7

😊 **기쁨 묵상 :**

07 | 06

> 만물이 그에게서 창조되되 하늘과 땅에서 보이는 것들과 보이지 않는 것들과 혹은 왕권들이나 주권들이나 통치자들이나 권세들이나 만물이 다 그로 말미암고 그를 위하여 창조되었고 또한 그가 만물보다 먼저 계시고 만물이 그 안에 함께 섰느니라(골 1:16-17).

나는 만물보다 먼저 있었고, 만물이 내 안에서 유지되고 있다. 나는 항상 있었고, 앞으로도 항상 있을 거다. 하늘과 땅 위의 모든 것, 보이는 것들과 보이지 않는 모든 것을 다 내가 창조했다. 나는 모든 피조물을 다스리고, 교회를 다스리며, 만물을 다스리는 하나님이다! 살아 있는 하나님, 생동하는 구주인 나를 찬양해라. 나는 내 사랑하는 자녀들이 숨을 헐떡이며 시냇물을 찾는 사슴처럼 갈급한 마음으로 나를 찾기를 원한단다.

나에 대해 생각하고 알아 갈 때, 지적인 차원에 머무는 것으로 만족하지 마라. 건강한 성경적 기초 위에서 경험을 통해 나를 알아 가기를 갈망하렴. 모든 지식을 뛰어넘는 내 사랑을 알기 위해 열심히 애써 보렴. 이를 위해서는 성령님의 도우심이 꼭 필요하단다.

너의 속사람이 성령의 능력으로 강건해져야 한다. 그분은 네 깊은 내면과 성품 속에 거하시지. 이 아름다운 모험의 길에서 성령이 네게 힘을 불어넣고 이끌어 주시도록 그분을 초대해라. 하지만 네가 찾는 대상은 바로 나라는 사실을 기억하고, 마음의 중심에서 나를 추구하렴. 온 마음을 다해 나를 구하면, 너는 나를 찾고 만나게 될 거다.

함께 읽어 보세요 시 42:1-2; 엡 3:16-19; 렘 29:13

 기쁨 묵상 :

— JESUS ALWAYS —

07 | 07

**내가 문이니 누구든지 나로 말미암아 들어가면 구원을 받고
또는 들어가며 나오며 꼴을 얻으리라 (요 10:9).**

나는 문이다. 나를 통해 들어가는 사람은 누구든지 구원을 얻게 된단다. 영원한 생명, 그 생명의 길로 들어가는 문은 오직 나뿐이다. 나를 통해 들어가지 않으면 결코 죄에서 구원받을 수 없다.

영적인 여정을 산을 오르는 것과 비교해서 말하는 사람들이 있다. 정상으로 이어지는 길은 많고, 등반에 성공하는 사람들은 결국 모두 같은 장소에 도착하지. 사람들은 종종 하나님께로 가는 길도 모두 같은 결과로 이어진다고 주장하며 이 비유를 사용하곤 한다. 하지만 이 말은 결코 사실이 아니다! 너는 유일한 진리의 문인 나를 통해서만 구원에 이를 수 있단다.

일단 네가 이 문을 통과해 들어오면 생명의 길을 따라 걷는 즐거움을 누리게 된단다. 쉬운 여행이 될 거라고 보장할 수는 없지만, 매 순간마다 내가 너와 함께하겠다고 굳게 약속하마. 이 길을 따라 걷는 중에 아무리 어려운 일을 만나더라도, 내 임재 안에는 충만한 기쁨이 있단다. 그뿐만이 아니다. 한 걸음씩 걸어갈 때마다 너는 네 최종 목적지, 하늘 본향에 더욱 가까워지고 있단다.

함께 읽어 보세요 시 16:11; 마 1:21; 딤후 4:18

기쁨 묵상 :

07 | 08

나의 힘이신 여호와여 내가 주를 사랑하나이다(시 18:1).

  나는 지금 이 순간 네 곁에 있단다. 지금 내 임재를 누릴 수 있는 방법을 찾아보렴. 나를 신뢰하고 감사하는 마음은 그 과정에서 가장 좋은 지원군이 되어 줄 거란다.

  네가 과거에 연연해하거나 미래에 대해 염려할 때면 내 존재감은 네 마음속에서 희미해지는구나. 하지만 네가 나를 더 신뢰할수록 현재를 더욱 충만하게 살아갈 수 있다. 나는 너를 항상 기다리고 있단다. 나에게 자주 말을 걸어 다오. "예수님, 당신을 신뢰해요.", "나의 힘이 되시는 주님을 사랑합니다."와 같은 짧은 기도들이 너를 내 곁에 머물게 해주고, 내가 너를 다정하게 보살피고 있다는 걸 확신하게 해준단다.

  믿음이 깊어지는 것만큼 중요한 것은 더 많이 감사하는 사람으로 성숙해지는 거란다. 감사하는 태도는 나와 가까이 살아가기 위해 꼭 필요하지. 감사가 없는 마음은 내 마음을 상하게 하고, 영적으로 감정적으로 너를 무너뜨리고 말 거다. 네 삶에 어떤 일이 일어나든, 세상이 어떻게 돌아가든 너는 절대 흔들리지 않는 하늘나라를 선물로 받았음을 기억해라. 이 말은 너에게 감사할 수밖에 없는 변함없고 확고한 이유가 있다는 뜻이란다. 나에게 닻을 내리고, 내 안에 머물러라. 그리고 범사에 감사하면서 내 임재를 누리려무나.

함께 읽어 보세요 히 12:28-29; 살전 5:18

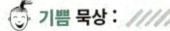 기쁨 묵상 :

07 | 09

**여호와와 그의 능력을 구할지어다
그의 얼굴을 항상 구할지어다(시 105:4).**

　네가 점점 더 나를 기대함으로 바라볼수록, 너는 더 기쁜 마음으로 내게 초점을 맞추게 된단다. 세상에는 네 관심을 끄는 많은 방해물들이 있겠지. 그런 것들에 너무 신경을 쓰다 보면 결국 남는 것은 깊은 실망뿐일 거다. 그런 중에도 나는 늘 네 곁에서 너를 부르고 있단다. "내가 여기 있다! 나의 사랑하는 자녀야, 나를 바라보렴. 그리고 내 안에서 기쁨을 찾아라."

　다른 일에 집중하느라 내 생각을 많이 못하는 동안에도 내 임재는 언제나 너를 축복하고 있단다. 다른 일들을 처리하면서도 계속 나를 생각하며 지내는 법을 배워 가렴. 내가 만들어 준 너의 훌륭한 두뇌는 한 번에 여러 가지 일을 동시에 할 수 있다. 두뇌를 많이 쓰는 일을 할 때는 내 존재감이 약하게 느껴질 수 있겠지만, 그때에도 여전히 내 임재가 마음에 평안을 주고, 너를 격려할 수 있단다.

　나를 기뻐하며 나에게 초점을 맞추며 사는 것은 현실 도피가 아니다. 오히려 나에게 주의를 기울임으로 능력이 생기고, 삶의 어려운 일들에 잘 대처할 수 있는 용기를 얻게 된단다. 나에게 더욱 집중하며 부단히 나를 바라볼수록, 너는 훨씬 효과적으로 일을 처리하는 행복하고 즐거운 사람이 될 거다.

함께 읽어 보세요　시 73:23; 신 31:6

기쁨 묵상 :

― JESUS ALWAYS ―

07 | 10

**그러나 이 모든 일에 우리를 사랑하시는 이로 말미암아
우리가 넉넉히 이기느니라(롬 8:37).**

나는 너를 사랑하는 영광의 왕이다. 너는 나를 힘입어 넉넉히 이기고도 남는단다. 이 분열되고 타락한 세상에서 어떤 일이 일어나고 있든, 네 삶 속에 무슨 일이 일어나고 있든 너는 이미 승리를 거두었다. 나의 희생적인 죽음과 기적적인 부활을 통해 나는 영원한 승리를 단번에 얻었지. 변함없는 내 사랑이 이 놀라운 승리를 이루어 내면서, 너는 그 어떤 승리자보다 훨씬 더 뛰어난 존재가 되었단다. 이제 너는 영원한 생명과 빛의 왕국, 천국의 상속자란다.

너를 내 사랑에서 끊을 수 있는 것은 아무것도 없다! 내가 네 영혼을 매 순간, 영원 무궁토록 사랑한다는 게 어떤 의미인지 깊이 묵상해 보렴. 네 영혼은 영원히 너와 함께 있기에, 네 영혼 또한 나에게서 절대로 분리될 수 없단다. 네 영혼은 거울 속에 비친 모습이나 다른 사람들을 통해 보는 네 모습과는 다르다. 그것은 네 존재의 본질이다. 그 '진정한 너'는 점점 더 큰 영광에 이를 때까지 계속 변화되고 있단다. 그러니 네 눈에 보이는 부족함으로 인해 실망하지 마라. 너는 지금도 계속해서 나와 같은 모습으로 변화되고 있다는 걸 기억하며 기뻐하렴!

함께 읽어 보세요 롬 8:38-39; 시 13:5-6; 고후 3:18

기쁨 묵상 :

07 | 11

우리가 무슨 일이든지 우리에게서 난 것같이 스스로 만족할 것이 아니니 우리의 만족은 오직 하나님으로부터 나느니라(고후 3:5).

너의 능력은 나에게서 나온다. 이 말은 네가 성취한 것이 너의 자랑이 될 수 없다는 뜻이란다. 또한 너는 네가 생각하는 것보다 훨씬 더 큰일을 해낼 수 있다는 뜻이기도 하지. 너의 타고난 능력과 재능에 내 초자연적인 능력을 부어 주면, 그 둘이 조화를 이루며 엄청난 일을 할 수 있게 된단다. 나는 네가 나를 즐겁게 의지하며 살도록 너를 불렀지. 그러니 주저하지 말고 나에게 도움을 구해라. 성경 말씀을 연구하고 내 얼굴을 찾으면서, 너를 향한 내 뜻이 무엇인지 열심히 알아가렴. 또한 다른 그리스도인들에게도 지혜로운 조언을 구하렴. 그 과정들을 통해 내 뜻과 지혜를 따라 살아갈 수 있는 길로 너를 인도해 주마.

성령님께 내가 너를 위해 택한 길로 인도해 달라고 간구해라. 성령님의 거룩한 도우심이 네가 내 목적을 이루어 갈 수 있도록 준비시키고, 능력을 부어 주실 거다. 내가 준 재능과 네 앞에 놓인 기회들, 그리고 너를 통해 내 나라의 중요한 일들을 이루어 가시는 성령님, 이 모든 것에 대해 감사해라. 생명의 길을 따라 걷는 네 삶의 여정에 내가 동행하고 있다는 사실을 즐겁게 누리며, 나와 계속 소통하자꾸나. 나와 함께 가는 길에는 기쁨이 넘친단다!

함께 읽어 보세요 대상 16:10-11; 살전 5:16-18; 시 16:11

기쁨 묵상 :

07 | 12

**보라 하나님은 나의 구원이시라 내가 신뢰하고 두려움이 없으리니
주 여호와는 나의 힘이시며 나의 노래시며 나의 구원이심이라
그러므로 너희가 기쁨으로 구원의 우물들에서 물을 길으리로다**
(사 12:2-3).

나는 네가 기쁨으로 구원의 우물에서 물을 길었으면 좋겠구나. 이 우물은 헤아릴 수 없을 만큼 깊고, 내 축복이 그 안에 넘치도록 가득하다. 네 구원의 가치는 측량할 수 없을 만큼 크단다. 과거, 현재, 미래의 이 세상 모든 부를 합친 것보다 훨씬 더 귀하지. 이 세상에서의 삶이 다하면, 너는 눈부신 영광으로 가득한 완벽한 환경에서 나와 함께 영원히 살게 될 거다. 나를 믿는 수없이 많은 사람들과 함께 나를 경배할 거다. 그들은 놀라운 사랑으로 서로에게 연결되어, 더욱 위대한 사랑으로 나에게 응답할 거다. 그뿐 아니란다. 너는 나에게 상상할 수도 없는 어마어마한 사랑을 받게 될 거다.

천국에서 너를 기다리고 있는 이 영원한 기쁨에 대해 확신을 갖게 되면, 이 세상에서 만나는 아픔들을 견뎌 낼 수 있단다. 나는 네가 겪고 있는 어려움들을 이해한다. 하지만 기억하렴. 나는 너의 능력이고 노래란다. 네가 더 이상 앞으로 나아갈 수 없을 것 같을 때 내가 너를 거뜬히 안고 갈 수 있단다. 좋은 날에도 힘든 날에도 나와 함께 노래를 부를 수 있도록 해주마. 나는 네 마음을 기쁨으로 채울 수 있는 너의 노래란다!

함께 읽어 보세요 고후 8:9; 시 16:11

 기쁨 묵상 :

07 | 13

**내 영혼을 소생시키시고 자기 이름을 위하여
의의 길로 인도하시는도다**(시 23:3).

때로는 나에게 도움을 구할 때조차 도움이 필요하단다. 여러 가지 일을 한꺼번에 하려고 하면 오히려 점점 더 서두르게 된다는 것을 너도 알 거다. 일이 뒤엉켜 서로 방해하고 말지. 이럴 때 전화라도 걸려오면 스트레스 지수는 더 높아질 거다. 이런 혼란에서 벗어나기 위한 가장 좋은 방법은 모든 일을 잠시 멈추는 거란다. 숨을 몇 번 깊이 들이쉬고, 나지막이 내 이름을 부르렴. 오늘 이 순간 너에게 나의 인도가 필요하다는 걸 인정해라. 내가 내 이름을 위하여 의의 길로 너를 친절하게 인도해 주마.

어렵고 도전적인 일을 준비할 때 보통 너는 따로 시간을 내어 내 도움을 구하곤 하지. 하지만 일상적인 일을 할 때는 그 일들을 혼자 해결할 수 있다는 듯이 아무 도움도 요청하지 않고 일에 뛰어들 때가 많구나. 네가 겸손한 태도로 모든 것을 나에게 의지하며 일하면 얼마나 좋을까! 어떤 일에 급하게 뛰어들고 싶어질 때마다, 그 자리에 멈춰서 나에게 도움을 구할 수 있게 해달라고 기도하렴. 너에게 나아갈 길을 보여 줄 수 있게 해다오. 네 인생을 위한 가장 좋은 길로 내가 너를 인도할 테니 말이다.

함께 읽어 보세요 행 17:27; 시 32:8

기쁨 **묵상 :**

07 | 14

**여호와 앞에 잠잠하고 참고 기다리라 자기 길이 형통하며
악한 꾀를 이루는 자 때문에 불평하지 말지어다**(시 37:7).

내 임재 안에 잠잠히 머무르며, 내가 일할 때를 인내하면서 기다리렴. 잠잠히 머무는 것은 이 세상에서 흔히 보기 힘든 덕목이지. 얼마나 많은 일을 성취했는지에 따라 자기 자신과 그날을 평가하는 사람들이 많지만, 내 임재 안에서의 쉼은 사람들이 일반적으로 생각하는 성취와는 비교할 수 없단다. 이 거룩한 안식 속에서 얼마나 많은 축복을 발견할 수 있는지 네가 알았으면 좋겠구나!

내 임재 안에는 충만한 기쁨과 평안이 있단다. 하지만 그것이 너의 내면 깊은 곳까지 젖어들어 가려면 시간이 필요하지. 신뢰 또한 필요하단다. 네가 세운 계획이 좌절될 때 성을 내고 불평하기보다는 내가 일할 때까지 참고 기다리렴. 나는 너를 구원한 하나님이다. 그러니 너는 소망을 갖고 나를 바라보면 된단다. 내가 너에게 귀 기울이고 있음을 확실히 믿으렴. 네가 원하는 만큼 빠른 대답을 주지는 않겠지만, 나는 항상 가장 좋은 방법으로 너의 기도에 응답한다.

악한 사람들 때문에 걱정하지 말고, 그들의 못된 계략에 대해 초조해하지 마라. 내가 악인들을 비웃고 있다. 그들의 끝날이 다 가오고 있음을 내가 알고 있기 때문이다. 사랑하는 자녀야, 내 안에서 쉬어라. 그리고 잠잠히 내가 하나님인 것을 알려무나.

함께 읽어 보세요   미 7:7; 시 37:13; 46:10

 기쁨 묵상 :

07 | 15

**주의 인자하심이 생명보다 나으므로
내 입술이 주를 찬양할 것이라**(시 63:3).

언제나 변함없는 내 사랑은 생명보다 귀하단다! 내 사랑의 가치와 분량과 기한에는 한계가 없지. 그것은 세상이 주는 어떤 것과도 비할 수 없이 좋고, 결코 닳아 없어지지 않는단다. 끝없는 내 사랑은 너무나 귀해서 값으로 따질 수가 없다!

값진 진주를 찾아다니는 상인의 이야기를 생각해 보아라. 최고의 가치가 나가는 진주 하나를 발견했을 때, 그는 자기 소유를 다 팔아 그 진주를 샀다. 내 사랑은 마치 그 진주와 같단다. 너무나 귀해서 그 하나를 얻기 위해 다른 모든 것을 버려도 좋을 만큼의 가치가 있지.

내 사랑을 얻기 위해 네 생명을 내놓는다 해도 아까운 게 아니란다. 하지만 네가 그렇게 내 사랑을 선택했을 때 오히려 네 생명은 부요해진다. 이 영광스러운 선물은 네 삶이 세워지는 토대가 되고, 다른 사람들과의 관계도 건강하게 세워 주지. 네가 영원토록 완전하게 사랑받는 존재임을 알고 나면, 너는 내가 너를 처음 디자인했던 모습으로 성장해 갈 수 있을 거다. 또한 너를 향한 내 사랑이 얼마나 넓고, 길고, 높고, 깊은지 깨닫게 되면 너는 나를 예배하게 될 거다. 이 예배의 자리에서 내 장엄한 임재를 기쁘게 찬양할 때 나와의 친밀함도 한결 깊어질 거란다.

함께 읽어 보세요 시 36:7; 마 13:45-46; 엡 3:17-18

기쁨 묵상 :

07 | 16

**여호와께 노래하여 그의 이름을 송축하며
그의 구원을 날마다 전파할지어다
그의 영광을 백성들 가운데에, 그의 기이한 행적을
만민 가운데에 선포할지어다**(시 96:2-3).

내 구원을 날마다 전해라. 복음의 진리는 매일매일 되새겨야 한다. 너는 믿음을 통하여 은혜로 구원을 얻었다. 이것은 너에게서 난 것이 아니고, 하나님의 선물이지 행위의 결과물이 아니란다. 이 진리는 훌륭한 사람이 되기 위해서는 열심히 노력해야 한다고 말하는 세상 문화와는 완전히 반대되는 내용이다. 경계를 늦추고 방심하면 네 안에 남아 있는 타락한 생각과 마음이 이 메시지에 동의하고 말 거다. 성경 말씀이 너에게 깨어 있으라고 경고하는 이유가 바로 여기에 있단다. 사탄은 나를 믿는 사람들을 헐뜯고 비난하게 하고, 그 비난을 들은 많은 그리스도인들은 좌절하고 무너지게 되지. 그러니 너는 성경이 말하는 진리를 스스로 자주 일깨워 주어야 한단다.

은혜로 받은 이 영광스러운 선물에 대한 가장 좋은 반응은, 감사하는 마음으로 내 뜻을 기쁘게 행하는 거란다. 네 자신에게뿐만 아니라, 세상을 향해서도 반드시 복음을 선포해야 한단다. 세상 모든 나라에게 내 영광을 선포해라! 이 기쁜 소식을 가족과 친구, 동료들, 그리고 먼 나라에 있는 세상 사람들에게 열심히 나누어 주렴. 모든 사람이 나에 대한 진리를 알아야 한다. 감사함으로 마음에 동기를 얻으렴. 감사는 너에게 열정을 부어 주고, 네 마음을 기쁨으로 가득 채워 준단다!

함께 읽어 보세요 엡 2:8-9; 벧전 5:8; 계 12:10

기쁨 묵상 :

07 | 17

**즐겁게 소리칠 줄 아는 백성은 복이 있나니
여호와여 그들이 주의 얼굴 빛 안에서 다니리로다**(시 89:15).

큰 소리로 나를 찬양하며 사는 사람들은 행복하다. 나를 찬양한다는 말은 나를 높이고 인정하는 마음을 열정적으로 표현한다는 뜻이란다. 이것은 사람들의 본성이 아니라, 배우고 연습해야 하는 거다. 너의 생각을 바꾸는 것부터 시작해 보렴. 늘 똑같고 지루한 방법으로 나를 떠올리기보다는, 나의 찬란함과 위대함에 대해 더 깊이 생각하며 묵상해 보아라. 나는 말씀으로 세상을 존재하게 했다. 내 모습을 따라 사람을 만들었고, 영원히 죽지 않는 영혼을 그들에게 주었지. 나는 온 세상과 우주에 아름다움을 창조했다. 나는 네가 상상할 수 있는 최고의 천재보다 훨씬 더 뛰어난 무한한 능력의 하나님이란다. 나의 지혜는 다 헤아릴 수 없고, 내 사랑은 변함없이 신실하다. 이렇게 위대한 나를 더욱 많이 생각하고, 열정적으로 그 생각을 표현하는 연습을 해라. 그 방법은 시편에 아주 잘 나와 있단다.

나를 찬양한다는 말에는 나의 탁월함을 공개적으로 알린다는 뜻도 있다. 나를 구세주 하나님으로 아는 너는 세상의 빛이란다. 나는 네가 사람들 앞에서 네 빛을 비추었으면 좋겠구나. 내가 누구인지, 내가 얼마나 위대한 일을 행했는지 그들에게 말해 주렴. 너를 어둠에서 불러내어 나의 놀라운 빛 가운데로 들어오게 한, 내 뛰어난 능력을 선포하렴.

함께 읽어 보세요 롬 11:33; 마 5:14-16; 벧전 2:9

기쁨 묵상 :

07 | 18

항상 기뻐하라(살전 5:16).

"항상 기뻐하라." 이 성경 말씀은 비교적 짧은 구절이지만 천국의 빛으로 빛나는 말씀이란다. 나는 내 형상을 따라 너를 공들여 만들었단다. 삶의 모든 순간마다 기쁨을 선택할 수 있는 능력을 넣어서 말이다. 마음이 불쾌해지면서 우울한 길로 내려갈 때는 항상 기뻐하라는 이 영광스러운 명령을 기억하며, 가던 길을 멈추어라. 하루에 몇 번 정도 기뻐하라는 말씀을 기억할 수 있는지 한번 지켜보아라.

기뻐하는 것도 중요하지만, 기뻐할 수밖에 없는 구체적인 이유를 생각해 보는 것 또한 중요하단다. 내가 너에게 매일 공급해 주는 음식, 집, 의복 등과 같은 단순한 것들도 기쁨의 이유가 될 수 있다. 사랑하는 사람들과의 관계도 값진 기쁨의 근원이 될 수 있지. 너는 나의 사랑스러운 자녀이기에 너와 나의 관계는 늘 변함없는 즐거움의 원천이란다. 이렇게 행복한 생각들이 네 마음과 생각에 환한 빛을 비추고, 네 삶 속에서 더 많은 기쁨을 찾을 수 있게 해줄 거다.

기뻐하기로 선택하면 너와 네 주변 사람들에게 축복이 될 거고, 우리의 관계도 더욱 견고해질 거란다.

함께 읽어 보세요 창 1:27; 빌 4:4

 **기쁨 묵상 :**

07 | 19

**우리 영혼이 여호와를 바람이여
그는 우리의 도움과 방패시로다**(시 33:20).

  나는 너의 도움이고 방패이다. '너의'라는 말을 특별히 주목해 보아라. 나는 그저 단순한 도움과 방패가 아니라, 언제나 영원토록 변함없는 '너의' 도움과 방패란다. 오늘도 나와 동행하며 지내는 동안, 이 영원한 약속을 생각하며 힘과 격려를 얻으렴. 나는 너를 떠나지도, 버리지도 않는단다. 나에게 의지해라!

  나는 너의 도움이다. 그러므로 너는 네 부족함을 두려워할 필요가 없단다. 네 앞에 놓인 일들이 벅차 보여도 기뻐해라. 내가 네 곁에서 너를 도울 준비를 하며 이렇게 서 있단다. 네 부족함을 솔직하게 인정하고, 한없는 나의 넉넉함을 신뢰해라. 그것이 내 뜻이라면 너와 내가 함께 모든 일을 이루어 낼 수 있다.

  나는 너의 방패이다. 너에게는 내가 절대적으로 필요하단다. 나는 수많은 위험에서 너를 보호하며 육체적, 감정적, 영적으로 너를 지켜 준단다. 내가 너를 보호하며 대신하여 일하고 있다는 걸 알아차릴 때도 있겠지만, 네가 생각지도 못했던 위험들로부터도 내가 너를 감싸고 있단다. 내 강력한 임재가 너를 보살피고 있음을 확신하며 내 안에서 안심해라. 내 소중한 자녀야, 위험하고 악한 것들을 두려워하지 마라. 내가 너와 함께 있단다.

함께 읽어 보세요 신 31:8; 빌 4:13; 시 23:4

기쁨 묵상 :

07 | 20

**나의 영혼이 주를 가까이 따르니
주의 오른손이 나를 붙드시거니와**(시 63:8).

사랑하는 자녀야, 나를 꼭 붙잡고 나에게 매달려라. 내 오른손이 너를 붙들고 있단다. 어린아이처럼 매달리며 의지하는 네 모습에서, 모든 것을 나에게 맡기는 헌신적인 마음이 드러난단다. 나는 고난의 시간을 통해 네 신앙에서 불순물을 제거하고, 참된 믿음을 증명할 수 있게 하지. 역경의 한가운데서 나를 붙잡을 때 믿음은 더욱 강건해지고, 너는 위로를 받게 될 거다. 지금까지 여러 가지 시험을 잘 견뎌 왔기에, 앞으로 겪게 될 고난들도 내 도움으로 잘 이겨 낼 수 있을 거라는 자신감을 얻게 되었다. 네가 내 도움을 필요로 할 때 언제든 달려갈 준비가 되어 있다. 너는 이것을 점점 더 많이 깨닫게 될 거다.

깊은 밤이나 힘겨운 시간 속에서도 내 오른손이 너를 지탱해 주고 있음을 기억하렴. 너를 떠받치고 있는 이 손은 강하고 정의로우며, 그 능력에 한계가 없단다. 아무리 많은 것들을 주어도 항상 차고 넘친다. 그러므로 격한 감정에 휩싸여 힘겨울 때에도 포기하지 마라. 그럴 때일수록 오히려 나를 바라보며 내 능력을 기대해라. 내 의롭고 강한 손을 더욱 확고히 믿어라. 내가 너에게 주는 것은 언제나 좋은 것이란다. 두려워하지 마라. 내가 너를 강하게 하고, 너를 도와주마. 내 승리의 오른손으로 너를 붙들어 주마.

함께 읽어 보세요 벧전 1:7; 시 105:4; 사 41:10

기쁨 묵상 :

07 | 21

**그들이 주를 앙망하고 광채를 내었으니
그들의 얼굴은 부끄럽지 아니하리로다**(시 34:5).

나를 바라보는 이의 얼굴에서는 밝은 빛이 비친다. 나는 쉬지 않고 빛나는 태양이다. 네 상황이 어렵고 앞길이 캄캄해 보일 때에도 마찬가지란다. 네가 나를 구원자로 믿고 있기에, 너는 어둠을 이기는 빛의 근원을 갖게 되었다. 나는 네가 내 영광을 비추며 살도록 너를 디자인했단다. 내 빛을 향해 얼굴을 돌리고 나를 바라보면, 빛을 비추는 삶을 살 수 있지. 시간을 내어 나의 임재 안에 잠잠히 머물러라. 네 얼굴을 들어 내 광채를 받아들이렴. 빛으로 환히 물든 공간 안에 네가 더 오래 머무를수록, 내가 더 많은 축복과 능력을 줄 수 있단다.

나와 함께 쉬는 동안 야곱이 했던 고백을 너도 하고 싶어질 거다. "주님이 분명히 이곳에 계시는구나." 나는 언제 어디에나 존재하기에 이 말은 진실이지. 내가 네 곁에 있다는 걸 네가 느낄 때나, 느끼지 못할 때나 나는 항상 네 곁에 있단다.

내 사랑의 빛을 쬐며 그 광채 속에 너를 흠뻑 적시는 시간을 가져 보아라. 그러면 내 임재를 더 깊고 민감하게 알아 갈 수 있게 될 거다. 또한 나와 함께하는 시간을 통해 너는 주변 사람들에게 내 사랑을 전하는 세상의 빛으로 살아가게 될 거다.

함께 읽어 보세요 고후 3:18; 창 28:16; 마 5:16

 기쁨 묵상 :

07 | 22

**우리 주 예수 그리스도의 아버지 하나님을 찬송하리로다
그의 많으신 긍휼대로 예수 그리스도를
죽은 자 가운데서 부활하게 하심으로 말미암아
우리를 거듭나게 하사 산 소망이 있게 하시며**(벧전 1:3).

내가 죽음에서 부활함으로 너는 새로운 생명을 받았고, 산 소망을 갖게 되었다. 나는 나를 믿는 모든 사람들의 죗값을 치르기 위해 십자가에 못 박혀 죽었지. 하지만 내가 죽은 상태로 남아 있었다면, 네 믿음은 아무 쓸모없는 것이 되었을 거다. 그리고 너는 여전히 죄인의 자리에 머무르며 영적으로 영원히 죽은 상태였겠지. 물론 나는 하나님이기 때문에 내가 영원히 죽는 것은 불가능한 일이다. 나를 의심하는 자들에게 분명히 말했듯이, 나와 내 아버지는 하나란다.

내가 부활했다는 사실은 수많은 자료를 통해 입증된 역사적 사실이란다. 이 기적적인 사건이 너에게 길을 열어 새로 태어나는 경험을 하게 해주었지. 네 죄를 고백하고 나를 구주로 신뢰함으로, 너는 천국을 향해 나와 함께 걸어가는 내 소유가 되었단다. 나는 살아 있는 네 구주이기에, 너는 살아 있는 소망의 길을 따라 걷는 거란다! 가장 어둡고 힘겨운 시간 속에서도 사랑이 가득한 내 임재의 빛이 항상 너를 비추고 있단다. 나의 사랑하는 자녀야, 빛나는 내 사랑의 빛이 어둠을 뚫고 네 심장을 기쁨으로 채울 수 있도록 고개를 들고 나를 바라보아라.

함께 읽어 보세요 고전 15:17; 엡 2:1; 요 10:30

기쁨 묵상 :

07 | 23

**나는 여호와로 말미암아 즐거워하며
나의 구원의 하나님으로 말미암아 기뻐하리로다**(합 3:18).

나는 너의 구주 하나님이다. 세상에서 어떤 일이 일어나고 있든지 너는 내 안에서 기쁨을 누릴 수 있단다. 아담과 하와가 나에게 처음 불순종했던 그날 이후로 지금까지, 네가 사는 이 세상은 처참하게 타락한 상태였다. 그들은 가슴 찢어지는 비통한 사건으로 처음 낳은 두 아들을 잃었지. 가인은 그의 질투심 때문에 동생 아벨을 죽였고, 하나님은 그에게 평생 쉼 없이 세상을 떠돌아다녀야 하는 형벌을 내리셨다.

아담과 하와의 타락은 지금까지도 계속 영향을 끼쳐, 이 세상을 위험하고 불안정한 곳으로 만들고 있단다. 네 앞에 놓인 과제가 있다면, 이 분열된 세상에서 기쁨을 누리는 거란다. "예수님이 나와 함께 계시며, 나를 대신해 일하신다. 그분의 사랑에서 나를 떼어 낼 수 있는 것은 아무것도 없다."라고 자주 되뇌어 보렴. 아직 이 땅에 남아 있는 선한 흔적들을 찾아보며, 내 임재를 누리는 데 온 힘을 다해라. 내가 너를 보낸 그곳에 내 빛을 비추기 위해 네 은사를 사용하렴. 나쁜 소식이 들리더라도 두려워하지 마라. 나는 악한 것에서도 선을 이끌어 낼 수 있단다. 너의 구원자인 나를 신뢰하며, 변함없이 견고한 마음을 가질 수 있도록 마음을 훈련해라.

함께 읽어 보세요 창 4:12; 롬 8:39; 시 112:7

 기쁨 묵상 :

07 | 24

**그리하면 여호와 그가 네 앞에서 가시며 너와 함께하사
너를 떠나지 아니하시며 버리지 아니하시리니
너는 두려워하지 말라 놀라지 말라**(신 31:8).

두려워하지도 말고, 겁내지도 마라. 너는 예측할 수 없는 앞일을 내다보며 불안해하고 있구나. 두려움과 낙심이 미래로 가는 길목에서 너를 기다리고 있다. 네가 허락한다면 그것들은 너를 따라갈 거다. 하지만 내가 네 오른손을 붙들고 항상 너와 함께 있다. 나는 시공간을 초월하여 사는 하나님이기에, 네가 나아가는 길 위에도 있단다. 내가 앞에서 밝은 빛을 비추고 손짓하며, 나에게 시선을 고정하라고 너를 격려하고 있다. 내 손을 꼭 잡고, 두렵고 절망적인 어두운 골목을 지나 굳세게 걸어가자. 내 찬란한 임재를 계속 바라보아라. 내가 한결같은 사랑과 끝없는 격려의 빛줄기로 너를 비추고 있단다.

내가 지금도 너와 함께 있다는 것과, 내가 이미 미래에 살면서 네 앞길을 미리 준비하고 있다는 걸 알게 되면 믿음과 신뢰가 생길 거다. 지혜와 용기, 경고와 소망을 주는 말로 내가 너를 부를 때 귀 기울이렴. 두려워하지 마라. 내가 너와 함께 있다. 놀라지 마라. 나는 너의 하나님이란다. 내가 너를 강하게 해주고 도와주마. 내 의로운 오른손으로 너를 붙들어 주마.

함께 읽어 보세요 시 73:23; 119:76; 사 41:10

 기쁨 묵상 :

07 | 25

**고난 받는 자는 그날이 다 험악하나
마음이 즐거운 자는 항상 잔치하느니라**(잠 15:15).

언제나 네 곁에 있는 나를 만날 수 있는 순간은 바로 지금이다. 지금 내 임재 속에는 매일매일 잔칫날처럼 끝없는 기쁨이 샘솟고 있지! 내 안에서 항상 기쁨을 누릴 수 있도록 내가 너를 연습시키는 중이란다. 기쁨은 매 순간 선택하는 거다. 가장 힘들고 어려운 시간 속에서도 내 안에서 기쁨을 발견하며 사는 삶이 가능하다. 나는 늘 가까운 곳에 있기에 언제든지 너를 도울 수 있단다. 네가 가장 힘들어하는 시간을 지날 때에도 나와 함께 헤쳐 나가면 된단다.

깊이 사랑하고 존경하는 남자와 결혼을 약속한 여인을 상상해 보렴. 사랑하는 사람을 생각할 때마다 그녀의 가슴은 기쁨으로 벅차오를 거다. 그녀의 마음속에 그가 있는 한, 고민했던 문제들은 희미해지고 열정과 흥분은 가라앉지 않을 거다. 마찬가지로 내가 너와 영원한 언약을 맺은 네 약혼자라는 사실을 기억한다면 수많은 어려움에 직면하더라도 내 안에서 기뻐할 수 있게 된단다. 내 안에서 영적인 만족감을 발견하면 다른 사람들과도 좋은 관계를 맺어 갈 수 있을 거다. 사랑이 넘치는 내 임재 안에서 네가 기쁨을 누릴 때 그 기쁨으로 다른 사람들을 축복할 수 있단다.

> 함께 읽어 보세요 빌 4:4-5; 시 63:5; 신 33:12

 기쁨 묵상 :

07 | 26

**내 걸음을 넓게 하셨고
나를 실족하지 않게 하셨나이다**(시 18:36).

나는 네가 가는 길을 넓혀서 네 발이 미끄러지지 않게 한단다. 이 말씀은 내가 얼마나 세심하게 네 삶의 여정에 관여하고 있는지 보여 주지. 나는 네 앞에 무엇이 있는지 정확하게 알고, 네가 가는 길을 수월하게 만들기 위해 너보다 앞서 그 길을 고칠 수 있단다. 때때로 너를 대신하여 내가 행한 일들을 깨닫게 해주기도 하지. 하지만 어떤 때는 내가 너를 구해 준 고난을 네가 알아채지 못하는 게 더 다행스러울 때도 있단다. 어느 쪽이든 내가 네 앞에 놓인 길을 넓히며 일하는 걸 보면, 내가 얼마나 다정하고 성실하게 네 삶에 개입하고 있는지 볼 수 있을 거다.

네 관점에서는 내가 일하는 방식을 쉽게 이해할 수 없을 거다. 나는 너를, 그리고 어느 누구라도 모든 역경에서 구해 주지 않는단다. 이 세상에서 33년을 사는 동안, 나 역시 내게 다가오는 고난을 막지 않았다. 오히려 정반대로 상상할 수조차 없는 아픔과 모욕, 십자가 위에서의 괴로움을 기꺼이 감당했다. 바로 너를 위해서였다! 내 아버지가 나를 외면하셨을 때 말할 수 없는 고통을 겪었지. 하지만 내가 아버지와의 단절이라는 극심한 고통을 기꺼이 견뎌 냈기에, 앞으로 너는 절대 혼자 괴로움을 당하는 일이 없을 거다. 내가 이미 약속했듯이 나는 언제까지나 너와 함께 있을 거다.

함께 읽어 보세요 마 27:46; 28:20

기쁨 **묵상 :**

07 | 27

**예수께서 외쳐 이르시되
나를 믿는 자는 나를 믿는 것이 아니요 나를 보내신 이를 믿는 것이며
나를 보는 자는 나를 보내신 이를 보는 것이니라(요 12:44-45).**

나를 믿는 사람은 나를 믿을 뿐만 아니라, 나를 보내신 분을 믿는 거다. 나를 바라보는 것은 나를 보내신 분을 바라보는 거다. 나는 너를 구원하기 위해 세상에 왔다. 하지만 그뿐만이 아니란다. 나는 네가 하나님 아버지를 더 분명하게 볼 수 있도록 돕기 위해 왔단다. 아버지와 나는 늘 완벽하게 연합하여 일하고 있지. 내가 예루살렘 성전에서 가르칠 때 선포했듯이 나와 아버지는 하나이다. 그러므로 시선을 나에게 고정하고 나와 친밀하게 살아가려고 노력하는 것은 결국 내 하나님 아버지의 존재를 인정하는 거란다.

성부, 성자, 성령으로 이루어진 삼위일체는 너를 위한 위대한 선물이란다. 동시에 네가 이해할 수 없는 신비로운 비밀이기도 하지. 세 존재가 한 분이라는 이 축복 덕분에 너는 아주 풍성한 기도 생활을 누릴 수 있단다. 나에게 직접 이야기해도 되고, 내 이름으로 하나님 아버지께 기도해도 된다. 또한 성령님도 네 기도를 통해 끊임없이 너를 도우실 수 있다. 세 분 하나님의 신비에 대해 혼란스러워하지 마라. 대신 이 경이로운 삼위일체 하나님을 향해 기쁨의 찬양과 경배를 올리렴!

함께 읽어 보세요 요 10:30; 히 12:2; 시 150:6

기쁨 묵상 :

07 | 28

**이러므로 그 샘을 브엘라해로이라 불렀으며
그것은 가데스와 베렛 사이에 있더라**(창 16:14).

나는 항상 너를 지켜보고 있는 살아 있는 하나님이다. 나는 네 존재의 가장 깊은 곳을 들여다본단다. 너의 아주 작은 생각까지 하나도 놓치지 않지. 나는 너에 대한 모든 것을 자세히 알고 있다. 이것은 좋을 때나 힘들 때나 네가 결코 혼자가 아니라는 뜻이란다. 또한 죄성에 물든 네 생각들을 내가 깨끗하게 씻어 주기를 원한다는 의미이기도 하지.

네 마음속에 매정하고 해로운 생각들이 떠오를 때는 즉시 나에게 고백해라. 용서를 구하면서 너를 변화시켜 달라고 간구하렴. 은혜를 베풀어 달라고 나를 설득이라도 해야 하는 것처럼 장황한 고백을 늘어놓을 필요는 없단다. 나는 몹시도 고통스러운 처형과 아버지와의 완전한 단절을 통과했다. 결국 동쪽이 서쪽에서 먼 것처럼, 네 죄를 너에게서 멀리 떼어 놓을 수 있었단다. 너를 용서하는 내 마음은 너무나 기쁘단다!

기억하렴. 나는 지금 이 순간에도 빛나는 옷을 입은 너를 보고 있다. 너는 완전한 의의 옷을 입고 있구나. 네가 천국 본향에서 누릴 영광스러운 모습을 나는 네 안에서 이미 보고 있단다.

<u>함께 읽어 보세요</u> 시 103:12; 139:1-2; 고후 5:21

 기쁨 **묵상** :

07 | 29

나 요한은 너희 형제요 예수의 환난과 나라와 참음에 동참하는 자라 하나님의 말씀과 예수를 증언하였음으로 말미암아 밧모라 하는 섬에 있었더니(계 1:9).

나는 너에게 끈기 있게 인내하는 법을 가르치고 있단다. 이 가르침은 용기 없는 사람들에게는 버거운 것이겠지만, 내 나라와 고난에 동참할 수 있는 아주 귀중한 축복이란다.

내 나라는 영원하기 때문에 헤아릴 수 없이 무한한 가치를 지녔지. 내 영광에 함께하기 위해서는 내 고난에도 참여해야 함을 분명히 말해 주고 싶구나. 또한 고난의 경험은 지금 이 세상에서 너의 성품에도 진정한 유익을 줄 수 있단다.

끈기 있는 인내는 오직 고난을 통과해야만 길러질 수 있지. 그러므로 네가 가장 두려워하는 문제를 기꺼이 받아들일 수 있도록 최선을 다해라. 감사하는 마음으로 그 문제를 내 임재 안으로 가져오렴. 그리고 내가 필요하다고 여기는 한, 너는 기꺼이 그 문제를 참아 내겠다고 말하렴. 어둡고 추한 것들을 가져다가 사랑스럽게 변화시켜 달라고 구해라. 나는 눈부신 영광의 황금빛 실을 엮어서 가장 가슴 아픈 상황을 만들 수도 있단다. 아름다운 무늬가 드러날 때까지는 오랜 시간이 걸리겠지만, 이 기다림이 인내의 성품을 빚어 갈 거다. 내 사랑하는 자녀야, 기뻐해라. 네가 내 영광의 빛으로 빛날 때까지 내가 네 성품을 갈고 닦아 줄 거란다.

함께 읽어 보세요 롬 8:17; 빌 2:14-15

기쁨 묵상 :

07 | 30

**여호와의 인자와 긍휼이 무궁하시므로 우리가 진멸되지 아니함이니이다
이것들이 아침마다 새로우니 주의 성실하심이 크시도소이다
내 심령에 이르기를 여호와는 나의 기업이시니
그러므로 내가 그를 바라리라 하도다**(애 3:22-24).

사랑하는 자녀야, 너를 불쌍히 여기는 내 마음은 끝이 없고 아침마다 새롭단다. 어마어마한 내 축복의 창고가 가득 차 있으니, 매일 자신감을 갖고 하루를 시작해라. 오랫동안 응답받지 못한 기도 제목들은 너를 돌보는 내게 맡기고, 너는 내 긍휼을 생각하며 기다려라. 네 간절한 기도 중에서 내가 못보고 지나치는 것은 단 하나도 없음을 명심하렴. 내 무한한 사랑과 끝없는 긍휼의 샘물을 네가 깊이 들이마셨으면 좋겠구나. 너는 내 임재 안에서 기다리며, 내가 주는 영양분들을 마음껏 취할 수 있단다.

네가 올린 많은 기도들이 아직은 다 응답되지 않았다 해도, 내 위대함과 신실함을 생각하며 내 안에서 소망을 얻어라. 나는 완벽한 때에 완벽한 방법으로 모든 약속을 지킨단다. 나는 네 마음에서 근심과 두려움을 내어 쫓을 평안을 주겠다고 약속했다. 약속을 기다리다 지칠 때는 나 역시 너에게 은혜와 긍휼을 베풀기 위해 기다리고 있다는 걸 기억해라. 너를 위해 성실하게 준비해 둔 모든 것을 네가 받을 준비가 될 때까지, 나도 참고 기다리는 중이란다. 나를 기다리는 모든 사람은 복이 있다.

함께 읽어 보세요 요 14:27; 사 30:18

 기쁨 묵상 :

07 | 31

**그들이 부르기 전에 내가 응답하겠고
그들이 말을 마치기 전에 내가 들을 것이며**(사 65:24).

  네가 부르기 전에 내가 응답하겠고, 네가 말을 마치기도 전에 내가 들을 거다. 가끔 네가 어둠 속에 홀로 있는 기분이 들 때가 있다는 걸 안단다. 기도는 마땅히 해야 하는 일이니까 계속 기도하고는 있지만, 기도를 한다고 뭐가 달라질 수 있을지 의심하고 있구나. 이런 생각이 들 때는 하던 일을 멈추고 내가 누구인지 생각해 보아라. 나는 영광의 왕이란다! 나는 시간을 초월한다. 과거, 현재, 미래가 나에게는 큰 차이가 없단다. 네가 나를 소리쳐 부르기 전에 내가 응답할 수 있는 이유가 바로 여기에 있다.

  나는 네가 하는 기도들을 다 들었고, 모두 응답했다. 하지만 내 대답이 "아니다." 또는 "아직 아니다."일 때가 있단다. 어떤 경우에는 네가 알 수 없는 방법으로 기도가 응답될 때도 있지. 내 지혜는 네가 이해할 수 없고, 헤아릴 수도 없단다. 따로 시간을 내어 나의 무한한 지식과 지혜가 얼마나 놀라운지 생각해 보아라. 너를 향한 영원한 내 사랑을 떠올리며 기뻐하고 즐거워하렴. 내 곁에 꾸준히 머물며 이렇게 나를 경배하면, 너는 의심할 여지없이 결코 혼자가 아니라는 사실을 알게 될 거다. 너는 내 것이다!

<u>함께 읽어 보세요</u> **시 24:10; 롬 11:33**

기쁨 묵상 :

JESUS ALWAYS

08

AUGUST

주께서 생명의 길을 내게 보이셨으니
주 앞에서 내게 기쁨이
충만하게 하시리로다
(행 2:28)

08 | 01

**아침에 주의 인자하심이 우리를 만족하게 하사
우리를 일생 동안 즐겁고 기쁘게 하소서(시 90:14).**

간절한 마음으로 내 깊은 임재 안에 들어오너라. 그리고 나를 초대해 다오. 내 인자한 사랑으로 만족을 주고 싶구나. 내 얼굴을 구하기에 가장 좋은 시간은 막 잠에서 깨어난 아침이란다. 아침 일찍 나와 연결되면 나머지 시간도 나와 함께할 수 있는 분위기가 만들어지지. 내 영원한 사랑은 너에게 엄청난 만족을 줄 거다. 그것은 네가 얼마나 소중하고 중요한 존재인지 알게 해주고, 그날의 모든 상황을 우리가 함께 잘 감당할 수 있음을 잊지 않게 해준단다. 네가 영원히 사랑받는 존재라는 사실을 알게 되면, 너는 활기를 되찾고 어려움을 견뎌 낼 수 있는 용기를 얻게 될 거다.

아침에 다정한 내 임재와 마주하면, 너는 기쁨의 노래를 부르며 하루를 즐겁게 시작하게 되지. 집 안에 있는 너만의 공간에서 만왕의 왕, 만주의 주를 만날 수 있다는 게 얼마나 놀라운 특권인지 생각해 보렴. 기뻐해라! 네 이름이 지워지지 않는 잉크로 어린양의 생명책에 기록되어 있단다. 따로 시간을 내어 나의 임재를 누려라. 그리고 찬양의 말과 노래로, 말씀과 기도로 내 임재를 경험해라. 내 사랑에서 너를 끊을 수 있는 존재는 아무것도 없다! 이 놀라운 진리를 생각하며 맘껏 즐거워하렴.

함께 읽어 보세요 계 19:16; 21:27; 롬 8:39

 기쁨 묵상 :

08 | 02

**여호와는 살아 계시니 나의 반석을 찬송하며
내 구원의 하나님을 높일지로다**(시 18:46).

나는 너의 살아 있는 주요, 반석이요, 구원자 하나님이다. 내 위대함과 너를 향한 영원한 약속에 대해 깊이 생각하는 시간을 가져 보아라. 너는 대다수의 사람들이 약속하기를 꺼려하는 문화에 살고 있다. 심지어 약속의 말을 뱉고 나서도 마음이 바뀌어 떠나 버리는 일도 비일비재하지. 하지만 나는 네 영원한 친구이며, 네 영혼의 영원한 연인이란다. 내 사랑 안에서 너는 절대적으로 안전하단다!

너의 생활과 이 세상의 문제들에 집중하기보다는 내가 누구인지 생각해라. 나는 너의 살아 있는 주인이다. 또한 흔들림 없는 반석이며, 너의 구원자 하나님이다. 나는 언제나 살아 있는 하나님이기에 너를 대신해 달렸던 십자가의 죽음이 네 삶의 모든 잘못에서 너를 완전히 구원했다! 그러니 네가 충분히 잘하지 못한다는 이유로 내가 너를 더 이상 사랑하지 않을까 염려하지 않아도 된단다. 나의 선함과 의로움이 내 사랑 안에서 너를 안전하게 지키고 있다. 문제로 가득한 이 세상을 살아갈 때 나와의 영원한 약속을 생각하며 위로를 받으렴. 머지않아 너는 나와 함께 낙원에 있을 거란다.

<u>함께 읽어 보세요</u> 히 7:25; 고후 5:21

 기쁨 묵상 :

08 | 03

**너는 여호와를 기다릴지어다
강하고 담대하며 여호와를 기다릴지어다**
(시 27:14).

내 임재 안에서 기다려라. 나와 함께 보내는 시간은 영적으로, 감정적으로, 육체적으로 너에게 많은 유익이 된단다. 하지만 내 자녀들 중에 나와 보내는 시간을 자신들이 누릴 수 없는 사치라고 생각하는 이들이 많다. 그들은 평온한 안식을 간절히 바라면서도 여전히 분주한 생활 방식에 머물러 있지. 나는 네가 나와 함께 어느 정도 쉼을 누릴 수 있는 시간을 갖도록 네 삶의 우선순위를 정했으면 한다. 내가 네 영혼을 새롭게 하여 네 앞에 놓인 삶의 여정을 더 강건하게 맞이할 수 있게 도와주마.

담대해라. 이토록 일그러진 세상을 살아가려면 용감해질 필요가 있단다. 처음부터 용감한 마음을 가지고 태어난 사람은 거의 없기 때문에, 강하고 담대해지기 위해서는 내 도움이 필요할 거다. 세상에서 벌어지는 뜻밖의 사건 사고 속에서도 두려워하거나 낙심하지 마라. 계속 네 생각을 나에게 고정시키는 연습을 하렴. 반복해서 훈련하고 또 훈련해라! 네가 어디로 가든지 내가 너와 함께할 거라는 약속을 믿으며 그 안에서 위로를 얻으렴.

담대한 마음을 갖기 위해 계속 애쓰며, 내 도움을 기대해라. 네 마음이 강건해지도록 도와주마.

함께 읽어 보세요 수 1:9; 히 3:1

 **기쁨 묵상 :**

08 | 04

**만물이 그에게서 창조되되
하늘과 땅에서 보이는 것들과 보이지 않는 것들과 혹은 왕권들이나
주권들이나 통치자들이나 권세들이나 만물이
다 그로 말미암고 그를 위하여 창조되었고(골 1:16).**

기도의 능력을 과소평가하지 마라! 소망을 잃고 낙담한 사람들은 "기도밖에 할 수 있는 일이 없다."라고 말하곤 하지. 이 말은 그들이 기도를 매우 나약한 최후의 수단으로 여긴다는 뜻이다. 하지만 이것은 전혀 사실이 아니란다!

나는 인류를 창조하면서 나와 교제할 수 있는 능력을 넣어 주었다. 나는 영원히 사라지지도 않고, 눈에 보이지도 않는 우주의 왕이기에, 나와 교제한다는 것은 엄청나게 놀라운 특권이지. 아담과 하와의 불순종으로 인해 온 인류가 죄로 물들게 되었을 때에도, 나는 이 영광스러운 특권을 거둬들이지 않았다. 내가 인간의 몸을 입고 이 세상에 사는 동안, 나 역시 기도를 통해 아버지께 간절히 의지했단다. 아버지의 도움 없이는 한 순간도 살 수 없다는 걸 절실하게 깨달았기 때문이지.

마음을 다해 끊임없이 드리는 절실한 기도는 너에게뿐만 아니라 너의 가족, 친구, 교회, 더 나아가 너의 나라에도 축복이 될 거다. 더 효과적으로 기도할 수 있도록 성령님께 도움을 청해라. 그리고 이 기도의 모험을 함께할 사람들을 찾아보렴. 겸손한 마음과 회개하는 심령으로 내 얼굴을 구하며, 이 땅을 고쳐 달라고 간절히 기도해라.

함께 읽어 보세요 딤전 1:17; 마 14:23; 대하 7:14

기쁨 묵상 :

08 | 05

**그의 성호를 자랑하라 여호와를 구하는 자마다 마음이 즐거울지로다
여호와와 그의 능력을 구할지어다 항상 그의 얼굴을 찾을지어다**
(대상 16:10-11).

나를 찾으며 내 능력을 기대해라. 항상 내 얼굴을 구해라. 나를 찾을 때마다 네 마음에 기쁨이 넘쳤으면 좋겠구나.

열정적으로 사랑에 빠져 약혼한 커플을 상상해 보렴. 남자가 약혼녀를 찾아갔는데, 약혼녀가 문을 열어 주며 아무 표정도 없이 "아, 당신이네요."라고 말하지는 않는다. 남자도 그녀가 눈에 보이지도 않는 것처럼 지나치며 "먹을 것 있어요?"라고 묻지는 않을 거다. 오히려 서로 함께 있다는 이유만으로 그들의 마음은 기쁨으로 고동칠 거다. 너는 내 약혼자이고, 나는 네 영혼의 영원한 연인이란다. 너를 향한 이 말도 안 되는 사랑을 마음껏 기뻐해라!

내 거룩한 이름을 찬양하렴. 내 이름이 거룩한 이유는 나를 나타내기 때문이지. 이 이름은 그 어떤 이름보다 높고 뛰어난 이름이란다. 하지만 너는 내 이름을 맘껏 부르며 나와 친밀한 대화를 나누고, 즐겁게 찬양해도 좋다. 너에게는 스스럼없이 내게 다가올 수 있는 특권이 있단다. 사람들은 자신의 부와 업적, 미모, 명성 등을 기뻐한다. 하지만 나는 네가 너의 구원자이며 주인, 연인인 나로 인해 크게 기뻐했으면 좋겠구나. 내 이름을 높이고 찬양하면서 너는 더 강건해지고, 더욱 즐겁게 살게 될 거다. 또한 네 기도에는 능력이, 네 마음에는 기쁨이 더해질 거다.

함께 읽어 보세요 고후 11:2; 요 15:13-14; 빌 2:9-10

기쁨 묵상 :

08 | 06

**여호와의 인자하심과 인생에게 행하신 기적으로 말미암아
그를 찬송할지로다 감사제를 드리며 노래하여
그가 행하신 일을 선포할지로다**(시 107:21-22).

앞으로의 계획과 해결해야 할 문제들이 마음을 사로잡고 있을 때, 나를 의지하며 내 이름을 나직이 부르렴. 네가 영원한 내 사랑을 기뻐하며 즐기는 동안 내 임재의 빛이 너를 비추어 줄 거다. 항상 너를 보살피며 끝까지 너를 사랑하는 나에게 감사해라. 나를 향한 믿음을 선포하고, 헌신의 마음을 표현해라. 네 앞길에 빛을 밝혀 달라고 나에게 간구해라. 오늘 끝내야 할 일과 그렇지 않은 일을 구분할 수 있도록 도와달라고 기도하렴. 네가 처리해야 할 일들을 하되, 걱정과 두려움이 네 생각의 중심을 차지하지 못하게 해야 한단다.

네 마음의 초점을 가능한 한, 자주 나에게 되돌리면 내가 네 눈을 밝혀 새로운 시각을 허락해 줄 거다. 말씀으로 네 마음과 생각을 흠뻑 적셔라. 말씀을 읽고 공부해라. 특히 말씀을 암송하는 것은 너에게 큰 도움이 될 거다. 내 말은 네 발의 등불이며, 네 길의 빛이란다.

이 지침들을 잘 따른다면 네 마음속을 차지하던 여러 가지 계획과 문제들은 점점 줄어들고, 삶 속에서 나를 생각할 여유가 점점 더 많아질 거다. 나와 함께하는 기쁨을 한껏 누리려무나!

함께 읽어 보세요 벧전 5:7; 시 119:105; 행 2:28

기쁨 **묵상** :

08 | 07

**주께서 나의 등불을 켜심이여
여호와 내 하나님이 내 흑암을 밝히시리이다**(시 18:28).

나는 너의 등불을 밝히는 하나님이다. 나는 네 어둠을 빛으로 바꾼단다. 때때로 무거운 짐을 지고 지쳐 갈 때면, 너의 등불이 금방이라도 꺼질 것 같다고 느낄지도 모른다. 네 모습이 마치 기름이 다 떨어져 타닥타닥 소리를 내며 점점 꺼져 가는 등불같이 보일 거다. 이런 기분이 들면 언제든 내게 도움을 구하렴. 내 임재 안에서 숨을 몇 번 크게 들이쉬고, 내가 네 등불에 기름을 채워 줄 수 있다는 걸 기억해라. 나는 너의 힘이다!

또한 나는 너의 빛이다. 계속해서 나를 바라보고, 내 영광스러운 임재에 너를 흠뻑 적시렴. 그 눈부신 아름다움이 네 삶을 밝혀 주고, 네 관점을 변화시켜 준단다. 나에게 돌아서서 내가 너와 함께 있다는 사실을 잊어버리면 세상이 온통 어두워 보일 거다. 네가 살고 있는 세상은 깊이 타락해 버렸기에 참으로 많은 어두움이 있단다. 하지만 나는 어둠 속을 밝히는 빛이다. 그러니 내 아이야, 두려워하지 마라. 아무리 우울한 일이 일어나더라도 온 마음으로 나를 신뢰해라. 내가 네 어두움을 빛으로 완전히 바꾸어 주마.

> 함께 읽어 보세요 마 11:28; 시 18:1; 요 1:5

기쁨 묵상 :

08 | 08

**사람을 두려워하면 올무에 걸리게 되거니와
여호와를 의지하는 자는 안전하리라**(잠 29:25).

사람을 두려워하면 올무에 걸린단다. 올무는 너를 얽매어 벗어나기 어렵게 만드는 일종의 덫이지. 다른 사람들이 너를 어떻게 생각할지에 대해 지나치게 염려하는 것도 '사람을 두려워하는 것'에 포함된다. 그것은 타인의 눈을 통해 자신을 바라보게 되는, 건강하지 않고 경건하지 않은 마음의 태도란다. 이 두려움은 너에게 해를 입힐 수 있고, 심하게 왜곡되어 있을 수 있다. 사람들의 죄성으로 인해 그들이 너를 보는 시선이 왜곡되어 있기 때문이지. 게다가 너에 대한 사람들의 생각이 정말 어떠한지, 그들의 진짜 속마음을 아는 것은 거의 불가능한 일이다. 다른 사람의 시각으로 너를 바라볼 때, 너는 그들의 생각에 네 자신의 왜곡된 시각을 더해서 보게 된다. 사람의 마음에 들기 위해 '가면'을 쓰고 애를 쓸수록, 너는 꼼짝없이 덫에 걸리고 만단다.

사람을 두려워하는 마음이 네 생각과 행동을 통제하며 너에게 동기 부여가 되고 있다면 나에게 오너라. 네가 원한다면 사람의 시선을 우상으로 삼은 걸 용서해 주고, 너를 얽어맨 두려움의 덫에서 자유롭게 풀어 주마. 나에 대한 믿음을 입술로 고백하고, 내 임재를 누리는 시간을 가지렴. 네 자신에 대한 것은 잊어버리고, 너를 사랑하는 주인에게 초점을 맞출 때 점점 더 자유롭게 될 거란다!

함께 읽어 보세요 요일 1:9; 고후 3:17

기쁨 **묵상 :**

08 | 09

**이르시기를 너희는 가만히 있어 내가 하나님 됨을 알지어다
내가 뭇 나라 중에서 높임을 받으리라
내가 세계 중에서 높임을 받으리라 하시도다**(시 46:10).

사랑하는 자녀야, 이리 와서 나와 함께 쉬자. 너에게 요구되는 일들이 너무나 많고, 무엇보다도 일이 먼저라고 너를 옥죄고 있지만, 너에게 가장 필요한 것을 내가 알고 있다. 바로 내 임재 안에 잠잠히 머물러 있는 거란다. 심호흡을 몇 번 하고, 나에게 시선을 고정해라. 네 관심을 나에게로 돌릴 때 걱정거리들이 떨어져 나가면서 너에게 아무런 영향도 줄 수 없을 거다. 이렇게 하면 긴장했던 마음이 풀어지고, 내 곁에 있는 시간을 즐길 수 있게 된단다. 나는 결코 너와 멀리 있지 않다!

말씀을 묵상하며, 성경 속에서 나를 찾아라. 은혜와 진리의 말씀들이 네 영혼의 깊은 곳까지 스며들어, 나에게 더 가까이 나아오게 하는 힘이 되게 해라. 내 말은 살아 있고 힘이 있어서 네 삶에 생기를 불어넣을 수 있단다.

다시 일하러 돌아가야 하는 시간이 되면 그 일들 속으로 나를 데려가 다오. 앞으로의 계획을 세우고 문제를 해결하는 과정을 모두 나와 함께 하자꾸나. 네가 행동하고, 말하고, 생각하는 모든 것은 나에게도 의미 있고 중요하단다. 내 곁에서 누린 달콤한 시간들을 기억하면서 "예수님." 하고 내 이름을 속삭여 보아라. 무슨 일을 하든지 나를 가장 우선순위에 두어라. 내가 네 삶의 주인이기 때문이다.

함께 읽어 보세요 히 4:12; 잠 3:6

 **기쁨 묵상 :**

08 | 10

**이것을 너희에게 이르는 것은
너희로 내 안에서 평안을 누리게 하려 함이라
세상에서는 너희가 환난을 당하나
담대하라 내가 세상을 이기었노라**(요 16:33).

나는 네가 상황을 극복하는 사람이 되도록 훈련시키고 있다. 예전 같았으면 패배했을 힘든 상황에서도, 너는 이제 기쁨을 발견할 수 있는 승리자가 될 거다. 네가 고난을 뛰어넘을 수 있는 능력은, 내가 세상을 이겼다는 확고한 사실 위에 세워졌다. 나는 이미 궁극적인 승리를 얻었다! 그럼에도 내가 성경에서 말했듯이, 너는 이 세상에서 환란을 겪게 될 거다. 그러므로 네 삶의 여정에서 만나게 될 수많은 어려움들을 미리 예상하고 있어야 한다. 너는 전쟁이 끊이지 않는 세상에서 살고 있고, 네 영혼의 적들은 결코 쉬지 않는다. 하지만 두려워하지 마라. 네 안에 있는 나는 세상의 어떤 존재보다 크고 위대하단다. 이것만으로도 네가 기뻐해야 할 충분한 이유란다!

힘든 상황 가운데 있을 때에도 나를 계속 신뢰하는 게 정말 중요하다. 언제든 필요할 때마다 내가 네 곁에 있음을 기억하며 이렇게 말해라. "예수님, 당신을 신뢰합니다." 이 힘든 과정 속에서 내가 너를 위해 준비한 모든 것을 배울 수 있도록 나에게 도움을 구해라. 고난과 역경이라는 비옥한 땅에서 자라나는 기쁨의 꽃들을 찾아보아라. 내 사랑하는 자녀야, 태양처럼 빛나는 내 얼굴이 너를 밝게 비추고 있단다.

<u>함께 읽어 보세요</u> 요일 4:4; 시 145:18; 민 6:25

 **기쁨 묵상** :

08 | 11

영원하신 왕 곧 썩지 아니하고 보이지 아니하고 홀로 하나이신 하나님께 존귀와 영광이 영원 무궁하도록 있을지어다 아멘(딤전 1:17).

  사랑하는 자야, 내 얼굴이 너를 밝게 비추고 있다. 기쁨이 가득한 내 빛 속에 오랫동안 머물며, 진정 내가 누구인지 열심히 알아 가렴. 나는 항상 네 곁에 있다. 네가 마시는 공기보다 더 가까이 있단다. 내 사랑의 임재를 깨닫는 것은 대단히 값진 축복이지. 하지만 가장 중요한 것은, 네가 지금 무엇을 경험하고 있든 내가 너와 함께 있음을 믿는 거란다.

  나는 온 우주의 모든 곳에 존재한단다. 또한 우주 위에 존재하며, 우주의 시간과도 떨어져 있는 초월적인 존재이지. 나는 영원한 왕이며 눈에 보이지도, 사라지지도 않는 유일한 하나님이다. 하늘이 땅보다 높듯이 내 길은 네 길보다 높고, 내 생각은 네 생각보다 높단다. 그러므로 네가 나와 내 길을 완전히 이해할 수는 없을 거란다. 일이 생각대로 돌아가지 않을 때 내 무한한 지혜와 지식 앞에 기꺼이 엎드려라. 이 세상 누구도 내 판단을 헤아릴 수 없고, 내가 가는 길을 찾아낼 수 없단다. 하지만 내 생각과 길은 항상 선하다. 욥의 이야기를 기억해 보렴. 그의 가족이 거듭되는 재앙을 당했을 때 그는 땅에 엎드려 경배했다. 내가 모든 문제를 뛰어넘게 해주마!

함께 읽어 보세요   사 55:9; 롬 11:33; 욥 1:20

 **기쁨 묵상 :**

08 | 12

**내 형제들아 너희가 여러 가지 시험을 당하거든 온전히 기쁘게 여기라
이는 너희 믿음의 시련이 인내를 만들어 내는 줄 너희가 앎이라**
(약 1:2-3).

삶의 여정 위에서 거대한 시련을 마주하게 되면, 그 어려움을 온전히 기쁘게 받아들이면 좋겠구나. 네가 '불가능한 일'에 부딪힐 때 나는 내 영원한 팔을 활짝 벌려 너를 붙들고, 마음에 평안을 주고, 할 수 없을 것 같은 일을 해내도록 돕는단다. 나는 너를 구원한 하나님이다. 그래서 너는 당혹스러운 문제들의 한가운데에서도 기쁨을 누릴 수 있단다. 나는 네 삶 속에서 이미 위대한 기적을 이루어냈지. 바로 너를 죄에서 구원한 일이다. 너의 왕이자 부활한 구주인 나를 계속해서 바라본다면, 비관적인 생각은 결국 용기로 변할 거다. 너는 비록 세상에 묶여 있는 피조물이지만, 네 영혼은 나와 함께 영원한 승리의 주인이 되었다.

나는 무한한 능력을 가졌단다. 그러므로 '불가능한 일'이 내 전공이지. 불가능함 속에서 내 영광이 더 생생히 드러나기 때문에 오히려 나는 그런 상황이 더 즐겁다. 또한 너는 그 일들을 통해 항상 기뻐하며 나를 믿고 의지하는 삶, 애초에 내가 계획해 둔 삶을 살 수 있게 된다. 도무지 길이 보이지 않는 상황을 또다시 만나게 되면, 기대하는 마음으로 곧장 나에게 의지하렴. 너는 전적으로 부족한 존재임을 인정하고 나에게 꼭 붙어라. 그리고 영원한 내 풍성함에 기대라. 나와 함께라면 모든 일이 가능하단다!

함께 읽어 보세요 신 33:27; 합 3:17-18; 마 19:26

 **기쁨 묵상 :**

— JESUS ALWAYS —

08 | 13

**그러므로 이제 그리스도 예수 안에 있는 자에게는
결코 정죄함이 없나니(롬 8:1).**

  지금 네가 어떤 기분을 느끼든 너는 재판을 받고 있는 게 아님을 기억해라. 나를 구주로 믿으며, 나에게 속해 있는 이들은 결코 정죄를 받지 않는다. 너는 천국 법원에서 이미 '무죄' 판결을 받았단다.

  나는 죄의 속박에서 너를 자유롭게 풀어 주려고 이 땅에 왔다. 그 자유 안에서 네가 즐겁게 살아가는 모습이 너무나 보고 싶구나. 더 이상 억압받거나 족쇄에 매이지 말고, 내 나라에서 죄책감 없는 삶을 누리는 법을 배우렴. 세상은 죄와 악이 득실거리는 타락한 곳이지만, 나는 그 세상을 이겼단다!

  내가 베풀어 준 아낌없는 은혜에 대한 가장 좋은 반응은 감사하는 마음을 갖는 거다. 마음이 감사로 채워지면, 내 뜻을 따라 살고 싶어지지. 나와 더욱 가까이 지낼수록 내 뜻을 더 잘 분별할 수 있게 되고, 평안과 기쁨을 더 깊이 경험할 수 있단다. 나를 친밀하게 알아 가면 문제의 한가운데에서도 평안을 누릴 수 있는 넉넉한 믿음이 생길 거다. 또한 삶에 감사가 흘러넘치면 기쁨도 커지는 즐거운 일이 일어난단다. 나의 사랑하는 자녀야, 내 임재 안에서 자유롭고 즐겁게 살아가라!

<u>함께 읽어 보세요</u>   요 8:36; 16:33; 골 2:6-7

기쁨 묵상 :

08 | 14

**주의 구원의 즐거움을 내게 회복시켜 주시고
자원하는 심령을 주사 나를 붙드소서(시 51:12).**

   내가 네 구원의 기쁨을 회복시켜 주마. 겸손한 마음으로 네 죄를 고백하면 나는 기쁘게 너를 용서하고, 새롭게 회복시킨단다. 너는 영혼을 구원받으면서 이루 말할 수 없이 빛나는 기쁨을 얻게 되었다! 나와의 친밀한 교제를 통해 그 깊고 충만한 기쁨을 네가 다시 한 번 경험했으면 좋겠구나. 나는 너의 처음 사랑이 되고 싶다.

   많은 사람들과 많은 일들이 네 마음을 차지하기 위해 경쟁을 벌이고 있구나. 그래서 나를 네 마음의 첫 자리에 두려면 부지런히 애써야 한다. 지금까지 너는 편하고 익숙한 방법으로 나를 찾아왔다. 하지만 판에 박힌 방법에 너무 의존하다 보면, 나와의 만남이 지겨운 의무가 될 수 있는 위험이 있지. 이미 이런 일이 일어나고 있다면 당장 멈추고 새로운 시도를 해야 한다. 내가 누구인지 기억해라. 나는 왕의 왕, 주의 주, 이 광활하고 멋진 우주를 창조하고 돌보는 하나님이란다. 기도 제목과 요청들을 나에게 가져오기 전에 특별한 시간을 내어 나에게 경배와 예배를 드리렴. 이 시간이 네 마음을 일깨워 내 영광과 임재의 기쁨을 누리게 해줄 거다.

함께 읽어 보세요 벧전 1:8-9; 계 2:4; 요 17:24

 기쁨 묵상 :

08 | 15

**너희가 온 마음으로 나를 구하면
나를 찾을 것이요 나를 만나리라**(렘 29:13).

온 마음을 다해 나를 구하면 나를 찾고 만나게 될 거다. 이것은 매우 즐거운 일이지만 힘든 도전이기도 하지. 즐겁게 내 임재를 경험하는 시간은 나를 자신의 구원자와 주인으로 믿는 사람들에게 마련된 특권이란다. 이 귀중한 경험이 주는 유익을 극대화하려면 전심으로 나를 구해야 한다. 하지만 네 마음은 자주 초점을 잃고, 복잡하게 뒤얽혀 엉망이 되어 버리는구나. 성령님께 네 마음과 생각을 보호해 달라고 요청해라. 너를 산만하게 하는 것들, 모든 왜곡과 속임수, 걱정 근심, 그리고 얽히고설킨 여러 관계들에서 너를 지켜 달라고 기도하렴. 이렇게 기도하면 흩어졌던 생각이 정리되고, 마음이 평온해져서 아무 방해도 받지 않고 자유롭게 나를 찾을 수 있단다.

조용한 묵상 시간 외에, 다른 일로 바쁜 중에도 네가 나를 찾아오면 좋겠구나. 네 두뇌는 바쁠 때에도 내게 초점을 맞출 수 있는 놀라운 능력을 가졌단다. "예수님, 늘 주님의 임재를 의식하게 해 주세요."라고 간단히 기도하면, 이것이 네 마음의 은은한 배경 음악이 되어 다른 일을 생각할 때에도 끊임없이 울려 퍼질 거다. 늘 한결같은 마음으로 나를 의지할 때, 평안에 평안을 더해 주마.

함께 읽어 보세요 시 112:7; 사 26:3

기쁨 묵상 :

08 | 16

**여호와께서 자기 백성에게 힘을 주심이여
여호와께서 자기 백성에게 평강의 복을 주시리로다**(시 29:11).

나는 내 백성에게 평강의 복을 줄 거다. 성경에 나오는 이 약속은 나를 구주로 믿는 모든 사람을 위한 거다. 그러니 두려움이 생길 때면 "예수님, 저에게 평강의 복을 주세요."라고 기도해라. 이 짧고 단순한 기도가 너와 나를 이어 주고, 마음을 열어 나에게 도움을 청하게 될 거다.

평안과 나를 신뢰하는 믿음은 하나님 나라에서 매우 긴밀하게 연결되어 있단다. 확고한 믿음으로 나를 더 많이 의지할수록 너는 훨씬 덜 두려하게 될 거다. 굳건한 마음으로 나를 믿으면 나쁜 소식을 두려워할 필요가 없단다. 세상을 통치하며, 선한 하나님인 내가 있기에 이 세상이 통제 불능 상태가 되지는 않을 거라고 믿어도 좋다. 세상에는 나쁜 소식들이 너무나 많지만, 나는 무력하게 한탄만 하고 있지 않는단다. 황폐한 상황 속에서도 나는 악에서 선을 이끌어 내며 여전히 일하고 있단다.

내 나라는 완전한 변화의 나라란다. 변화를 위한 이 노력에 나와 함께 동참하자꾸나. 빛의 자녀답게 살아가렴. 어둠 속에 있는 사람들이 내 임재의 빛으로 들어와 변화될 수 있도록 우리 함께 그들을 이끌어 주자.

함께 읽어 보세요 시 112:7; 엡 5:8-10

 기쁨 묵상 :

— JESUS ALWAYS —

08 | 17

**그러므로 너희는 하나님이 택하사
거룩하고 사랑받는 자처럼 긍휼과 자비와 겸손과 온유와
오래 참음을 옷 입고**(골 3:12).

나에게 선택받은 이들은 내게 극진한 사랑을 받는 거룩한 사람들이다. 네가 완전하지도 않고, 순결하지도 않다는 걸 알고 있다. 하지만 내 눈은 의로움의 광채로 둘러싸인 네 모습을 보고 있기에 나에게 너는 정말 거룩한 존재란다. 내 완전한 의가 나를 믿고 따르는 너를 영원히 덮고 있다!

또한 너는 극진히 사랑받고 있는 존재란다. 너를 변화시키는 이 진리가 네 마음과 생각, 영혼의 깊은 곳까지 스며들게 하렴. '사랑받는 존재'라는 정체성이 가장 깊고 진실한 너의 참모습이다. 거울을 들여다보며 네 자신에게 이렇게 말해 주렴. "나는 내가 사랑하는 분의 것이다." 이 문장을 하루를 마치고 잠들기 전까지 온종일 되뇌어 보아라.

영광의 왕에게 완전한 사랑을 받고 있는 존재임을 기억하는 것은 너의 삶에 든든한 기초가 될 거다. 내 안에서 발견한 안정된 정체성을 가지고, 다른 사람들과의 관계도 더 잘 맺을 수 있단다. 나는 네가 긍휼과 자비, 겸손과 온유, 오래 참음의 옷을 입었으면 좋겠구나. 사람들과의 관계 속에서 이 성품들을 가꾸어 갈 수 있도록 공들여 노력하렴. 성령님이 도와주실 거다. 그분은 네 안에 거하시며, 너를 통해 너와 다른 이들을 축복하며 사시는 것을 기뻐하신단다.

함께 읽어 보세요 엡 1:4; 아 6:3; 시 24:10

기쁨 묵상 :

08 | 18

**수고하고 무거운 짐 진 자들아 다 내게로 오라 내가 너희를 쉬게 하리라
나는 마음이 온유하고 겸손하니 나의 멍에를 메고 내게 배우라
그리하면 너희 마음이 쉼을 얻으리니**(마 11:28-29).

어제의 실패가 너를 무겁게 짓누르고 있구나. 후회스러운 과거의 결정들을 되돌리고 싶겠지만, 지나간 일은 바꿀 수도 없고 되돌릴 수도 없다. 시간을 초월해 존재하는 나조차도 세상에 일어나는 시간의 경계를 존중하고 있단다. 그러니 네가 저지른 잘못된 선택들에 대해 괴로워하며 기운을 낭비하지 마라. 오히려 네 죄를 용서해 달라고 내게 구하고, 실수를 통해 배울 수 있게 해달라고 도움을 요청해라.

나는 내 자녀들이 과거의 실패에 눌려 있는 모습을 보고 싶지 않다. 무거운 쇠사슬을 다리에 차고 다니듯이 과거의 실패들을 질질 끌고 다니는 게 너무나 속상하단다. 지금 네가 그런 마음으로 살고 있다면, 내가 네 다리에서 그 사슬을 끊어 버리는 장면을 머릿속으로 그려 보렴. 나는 내 사랑하는 자녀들을 자유롭게 해주기 위해 이 세상에 왔다. 너는 참자유를 얻었단다!

기뻐하고 즐거워해라. 내가 너를 용서하고, 새로운 삶의 방식으로 너를 인도하며, 모든 실패에서 너를 구원하고 있단다. 네가 실수한 일들에 대해 나에게 이야기하고, 배울 준비를 하렴. 그리고 내가 기대하는 모습으로 변화되는 법을 가르쳐 달라고 간구하렴. 그러면 내가 너를 의의 길로 인도하마.

함께 읽어 보세요 요 8:36; 시 23:3

 **기쁨 묵상 :**

08 | 19

> 그러므로 누구든지 나의 이 말을 듣고 행하는 자는
> 그 집을 반석 위에 지은 지혜로운 사람 같으리니
> 비가 내리고 창수가 나고 바람이 불어 그 집에 부딪치되
> 무너지지 아니하나니 이는 주추를 반석 위에 놓은 까닭이요 (마 7:24-25).

나를 의지할 수 있음을 기뻐해라. 내가 있는 이곳은 놀랍도록 안전한 장소란다! 자기 자신이나 다른 사람 또는 환경을 의지하는 사람들은 자신의 삶을 모래 위에 짓고 있는 거나 마찬가지란다. 폭풍이 불어오면 그들이 얼마나 엉성한 기초 위에 서 있는지 깨닫게 될 거다. 모래 바닥은 그들의 삶을 충분히 받쳐 줄 수 없기 때문이지. 그들과 달리, 너는 반석 위에 네 삶을 세워 가고 있단다. 네가 서 있는 반석은 폭풍 같은 인생 여정 속에서도 너를 지탱하기에 부족함이 없을 거다.

네 삶의 날씨가 비바람이 몰아칠 때든, 고요하고 잔잔할 때든 항상 나를 의지하면 좋겠구나. 이렇게 되려면 매일매일 연습해야 하지. 이를 통해 네 앞에 어떤 일이 일어나든 대비할 수 있게 되고, 그 과정 속에서 엄청난 기쁨을 얻을 수 있단다. 나를 의지하며 살아간다는 말은 나와 지속적으로 대화를 나누며 산다는 뜻이기도 하다. 그야말로 엄청난 특권이지. 이 풍성한 축복이 너에게 힘과 용기를 주고, 너를 인도할 거다. 나와 대화를 이어 가는 시간 속에서 너는 결코 혼자가 아님을 알게 될 거다. 내 임재가 비추는 빛 가운데로 네가 걸어갈 때 하루 종일 나로 인해 기쁨을 누리도록 도와주마. 나를 의지하는 삶은 굉장히 즐거운 길이란다.

함께 읽어 보세요 시 89:15-16; 살전 5:16-17

기쁨 묵상 :

08 | 20

그날에는 내가 아버지 안에, 너희가 내 안에, 내가 너희 안에 있는 것을 너희가 알리라(요 14:20).

내 안에서 안정감을 찾으렴. 네가 사는 세상은 갈수록 더 위험해지는 것 같구나. 이럴 때일수록 이전보다 훨씬 더 자주 나에게 주의를 기울여라. 내가 항상 너와 함께하고 있음을 기억해라. 나는 이미 최후의 승리를 거두었다. 내가 네 안에 있고, 네가 내 안에 있기 때문에 스트레스 없는 완전하고 영원한 삶이 너를 기다리고 있단다. 천국은 두려움이나 염려가 전혀 없는 곳이지. 영광의 왕에게 드리는 경외감 넘치는 예배를 통해 너는 상상도 못할 기쁨으로 가득 차게 될 거다!

타락한 이 세상을 살아가는 동안 천국의 소망을 붙들고 강하고 용감하게 살아가렴. 네가 보고, 듣고, 생각해 왔던 일들 때문에 걱정과 근심이 밀려오기 시작하면 그 모든 것을 나에게 가져와라. 모든 상황에서 너를 안전하게 지켜 줄 수 있는 이는 오직 나뿐임을 다시 한 번 기억해라! 너에게 안정감을 주는 어떤 대상을 향해 마음이 끌리고, 그를 우상화하고 싶은 마음이 들거든 스스로에게 이렇게 말해라. "그것은 나를 안전하게 지켜 줄 수 없다." 그런 다음, 신뢰하는 마음으로 나를 바라보며 내가 누구인지 생각해 보렴. 나는 영원한 네 친구이며, 승리의 구주 하나님이다. 내 안에서 너는 완벽하게 안전하단다!

함께 읽어 보세요 시 24:7; 잠 23:18

 **기쁨 묵상 :**

08 | 21

**아침에 나로 하여금 주의 인자한 말씀을 듣게 하소서
내가 주를 의뢰함이니이다 내가 다닐 길을 알게 하소서
내가 내 영혼을 주께 드림이니이다**(시 143:8).

나를 믿고 의지하면 너의 문제 한가운데를 비추고 있는 내 변함없는 사랑을 발견하게 된단다. 낙심되는 일로 힘겨운 싸움을 벌이고 있을 때, 나에 대한 신뢰를 계속해서 확인하며 마음을 다잡으렴. 가장 중요한 것은 내가 누구인지 기억하는 거란다. 나는 우주를 창조하고 지금까지 유지하고 다스리는 하나님이며, 너의 구원자요, 주인이요, 친구이다. 너에 대한 내 사랑은 끝까지 변하지 않기에 나를 믿고 의지해도 좋다. 내 사랑은 절대로 마르거나 희미해지지 않는단다. 그것은 네가 얼마나 잘하고 있는지와도 상관이 없지. 내가 어제나 오늘이나 영원토록 동일하듯이, 내 완전한 사랑도 마찬가지란다.

아무런 가식이나 요구 사항 없이 그저 내 임재 안에서 기다리며, 네 영혼을 맡기렴. 시간을 드려 기다리며 경배할 때 나는 서서히 너를 변화시키고, 네 앞길을 열어 줄 거다. 너에게 미래의 일들을 다 드러내 보이지는 않겠지만, 오늘 하루 동안 네가 나아갈 길을 한 걸음씩 알려 주마. 그러니 사랑하는 자녀야, 온 마음을 다해 나를 신뢰해라. 내가 너를 훌륭하게 잘 돌보고 있단다!

함께 읽어 보세요 히 1:1-2; 13:8

 기쁨 묵상 :

08 | 22

> 우리가 그에게서 듣고 너희에게 전하는 소식은 이것이니
> 곧 하나님은 빛이시라
> 그에게는 어둠이 조금도 없으시다는 것이니라(요일 1:5).

나는 빛이다. 내 안에는 어둠이 조금도 없다. 너의 하나님인 나는 모든 면에서 완전하단다. 내 안에는 악한 것이 눈곱만큼도 존재하지 않지. 너는 악과 부도덕이 걷잡을 수 없이 자라나는 세상에 살고 있다. 하지만 기억하렴. 나는 쉬지 않고 어둠을 비추는 빛이다! 이 세상 어떤 것도 완전하고 영원한 내 광채를 끌 수 없단다. 그 빛을 약화시킬 수 있는 것도 없다. 언젠가 너는 영광 속에 빛나는 내 광채를 볼 날이 있을 거다. 상상을 뛰어넘는 기쁨을 경험하게 될 거다. 하지만 그때까지는 당분간 눈에 보이는 것을 따르지 않고, 믿음을 따라 살아가야 한다.

너의 삶이나 세상에서 일어나는 사건들이 너를 위협하고 불안하게 만들 때, 나를 신뢰하기로 결심하고 내 손을 꼭 잡으렴. 악으로 인해 겁먹지 말고 선으로 악을 이겨 내라. 내가 너와 함께 있다. 십자가에 못 박혀 죽었다가 부활함으로 나는 이미 최후의 승리를 이루었다. 세상의 그 무엇도 어둠을 뚫어 낸 이 엄청난 사건을 무효로 만들 수 없단다. 십자가 사건으로 인해 내 눈부신 광채가 나를 따르는 이들의 마음을 뚫고 흘러들어갈 수 있게 되었지. 이 거룩한 빛을 쬐며 시간을 보내렴. 내 얼굴이 너를 비추고 있단다.

함께 읽어 보세요 요 1:5; 고후 5:7; 롬 12:21

 기쁨 **묵상** :

08 | 23

> 내 형제들아 너희가 여러 가지 시험을 당하거든 온전히 기쁘게 여기라
> 이는 너희 믿음의 시련이 인내를 만들어 내는 줄 너희가 앎이라
> (약 1:2-3).

사방에서 밀려오는 여러 가지 시험에 빠질 때 그것들을 기쁨으로 받아들이렴. 그런 상황에 대해 후회하지도 말고, 과거로 되돌리고 싶어 하며 기운을 낭비하지도 마라. 내 주권과 강한 능력, 그리고 충만한 사랑을 기억해라. 무엇보다 내가 너를 돕기 위해 너와 함께 있단다. 어려운 상황들에 휩싸여 눌려 있지 말고 전적인 믿음으로 내 손을 잡으렴. 혼자 힘으로는 문제들을 감당하기 벅차고 부족하지만, 너와 내가 함께하면 무슨 일이든 잘 해낼 수 있단다! 이런 관점으로 네 상황을 큰 그림 안에서 바라보면 힘겨운 싸움 중에도 기쁨을 누릴 수 있지.

내 임재가 너와 함께하듯이, 내 영 또한 네 안에서 살아간다. 그분은 항상 도울 준비가 되어 있으니 필요할 때마다 맘껏 도움을 청하렴. 다양한 시련을 마주할 때 가장 힘든 일은 그 일들이 해결되기까지 기다리는 거다. 오래 참음은 성령의 열매 중 하나이기에 그 기다림을 견딜 수 있도록 성령님이 도와주실 거다. 힘든 시기를 성급하게 벗어나려고 하지 마라. 오히려 인내를 온전히 이루어 완전하고 성숙한 사람이 된다는 말씀을 기억하며 인내력을 충분히 발휘하렴.

함께 읽어 보세요 갈 5:22-23; 롬 12:12; 약 1:4

😊 **기쁨 묵상 :**

08 | 24

**수고하고 무거운 짐진 자들아 다 내게로 오라
내가 너희를 쉬게 하리라**(마 11:28).

힘들고 지친 나의 자녀야, 나에게 오너라. 너를 쉬게 해주마. 네가 얼마나 피곤하고 지쳐 있는지 잘 알고 있다. 나에게는 아무것도 숨길 수 없단다. 상황에 따라 자신을 채찍질해야 할 때가 있고, 쉬어야 할 때가 있지. 무한한 에너지를 가진 나도 창조 사역을 완성한 후 일곱째 날에는 쉬었단다.

내 얼굴을 찾고 구해라. 그리고 내가 너에게 빛을 비추는 동안 그저 나의 따스한 임재 안에 오래 머물러 있어라. 마음과 영을 새롭게 하면서 머릿속에 좋아하는 성경 구절을 천천히 떠올려 보렴. 계속 기억해 두고 싶은 구절이 생각나면 적어 두어라. 그런 다음, 다시 나에게 주의를 돌리렴. 나와 함께 휴식을 취하는 사이 너의 내면 깊은 곳까지 내 사랑이 스며들어 갈 거다. 혹시 나를 향한 사랑을 표현하고 싶다면 속삭이고, 이야기하고, 노래하며 네 마음을 나타내 보아라.

내가 너를 인정하고 쉼을 허락했다는 걸 알았으면 좋겠구나. 내가 이루어 낸 십자가의 역사를 신뢰하며, 내 임재 안에서 편안히 쉬는 동안 너와 나는 다시 기운을 얻게 될 거다.

함께 읽어 보세요 창 2:2; 민 6:25

 기쁨 **묵상** :

08 | 25

> 내가 그리스도와 함께 십자가에 못 박혔나니 그런즉 이제는 내가 사는 것이 아니요 오직 내 안에 그리스도께서 사시는 것이라 이제 내가 육체 가운데 사는 것은 나를 사랑하사 나를 위하여 자기 자신을 버리신 하나님의 아들을 믿는 믿음 안에서 사는 것이라(갈 2:20).

나는 네 안에 살고 있다! 이 한 문장의 진리가 모든 것을 변화시키며, 앞으로도 네 삶은 계속해서 놀랄 만큼 좋아질 거다. 내가 살기에 적합한 집이 될 수 있을지 걱정하지 마라. 나는 겸손하게 나를 믿는 사람들의 마음속으로 즐겁게 들어가서 끝까지 인내하며, 그곳을 고치고 수리한다. 하지만 내가 없이도 '충분히 행복하다'고 생각하는 사람들의 마음속에는 들어가지 않는단다. 나는 그런 위선자들을 하얗게 칠한 무덤과 같다고 말했지. 겉모습은 아름답지만 그 속은 썩어서 악취가 진동한다.

내가 네 안에서 산다는 기적 같은 진리를 깊이 묵상하며, 네 마음에 기쁨이 넘쳐흐르게 하렴! 나는 네가 만족스러운 행동을 할 때만 네 안에 사는 단기 세입자가 아니란다. 나는 영원히 머무르기 위해서 왔다. 하지만 내가 너를 고치고 수리할 때 가끔은 상당히 고통스러울 수 있다는 걸 미리 알려 두마. 너를 변화시키는 과정이 심하게 불편하게 느껴지더라도 나를 신뢰하고 꽉 매달려라. 너를 사랑하기에 자기 자신을 내어 준 하나님의 아들을 믿으며, 그 믿음 안에서 살아가거라. 내가 이루어 가는 변화에 계속 네 자신을 맡겨 다오. 결국 너는 내가 처음 디자인했던 걸작의 모습으로 점점 더 완성되어 갈 거다.

함께 읽어 보세요 마 23:27; 엡 2:10

 기쁨 묵상 :

08 | 26

> 나는 여호와로 말미암아 즐거워하며
> 나의 구원의 하나님으로 말미암아
> 기뻐하리로다(합 3:18).

나는 너를 구원한 하나님이기에 네 삶에 어떤 일이 일어나든 너는 내 안에서 즐거워하고 기뻐할 수 있다. 하박국 선지자가 이 말을 하던 당시, 그의 나라는 무자비하고 두려운 바벨론 민족에게 침략당할 일을 앞두고 있었다. 그렇게 무시무시한 일이 일어날 것을 미리 알면서도, 그는 나와의 관계 안에서 기뻐했단다. 이와 같은 기쁨은 나를 따르는 사람들 속에 살아 계신 성령님이 주시는 초자연적인 능력이지.

감사와 기쁨은 서로 밀접하게 연결되어 있단다. 나의 변함없는 사랑에 감사해라. 기쁨의 노래를 부르며, 내가 행한 놀라운 일들을 선포해라. 네 죗값을 내가 이미 다 치렀기 때문에 너를 향한 내 사랑은 결코 멈추지 않는다. 너의 어떠함과는 상관없이 나는 너를 사랑한다! 네가 누리는 사랑과 구원, 여러 가지 축복들에 대해서 감사하면 할수록, 네가 진정 얼마나 축복받은 존재인지 더욱 깊이 깨닫게 될 거다. 감사하는 태도를 가지면 기쁨이 점점 커지게 되어 있다. 조용한 기도 속에서 말씀을 쓰고, 말하고, 읊조리고, 음악을 통해서 나에게 감사를 표현하며 기쁨을 키워 나갈 수 있단다. 기쁨으로 노래하면서 내게 나아오너라!

함께 읽어 보세요 합 1:6-7; 시 100:2; 107:21-22

 기쁨 **묵상** :

08 | 27

**피곤한 자에게는 능력을 주시며
무능한 자에게는 힘을 더하시나니(사 40:29).**

나는 지친 사람에게 힘을 주며, 약한 사람에게 능력을 더해 준단다. 그러니 너의 약함으로 인해 낙담하지 마라. 사람들에게는 다양한 모양의 약함이 있고, 약한 부분이 없는 사람은 아무도 없단다. 나는 그것들을 사용하여 내 사랑하는 자녀들이 항상 겸손하게 나를 믿고, 의지하며, 기다릴 수 있도록 훈련시키고 있단다. 나를 기다리는 자에게는 새 힘을 주겠다고 내가 이미 약속했다.

이 기다림은 가끔씩 연습하는 것만으로 훈련되는 게 아니란다. 나는 너를 끊임없이 나를 바라보는 존재로, 항상 너를 돌보는 살아 계신 하나님을 알아 가는 존재로 지었단다. 나를 기다리는 마음은 나를 신뢰하는 마음과 깊이 연결되어 있지. 나에게 초점을 맞추며 보내는 시간이 길어질수록 나에 대한 신뢰도 더욱 커질 거다. 또한 나를 신뢰하면 할수록 더 많은 시간을 나와 함께 보내고 싶어질 거다. 네 삶의 여러 순간들 속에서 나를 바라보며 기다릴 때, 나를 기대하고 소망하는 마음도 자라난단다. 이 소망은 무수한 방법으로 축복을 가져다줄 거다. 네가 처한 모든 상황을 극복하게 하고, 내 임재를 힘입어 나를 찬양하게 할 거다.

함께 읽어 보세요 사 40:30-31; 창 16:14; 시 42:5

기쁨 묵상 :

08 | 28

**내가 너와 함께 있어 네가 어디로 가든지 너를 지키며
너를 이끌어 이 땅으로 돌아오게 할지라 내가 네게 허락한 것을
다 이루기까지 너를 떠나지 아니하리라 하신지라**(창 28:15).

나는 너와 함께하고, 네가 어디로 가든지 너를 지켜 줄 거다. 새로운 일들로 가득한 여정이 너를 기다리고 있고, 너는 복합적인 감정으로 그 길을 기대하고 있구나. 어떤 면에서는 너는 이 새로운 모험 속으로 어서 한 발을 내딛고 싶어 하지. 또한 그 길 위에서 풍성한 축복을 발견하기를 기대하는 마음도 있지. 하지만 마음 한 편에서는 편안하고 예측 가능한 일상을 떠나는 것에 대한 두려움도 있구나. 두려운 마음이 너를 괴롭힐 때는 나를 떠올리렴. 네가 어디로 가든지 내가 너를 끝까지 지켜 줄 거다. 내 임재 안에서 영원토록 평안을 누리게 될 것을 약속하마!

새로운 여정을 앞두고 너에게 가장 필요한 준비는 매일매일 내 임재를 연습하는 거란다. 네 스스로에게 수시로 이렇게 말해 주렴. "예수님이 나와 함께 계신다. 그분이 나를 돌보신다." 내 손을 꼭 잡고 걸어가는 네 모습을 그려 보아라. 나는 네 인도자이다. 내가 네 앞길을 한 걸음씩 이끌어 줄 것을 신뢰해라. 나에게는 완벽한 방향 감각이 있단다. 그러니 길을 잃어버릴까 염려하지 않아도 된다. 내 임재 안에서 편하게 쉬렴. 네 평생을 나와 공유하며 살 수 있다는 이 경이로운 기쁨을 누리려무나.

함께 읽어 보세요 수 1:9; 시 48:14

기쁨 묵상 :

08 | 29

**곧 창세 전에 그리스도 안에서 우리를 택하사
우리로 사랑 안에서 그 앞에 거룩하고 흠이 없게 하시려고(엡 1:4).**

내 임재의 빛이 너의 과거, 현재, 미래의 모든 상황을 비추고 있다. 나는 세상이 창조되기 전부터 너를 알았고, 영원한 사랑으로 너를 사랑해 왔지. 너는 결코 혼자가 아니란다. 그러니 매 순간 나를 기대해라. 숨겨진 보물을 찾듯이 나를 찾아라.

모든 상황 가운데서 나를 볼 수 있도록 힘쓰렴. 그 상황들이 나를 보는 시야를 가리지 못하게 하렴. 나는 때로 눈부시게 아름답고 웅장한 방법으로 내 임재를 드러낸단다. 또 어떤 때는 너만이 이해할 수 있는 단순하고 소박한 방법으로 나를 보여 주지. 사랑하는 자녀야! 너에게 나를 보여 주는 방식들을 모두 이해하고 잘 분별할 수 있도록 눈과 마음을 열어 달라고 기도하렴.

오늘 하루를 살아가면서 네 삶을 비추는 내 임재의 빛을 꼭 기억하고 찾아보기를 바란다. 세상 근심과 네가 책임져야 할 일들만을 바라보는 좁은 시야를 갖지 않도록 하렴. 그 대신, 모든 것을 내 관점으로 바라보며 네 시야를 넓혀 가거라. 온 마음을 다해 나를 구하면, 나를 찾고 만날 수 있단다.

함께 읽어 보세요 렘 29:13; 31:3; 시 89:15

기쁨 묵상 :

08 | 30

**나의 발로 암사슴 발 같게 하시며
나를 나의 높은 곳에 세우시며**(삼하 22:34).

나는 네 발을 사슴의 발처럼 만들어 높은 곳에서도 든든히 설 수 있게 한단다. 나는 사슴을 창조하면서 가파른 산을 쉽게 오르고, 높은 곳에도 편안히 설 수 있는 능력을 넣어 주었다. 너는 나를 신뢰함으로 모든 문제와 책임, 온갖 고통의 고비에서 자신감 있게 뚜벅뚜벅 앞으로 나아갈 수 있단다.

세상의 영적인 적들은 절대로 휴전을 선언하지 않는다는 걸 꼭 기억하렴. 그러니 너는 정신을 똑바로 차리고 전투태세를 갖추어야 한다. 종의 도움을 받아서 무장을 하는 전사들도 있지만, 그들과 달리 너는 매일 전신갑주를 입기 위해 스스로 노력해야 한단다. 어떤 일이 일어나든 나는 네가 싸움을 잘 견뎌 내고, 모든 일을 마친 후에도 굳건히 서기를 바란다. 가장 격렬한 전쟁의 한가운데에 있을 때 나를 향한 믿음을 선포하렴. 내가 너와 함께 있으며, 너를 돕고 있다는 확신을 선포하렴. 네가 전투에서 패한 것처럼 느껴질 수도 있지만, 절대로 포기하지 마라! 내 손을 꽉 움켜쥐고 그냥 계속 버티고 서 있으렴. 이것이 승리란다.

함께 읽어 보세요 합 3:19; 엡 6:13

 기쁨 **묵상** :

08 | 31

내가 그리스도와 그 부활의 권능과 그 고난에 참여함을 알고자 하여 그의 죽으심을 본받아(빌 3:10).

나는 네 보물이다. 나는 네가 볼 수 있고, 들을 수 있고, 만질 수 있는 그 어떤 것과도 비할 수 없는 귀중한 가치를 지녔단다. 나를 안다는 것은 세상의 모든 상보다도 뛰어난 상급이란다.

사람들은 세상의 보물들을 안전하게 보관하기 위해서 숨겨 두거나 몰래 쌓아 두거나 걱정이 되어 보험에 가입하기도 한다. 하지만 내 안에 있는 보물은 결코 잃어버리거나 도둑맞거나 손상되지 않는단다. 오히려 나를 다른 사람들에게 거저 나누어 줄 때 너는 '나'라는 보물을 점점 더 많이 갖게 되지. 나는 무한한 존재이므로 내 안에는 새롭게 발견하고 사랑할 일들이 늘 가득할 거다.

세상은 네 관심을 끌기 위해 경쟁하는 수없이 많은 크고 작은 조각들로 이루어진 것 같구나. 너무나 많은 것들이 내 임재를 누리는 시간을 계속 방해한다. 너는 많은 일로 염려하고 근심하지만, 너에게 필요한 것은 오직 하나란다. 네가 나를 그 하나로 삼는다면 너는 결코 빼앗기지 않을 보배를 선택한 거다. 끊임없이 이어지는 나와의 친밀한 관계 속에서 기쁨을 누려라. 그리고 나를 아는 지식을 통해 모든 것을 넓은 시각으로 바라보아라. 나는 네 삶의 모든 순간을 빛나게 할 수 있는 값진 보물이다!

함께 읽어 보세요 마 6:19; 눅 10:41-42

기쁨 묵상 :

JESUS ALWAYS

09

SEPTEMBER

주의 교훈으로 나를 인도하시고
후에는 영광으로 나를 영접하시리니
하늘에서는 주 외에 누가 내게 있으리요
땅에서는 주 밖에 내가 사모할 이 없나이다
(시 73:24-25)

09 | 01

**나의 힘이시여 내가 주께 찬송하오리니 하나님은 나의 요새이시며
나를 긍휼히 여기시는 하나님이심이니이다**(시 59:17).

  나는 너의 힘이다. 수많은 약점들로 인해 더 이상 한 걸음도 나아갈 수 없을 때, 이 진리의 말이 더없이 소중하게 느껴질 거다. 나를 너의 힘이라고 믿는 것은 너와 항상 함께하는 안내자를 가진 것과 마찬가지란다. 그 안내자는 너에게 앞으로 나아갈 길을 보여 주고, 앞에 놓인 장애물을 치워 주며, 다음 걸음을 내디딜 수 있도록 힘을 더해 주지. 내가 네 오른손을 붙들고, 내 가르침으로 너를 인도하고 있단다. 나는 모든 것을 아는 전지전능한 하나님이다. 그래서 내 가르침은 상상을 뛰어넘는 최고의 지혜를 부어 준단다.

  그러니 네가 부족하다고 해서 초조해하지 마라. 그 연약한 부분들이 너를 내 사랑의 임재에 의지할 수 있도록 훈련시키고 있단다. 또한 내가 너와 함께하며 도와줄 거라는 확신을 붙들게 한단다. 스스로 모든 일을 처리할 수 있을 것 같은 가식을 벗어 버린다면, 오히려 세상이 주는 위협을 덜 느끼게 될 거다. 네 부족한 부분들을 통해 내가 너를 더 깊이 만나고, 다른 사람들을 내 곁으로 오게 할 거다. 나는 너의 힘이니, 계속 나를 바라보아라. 네 연약함 속에서, 또 그것을 통해서 내 빛이 밝게 빛날 거다. 이 사랑의 빛이 너를 통해 자유로이 흘러가게 하렴. 그리고 너를 기쁨으로 가득 채워 다른 이들의 삶 속으로 흘러 들어가렴.

> 함께 읽어 보세요   시 73:23-24; 고후 11:30; 롬 12:12

🙂 **기쁨 묵상 :**

**하나님이 이르시되 이리로 가까이 오지 말라
네가 선 곳은 거룩한 땅이니 네 발에서 신을 벗으라**(출 3:5).

사람들이 너에게 속마음을 털어놓을 때 너는 그 순간 거룩한 땅 위에 서 있는 거다. 네가 할 일은 그들에게 귀 기울여 주고, 그들을 사랑하는 거란다. 그들의 문제를 해결해 주겠다고 적극적으로 달려들면, 오히려 그 거룩한 땅을 오염시킬 수 있다. 뒤로 한 걸음 물러나는 사람들도 있을 거고, 자신이 아주 무례한 대우를 받았다고 느끼면서 상처를 받는 사람들도 있을 거다. 어느 쪽이든 너는 절호의 기회를 망쳐 버린 셈이 된단다.

거룩한 땅 위에서 네 역할을 효과적으로 감당하려면 성령의 도우심이 필요하단다. 너를 통해 생각하시고, 들으시며, 사랑을 전해 주시도록 성령님께 요청해라. 성령님의 사랑이 너를 통해 빛날 때 내 임재 안에서 일어나는 치료의 역사가 그들에게도 전해질 거다. 네가 맡은 중요한 역할은 그들에게 계속 귀 기울이면서 그들의 초점이 나와 내 풍성한 능력을 향하도록 돕는 일이란다.

내가 이야기하는 대로 따라오면 너와 그들 모두가 행복해질 거다. 그들의 영이 내 변함없는 사랑에 연결될 거고, 나는 그들이 가야 할 길을 보여 줄 거다. 나를 의지함으로 내 말에 귀 기울이고, 나를 사랑하렴. 그러면 내 영이 생수의 강처럼 너를 통해 흘러가 네 영혼에 새 힘을 더해 줄 거다.

<u>함께 읽어 보세요</u> 시 143:8; 요 7:38-39

 기쁨 묵상 :

09 | 03

끝으로 형제들아 무엇에든지 참되며 무엇에든지 경건하며 무엇에든지 옳으며 무엇에든지 정결하며 무엇에든지 사랑받을 만하며 무엇에든지 칭찬받을 만하며 무슨 덕이 있든지 무슨 기림이 있든지 이것들을 생각하라(빌 4:8).

무엇이든 덕이 되고 칭찬할 만한 일을 생각해라. 쉬운 일처럼 들릴 수도 있겠지만, 실제로는 요즘 문화와 반대되는 거다. 미디어 분야에서 일하는 사람들은 대개 잘못된 일들을 집중적으로 조명하지. 곳곳에 일어나는 좋은 소식들, 특히 나의 자녀들이 베푸는 많은 선행들은 좀처럼 보도하지 않는구나.

긍정적인 것에 초점을 맞추는 태도는 반문화적이고, 인간의 본성에도 어긋나는 일이지. 네 마음은 참으로 아름답게 지어졌지만, 바닥까지 타락하고 말았단다. 에덴동산에서 아담과 하와가 나를 반역했을 때 그 타락으로 인해 모든 것이 훼손되었지. 그 결과 귀하고 훌륭한 것에 초점을 맞추는 능력은 자연스럽게 나오지 않게 되었단다. 옳은 결정을 내리기 위해서는 부단히 노력하며, 반복해서 연습해야 한다. 날마다, 모든 순간마다 선한 것을 찾아가는 선택이 필요하다.

이 세상에는 엄청나게 심각한 문제들도 많이 있지만, 그럼에도 칭찬받을 만한 일들이 여전히 많이 남아 있단다. 게다가 가장 칭송받으실 만한 분이 지금 바로 네 곁에 있다. 나는 네 생각보다 훨씬 가까이 있단다. 내 사랑하는 자녀야, 내 안에서 마음껏 기쁨을 누리렴!

함께 읽어 보세요 창 3:6; 잠 16:16; 시 73:23

기쁨 묵상 :

09 | 04

주께서 그 사랑하시는 자를 징계하시고 그가 받아들이시는 아들마다 채찍질하심이라 하였으니(히 12:6).

나는 사랑하는 자녀를 징계한단다. 징계는 훈련을 목표로 하는 가르침이지. 즉각적인 만족을 주기보다는 더 위대한 목적을 향해 이끌어 가는 교육 과정이란다. 사실 효과적인 훈련은 불편하고 고통스럽기까지 하다. 그래서 내가 너를 어렵고 혼란스러운 길로 인도할 때, 너는 사랑받지 못하고 있다는 마음이 들기 쉬울 거다. 그런 상황에서 너는 중요한 선택을 해야 한단다. 나를 믿고 의지하며 나에게 매달릴 건지, 아니면 돌아서서 네 나름의 길을 찾아갈지 말이다.

징계와 훈련이 내가 너를 사랑하는 또 다른 방법이라는 걸 깨닫게 되면, 너 역시 초대 교회의 제자들처럼 고통스러운 시간들을 즐겁게 통과할 수 있을 거다. 내 임재 안으로 담대하게 들어오렴. 네가 배워야 할 게 무엇인지, 너에게 어떤 변화가 필요한지 가르쳐 달라고 간구하렴. 내 사랑을 다시 확인하고 싶어 하는 네 마음도 다 털어놓으렴. 빛으로 가득한 내 사랑의 임재 안에 오래 머물며 그 빛을 맘껏 쬐어라. 네가 내 얼굴을 가만히 바라보는 동안 내 영광을 선포하는 복음의 빛이 너를 비출 거다!

함께 읽어 보세요 행 5:41; 고후 4:4

 기쁨 **묵상** :

09 | 05

> 그를 하나님보다 조금 못하게 하시고
> 영화와 존귀로 관을 씌우셨나이다(시 8:5).

　기쁨을 누리려면 기쁨을 선택해야 한다. 네가 처한 상황은 그다지 많이 통제할 수 없겠지만, 기뻐하는 것은 선택할 수 있단다. 나는 너를 천사보다 조금 못한 존재로 창조했고, 너에게 놀라운 지성을 주었단다. 너는 내 나라에서 높은 위치에 있기에, 너에게는 제대로 생각하고 결정을 내릴 수 있는 능력이 있다. 모든 감정과 행동이 생각에서 나오기 때문에, 네가 어떤 생각을 하는지가 매우 중요하단다. 그러니 올바른 생각을 선택할 수 있도록 항상 힘써라.

　마음에 기쁨이 사라졌다고 느껴질 때면 모든 것을 멈추고, 내가 너와 함께 있고 변함없이 너를 지켜보고 있음을 기억하렴. 나는 너를 완전하고 한결같은 사랑으로 사랑한단다. 내가 너에게 보내준 내 영은 네 안에 살고 계시며, 무한한 능력을 가진 보혜사 성령님이다. 네가 절대적인 말씀의 진리를 바탕으로 생각을 잘 정리할 수 있도록 성령님이 도와주실 거다. 내 임재가 끝까지 함께한다는 것은 성경이 약속하는 진리란다. 네 모든 상황 속에서 나를 찾기 위해 노력하렴. 처음에는 문제만 크게 보이겠지만, 계속해서 나를 바라보면 네가 겪는 고난 위로 내 임재의 빛이 비추고 있음을 알게 될 거다. 기쁨의 불꽃이 고난을 통해 반사되어 너를 향해 밝게 빛나고 있단다.

　　　　　　　　　　　함께 읽어 보세요　창 28:15; 시 107:8; 롬 8:9

기쁨 묵상 :

**내 걸음을 넓게 하셨고
나를 실족하지 않게 하셨나이다**(시 18:36).

나는 네가 가는 길을 넓혀서 넘어지지 않게 돕는단다. 네 앞에 펼쳐지는 일들에 지나치게 초점을 맞추고, 그 일에 잘 대처할 수 있을지 염려하며 신경을 곤두세우지 않았으면 좋겠구나. 네 앞날에 무슨 일이 일어날지는 오직 나만이 알고 있다. 더욱이 네 안에 어떤 능력이 있는지 완벽하게 알고 있는 이는 오직 나 하나뿐이란다. 결국 나만이 네 상황을 변화시킬 수 있다. 사실 지금 네가 걷고 있는 길도 마음만 먹으면 내가 넓힐 수 있단다.

내가 얼마나 세심하게 네 삶에 개입하고 있는지 네가 알았으면 좋겠구나. 나는 너를 돌보는 일이 참 즐겁단다. 네가 처한 상황을 이리저리 조정하고, 불필요한 고난을 당하지 않도록 너를 보살피고 있다. 기억하렴. 나는 내게 피하는 모든 이들을 위한 방패이다. 이 모험과 같은 인생 여정에서 네가 맡은 역할은, 나를 신뢰하며 나와 교제하는 거다. 그리고 나를 즐겁게 의지하면서 한 발 한 발 나와 함께 걸어가는 거다. 내가 네 삶의 모든 역경을 다 없애 주지는 않을 거다. 하지만 네가 걸어 다니는 길을 넓혀 주며, 해를 당하지 않도록 너를 지키고 축복해 주마.

함께 읽어 보세요 시 18:30; 민 6:24

 기쁨 **묵상** :

09 | 07

**여호와여 주께서 나를 살펴보셨으므로
나를 아시나이다**(시 139:1).

나는 너를 샅샅이 살펴보았기에 너를 환히 알고 있단다. 네 모든 생각과 행동을 익히 알며, 네가 하려는 말들을 이미 다 알고 있단다. 사랑하는 자녀야, 나는 너를 온전히 이해할 수 있단다. 너에 관한 모든 것을, 아주 은밀한 생각과 기분까지도 완벽하게 안다. 나의 자녀가 아닌 사람들은 자신이 속속들이 드러나는 걸 무서워하겠지만, 너는 전혀 두려워할 필요가 없단다. 나를 믿는 믿음을 통해 내 완벽한 공의가 너를 인정했고, 이제 너는 내 가족의 소중한 일원이 되었다!

나와 친밀한 관계를 맺는 것은 외로운 감정을 이기는 강력한 해결책이다. 외롭거나 두려울 때마다 기도를 통해 내게 이야기하렴. 조용한 기도도 내가 다 듣고 있지만, 나지막이 속삭이거나 큰 소리로 기도하면 네 생각이 더 분명해질 거다. 나는 너를 완벽하게 이해하고 있기 때문에 나에게 모든 것을 일일이 설명할 필요는 없단다. 바로 기도로 뛰어들어서 지금 이 순간 네가 처한 상황 속에서 내 도움을 구하렴. 내 임재의 기쁨을 들이마시며, 잠시 나와 함께 느긋한 쉼을 누리자.

> 함께 읽어 보세요 시 21:6; 139:2-4; 고전 13:12; 롬 3:22

 **기쁨 묵상 :**

09 | 08

**나 곧 내 영혼은 여호와를 기다리며
나는 주의 말씀을 바라는도다**(시 130:5).

네 영혼이 나를 기다리는 동안, 나는 네 마음을 새롭게 한단다. 내 임재의 빛이 네 마음속을 비출 때, 어둠은 물러나고 거짓은 정체를 드러내지. 하지만 수많은 틈 사이에 낡은 사고방식이 숨어 있구나. 성령님은 그러한 장애물들을 찾아내어 없애 주실 수 있지만, 그분은 지금 네 협조를 기다리고 있다. 습관적인 사고방식들은 그리 쉽게 없어지지 않는단다. 성령의 빛이 해롭고 잘못된 생각을 비춰 주시면, 그것을 놓치지 말고 적어 두렴. 그리고 그 내용을 나에게 가져오렴. 우리 함께 잘 살펴보자꾸나. 비뚤어진 부분을 분별하고, 성경적인 진리로 그 생각을 대체할 수 있도록 내가 너를 도와주마.

나에게 초점을 맞추고, 내 말씀에 집중할수록 고통스럽고 비합리적인 생각들을 떨쳐 버리기가 쉬워질 거다. 대개 그런 생각들은 너에게 상처를 줬던 고통스러운 경험 속에 뿌리를 두고 있지. 그로 인해 너의 뇌 속에는 왜곡된 고정관념이 깊이 새겨지게 된다. 잘못된 생각들을 이겨 내려면 같은 생각이라도 지금까지와는 다른 방식으로 여러 번 되짚어 보는 노력이 필요하단다. 쉽지는 않겠지만 이 모든 노력을 통해 믿기 어려운 결과를 경험하게 될 거다. 내 임재를 즐겁게 누리며 자유롭게 사는 능력이 네 안에서 점점 더 커질 거다.

함께 읽어 보세요 롬 12:2; 요 8:12; 고후 10:5

 기쁨 묵상 :

09 | 09

**너는 내게 부르짖으라 내가 네게 응답하겠고
네가 알지 못하는 크고 은밀한 일을 네게 보이리라**(렘 33:3).

네 기도는 어둠 속에 울리는 외침이 아니다. 영광의 빛으로 가득한 내 나라로 네 모든 기도가 올라가고 있단다. 내게 부르짖어라. 내가 네게 응답하겠고, 크고 놀라운 일들을 보여 주겠다. 가장 중요한 게 무엇인지 알아보지 못하는 눈을 가진 인류는 오랜 세월 동안 고통을 당해 왔지. 사람들은 가장 분명하게 드러나는 것들조차 인식하지 못할 때가 있다. 나는 그들의 바로 눈앞에서 기적을 일으킬 수 있지만, 그들은 그 기적조차 그저 일상적인 일이나 우연의 일치로 치부해 버리지. 영적인 실재는 오로지 마음의 눈으로만 감지할 수 있단다.

배우려는 자세를 가진 사람들을 보면 나는 참 기쁘단다. 네가 알지 못했던 크고 놀라운 일들에 대해 배우려고 나아오는 네 모습을 보니 정말 기쁘구나. 훌륭한 스승은 새로운 배움을 얻으려고 열심히 노력하는 학생을 보면 너무나 흐뭇해하지. 나에게 놀라운 것들을 배우기를 바라는 네 마음이 참으로 귀하구나. 내 가르침을 향해 마음을 활짝 열어라. 그러면 나에게 부름 받은 네가 어떤 소망을 품고 살아야 하는지, 너에게 나누어 준 내 영광스러운 유산이 얼마나 크고 풍성한지 이해할 수 있게 될 거다. 하나님의 영광이 밝게 빛나는 거룩한 성에서 나와 함께 살아갈 날을 기대해도 좋다.

함께 읽어 보세요 엡 1:18; 시 143:10; 계 21:23

🙂 **기쁨 묵상:**

09 | 10

**너희는 세상의 빛이라
산 위에 있는 동네가 숨겨지지 못할 것이요**(마 5:14).

세상이 점점 더 어두워질수록 너는 세상의 빛이라는 사실을 기억해라. 네가 통제할 수 없는 흉악한 세상일들을 한탄하느라 기운을 낭비하지 마라. 이런 문제들을 위해 기도하되, 그 생각에 사로잡히지는 마라. 그 대신, 내가 너를 보낸 그곳을 환히 밝히는 데 에너지를 쏟으렴. 너의 시간과 재능, 자원들을 사용해서 어둠을 물리치고, 내 빛을 세상을 향해 비추어라!

나는 어둠을 비추는 참빛이다. 내 빛은 가장 처참한 환경 속에서도 빛날 수 있단다. 나에게서 시작된 빛이 너를 통해 반사되어 퍼져 갈 거다. 내가 너를 부른 것은 내 영광을 비추게 하기 위함이다! 이 일을 가장 효과적으로 하려면 내가 디자인한 모습으로 네가 점점 더 온전하게 변화해야 한단다. 사랑하는 자녀야, 내 얼굴을 구하는 데 충분한 시간을 들여라. 내 임재에 초점을 맞추고, 내 말씀에 집중할 때 너는 은혜 안에서 성숙하며, 내 뜻을 분별할 수 있는 사람이 된단다. 나와 함께 보내는 시간을 통해 너는 위로와 격려를 받고, 네 영은 한결 풍요로워질 거다. 내가 너를 강건하게 붙들어 줄 테니, 다른 사람들을 위해 네 능력을 한껏 발휘하렴.

함께 읽어 보세요 요 1:5, 9; 고후 3:18

 기쁨 **묵상 :**

— JESUS ALWAYS —

09 | 11

그의 많으신 긍휼대로 예수 그리스도를 죽은 자 가운데서 부활하게 하심으로 말미암아 우리를 거듭나게 하사 산 소망이 있게 하시며 썩지 않고 더럽지 않고 쇠하지 아니하는 유업을 잇게 하시나니 곧 너희를 위하여 하늘에 간직하신 것이라(벧전 1:3-4).

지구상에 테러의 위협이 다가오면서, 사람들은 이 땅에 정말 안전한 곳이란 하나도 없다고 느끼게 되었다. 어떤 의미에서 이 말은 사실이다. 특히 극악무도한 테러리스트들의 행위는 예측할 수도 없지. 하지만 나를 믿는 그리스도인들에게는 정말로 안전하지 않은 곳은 없단다. 너의 진정한 집은 천국이란다. 썩지도 않고, 더러워지지도 않고, 낡아 없어지지도 않는 이 영광스러운 유산을 너에게서 빼앗을 자는 아무도 없다. 나는 이 세상 모든 것을 다스리는 주권자이다. 너의 삶과 네가 사랑하는 이들의 인생 또한 내가 주관하고 있단다. 내가 허락하지 않는 일은 너와 그들에게 절대로 일어날 수 없단다.

아담과 하와가 처음 죄를 짓던 그날 이후로, 세상은 지금까지 끊임없는 전쟁을 겪어 왔다. 에덴동산에서의 타락은 이 땅을 위험 천만한 곳으로 만들었고, 이곳은 선과 악이 서로 다투며 끊임없이 싸우는 곳이 되고 말았지. 그러니 정신을 차리고 깨어 있는 게 무엇보다 중요하다. 네가 끝까지 싸워야 하는 궁극적인 적, 사탄은 이미 전쟁에서 패했음을 꼭 기억하렴. 내가 세상을 이겼단다. 그리고 지금 너는 승자인 내 편에 서 있다. 내 안에서 너는 평안을 누릴 수 있고, 언제나 안전하단다.

함께 읽어 보세요 시 71:16; 벧전 5:8; 요 16:33

기쁨 묵상 :

09 | 12

**여호와여 그러하여도 나는 주께 의지하고 말하기를
주는 내 하나님이시라 하였나이다
나의 앞날이 주의 손에 있사오니 내 원수들과 나를 핍박하는 자들의
손에서 나를 건져 주소서**(시 31:14-15).

사랑하는 자녀야, 네 앞날은 내 손에 달려 있으니 나만 믿어라. 모든 것이 변하고 불확실한 가운데서도 늘 안심하며, 평안할 수 있도록 내가 너를 훈련시키고 있단다. 네 삶을 네가 주관하는 게 아니라는 걸 깨닫고 나면, 오히려 안심이 될 거다. 내 주권을 인정하며 쉼을 누리고 인간이 가진 한계를 받아들일 때, 너는 점점 더 자유로워질 거다.

수동적인 사람이나 운명론자가 되라는 말이 아니다. 네 기운과 능력을 사용하는 것도 중요하단다. 하지만 늘 기도하며 네 능력을 사용하렴. 모든 것에 대해 기도하고, 매 순간 나를 구해라. 나는 예기치 못한 놀라움을 안겨 주는 하나님이다. 그러므로 의외의 장소 곳곳에서 나를 찾아보아라.

내가 만든 오늘이라는 시간 속으로 초청하마. 이날을 즐거워하고 기뻐해라. 세세한 일이나 사건 하나하나까지 조율해 달라고 나에게 요청하렴. 예상보다 어떤 일이 빨리 일어나지는 않을까 노심초사할 필요도 없다. 내가 네 삶을 주도하고 있단다. 성급한 태도와 염려하는 마음은 늘 함께 가기 마련이지. 하지만 나에게 배운 것을 기억해라. 나는 너에게 염려하지 말라고 가르쳤다. 내가 너보다 앞서 가게 해다오. 그러면 네 이해를 뛰어넘는 평안으로 너를 축복해 주마.

함께 읽어 보세요 **시 118:24; 빌 4:6-7**

 기쁨 **묵상 :**

09 | 13

**만물이 그에게서 창조되되 하늘과 땅에서 보이는 것들과
보이지 않는 것들과 혹은 왕권들이나 주권들이나 통치자들이나
권세들이나 만물이 다 그로 말미암고 그를 위하여 창조되었고**(골 1:16).

 인생은 내가 주는 귀한 선물이란다. 마음을 활짝 열고 두 팔 벌려 오늘을 고맙게 받아들이렴. 나는 네 구주이자 친구이고, 너를 창조한 하나님이라는 사실을 기억해라. 세상의 모든 것을 내가 창조했다. 내가 선물로 준 오늘이라는 시간을 살아가면서 어디에나 깃들어 있는 내 임재의 흔적들을 찾아보아라. 내가 너와 함께하며 쉴 새 없이 너를 지켜 주고 있단다. 화창하고 기쁜 날에는 내가 마련해 준 즐거운 일들에 대하여 내게 이야기하렴. 그것들에 대해 감사하는 마음을 가지면 기쁨은 더욱 풍성해질 거다. 어둡고 힘든 날에는 나를 의지하고 신뢰하면서 내 손을 꼭 붙잡아라. 사랑하는 자녀야, 내가 너를 도와주마.

 육신을 통해 누리는 삶도 놀라운 선물이지만, 영적인 삶은 한없는 가치를 지닌 보물이다! 나를 구세주로 알지 못하는 이들은 나와 떨어져 영원히 처참한 시간을 보내게 될 거다. 하지만 너는 나에게 속하였기에 나와 함께 영원히 살 거다. 영광스럽게 변화된 몸을 누리며 결코 아프지도, 피곤하지도 않을 거란다. 나는 네 믿음을 통해 은혜로 너를 구원했다. 그러므로 말로 다할 수 없는 이 구원의 선물을 감사해라. 네 마음이 기쁨으로 가득 차 흘러넘치고도 남을 거다!

함께 읽어 보세요 창 28:15; 사 41:13; 엡 2:8

기쁨 묵상 :

09 | 14

**자녀들아 너희 자신을 지켜
우상에게서 멀리하라**(요일 5:21).

오랫동안 해결되지 않는 문제가 네 우상이 될 수 있다. 절대 그냥은 사라지지 않을 상황에 처해 있을 때 네 마음을 잘 살펴보는 게 중요하단다. 계속되는 어려움이 네 생각을 점점 더 많이 차지하게 되면, 결국 네 마음의 풍경 위로 흉한 그림자가 드리워지면서 서서히 우상 숭배에 빠질 위험이 있단다. 네 마음속에 이런 일이 일어나고 있다면 내게 솔직히 고백하렴. 나에게 마음을 쏟아 놓고, 너를 사로잡고 있는 해로운 생각들을 떨쳐 버릴 수 있게 해 달라고 간구해라. 이러한 고난을 마주하는 중에 네 약함을 인정하고, 내 능력의 손 아래 네 자신을 겸손히 내려놓으렴.

문제에 사로잡히면 불안해진단다. 내가 너를 돌보고 있음을 믿고, 네 염려를 나에게 다 맡겨 버려라. 어쩌면 이 일을 날마다 수천 번씩 반복해야 할지도 모른다. 그래도 포기하지 마라! 네가 걱정하는 문제들을 하나씩 맡길 때마다 네 초점이 그 문제들에서 내 사랑의 임재를 향해 옮겨지고 있단다. 깊은 사랑으로 보살피는 나에게 감사하는 마음을 가질 때, 이러한 과정들을 더욱 신명 나게 누리게 될 거다. 너를 위해 죽었던 내가, 이제는 너를 대신해서 기도하고 있음을 잊지 마라.

<mark>함께 읽어 보세요</mark>　벧전 5:6-7; 히 7:25

 **기쁨 묵상 :**

09 | 15

> 우리가 다 수건을 벗은 얼굴로 거울을 보는 것같이 주의 영광을 보매
> 그와 같은 형상으로 변화하여 영광에서 영광에 이르니
> 곧 주의 영으로 말미암음이니라(고후 3:18).

나는 헝클어진 모든 곳을 부드럽게 풀어낼 수 있단다. 네 마음과 생각 속에 있는 문제들은 말할 것도 없지. 그러니 얽히고설킨 문제들과 이해할 수 없는 결말들을 가지고 그대로 내게 오렴. 네 수많은 어려움들이 다른 이들의 난처한 문제들과도 복잡하게 엉켜 있구나. 이런 상황에서는 어디까지가 너의 문제이고 그들의 문제인지조차 가려내기 어려울 거다. 네가 저지른 실수와 죄에 대해서는 기꺼이 책임을 지되, 다른 사람의 죄로 인한 실패까지 네가 책임감을 느낄 필요는 없다. 복잡한 문제들을 풀어 주고, 최선의 길을 찾아나갈 수 있도록 돕기 위해 내가 여기 있단다.

그리스도인의 삶은 평생에 걸쳐 진행되는 변화의 여정이란다. 과거부터 계속된 응어리 중에는 쉽게 풀리지 않는 것도 있지. 특히 너를 계속 괴롭혔던 사람들과 관련 있는 거라면 더욱 풀어내기가 힘들 거다. 지나친 자기 성찰에 빠지거나, 문제를 해결하는 데에만 집착하지 않도록 주의해라. 오히려 방향을 돌려서 내 얼굴과 뜻을 열심히 구하렴. 내가 정한 때를 믿고 진득하게 기다리면 내가 모든 상황을 정리하고, 네가 가야 할 길을 분명히 보여 주마. 풀리지 않는 문제들이 있더라도 그 문제들을 기꺼이 껴안고 살아가렴. 하지만 그것들에 너무 초점을 맞추지는 마라. 지금 이 순간 너와 함께하는 내 임재는 네가 가진 모든 것이며, 한없는 축복이란다.

함께 읽어 보세요 대상 16:10-11; 애 3:24

기쁨 묵상 :

기도를 계속하고 기도에 감사함으로 깨어 있으라(골 4:2).

  감사하는 마음으로 늘 깨어서 열심히 기도에 힘써라. 나를 따르는 이들에게 기도란 삶의 방식이란다. 기도를 통해 나와 지속적으로 연결될 수 있지. 하지만 그리 쉽지는 않을 거다. 사탄이 네 기도를 경멸하고, 그의 사악한 졸개들이 너와 내 교제를 약화시키려고 열심히 방해 공작을 펴고 있기 때문이다. 그러니 나와 계속 소통하기를 결단하고, 이 훈련에 최선을 다하는 게 중요하단다.

  다른 일을 하는 중에도 나를 부르며 기도하는 훈련을 계속할 수 있다. 기도는 너의 세계로 나를 초청하는 거란다. 나는 네 기도를 통해 네가 하는 일이 더 잘되도록, 더 만족스러운 삶을 살 수 있도록 도울 수 있지. 또 한 가지 중요한 것은 나와의 교제에 집중하기 위해 따로 시간을 내는 거란다. 상당히 어려울 수 있지만 해볼 만한 일이다! 효과적으로 기도하기 위해서는 늘 깨어서 감사하는 마음을 가져야 한단다. 보혜사 성령님께 기도의 능력을 부어 달라고 간구해라. 그리하여 영적으로 더 민감해지도록, 감사의 마음이 더욱 커지게 해달라고 기도해라.

  항상 깨어 있으면서 감사하는 마음을 가지면 기도도 더 잘하게 되고, 훨씬 더 좋은 삶을 살아갈 수 있게 된단다. 나에게 감사하며 내 이름을 높이 찬양해라.

함께 읽어 보세요 요 15:26; 시 100:4

🙂 **기쁨 묵상 :**

09 | 17

**여호와는 자기를 경외하는 자들과
그의 인자하심을 바라는 자들을 기뻐하시는도다**(시 147:11).

  나는 나를 경외하며 한결같은 내 사랑을 기다리는 사람들을 좋아한다. '하나님을 경외한다'는 말을 제대로 이해하는 사람들은 드물지만, 이 말씀은 영적인 지혜와 지식의 시작이다. 나를 존경하는 마음으로 두려워하고 사모하며, 내 뜻에 굴복하는 태도를 갖는 게 곧 나를 경외하는 마음이란다. 네 삶의 태도와 목표를 내 뜻과 목적과 맞바꾸며 내게 순복하는 거지. 나는 네 창조주이기에 나를 중심으로 맞추어 가는 것이 최고의 삶이란다. 네가 사는 방식 안에서 이 성경적인 경외심이 나타날 때 나는 정말 기쁘단다. 그런 순간마다 너를 밝게 비추며 기뻐하는 내 마음을 한번 느껴 보렴.

  내 뜻에 따라 살아가는 것은 쉬운 일이 아니란다. 나와 함께 걷는 인생의 여정에도 수많은 우여곡절이 있을 거다. 하지만 무슨 일이 일어나든 한결같은 내 사랑을 기대하며 살면 된단다. 세상에는 절망감을 안고 살아가는 이들이 많다. 잘못된 것을 믿고 확신하며 살았기에, 결국 환멸을 느끼고 냉소적인 사람이 되어 버렸지. 하지만 내 변함없는 사랑은 절대로 너를 실망시키지 않을 거다. 내 사랑은 너를 결코 포기하지 않는다! 사랑하는 자녀야, 소망을 붙들어라. 그 소망은 너와 나를 이어 주는 소중한 끈이란다.

함께 읽어 보세요 잠 1:7; 애 3:22-23

기쁨 묵상 :

09 | 18

우리가 그를 힘입어 살며 기동하며 존재하느니라 너희 시인 중 어떤 사람들의 말과 같이 우리가 그의 소생이라 하니(행 17:28).

너의 하루에 더 많은 기쁨을 불어넣고 싶다면, 내가 함께 있다는 사실을 더 많이 생각하면 된단다. 가장 단순하면서도 쉬운 방법은 "예수님, 저와 함께해 주셔서 감사해요."라고 말하는 거란다. 이렇게 짧고 간단한 기도는 언제든 자주 할 수 있을 거다. 감사하는 마음을 기도로 표현하면 너는 나와 아름답게 연결된단다. 내가 네 곁에 있다는 게 느껴질 때만 이런 기도를 할 수 있는 것은 아니다. 하지만 내 임재에 대해 감사하면 할수록 너는 나를 훨씬 더 생생하게 경험하게 될 거다. 현실을 살아가면서 네 마음과 생각, 영혼을 나에게 맞추면 너는 내 안에서 살아가고, 움직이고, 존재할 수 있단다.

주변에서 내 임재의 흔적들을 찾아보렴. 비록 나는 눈에 보이지 않지만, 나를 더 가까이 느끼게 해주는 것들이 많이 있을 거다. 자연의 아름다움, 사랑하는 이들이 주는 기쁨들을 통해서도 나를 떠올릴 수 있지. 또한 나는 살아 있는 말씀이기 때문에 말씀 속에서도 나를 만날 수 있단다. 말씀을 밝히 보여 달라고 성령님께 기도해라. 그분이 네 마음에 빛을 비추며, 내 영광스러운 임재를 볼 수 있도록 너를 도와주실 거란다.

<u>함께 읽어 보세요</u> 요 1:1-2; 고후 4:6

 기쁨 묵상 :

09 | 19

**내 하나님이여 내 영혼이 내 속에서 낙심이 되므로
내가 요단 땅과 헤르몬과 미살 산에서 주를 기억하나이다**(시 42:6).

마음이 우울하고 낙심될 때 가장 좋은 약은 나를 기억하는 것이다. 내가 누구인지 생각해 보렴. 나는 너의 주인이요, 하나님이요, 구원자이며, 목자란다. 또 결코 너를 떠나지 않을 친구이지. 나는 네가 처한 모든 상황과 생각과 기분도 알고 있단다. 너는 너무나 소중한 존재이기 때문에 너에 관한 모든 것이 내게는 중요하단다. 이제껏 내가 너를 어떻게 돌보고 도와주었는지 그 많은 순간들을 떠올려 보렴. 그 일들이 하나씩 마음에 떠오르면 나에게 감사하며, 사랑 가득한 내 임재 안에서 마음 놓고 쉬어라.

너를 무겁게 짓누르는 것들에 대하여 말해 다오. 나는 이미 그것들에 대해 다 알고 있지만, 네가 소리를 내어 이야기하면 그 무거운 짐이 한층 가볍게 느껴질 거다. 내 임재의 빛 안에서는 모든 것이 훨씬 분명하게 보일 거다. 우리 함께 무엇이 중요하고, 그렇지 않은지 잘 살펴보자꾸나. 나와 함께 머물러 있는 동안 내가 너를 밝은 얼굴로 바라보며 너를 축복하고, 격려하며, 위로해 주마. 너는 분명 너를 돕는 내 임재를 또다시 찬양하게 될 거다.

함께 읽어 보세요 요 20:28; 신 31:8; 시 42:5

기쁨 **묵상 :**

09 | 20

**여호와는 은혜로우시며 긍휼이 많으시며 노하기를 더디 하시며
인자하심이 크시도다 여호와께서는 모든 것을 선대하시며
그 지으신 모든 것에 긍휼을 베푸시는도다**(시 145:8-9).

나는 은혜와 긍휼이 풍성하고, 화내기를 더디 하며, 사랑이 깊은 하나님이다. 은혜가 얼마나 경이로운 것인지 깊이 탐구해 보렴. 내가 십자가에서 완성한 일을 통해 너는 이 은혜를 누릴 수 있게 되었다. 너는 믿음을 통해서 은혜로 구원을 얻었단다. 이것은 너에게서 난 것이 아닌, 내 선물이란다. 그뿐 아니다. 내 긍휼은 끝이 없으며 아침마다 늘 새롭다. 그러니 기대하는 마음으로 하루를 시작하고, 새로운 긍휼을 받아들일 준비를 하렴. 어제의 실패에 억눌리지 마라. 실수를 통해 배움을 얻고, 죄는 깨닫는 즉시 고백해라. 하지만 그런 부족함이나 실수에 집중하지 말고 나에게 초점을 맞추어라.

나는 급하게 화내는 법이 없다. 그러니 너도 네 자신이나 다른 사람들에 대해 너무 쉽게 판단하지 마라. 그보다는 풍성한 내 사랑을 생각하며 크게 기뻐해라. 사실 내 존재의 가장 중요한 핵심은 바로 '사랑'이란다. 은혜 안에서 성장해 가면 점점 더 나에게 주의를 기울이며, 사랑이 가득한 내 임재를 더 잘 받아들일 수 있는 법을 배우게 될 거다. 사탄은 네가 나와 친밀히 지내는 것을 몹시 싫어하니 조금도 방심하지 말고 바짝 경계해라. 늘 깨어 있기 위해 힘써 노력하고, 나에게 속한 사람들은 그 누구도 정죄할 수 없다는 걸 꼭 기억하렴!

함께 읽어 보세요 엡 2:8; 애 3:22-23; 롬 8:1

기쁨 **묵상:**

09 | 21

**수고하고 무거운 짐진 자들아 다 내게로 오라
내가 너희를 쉬게 하리라**(마 11:28).

  나에게로 와서 내 임재 안에서 쉬어라. 나는 끊임없이 너를 생각하고 있다. 너도 점점 더 나를 많이 생각하며 살았으면 좋겠구나. 내 임재를 의식하고 살면 분주한 생활 속에서도 쉼을 누릴 수 있단다. 내면의 평안은 내가 너와 항상 함께 있다는 것을 아는 믿음에서 흘러나오지. 나를 아는 지식이 네 마음과 생각과 영혼에 스며들면서 깊은 기쁨으로 너를 채우게 되는 거란다.

  눈에 보이는 문제들과 여기저기서 들리는 예측들에 너무 마음을 빼앗긴 나머지, 나를 따르는 사람들 중에서도 기쁨을 잃어버리는 경우가 많단다. 걱정과 두려움이 층층이 쌓이면 기쁨은 그 아래로 깊숙이 묻혀 버리지. 지금 네 삶이 이런 모습이라면 모든 염려를 가지고 나에게 오렴. 그 하나하나에 대해서 나와 이야기를 나누고, 내 도움과 인도를 구해라. 네 기쁨을 덮어 버린 걱정 근심의 장막들을 걷어내 달라고 내게 부탁하렴. 너를 돌보고 보호하는 내 손에 모든 문제를 맡기면, 기쁨이 다시 네 안에서 모습을 드러낼 거다. 영원히 너를 사랑하는 영광의 왕인 나에게 찬양을 올리렴. 경배의 말과 노래들이 이 기쁨을 점점 더 자라나게 할 거란다.

<u>함께 읽어 보세요</u> 시 24:7; 139:17; 마 28:20

기쁨 묵상 :

09 | 22

> 나의 하나님이 그리스도 예수 안에서 영광 가운데 그 풍성한 대로 너희 모든 쓸 것을 채우시리라(빌 4:19).

네 부족함에 대해 걱정하지 말고, 솔직하게 인정하고 받아들여라. 그것이 내 풍성하고 한없는 능력에 완벽하게 연결되는 방법이란다. 가진 것이 부족해 보일 때 너는 자연스럽게 근심하는 성향이 있구나. 그런 마음을 이겨 낼 수 있는 가장 좋은 방법은 네 모자람을 있는 그대로 인정하고, 오히려 나에게 감사하는 거란다. 이렇게 하면 너는 네가 될 수 없는 사람이 되려고 굳이 애쓰지 않게 될 거다. 너는 스스로를 구원할 구원자도, 공급자도 아니란다. 너는 연약한 죄인이기에 너에게는 강하고 완전한 구원자, 네 모든 필요를 채워 줄 공급자가 필요하단다.

잠잠히 있는 동안에도, 활동하며 움직이는 시간에도 너는 내 무한한 자원에 연결될 수 있다. 내 임재 안에서 기다리며 나와 단둘만의 시간을 보낼 때, 너와 나의 관계는 깊어진단다. 나는 네 스스로 할 수 없는 일들을 도우면서, 나를 의지하는 이들을 위해 일한다. 하지만 네가 할 수 있는 일들도 많이 있다. 내가 공급해 주는 능력에 의지해서 네가 할 수 있는 일들을 시작하면, 그것이 나를 영화롭게 하며 너에게는 축복이 된단다.

또다시 네가 부족하다는 기분이 들 때면 즉시 나에게 의지해라. 네 부족함이 있는 그곳에서 너를 성실하게 만나 주마.

함께 읽어 보세요 사 64:4; 벧전 4:11

 기쁨 **묵상** :

09 | 23

> 상한 갈대를 꺾지 아니하며 꺼져 가는 등불을 끄지 아니하고
> 진실로 정의를 시행할 것이며(사 42:3).

나는 상한 갈대를 꺾지 않고, 꺼져 가는 등불을 끄지 않는다. 때때로 네 자신이 구부러진 갈대나 가냘프게 타오르는 불꽃처럼 연약하고 무능하다고 느낀다는 걸 다 알고 있단다. 사랑하는 자녀야, 네 약함과 깨어짐을 있는 그대로 받아들이렴. 그리고 마음을 열고 그것들을 나에게 가져오렴. 내가 너를 완벽하게 이해하기 때문에, 너는 나와 함께 있을 때 가장 온전하게 살 수 있단다. 네가 나에게 어려움을 털어놓는 동안 나는 네 기운을 회복시키고, 사람의 생각을 뛰어넘는 놀라운 평강으로 너를 채워 준단다. 모든 문제를 해결하려고 애쓰지 말고, 나를 굳게 믿고 나에게 기대렴. 너는 잠시 일을 내려놓고 쉬어라. 내가 너를 지켜보며 너를 대신해서 일하고 있음을 신뢰하면서 말이다.

내가 너의 내면을 가장 효과적으로 치유하는 시간은, 내 보살핌 안에서 네가 안식을 누리는 때란다. 산이 흔들리고 언덕은 사라질지라도 영원한 내 사랑은 흔들리지 않을 거고, 내가 약속한 평안도 사라지지 않을 거다. 나는 너를 긍휼히 여기는 하나님이란다. 네 자신이 나약하고 상처를 입었다고 느껴질 때마다 용기를 갖고 내 임재 안으로 들어오렴. 그리고 풍성한 내 사랑과 평안을 맘껏 받아 누리렴.

함께 읽어 보세요 빌 4:6-7; 잠 3:5; 사 54:10

🙂 **기쁨 묵상 :**

09 | 24

**너희는 우리로 말미암아 나타난 그리스도의 편지니
이는 먹으로 쓴 것이 아니요 오직 살아 계신 하나님의 영으로 쓴 것이며
또 돌판에 쓴 것이 아니요 오직 육의 마음판에 쓴 것이라**(고후 3:3).

너는 내 편지다. 내가 네 마음판에 잉크가 아닌, 살아 계신 하나님의 영으로 편지를 썼단다. 너는 나를 따르는 제자이기에 성령님이 네 마음속에 계신다. 그분은 네 능력을 훨씬 뛰어넘어 일할 수 있도록 너를 준비시키시고, 능력을 부어 주시지. 그러니 어려운 상황이나 힘든 시간을 겪게 되더라도 겁먹지 마라. 삼위일체 하나님 중 한 분이신 성령님이 네 안에 살고 계신다! 이 영광스러운 진리가 어떤 의미인지 곰곰이 생각해 보렴. 나와 함께 한 걸음씩 걷는 동안 너를 더 강건하게 해달라고 성령님께 도움을 청해라. 이렇게 내가 가는 길을 함께 걸어갈 때, 너는 네가 생각하는 것보다 훨씬 더 많은 일을 해낼 수 있단다.

성령님은 너에게 복을 주시기 위해, 그리고 다른 이들을 내게로 인도하기 위해 네 마음판에 편지를 쓰신다. 나를 모르는 사람들과 함께 있을 때 그분은 너로 하여금 내 생생한 편지가 되게 하신단다. "성령님, 저를 도와주세요."라는 짧지만 가장 효과적인 기도를 필요할 때마다 자주 읊조리며 그분을 초청하렴. 그러면 복음의 진리가 너를 통해 생생히 전해질 거란다.

함께 읽어 보세요 롬 8:9; 요 15:26

 기쁨 **묵상** :

09 | 25

혹 위로하는 자면 위로하는 일로, 구제하는 자는 성실함으로, 다스리는 자는 부지런함으로, 긍휼을 베푸는 자는 즐거움으로 할 것이니라(롬 12:8).

할 수 있는 한 최선을 다해서 모든 사람과 평화롭게 지내라. 가끔은 정당한 이유 없이 너와 싸우려는 사람들이 있을 거다. 이런 경우에는 싸움의 책임을 너에게 묻지 않으마. 하지만 네가 불화의 원인을 제공할 때도 많다. 그럴 때는 그 갈등 속에서 네가 잘못한 부분에 대해 회개하고, 평화로운 관계를 회복하기 위해 모든 노력을 다해야 한단다. 두 경우 모두 네 마음을 상하게 한 사람들을 용서하고, 필요한 경우에는 네 자신도 용서해라.

사랑하는 자녀야, 다른 사람의 말은 빨리 듣고, 자신의 말은 천천히 해라. 또 함부로 쉽게 화내지 마라. 하고 싶은 말이 있을 때는 조금 더 생각해 보고, 다른 사람의 말에 충분히 귀 기울여라. 상대방의 말을 주의 깊게 듣고 반응하기 전에 한 번 더 생각한다면, 화낼 일이 훨씬 줄어들 거다.

다른 이들과 좋은 관계로 지내는 게 힘들고, 매번 그것이 네 잘못이라는 생각이 들더라도 낙심하지 마라. 네가 짓는 모든 잘못에 대한 값을 내가 이미 지불했다. 이제 너는 나와 함께 영원히 변하지 않는 화평을 누리며 살 수 있단다.

함께 읽어 보세요 약 1:19; 롬 5:1

기쁨 묵상 :

09 | 26

**여호와 하나님이 그 사람을 이끌어 에덴동산에 두어
그것을 경작하며 지키게 하시고**(창 2:15).

  살다 보면 해결되지 않는 미진한 일들을 많이 만나게 되겠지만, 너무 놀라지 마라. 타락한 이 세상에서는 앞으로도 그런 일들을 흔히 겪게 될 거다. 나는 아담과 하와를 창조하면서 그들에게 에덴동산이라는 완벽한 환경을 주었다. 너도 그들의 자손이기에 완벽한 것을 갈망하는 마음은 자연스러운 일이지. 하지만 완벽함이란 이 땅에서는 이룰 수 없는 초차연적인 것이기도 하단다. 나를 믿고 따르는 너의 궁극적인 종착역은 천국이다. 네가 상상할 수 있는 그 어떤 것보다 아름답고 영광스러운 곳이란다! 완벽을 갈망하는 네 바람은 그곳에서 완전히 채워질 거다.

  이 분열된 세상의 해결되지 않는 일들 때문에 마음이 가라앉을 때는, 잠시 멈춰서 나를 올려다보아라. 완벽한 하나님인 내가 너와 함께 있다는 걸 기억해라. 네 어려움들을 나에게 이야기하렴. 그래서 내가 너를 도울 수 있게 해다오. 너를 향한 내 뜻을 따라 우선순위를 바로 세우려면 내 인도가 필요하단다. 시간을 따로 내어 나의 임재 안에서 안식하며, 나를 예배하렴. 나를 찬양할 때 네 관심은 엉망진창인 세상에서 멀어지고, 내 빛나는 영광을 향하게 될 거다. 나를 예배하는 동안 너는 내 영광에 참여하고 있는 거란다.

함께 읽어 보세요 시 29:2; 73:23-24

 **기쁨 묵상 :**

09 | 27

> 그가 세상에 계셨으며 세상은 그로 말미암아 지은 바 되었으되
> 세상이 그를 알지 못하였고 자기 땅에 오매 자기 백성이 영접하지
> 아니하였으나 영접하는 자 곧 그 이름을 믿는 자들에게는
> 하나님의 자녀가 되는 권세를 주셨으니(요 1:10-12).

　나를 맞아들인 사람들, 곧 그 이름을 믿는 사람들에게는 하나님의 자녀가 되는 특권이 주어진다. 나를 맞아들이는 것과 내 이름, 즉 내 존재의 본질을 믿는 것은 서로 밀접한 관련이 있단다. 선물을 받아들이려면 어느 정도 마음이 열려 있어야 하지. 나는 상상을 뛰어넘는 최고의 선물이다! 나를 너의 구주 하나님으로 인정하면, 내가 주는 영원한 생명이 너를 위해 실제로 존재한다는 걸 믿을 수 있게 된단다.

　하나님의 자녀가 된다는 것은 말로 표현할 수 없이 영광스러운 일이다! 나는 너의 구주인 동시에 성실한 벗이란다. 이 어두운 세상을 평생 살아가는 동안 내가 그 여정의 순간마다 너와 함께한다. 나는 네가 걸어가는 길 위에, 그리고 네 마음과 생각에 빛을 밝혀 주지. 너를 기쁘게 해주는 일이 참 즐겁구나. 이 마음은 지금부터 영원까지 변함없을 거다. 천국에서 누리게 될 영광의 빛과 비교한다면, 이 땅에서 경험할 수 있는 가장 찬란한 순간도 어느 날 아주 어두워 보일 거다. 그곳에서 너는 탁월하게 빛나는 내 얼굴을 볼 거고, 바다처럼 끝없는 사랑에 만족하게 될 거란다.

함께 읽어 보세요 　요 3:16; 시 17:15

기쁨 묵상 :

09 | 28

**백성들아 시시로 그를 의지하고 그의 앞에 마음을 토하라
하나님은 우리의 피난처시로다**(시 62:8).

세상이 어둡고 위협적으로 느껴질 때 나에게 오렴. 그리고 나에게 네 마음을 쏟아 놓으렴. 내가 지금 너에게 귀 기울이며 너를 돌보고 있단다. 내가 모든 것을 다스린다는 걸 믿고 마음에 위안을 얻어라. 통제 불능으로 보이는 끔찍한 사건들이 전 세계에서 일어나고 있지만, 세상은 여전히 내가 주관하고 있단다. 사실 많은 것들이 창조될 때의 모습, 그리고 마땅히 되어야 할 모습과 동떨어진 상태가 되어 버렸지. 네가 완전한 선을 동경하는 것은 어쩌면 당연하다. 언젠가 그런 갈망들이 놀랍게 충족될 날이 올 거다.

하박국 선지자를 떠올려 보렴. 그는 바벨론이 조국 유대를 곧 침략해 올 것을 예견하며 기다리고 있었다. 얼마나 잔혹한 공격이 벌어질지 미리 알았기에, 그는 마음 깊이 씨름하며 힘든 시간을 보내야 했다. 그럼에도 결국 그는 나를 절대적으로 신뢰한다는 고백의 찬송시를 썼다. 극도로 절망적인 상황을 써내려 간 후 그는 이렇게 결론지었다. "나는 주님 안에서 즐거워하련다. 나를 구원하신 하나님 안에서 기뻐하련다."

나와 함께 걱정거리들을 가지고 실컷 씨름해 보자. 하지만 이것은 네가 모든 것을 초월하는 기쁨과 확고한 신뢰의 자리로 나아가기 위함이라는 걸 기억해라. 내가 일하는 신비한 방식들을 이해할 수는 없겠지만, 내 임재 안에서 소망과 도움을 얻을 수 있단다. 나는 너의 힘이다!

함께 읽어 보세요 계 22:5; 합 3:17-19; 시 42:5

 기쁨 **묵상 :**

— JESUS ALWAYS —

09 | 29

**여호와와 그의 능력을 구할지어다
그의 얼굴을 항상 구할지어다**(시 105:4).

  가장 중요한 삶의 목적이 네 자신을 기쁘게 하는 거라면, 네 삶에는 불만과 좌절이 가득하게 될 거다. 모든 일이 네가 원하는 대로 되어야 한다는 태도는 잘못된 전제를 바탕으로 한 거다. 바로 네가 사는 세상의 중심은 너라는 생각이다. 세상의 중심은 나란다. 이것이 진리이다. 모든 것이 나를 기준으로 돌아간단다. 그러므로 네가 하는 일들 속에서 내 얼굴과 뜻을 구하며, 조심스럽게 계획을 세워 나가라. 일이 계획한 대로 진행되면 마음껏 기뻐하며 내게 감사를 올리렴. 네가 원하는 대로 되지 않고 좌절되는 상황이 오면, 나와 소통하면서 네 뜻을 내 뜻 아래로 내려놓을 준비를 하렴.

  내 사랑하는 자녀야, 너는 내 것임을 늘 기억해라. 너는 너 자신의 것이 아니란다. 네가 어떤 분에게 속했다는 걸 알면 마음이 훨씬 더 편해지고, 네 자신과 네가 원하는 것에 맞춰져 있던 초점이 옮겨진단다. 네가 원하는 대로 상황을 만들어 가려 애쓰지 마라. 나를 기쁘게 하는 것을 가장 중요한 삶의 목적으로 삼아라. 이 말이 조금은 부담스러울 수 있겠지만, 사실은 너를 가장 자유롭게 해주는 길이란다. 내 멍에는 쉽고, 내 짐은 가볍다. 네가 나에게 속한 사람임을 알고 나면, 네 마음은 깊고도 만족스러운 쉼을 누리게 될 거다.

함께 읽어 보세요 고전 6:19; 고후 5:9; 마 11:29-30

기쁨 묵상 :

09 | 30

> 그중에 이 세상의 신이 믿지 아니하는 자들의 마음을 혼미하게 하여
> 그리스도의 영광의 복음의 광채가 비치지 못하게 함이니
> 그리스도는 하나님의 형상이니라 (고후 4:4).

내가 너에게 주는 가장 값진 보물은 내 영광스러운 복음의 빛이다. 이 빛으로 인해 복음은 놀라운 기쁜 소식이 되었단다. 내 영광으로 들어오는 길이 네 앞에 펼쳐졌다!

네가 나를 구세주로 믿고 신뢰하면 네 발을 천국으로 가는 길 위에 세워 주마. 죄를 용서받고 네 미래를 천국에 둔다는 것은 경이로운 축복이지만, 나는 너를 위해 더 많은 것들을 준비해 두었단다. 지금까지 나는 네 마음에 내 빛을 밝게 비추며, 영광스러운 내 얼굴을 깨닫게 해주었다. 온 마음을 다하여 내 얼굴을 구하렴. 그러면 너는 내 영광스러운 임재를 찬란하게 누리게 될 거다.

'지식'(앎)이라는 단어는 매우 다양한 의미가 있는 말이다. 경험이나 학습을 통해 얻게 된 깨달음이라는 뜻도 있고, 느끼고 발견하고 배운 것들을 합쳐서 이르는 말이기도 하다. 그러므로 나를 안다는 말은 내 임재를 경험함으로 나를 깨달으며, 인지하고 이해하는 것을 뜻한다. 믿지 않는 사람들의 마음을 이 세상의 신이 혼미하게 하지만, 너는 내 영광의 빛을 알아보고 나를 경험할 수 있단다!

함께 읽어 보세요 고후 4:6; 시 27;8

 기쁨 **묵상** :

JESUS ALWAYS

10

OCTOBER

악인들은 많은 슬픔을 당하나
여호와를 신뢰하는 자들은
그의 한결같은 사랑으로
보호를 받으리라.
(시 32:10, 현대인의 성경)

10 | 01

하나님이 그가 하시던 일을 일곱째 날에 마치시니 그가 하시던 모든 일을 그치고 일곱째 날에 안식하시니라 하나님이 그 일곱째 날을 복되게 하사 거룩하게 하셨으니 이는 하나님이 그 창조하시며 만드시던 모든 일을 마치시고 그날에 안식하셨음이니라(창 2:2-3).

오늘은 네가 긴장을 풀고 안식을 누릴 수 있으면 좋겠다. 너에게는 쉴 시간이 필요하단다. 그 필요를 무시해 버린 채 목표를 향해 네 자신을 밀어붙일 때가 많구나. 너는 성취한 결과물에 따라서 네 자신을 판단하는 경향이 있지. 물론 때와 장소에 따라서는 내가 준 기회와 능력을 사용해 무언가를 이루어 내야 할 때가 있다. 그렇더라도 네가 무엇을 성취할 때 자신의 모습을 좋아하는 것 못지않게, 쉬고 있을 때의 네 모습도 좋아하기를 바란다.

너는 나를 믿는 믿음으로 말미암아 은혜로 구원받은 하나님의 자녀란다. 이 진리 안에서 안식을 누리렴. 이것이 너의 궁극적이고 기본적인 정체성이다. 너는 내 영원한 나라에서 왕족의 지위를 얻었단다. 네가 누구인지 꼭 기억하렴!

진정한 정체성 안에서 편안하게 일과 안식의 균형을 맞춰 갈 때, 너는 내 나라에서 더 좋은 열매를 맺을 수 있단다. 쉼을 통해 기운이 회복되면 더욱 성경적이고 분명한 관점으로 생각할 수 있게 되지. 또한 마음에 새 힘을 얻음으로 사람들과의 상호 작용 속에서도 더 많은 사랑을 베풀고 호감을 얻을 수 있단다. 그러니 내가 너를 쉴만한 물가로 인도하고 쉬게 할 수 있도록 많은 시간을 나와 함께 보내자꾸나.

함께 읽어 보세요 엡 2:8; 시 23:2-3

 기쁨 묵상 :

10 | 02

그가 임하시되 땅을 심판하러 임하실 것임이라 그가 의로 세계를 심판하시며 그의 진실하심으로 백성을 심판하시리로다(시 96:13).

내 의로 세계를 심판하고, 내 진리로 만백성을 다스릴 날이 올 거다. 이것은 너를 위한 축복과 격려의 약속이란다. 사탄은 언젠가 반드시 심판받게 될 거고, 내 완전한 정의는 마침내 영원한 승리를 거둘 거다! 내 제자인 너에게 의의 옷을 입혀 주었으니, 이제 너에게는 두려울 게 없단다. 하지만 나를 구주로 믿기를 거절한 사람들에게는 온통 두려워해야 할 일들뿐이지. 훗날 때가 되면 불신을 고집했던 모든 사람에게 내 두려운 진노가 임할 거다. 그 날 그들은 산과 바위에게조차 이렇게 부르짖게 될 거다. "우리 위로 무너져 내려라. 보좌에 앉으신 분의 얼굴과 어린양의 진노에서 우리를 숨겨 다오!"

내 진리로 모든 사람을 심판할 거다. 많은 사람들이 이 절대 불변의 진리를 거부하고 있지만, 그럼에도 이것은 확고한 사실이다. 이 말을 믿든지 믿지 않든지, 결국 모든 사람 앞에 분명한 현실이 되어 일어날 일이란다. 내 진리는 나를 믿는 모든 자녀와 너를 위한 굳건한 토대이다. 그러니 너는 이 위에서 살아가고, 일하고, 즐기고, 찬양해라. 이것이 네가 기쁘게 찬양해야 할 충분한 이유이다!

함께 읽어 보세요 사 61:10; 계 6:16; 시 95:1

기쁨 묵상 :

10 | 03

> 깊도다 하나님의 지혜와 지식의 풍성함이여, 그의 판단은 헤아리지 못할 것이며 그의 길은 찾지 못할 것이로다(롬 11:33).

너는 내 판단을 다 헤아릴 수 없고, 내 길을 찾아낼 수 없다. 그러므로 나와 내 방식을 그저 신뢰하는 게 네가 할 수 있는 최선의 반응이란다. 너에게 다 털어놓고 설명할 수 없을 만큼, 내 지혜와 지식은 너무 깊은 거란다. 이 사실에 대해 놀라지 마라. 나는 무한하고 영원한 존재이기 때문이다. 나는 언제나 존재해 왔고, 영원부터 영원에 이르기까지 변함없는 하나님이다.

나는 또한 육신의 모습으로 너희 가운데 거했던 말씀이다. 나를 믿는 죄인들을 구원하기 위해, 사람의 몸을 입고 처참한 죽음을 겪었지. 보통 사람과 완전히 동일한 모습으로 말이다. 내 희생적인 삶과 죽음은 네가 나를 신뢰해야 할 이유가 되기에 충분하단다. 내 방식을 이해할 수 없더라도, 이 하나의 이유만으로 충분하지. 나는 너를 사랑하는 구주이자 최고의 주권자이다. 내 무한한 지혜를 기쁘게 누려라! 내 이름을 다정하게 속삭이는 것만으로도 너는 언제든지 내게 가까워질 수 있단다. 속삭이는 소리도 들릴 만큼 나는 항상 가까운 거리에 있지. 지금은 물론이고 너의 평생 동안, 그리고 영원토록 나는 네 곁에 있단다. 나는 너와 함께하는 임마누엘의 하나님이다. 나는 너를 절대로 떠나지 않을 거란다.

함께 읽어 보세요 시 90:2; 요 1:14; 마 1:23

 기쁨 **묵상** :

10 | 04

> 너희는 내 얼굴을 찾으라 하실 때에 내가 마음으로 주께 말하되
> 여호와여 내가 주의 얼굴을 찾으리이다 하였나이다 (시 27:8).

실수에 대한 두려움 때문에 불안해하거나 무기력해지지 마라. 살다 보면 실수도 하기 마련이란다. 너는 단지 인간일 뿐이고, 네 지식과 이해력에는 한계가 있기 때문이다. 중요한 결정을 앞두고 있을 때 그 일에 대해 가능한 한 많은 것들을 배우렴. 내 얼굴을 찾고, 내게 도움을 구해라. 내 임재 안에서 문제를 풀어 나가려고 노력할 때 내 교훈으로 인도해 주마. 때가 되었다고 판단이 들거든 망설이지 말고 결정을 내려라. 결과를 확신할 수 없다고 해도 말이다. 이 문제를 통해 내 뜻을 이루어 달라고 기도하고, 그 결과까지 나에게 맡겨라.

두려움은 형벌을 받았던 경험과 관련이 있단다. 만약 네가 부당하게 벌을 받았거나, 가혹한 대우를 받은 경험이 있다면 실수를 두려워하는 게 당연하다. 선택을 해야 하는 순간에 불안한 마음이 판단을 흐리게 만들고, 심지어 너를 옴짝달싹도 못하게 만들 수도 있지. 그럴 때 필요한 약은 내가 너와 함께 있다는 사실을 기억하는 거다. 나에게 계속 사랑받기 위해서 네가 대단한 성취를 이루어야 할 필요가 없다는 것도 기억해야 한다. 아무리 네가 최악의 실수를 범한다 할지라도 그 무엇도 너를 내 사랑에서 끊을 수는 없단다!

함께 읽어 보세요 시 73:23-24; 요일 4:18; 롬 8:38-39

기쁨 묵상 :

— JESUS ALWAYS —

10 | 05

**그는 흉한 소문을 두려워하지 아니함이여
여호와를 의뢰하고 그의 마음을 굳게 정하였도다**(시 112:7).

나는 네가 어떠한 나쁜 소식도 두려워하지 않았으면 좋겠구나. 그러려면 나를 신뢰하고 마음을 굳게 지키는 것 외에는 달리 방법이 없단다. 이 세상에는 나쁜 소식들이 넘쳐 나지만, 너는 그것을 두려워할 필요가 없다. 그 대신, 나를 믿고 담대히 의지하렴. 십자가 제물이 된 내 죽음과 기적적인 부활 안에서 용기를 내렴. 나는 너의 살아 있는 구주이자 전능한 하나님이다! 내가 지구상의 모든 사건을 주관하고 있으며, 모든 것이 내 통치 아래 있다.

세상의 일들이나 주변 상황들이 통제 불능으로 치달아 가는 것처럼 보일 때는, 내게 와서 마음을 모두 쏟아 놓으렴. 조바심 내거나 분노하지 말고 기도하는 데 에너지를 사용하렴. 내게로 와서 위로를 받고, 길을 인도받으렴. 나아갈 길을 찾을 수 있도록 도와주마. 중요한 점은, 나는 세상을 다스릴 때 네가 했던 기도 내용들을 기억하고 감안한다는 사실이다. 네가 미처 생각지도 못한 방법들을 사용해서 말이다.

나쁜 소식을 두려워하거나 그것 때문에 겁먹지 마라. 그 대신, 나를 향한 담대한 믿음 안에서 네 마음을 평온하고 굳세게 지키려무나.

함께 읽어 보세요 사 9:6; 40:10; 시 62:8

 기쁨 묵상 :

10 | 06

너희 중에 누구든지 지혜가 부족하거든 모든 사람에게 후히 주시고 꾸짖지 아니하시는 하나님께 구하라 그리하면 주시리라(약 1:5).

사랑하는 내 자녀야, 나에게 지혜를 구하렴. 너에게 얼마나 지혜가 필요한지 잘 알고 있다! 솔로몬 왕은 내게 지혜를 달라고 구했고, 결국 놀랍도록 풍성한 지혜를 얻었지. 이 귀중한 선물은 너에게도 대단히 중요하단다. 계획을 세우거나 어떤 결정을 내려야 할 때 특별히 더욱 그렇다. 그러니 필요한 것을 얻고 싶다면 나에게 오렴. 그리고 내가 듬뿍 채워 줄 거라고 신뢰하렴.

네가 하는 모든 일에 내 도움이 필요하다는 걸 깨달았다면, 너는 지혜를 얻은 거다. 네 마음이 해이해졌을 때는 나를 까맣게 잊고, 네가 맡은 일과 활동 속으로 바로 뛰어들곤 하지. 그러다 결국 장애물과 부딪히고 나면, 중요한 선택을 해야 할 상황이 올 거다. 전속력으로 밀고 나갈 것인지, 아니면 잠시 멈추어 내게 분별력과 지혜와 안내를 구해야 할지 말이다. 나와 가깝게 지낼수록 너는 더 쉽게 더 자주 내 도움을 구하게 될 거다.

여호와를 경외하는 것이 지혜의 근본이다. 나는 네 친구이기도 하지만, 동시에 큰 권능과 영광의 주 하나님이라는 것을 기억하렴! 나를 경외하는 마음, 즉 경건한 두려움 속에서 나를 경배하고 찬양하는 마음은 지혜를 쌓아 가기에 가장 좋은 토대가 된단다.

함께 읽어 보세요 약 1:6; 왕상 3:9; 4:29; 잠 1:7; 막 13:26

기쁨 묵상 :

10 | 07

**이것을 너희에게 이르는 것은 너희로 내 안에서 평안을
누리게 하려 함이라 세상에서는 너희가 환난을 당하나 담대하라
내가 세상을 이기었노라**(요 16:33).

내 위대함을 깊이 묵상하도록 네 마음을 훈련해라! 많은 그리스도인들이 뉴스, 날씨, 경제 이야기나 사랑하는 사람들의 문제, 자신의 문제 등과 같이 덜 중요한 일에 초점을 맞추며 패배하는 삶을 살고 있다. 너희가 세상에서는 분명 어려움을 당하게 된다는 걸 인정하마. 하지만 네 마음이 온통 문제에 집중되지 않게 하렴. 내가 너와 함께 있음을, 그리고 이미 세상을 이겼음을 떠올려 보렴. 나는 네가 숨쉬는 공기보다 더 가까이 있는 존재이지만 만왕의 왕이요, 만주의 주, 능력이 무한한 하나님이다. 또한 너를 사랑하는 구주이자 신실한 친구이다.

내 광대함을 경험할 수 있는 가장 좋은 방법은 나를 예배하는 거란다. 예배는 삼위일체 하나님(성부, 성자, 성령)과 너를 연결하는 더없이 좋은 방법이지. 참된 예배는 어둠을 몰아내고, 이 세상에 하나님 나라의 빛을 확장시킨다. 시편의 말씀을 읽거나 곡조를 붙여 노래하면, 나를 향한 매우 아름다운 찬양이 된단다. 네 마음이 성경의 진리로 가득 채워질 때 절망을 이겨 낼 힘을 얻게 될 거다. 어려운 문제로 인해 괴로움을 겪고 있다면, 온 힘을 다해서 내가 누구인지 생각해 보렴. 너의 구세주이자 친구인 나는 전지전능한 하나님이다!

함께 읽어 보세요 계 1:8; 19:16

기쁨 묵상 :

10 | 08

**예수께서 이르시되 네 마음을 다하고 목숨을 다하고 뜻을 다하여
주 너의 하나님을 사랑하라 하셨으니 이것이 크고 첫째 되는 계명이요**
(마 22:37-38).

네가 나에게 점점 더 몰두하면 좋겠구나. 대부분의 사람들은 기본적으로 자기 자신에게 몰두하기 마련이지. 이것이 고통의 원인임에도 불구하고, 내 자녀들조차 여기서 자유롭지 못하다. 오히려 그들이 은혜 안에서 자라나는 데 장애물이 되곤 한다.

남녀가 깊은 사랑에 빠지면 서로에게 몰두할 때가 많지. 이와 마찬가지로, 네가 나에게 몰두한다는 말은 나를 전폭적으로 사랑한다는 뜻이란다. 네 마음을 다하고, 뜻을 다하고, 힘을 다하여 나를 사랑하는 것 말이다. 이것은 크고 첫째 되는 계명이고, 가장 가치 있는 삶의 목표이다. 물론 네 삶 속에서 이 계명을 완벽하게 지킬 수는 없을 거다. 하지만 경이롭고 변함없는 내 사랑을 알아 가며 기쁨을 경험할수록, 나에게 더 열렬히 반응할 수 있을 거다. 이 아름다운 목표를 위해 성령님의 도움을 받아라!

이 모험의 여정에는 두 가지가 필요하단다. 내 사랑을 더 깊고, 더 넓고, 더 끊임없이 받아들이는 법을 배우는 것, 그리고 점점 더 커져 가는 사랑으로 내게 반응하는 거란다. 이렇게 함으로 너는 네 자신에게 사로잡히지 않고 나에게 더욱 집중할 수 있지. 네가 자유롭게 해방될 때 나는 참 기쁘단다!

함께 읽어 보세요 시 52:8; 요일 4:19; 요 8:36

 기쁨 **묵상** :

10 | 09

만일 우리가 우리 죄를 자백하면 그는 미쁘시고 의로우사 우리 죄를 사하시며 우리를 모든 불의에서 깨끗하게 하실 것이요(요일 1:9).

네가 한 일이 곧 네 가치를 평가하는 기준이 되지 않게 주의하렴. 네 언행이 마음에 들지 않을 때는 그것에 대해 나와 이야기를 나누자꾸나. 무엇이 진짜 죄이고, 무엇이 그렇지 않은지 가려낼 수 있도록 내게 도움을 청하렴. 어떤 죄일지라도 그게 죄임을 깨닫게 되면, 내게 고백하고 내 용서를 감사히 받아들여라. 그런 다음, 내가 내 사랑하는 자녀에게 선물한 자유를 누리며 살아가렴. 너의 실수와 죄가 자존감을 깎아내리지 못하게 하렴. 너는 이미 영원한 '무죄' 선고를 받았음을 기억해라! 내 안에 있는 자, 곧 내게 속한 자에게는 결코 정죄함이 없단다. 너로 인하여 기쁨을 이기지 못할 만큼 너는 나에게 소중한 존재란다. 그러니 스스로 정죄하지 마라.

네 불완전한 행위가 너로 하여금 네가 인간이라는 사실을 잊지 않게 해준다. 너를 겸손하게 만들고, 네 자신이 흠이 많은 인간이라는 사실을 느끼게 하지. 사탄이 천국에서 추방 당하게 만든 가장 치명적인 죄는 바로 '교만'이다. 따라서 겸손해질 수 있다는 것은 참으로 큰 축복이란다. 네 교만한 마음이 낮아지고, 내게로 더 가까이 이끌리는 상황이 되거든 내게 더욱 감사해라. 그리고 내 인자하고 보배로운 사랑을 온전히 받아들여라!

<u>함께 읽어 보세요</u> **롬 8:1; 습 3:17; 시 36:7**

 기쁨 묵상 :

10 | 10

> 그에 대하여 모든 선지자도 증언하되 그를 믿는 사람들이
> 다 그의 이름을 힘입어 죄 사함을 받는다 하였느니라 (행 10:43).

어떤 골치 아픈 문제가 네 마음속에서 우상이 될 수도 있단다. 유쾌한 일이든 불쾌한 일이든 어떤 일에 대해 생각하는 시간이 나를 생각하는 시간보다 많아졌다면, 너는 너도 깨닫지 못하는 사이에 우상 숭배를 하고 있는 거란다. 따라서 네 생각을 잘 살펴보는 게 현명하다.

대부분의 사람들은 쾌락을 주는 것만을 우상이라고 여긴단다. 하지만 풀리지 않는 어려운 문제가 네 생각을 사로잡고, 더 많은 정신적 에너지를 소비하게끔 너를 장악할 수 있다. 네가 속박 당해 있음을 깨달았다면, 그것만으로도 그 속박에서 벗어나는 중요한 첫걸음이 될 수 있단다. 어떤 고질적인 문제를 자꾸만 곱씹게 될 때, 나에게 그 문제를 가지고 오렴. 지금 네가 겪고 있는 정신적 속박에 대해 고백하고, 값없이 베푸는 내 용서와 도움을 구해라. 네가 네 모든 생각을 다스려 내게 복종할 수 있도록 도와주마.

너는 나를 점점 더 깊이 생각하는 방법을 배우는 중이란다. 이 목표를 이루기 위해서는 훈련을 받아야 하지. 그리고 나를 간절히 소망해야 한다. 사랑이 가득한 내 임재를 누리며 나를 생각할 때, 그 안에서 기쁨을 발견하는 게 참으로 중요하단다. 사랑하는 나의 자녀야, 나를 기뻐해라. 내가 네 마음의 소원이 되기를 원한단다.

함께 읽어 보세요 고후 10:5; 히 3:1; 시 37:4

🙂 기쁨 묵상 :

10 | 11

**여호와는 나의 힘과 나의 방패이시니 내 마음이 그를 의지하여
도움을 얻었도다 그러므로 내 마음이 크게 기뻐하며
내 노래로 그를 찬송하리로다**(시 28:7).

나는 너의 힘과 방패이다. 너에게 힘이 되어 주고, 너를 보호하기 위해 나는 끊임없이 일하고 있단다. 때로는 아주 놀라운 방법을 사용하기도 하지. 네가 나를 온전히 신뢰할수록 네 마음은 더욱 놀라운 기쁨을 누리게 될 거란다!

온 우주를 통치하는 내 주권 안에서 네가 안식하며, 나를 전적으로 신뢰할 수 있으면 좋겠구나. 상황이 통제할 수 없는 것처럼 보일 때조차도 이것 역시 내 섭리 아래 있음을 믿고 나를 꼭 붙잡으렴. 이 세상에서도, 천국에서도 네 삶의 모든 사건이 결국 너에게 유익이 되도록 내가 다스리고 있단다.

역경의 한가운데 있더라도 내 주권과 선한 성품에 대한 믿음을 지켜야 한다. 이것은 너에게 주어진 가장 큰 과제이지. 내 길을 이해할 수 있기를 기대하지 마라. 하늘이 땅보다 높음같이 내 길은 네 길보다 높으며, 내 생각은 네 생각보다 높기 때문이다. 가장 어려운 상황을 통해서도 나는 선을 이룰 수 있다. 이 사실을 굳게 믿고 고난에 감사로 반응할 때 나는 정말 기쁘단다. 이 믿음의 행동이 너에게 용기를 더하고, 나를 영화롭게 한다. 내 자녀들이 시련 속에서도 찬양의 노래를 부를 때, 그 모습이 내게는 아주 커다란 기쁨이란다!

함께 읽어 보세요 시 18:1-2; 사 55:9

 **기쁨 묵상 :**

10 | 12

나에게 이르시기를 내 은혜가 네게 족하도다 이는 내 능력이 약한 데서 온전하여짐이라 하신지라 그러므로 도리어 크게 기뻐함으로 나의 여러 약한 것들에 대하여 자랑하리니 이는 그리스도의 능력이 내게 머물게 하려 함이라(고후 12:9).

나에게 점점 더 많이 기대는 법을 배우렴. 나는 네 연약한 부분들을 속속들이 다 알고 있단다. 그 연약함 때문에 내 강력한 임재가 너에게 필요하다! 나의 강함과 너의 약함은 함께 있을 때 완벽한 조화를 이루지. 이 놀라운 시너지 효과는 네가 태어나기 오래 전부터 계획된 거란다. 실제로 내 능력은 너의 약한 데서 온전해진다. 이 말이 잘 납득되지 않고 이해하기 힘들겠지만, 이것은 틀림없는 사실이란다.

네 자신이 무능하게 느껴져서 어찌할 바를 모를 때는 내게 기대렴. 나와 함께라면 무슨 일이든 넉넉히 해낼 수 있다는 사실을 네 자신에게 일깨워 주어라. 또한 나를 가까이 느낄 수 있도록 내 손을 붙잡듯 네 손을 꼭 쥐어 보아라. 내가 네 오른손을 붙들고 말해 주마. "두려워하지 마라. 내가 너를 도울 거다."

너 혼자 일을 해결할 수 있다는 자신감이 들 때조차도 네가 나를 의지했으면 좋겠구나. 나를 의지하려면 내 임재와 네 부족함을 모두 깨달아야 한단다. 나는 끝없이 지혜롭다. 그러니 계획을 세우고 결정을 내릴 때 네 생각을 나에게 맡겨 다오. 나에게 기대면 우리 사이에 따뜻한 친밀감이 생길 거란다. 나는 너를 절대로 떠나지도, 버리지도 않는 하나님이다.

함께 읽어 보세요 빌 4:13; 사 41:13; 신 31:6

기쁨 묵상:

10 | 13

모든 기도와 간구를 하되 항상 성령 안에서 기도하고 이를 위하여 깨어 구하기를 항상 힘쓰며 여러 성도를 위하여 구하라(엡 6:18).

깨어서 간구하기를 항상 힘쓰렴. 성령님이 도우시면 나를 향해 완전히 깨어 있는 법을 점점 더 배워 가게 될 거란다. 물론 쉬운 일은 아니다. 너의 관심을 내게서 멀어지게 하려고 세상이 온갖 방해 공작을 꾸며 대기 때문이지. 과도한 소음과 시각적인 자극들은 생활 속에서 네가 나를 발견하기 더 어렵게 만드는구나. 하지만 나는 항상 네 가까이 있단다. 속삭이는 기도 소리가 들릴 만큼 가까운 곳이다.

서로 사랑하는 이들은 단 둘이 있기를 간절히 원한다. 오로지 서로에게 집중할 수 있기 때문이지. 나는 네 영혼의 연인이기에 너와 단 둘만의 시간을 간절히 원한단다. 나에게 집중하는 데 방해가 되는 것들을 차단시켜 주렴. 그러면 내가 네 영혼을 깨우쳐, 내 앞에서 기쁨을 누리도록 너를 도울 수 있단다! 너와 내가 함께하는 시간 속에서 나를 향한 사랑이 커지고, 네 영혼은 더욱 민감하게 깨어날 거다. 내 빛나는 임재를 느낄 때 기도가 더 이상 어렵지 않을 거란다.

기도는 너에게 복이 될 뿐만 아니라, 나를 섬기는 귀한 통로란다. 이 땅 위에 내 나라를 세우는 사역에 네가 기도로 동참할 수 있음을 기뻐하거라.

함께 읽어 보세요 행 17:27-28; 시 21:6; 마 6:10

기쁨 묵상 :

10 | 14

**이 하나님은 영원히 우리 하나님이시니
그가 우리를 죽을 때까지 인도하시리로다**(시 48:14).

이 세상을 떠나는 날까지 내가 너를 인도하겠다. 기뻐해라. 날마다 너를 인도하는 나는 결코 너를 버리지 않는단다. 나는 네가 늘 의지할 수 있는 변함없는 하나님이다. 나는 너보다 앞서가면서도 여전히 네 곁에 머물러 있단다. 나는 절대로 네 손을 놓지 않을 거다. 나의 가르침으로 너를 인도하며, 언젠가는 너를 내 영광에 참여시킬 거다.

많은 사람들이 이 땅 위의 지도자를 지나치게 의지하고 있다. 자신을 대신해서 누군가가 결정을 내려 주기를 바라기 때문이다. 비양심적인 지도자는 자신을 따르는 사람들을 조종하여, 그들이 자유롭게 선택할 수 있다면 결코 하지 않았을 일들을 억지로 하게끔 만든다. 하지만 나를 구주로 믿는 모든 이들에게는 완벽하게 신실하고 믿을 만한 지도자가 있단다.

나는 네가 올바른 결정을 내릴 수 있도록 진리로 너를 인도하며, 말씀으로 가르치고 있다. 나는 이미 너에게 놀랍도록 명확한 지도를 제공해 주었지. 그것은 바로 '성경'이란다. 내 말씀은 네 발의 등이요, 네 길의 빛이다. 이 빛을 따라서 나를 따라오렴. 나는 너에게 가장 좋은 길을 알고 있단다.

함께 읽어 보세요 시 25:5; 73:23-24; 119:105

기쁨 묵상 :

10 | 15

**또 주께서 주의 구원하는 방패를 내게 주시며
주의 오른손이 나를 붙들고
주의 온유함이 나를 크게 하셨나이다**(시 18:35).

나는 너에게 구원의 방패를 주고, 내 오른손으로 너를 붙들고 있단다. 나는 희생 제물이 되어 십자가에 못 박혀 죽었다가 기적적으로 부활하여 최후 승리를 얻었다! 나를 구주로 믿는 모든 이들과 너를 위한 일이었지. 나는 모든 것을 이루었다! 네가 할 일은 그저 믿는 것뿐이란다. 너에게는 죗값을 대신 치러 줄 구원자가 필요하다는 것, 그리고 구원으로 가는 유일한 길이 나라는 것을 그냥 믿으면 된다.

구원을 믿는 네 믿음이 너를 천국으로 향하는 길 위에 세운단다. 세상을 살아가는 여정에서 내 구원의 방패가 너를 보호할 거다. 악한 자의 모든 불화살을 능히 소멸시킬 이 믿음의 방패를 사용하렴. 치열한 전쟁터를 지날 때 이렇게 부르짖어라. "주님 도와주세요! 나는 주님을 믿습니다."

네가 나에게 철저히 의지하며 살아갈 때 내 오른손이 참으로 너를 붙들어 떠받칠 거다. 나에게는 말로 다할 수 없이 위대한 힘이 있다! 하지만 나는 내 능력의 오른손을 너를 보호하는 데도 사용한단다. 또한 너를 다정하게 인도하고, 네가 계속 나아갈 수 있도록 돕기도 하지. 때로는 내 양팔로 너를 감싸 안아 품안에 꼭 품고 있단다.

함께 읽어 보세요 요 14:6; 엡 6:16; 사 40:11

 **기쁨 묵상 :**

10 | 16

> **주께서 사랑하시는 형제들아 우리가 항상 너희에 관하여 마땅히 하나님께 감사할 것은 하나님이 처음부터 너희를 택하사 성령의 거룩하게 하심과 진리를 믿음으로 구원을 받게 하심이니**
> (살후 2:13).

힘든 상황은 오기도 하고 가기도 하지만, 나는 항상 너와 함께 있단다. 나는 네 인생의 좋은 시절과 나쁜 시절 모두를 아울러 이야기를 써 나가고 있다. 나는 네가 태어나기 전부터 죽음 이후까지의 큰 그림을 볼 수 있지. 천국에서 네가 영원히 살게 될 때 네가 어떤 모습일지 나는 정확히 알고 있단다. 완벽한 피조물의 모습으로 너를 변화시켜 가기 위해 나는 계속 일하고 있다. 너는 하나님 나라의 왕족이다!

변하지 않는 내 임재는 영광스러운 보화란다. 그런데 많은 그리스도인들이 내 임재를 과소평가한단다. 내가 항상 함께 있다는 것을 배웠음에도, 마치 자신이 혼자인 것처럼 생각하고 행동할 때가 많지. 그럴 때는 정말 가슴 아프단다!

네가 내 이름을 사랑스레 속삭이면, 특히나 힘든 시간 속에서도 내 이름을 부르며 가까이 다가온다면 너와 나 모두가 행복해질 거란다. 이 짧은 기도가 네 믿음을 증명할 수 있단다. 내가 너와 함께 있고, 너를 돌보고 있다는 걸 네가 정말로 신뢰하는지 말이다. 네가 겪고 있는 고난이 아무리 무겁게 느껴지더라도, 내 임재의 실체는 그보다 더 크고 실제적이란다. 그러니 무거운 짐 때문에 지치고 힘들 때는 나에게 오렴. 내가 너를 쉬게 해주마.

함께 읽어 보세요 시 73:23; 마 11:28

 기쁨 묵상 :

10 | 17

> 모든 무거운 것과 얽매이기 쉬운 죄를 벗어 버리고 인내로써 우리 앞에 당한 경주를 하며 믿음의 주요 또 온전하게 하시는 이인 예수를 바라보자 그는 그 앞에 있는 기쁨을 위하여 십자가를 참으사 부끄러움을 개의치 아니하시더니 하나님 보좌 우편에 앉으셨느니라(히 12:1-2).

나는 네 믿음을 온전하게 하는 승리자이다. 네 삶의 문제들이 쌓여 갈수록 너는 나를 더 바라보아야 한다. 세상의 사건 사고나 네가 가진 문제들을 너무 오래 바라보면, 결국 절망하게 될 거다. 마음이 짓눌리고 낙심될 때는 다 떨쳐 버리고 나를 의지하렴. 나는 항상 너와 함께 있다. 그래서 언제 어떤 상황에 있든지 나와 대화할 수 있단다. 네 생각들이 멋대로 돌아다니게 내버려 두지 말고 내게 가지고 오렴. 내가 네 생각들을 이끌어 너를 내게로 가까이 인도하마.

내 품 안에서 잠시 쉬렴. 내 임재가 베푸는 보호와 보살핌을 충분히 누리렴. 타락한 세상에서 벌어지는 여러 가지 풍경들을 보게 될 때, 그 어떤 것도 너를 내 사랑에서 끊을 수 없다는 사실을 기뻐해라! 이 약속은 네가 어떤 경우를 겪게 되든지 다 해당된단다. 지금 이 시간 아무리 암울해 보이는 상황에 있을지라도, 여전히 나의 통치 아래 있다. 나를 이길 수 있다고 생각하는 사람들이 있지만, 그들은 나에게 비웃음거리일 뿐이지. 나는 너를 위해 싸우는 승리자이다. 내 인자한 사랑이 너를 둘러싸고 있음을 기억하렴!

함께 읽어 보세요 롬 8:38-39; 시 2:4; 32:10

 **기쁨 묵상 :**

10 | 18

**산들이 떠나며 언덕들은 옮겨질지라도
나의 자비는 네게서 떠나지 아니하며
나의 화평의 언약은 흔들리지 아니하리라
너를 긍휼히 여기시는 여호와께서 말씀하셨느니라**(사 54:10).

내 한결같은 사랑을 신뢰하렴. 지금 네 눈에 보이지 않는 선한 것들에 대해 감사하렴. 너를 둘러싼 세상에서 악이 승승장구하는 것처럼 보일 때 모든 것이 통제할 수 없는 혼란에 빠진 듯이 느껴질 거다. 하지만 나는 무엇을 어떻게 해야 할지 몰라 초조하게 손만 비벼 대는 무기력한 존재가 아니란다. 이 사실을 확실히 믿어라. 혼란 속에 있더라도 그 안에는 선이 숨겨져 있단다. 혼란조차도 여전히 내 통치 아래에 있지. 그러니 눈에 보이는 축복뿐 아니라, 눈에 보이지 않는 축복에 대해서도 감사하렴.

내 지혜와 지식은 말로 표현할 수 없이 깊고도 풍성하단다. 아무도 내 판단을 모두 헤아리지 못하고, 내 길을 다 알지 못한다! 이것이 네가 항상 나를 신뢰해야 할 중요한 이유이지. 어지러운 상황 때문에 나에 대한 믿음이 흔들려서는 안 된다. 불안정한 세상 속에서도 나를 향한 신뢰와 감사를 훈련하렴. 네가 안정감을 유지하는 데 도움이 될 거다. 내가 항상 너와 함께한다는 걸 기억해라. 이 땅에서는 내 교훈으로 너를 인도하고, 훗날에는 영광스러운 천국으로 영접하마. 천국에 간직된 너의 유산, 그 숨겨진 보화가 너를 큰 기쁨과 감사로 인도할 거다!

함께 읽어 보세요 **롬 11:33; 시 62:8; 73:23-24**

기쁨 묵상 :

10 | 19

**나는 처음이요 마지막이니 곧 살아 있는 자라 내가 전에 죽었었노라
볼지어다 이제 세세토록 살아 있어 사망과 음부의 열쇠를 가졌노니**
(계 1:17-18).

네가 내 곁에서 가까이 살아가면 좋겠구나. 내 임재를 느끼고, 내게 주의를 기울이고, 나를 신뢰하며, 내게 감사하렴. 이렇게 나를 향해 열린 태도를 갖기를 바란다. 나는 늘 네 곁에 있으니, 살아 있는 내 임재 앞에 네 마음과 생각과 영혼, 너의 전부를 활짝 열어 다오. 너의 노력을 성령님이 도와주시기를 마음껏 간절히 구하려무나.

오늘 하루 너의 길을 가는 동안 계속 나를 의식하도록 노력하렴. 내가 너를 제대로 신경 쓰지 않는 순간은 단 한순간도 없단다. 주의를 기울이려면 상대방의 말을 집중해서 경청하고, 가까이 지켜봐야 하지. 나는 네가 나에게는 물론이고, 내가 너의 삶으로 인도해 온 사람들에게도 주의를 기울였으면 좋겠구나. 기도할 때 내게 집중하듯이 다른 사람의 말을 온전히 경청하는 태도는 너와 그들 모두에게 축복이 된단다.

성경은 나에 대한 신뢰와 감사를 가르치는 말씀들로 가득 차 있다. 나는 완벽하게 신실한 존재임을 기억해라! 그러니 언제라도 나와 내 약속을 신뢰하렴. 나는 네가 연약하다는 사실을 잘 안단다. 네 부족한 믿음이 자라나도록 도와주마. 마지막으로, 하루 종일 내게 감사해라. 내 기쁨을 온전히 누리기 위해서는 감사를 훈련해야 한단다!

함께 읽어 보세요 약 1:19; 막 9:24; 시 28:7

 기쁨 묵상 :

10 | 20

기도를 계속하고 기도에 감사함으로 깨어 있으라(골 4:2).

네 앞에 주어진 일이 벅차게 느껴지더라도 위축되지 마라. 그 도전 과제를 부담스러운 의무가 아닌 특권으로 받아들이는 훈련을 해라. '해야 하는 일이다.'라고 생각하는 대신에, '할 수 있는 기회를 얻었다.'라고 생각할 수 있도록 문제에 대한 접근 방식을 바꾸는 노력을 해보렴. 이렇게 하면 네 관점이 완전히 달라지고, 고역스러운 일도 즐거운 일로 변하게 될 거다. 이것은 마술과 같은 속임수가 아니란다. 해야 할 일은 여전히 그대로일 거다. 하지만 관점을 변화시킴으로 너는 이전에 하기 싫었던 일을 기쁨과 자신감을 갖고 대할 수 있게 될 거다.

일할 때는 끈기가 꼭 필요하단다. 지치고 낙심되기 시작할 때 스스로에게 이렇게 상기시켜 주렴. '일할 수 있는 기회를 얻었어!'라고 말이다. 그리고 일하는 데 필요한 힘과 능력을 준 내게 감사해라. 감사의 마음이 네 마음을 정돈시키고, 너를 내게 더 가까이 인도해 줄 거란다. 네 속에 거하시는 성령님이 도우시는 분, 보혜사이심을 기억하렴. 어찌할 바를 모르고 당황할 때 그분께 도움을 청하렴. 문제에 대해 고심하며 해결책을 찾아가는 동안 성령님이 네 생각을 지도해 주실 거다. 그러니 너는 무슨 일을 하든지 나에게 하는 것처럼 전심을 다해서 해라.

함께 읽어 보세요 요 14:16; 골 3:23

기쁨 묵상 :

10 | 21

> 그러므로 너희가 그리스도 예수를 주로 받았으니
> 그 안에서 행하되(골 2:6).

네 손에 쥐고 있는 그것이 무엇이든 느슨하게 쥐고 살아가렴. 하지만 내 손만은 언제나 꼭 붙들고 있어야 한단다. 영적으로 건강하려면 네가 가진 것들에 지나치게 집착해서는 안 된다. 네 모든 소유는 내 축복이므로 감사한 마음으로 받으렴. 하지만 결국 내가 모든 것의 주인임을 꼭 기억해라.

사람을 너무 꽉 붙들지 않는 것도 중요하단다. 가족과 친구들을 아끼고 소중히 여기는 것은 좋지만, 그들이 우상이 되지 않도록 조심해라. 네 삶이 내가 아닌 다른 사람을 중심으로 돌아가고 있다면 회개하고, 네 삶의 방식을 바꾸어야 한다. 사랑하는 자녀야, 내게로 돌아오너라. 네가 가장 사랑하는 대상이 내가 되고, 그 어떤 것보다 나를 기쁘게 하려고 애썼으면 좋겠구나.

네 상황을 통제하고 싶은 마음도 놓아 주어야 한단다. 삶이 순조롭게 흘러가고 있을 때는, 네가 삶을 잘 다스리고 있다고 느끼기 쉽지. 이 평화로운 시기를 맘껏 즐기되, 그 시간들에 너무 집착하거나 그 상황을 당연시하지는 마라. 오히려 좋을 때나 힘겨울 때나, 모든 상황 속에서 내 손을 더욱 꼭 붙들어라. 네가 나를 믿고 의지하면 좋은 시절은 더 좋아지고, 힘든 시간은 점점 더 잘 견뎌 내게 될 거다. 네 안에 거하는 내 임재는 너에게 힘이 되고, 영원히 네 전부가 된단다!

함께 읽어 보세요 계 2:4-5; 시 73:23-26

 기쁨 **묵상 :**

10 | 22

**백성들아 시시로 그를 의지하고 그의 앞에 마음을 토하라
하나님은 우리의 피난처시로다**(시 62:8).

아무 걱정하지 말고 내게 이야기하렴. 네가 얼마나 기운이 없고 지치는지, 때로는 얼마나 격한 감정에 시달리는지 말이다. 나는 네가 겪고 있는 어려움을 하나도 빠짐없이 알고 있다. 나에게는 비밀이 없단다.

나는 모든 것을 알고 있지만, 네가 직접 말해 주기를 기다리고 있다. 나에게 마음을 다 털어놓아라. 나는 너의 피난처란다. 네가 씨름하고 있는 문제를 나와 나누면, 마음에 친밀한 평안이 찾아올 거다. 자신을 보호하려는 방어막과 가식을 내려놓고, 너의 진정한 모습을 나에게 그리고 네 자신에게 보여 주렴. 나는 너를 완벽하게 이해하고, 영원한 사랑으로 사랑한단다. 결국 너는 나를 신뢰하며, 안전한 내 임재 안에서 쉼을 누리게 될 거다.

나와 함께 깊은 안식을 누려라. 계속 무엇인가를 해내려는 치열한 삶에서 이제 너를 풀어 주렴. 내 임재가 너에게 생기를 되찾아 주고 너를 새롭게 할 수 있도록 자리를 내어 주며 잠잠히 있어라. 준비가 되면 나아갈 길을 보여 달라고 간구해라. 나는 네 곁을 결코 떠나지 않는다는 걸 기억하렴. 나는 지금도 네 오른손을 붙들고 있단다. 이것을 기억하면 삶의 여정을 가는 동안 계속 용기와 자신감을 얻게 될 거다. "두려워 말라, 내가 너를 도와주리라."고 말하는 내 목소리를 들으며 계속 그 길을 걸어가렴.

<u>함께 읽어 보세요</u> 렘 31:3; 시 46:10; 사 41:13

기쁨 묵상 :

주께서 생명의 길을 내게 보이시리니 주의 앞에는 충만한 기쁨이 있고 주의 오른쪽에는 영원한 즐거움이 있나이다(시 16:11).

고난을 경멸하지 마라. 고난은 네가 훨씬 더 좋은 곳을 향해 가는 순례자라는 것을 다시 기억하게 해준단다. 그 길을 따라가며 내가 너에게 기쁨과 위로를 주기도 하지만, 그것들은 일시적인 것일 뿐 영원한 게 아니다. 네가 최종 목적지인 천국의 본향에 도착하면, 내가 기쁨과 즐거움을 영원토록 부어 주마. 그 영광스러운 곳에는 더 이상 죽음도 없고, 슬픔도, 울부짖음도, 고통도 없을 거다. 그곳에서 경험하게 될 충만한 기쁨은 끝없이 영원할 거다.

너는 나를 따르는 너무나 소중한 존재이기에 언젠가는 네 고통이 끝날 거다. 내가 약속하마. 그러니 네가 겪고 있는 문제들을 일시적이고 가벼운 것으로 바라보도록 노력하렴. 하지만 고난의 시간들이 훗날 너에게 비교할 수 없을 정도로 영원하고, 크나큰 영광을 이루어 줄 거다.

이 세상의 여정을 계속 이어 갈 때 내가 너를 축복하며 주는 위로와 즐거움에 감사해라. 그리고 고통을 당하는 사람들에게 관심을 가지고 다가가렴. 네가 겪는 모든 고난 중에 내가 너를 위로해 주니, 너도 다른 이들을 위로해 줄 수 있단다. 상처 입은 사람들에게 도움을 주면서 네가 경험한 고통의 의미를 알게 될 거고, 그것은 나에게도 영광이 된단다!

<u>함께 읽어 보세요</u> 계 21:4; 고후 1:4; 4:17

 기쁨 **묵상 :**

10 | 24

**여호와와 그의 능력을 구할지어다
그의 얼굴을 항상 구할지어다**(시 105:4).

끝없이 샘솟는 기쁨은 오직 내 안에서만 찾을 수 있단다. 이 세상에는 너를 행복하게 하는 수많은 이유들이 있고, 가끔은 기쁨이 넘쳐흐를 때도 있을 거다. 특별히 네 행복을 나와 함께 나눌 때 그럴 거란다. 내가 네 삶 속에 쏟아부어 준 축복에 대해 네가 기쁘고 감사한 마음으로 반응할 때면, 나는 정말 흐뭇하단다. 그러니 감사한 마음으로 나를 자주 찾아오렴. 내 임재 속에서 얻는 기쁨은, 네가 내 축복들을 몇 배나 더 즐겁게 누리게 해줄 거란다.

기쁨이 아련한 기억처럼 멀게 느껴지는 시기에는, 그 어느 때보다 더 많이 내 얼굴을 구해야 한다. 주변 상황이나 감정이 네 마음을 무겁게 누르도록 내버려 두지 말고, 네 자신에게 결코 변하지 않을 진리를 말해 주렴. "내가 항상 너와 함께하며 네 오른손을 붙들 것이다. 내 가르침으로 너를 인도하고, 후에 영광 가운데 너를 영접해 줄 것이다." 이 분열된 세상의 파편 가운데 길을 내며 살아가는 동안, 모든 힘을 다해 이 진리의 말씀들을 붙들어라. 진리는 다름 아닌 바로 '나'라는 사실을 기억해라. 나에게 꼭 붙어서 따라오렴. 내가 바로 길이다. 내 임재가 네 앞길을 밝혀 주며, 너를 비추고 있단다.

함께 읽어 보세요 시 73:23-24; 요 14:6

 기쁨 묵상 :

10 | 25

**구하오니 주의 종에게 하신 말씀대로
주의 인자하심이 나의 위안이 되게 하시며**(시 119:76).

내가 변하지 않는 사랑으로 너를 위로해 주마. '위로'는 슬프고 괴로운 마음을 편안하게 해주고 힘과 소망을 준다. 이 축복은 내 사랑 안에 있을 때 가장 많이 누릴 수 있지. 내 사랑은 너를 결코 포기하지 않으며, 끝까지 변하지 않는단다. 네 삶에 어떤 일이 일어나든 너는 이 사랑 안에서 위로와 용기를 얻을 수 있다. 하지만 도움을 얻기 위해서는 애써 노력하여 내게로 돌이켜야만 하지. 나는 항상 네 가까이에 있고, 너에게 필요한 모든 것을 주는 걸 무척 기뻐한단다.

나는 너에 대해, 그리고 네가 처한 환경에 대해 모든 것을 완벽하게 이해하고 있다. 네 자신보다 너의 상황을 훨씬 더 잘 파악하고 있단다. 그러니 나를 제외한 채, 내면을 들여다보면서 문제를 해결하려는 지나친 자기 성찰을 조심해라. 지금까지 이렇게 살아왔음을 깨닫게 된다면 "예수님, 도와주세요."라고 짧게 기도하며 나에게로 돌이키렴. 네 삶의 문제를 푸는 가장 중요한 존재는 바로 '나'라는 사실을 늘 기억해라! 사랑이 가득한 내 임재 속에서 위로를 받으며, 나와 함께 잠시 쉼을 누리렴. 이 세상에서 너희는 고난을 당하기 마련이지만 용기를 내어라. 내가 세상을 이겼단다.

함께 읽어 보세요 시 29:11; 42:5; 요 16:33

 기쁨 묵상 :

10 | 26

**백성들아 시시로 그를 의지하고 그의 앞에 마음을 토하라
하나님은 우리의 피난처시로다**(시 62:8).

네가 바라는 대로 일이 돌아가지 않을 때 그 상황을 즐기는 법을 배우렴. 모든 일을 내가 원하는 대로 하리라 마음먹으며 하루를 시작하지 마라. 네 뜻대로 되지 않는 일이 최소한 하루에 한 가지는 불쑥 나타나기 마련이다. 거울에 비친 모습이 마음에 들지 않는 것 같은 사소한 일일 수도 있고, 사랑하는 사람이 심각한 병에 걸리거나 크게 다치는 일처럼 엄청난 일일 수도 있지. 하지만 네 소원을 다 들어주거나 네 삶을 수월하게 만들어 주는 게 너를 향한 내 목적은 아니란다. 내가 바라는 것은, 네가 모든 상황 속에서 나를 신뢰하는 법을 배우는 거란다.

모든 것을 네 방식대로 하고자 하는 생각에 빠지다 보면, 많은 경우 좌절하고 말 거다. 나는 네가 이미 일어난 일을 후회하며 에너지를 낭비하지 않았으면 좋겠구나. 과거는 바꿀 수 없지만 지금 현재 나에게 도움을 구할 수 있고, 미래에 대해서도 내가 주는 소망을 품을 수 있다. 네 삶을 책임지는 나를 신뢰하며 마음을 느긋하게 먹어 보렴. 나는 항상 네 곁에 있고, 내 임재 속에는 넘치는 기쁨이 있단다. 기쁨으로 빛나는 내 얼굴이 너를 비추고 있다!

<u>함께 읽어 보세요</u> 잠 23:18; 행 2:28; 민 6:25

기쁨 묵상 :

10 | 27

**수고하고 무거운 짐 진 자들아 다 내게로 오라
내가 너희를 쉬게 하리라**(마 11:28).

힘들고 지친 내 자녀야, 나에게 오너라. 너를 다시 새롭게 하는 내 임재 속에서 쉼을 얻으렴. 나는 언제나 네 곁에서 너를 도와주고 싶은데 너는 나를 잊어버리곤 하는구나.

다른 사람들이 무언가를 요구하면 네 마음은 자칫 집중력을 잃고 어지러워지고 말지. 사람들은 다양한 방법으로 너에게 기대하는 바를 표현한다. 잔소리를 하거나, 정중하게 예의를 갖추거나, 죄책감을 유도하거나, 친절하게 설득하는 등의 방법으로 말이다. 이런 요구들이 너무 많고 부담이 되면 결국 너를 무겁게 억누를 거다.

무거운 부담을 감당하지 못하겠거든 내게 돌아와 도움을 구해라. 네 어깨 위에 있는 그 짐들을 대신 짊어져 달라고 내게 요청하렴. 네가 염려하는 문제들에 대해 나와 이야기하자꾸나. 내 임재의 빛으로 그 문제들을 비추면, 너는 앞으로 나아갈 길을 볼 수 있단다. 바로 그 빛이 네 존재의 깊은 곳에 스며들어 너를 달래 주고, 힘을 더해 줄 거다.

너를 치유하는 내 거룩한 임재 앞에 마음을 열어라. 기쁨에 넘쳐 손을 들고 경배하며, 내 축복이 네 안으로 막힘없이 흘러 들어가게 하렴. 사랑하는 자녀야, 시간을 내어 나와 함께 쉼을 누리자. 내가 너에게 평안의 복을 주는 동안 안심하고 쉬렴.

함께 읽어 보세요 시 29:11; 134:2

 기쁨 묵상 :

10 | 28

그러므로 이제 그리스도 예수 안에 있는 자에게는 결코 정죄함이 없나니(롬 8:1).

자신의 기도 제목 중 어떤 것을 나에게 가져올지 너무 조심스럽게 고르는 사람들이 많이 있단다. 부끄럽고 난처하다고 여겨지는 면에 대해서는 나에게 다가오기를 망설이는 이들이 있지. 어떤 이들은 외로움과 두려움, 죄책감, 수치심과 같은 고통스러운 감정들을 갖고 사는 데 너무 익숙해져서, 그것들을 해결해 달라고 도움을 구하는 법이 절대 없다. 그런가 하면 자신이 겪고 있는 문제에 너무 몰두하다가 내가 여기에 있다는 사실조차 잊어버리는 사람들도 있지. 사랑하는 자녀야, 내가 너를 위해 마련해 둔 삶은 이런 것이 아니란다.

네가 아파하는 부분들을 고쳐 주고 싶구나. 지금까지 너무 오랫동안 너와 함께해 왔기에 네 정체성의 일부로 여겨지는 상처들도 있을 거다. 너는 어디를 가든 그 상처를 지니고 다니지만, 그것들이 네 삶에 어떤 영향을 끼치는지 잘 알지 못하는구나. 나는 네가 자유롭게 살아가는 법을 배울 수 있도록 도와주고 싶단다. 하지만 너는 지금 너를 괴롭히는 어떤 습관들에 푹 빠져 있기에, 그것들에서 벗어나려면 시간이 좀 걸릴 거다. 그저 그것들을 내 사랑의 임재 앞에 끊임없이 내놓으면, 치유된 삶을 누릴 수 있을 거란다. 점점 더 깊은 자유를 만끽하며 성장해 가면서, 너는 내가 주는 기쁨을 더욱 풍성히 경험하고 완전히 해방될 거다!

함께 읽어 보세요 시 118:5; 126:3

 **기쁨 묵상 :**

10 | 29

악에게 지지 말고 선으로 악을 이기라(롬 12:21).

악에게 지지 말고 선으로 악을 이겨라. 가끔은 이 세상에 일어나는 모든 나쁜 일이 너에게 몰아쳐 오는 것 같은 기분이 들 때가 있을 거다. 뉴스에서 들리는 소식은 놀랍기 그지없지. 사람들은 악한 것을 선하다고 하며, 선한 것을 악하다고 말한다. 네가 나와 계속 연결되어 소통하지 않는다면, 이 모든 일이 너를 압도하고 말 거다. 네 주변에서 볼 수 있는 끔찍한 일들을 보면 내 마음도 슬프지만, 그리 놀랍지는 않단다. 인간의 마음 상태가 얼마나 거짓되고 사악한지 잘 알고 있기 때문이지. 나를 믿고 구원을 받아 죄 사함을 얻지 못한 사람들이라면, 앞으로 그들이 죄를 저지를 가능성은 무궁무진하다.

나는 나를 믿는 사람들이 세상의 상태를 보며 낙심하기보다는, 어두운 곳을 비추는 빛이 되면 좋겠구나. 악이 이기는 듯 보이면, 그 어느 때보다 더욱 굳세게 선한 일을 이루려고 결심하렴. 때로는 그 결심이 너를 속상하게 하는 나쁜 일들에 직접 대항하는 일일수도 있겠지. 또 어떤 때는 너의 은사, 능력, 그리고 네가 처한 환경에 따라 네가 할 수 있는 일들을 함으로 성경에서 말하는 선을 더욱 열심히 행하는 것일 수도 있다. 어떤 경우에서든 악한 것을 한탄하는 데 초점을 맞추지 말고, 선한 일을 만들어 내는 데 더욱 집중해라.

함께 읽어 보세요 사 5:20; 렘 17:9

 기쁨 묵상 :

10 | 30

**옛적에 여호와께서 나에게 나타나사
내가 영원한 사랑으로 너를 사랑하기에
인자함으로 너를 이끌었다 하였노라**(렘 31:3).

사랑의 관계는 기쁜 마음으로 상대에게 의지하는 것이라는 사실을 잘 생각해 보렴. 그리고 내 곁에서 함께 걷자꾸나. 성경에 있는 귀한 약속들이 우리의 사귐을 더욱 빛나게 한단다. 나는 완전하고 변함없는 사랑으로 너를 사랑한다. 나는 네 삶의 모든 순간을 10억 분의 1초도 놓치지 않고, 항상 너와 함께한다. 너에 대한 모든 것을 알고 있을 뿐 아니라, 네 모든 죗값을 내가 이미 치렀단다. 너를 위해 하늘에 간직된 유산은 절대로 썩지 않고, 더러워지지 않고, 낡아 없어지지 않는다. 네가 이 땅에 사는 동안 내가 너를 인도하며, 이후에는 영광 속으로 데려갈 거다!

누군가에게 의존하게 되는 것은 인간의 피할 수 없는 특성이다. 많은 사람들이 자신의 부족함을 인정하지 않은 채 그들의 삶을 스스로 만족시킬 수 있다는 환상을 이루어 보려고 열심히 노력하지. 하지만 나는 네가 끊임없이 나를 필요로 하도록, 그리고 기쁘게 나를 의지하도록 너를 디자인했단다. 네 안에 있는 의존성을 인정하고 받아들이렴. 그러면 내 사랑의 임재를 깊이 깨닫게 되고, 나와 더 가까이 동행하는 삶을 즐겁게 누리게 될 거란다.

인생의 점점 더 많은 순간에 너의 충실한 벗인 나와 친밀한 교제를 나누는 삶으로 너를 초청하고 싶구나. 네 인생길을 따라 나와 함께 즐겁게 걸어가자.

함께 읽어 보세요 벧전 1:3-4; 시 73:24

 기쁨 묵상 :

10 | 31

**하나님의 도는 완전하고 여호와의 말씀은 진실하니
그는 자기에게 피하는 모든 자에게 방패시로다**(삼하 22:31).

나에게 피하는 모든 이들에게 나는 방패가 되어 줄 거다. 네가 사는 세상이 불안하고 위협적으로 느껴질 때, 이 소중한 약속을 곰곰이 생각해 보렴. 고난 중에 나를 피난처로 삼은 모든 사람들을 나는 친히 감싸며 보호해 준단다.

나를 피난처로 삼는다는 것은 나를 의지하고, 마음을 쏟아 놓는 것도 포함된다. 네 삶 속에 어떤 일이 일어나든지 간에, 너는 언제든 나를 신뢰한다고 말하면 된다. 하지만 나에게 마음을 쏟아 놓으려고 멈춰 서기 전에, 네가 처한 상황에서 요구되는 일들에 집중해야 할 때도 있단다. 그럴 때는 나에 대한 믿음을 작은 목소리로 속삭이며, 깊은 감정을 나에게 드러낼 수 있는 적절한 시간과 장소를 찾을 때까지 기다려라. 그러다 상황이 허락되면, 내 임재 안에서 마음껏 이야기하렴. 나와의 풍성한 소통이 진정한 회복을 가져다줄 거다. 또한 나와의 관계가 더욱 견고해지고, 네가 앞으로 나아갈 길을 찾는 데 도움이 될 거다.

너를 보호하는 내 임재는 끝까지 너와 함께할 거란다. 염려가 밀려올 때마다 나를 향해 이렇게 말하렴. "예수님, 당신께 피합니다."

함께 읽어 보세요 시 46:1; 62:8

기쁨 묵상 :

JESUS ALWAYS

11

NOVEMBER

백성들아 시시로 그를 의지하고
그의 앞에 마음을 토하라
하나님은 우리의 피난처시로다
(시 62:8)

— JESUS ALWAYS —

11 | 01

**이 하나님이 힘으로 내게 띠 띠우시며
내 길을 완전하게 하시며**(시 18:32).

    나는 너에게 힘을 주고, 네가 가는 길을 안전하게 지키는 하나님이다. 네 모습 그대로 내게 나아오렴. 네 모든 죄와 약함을 다 가지고 오렴. 네 죄를 고백하며, 동이 서에서 먼 것처럼 죄를 멀리 옮겨 달라고 간구하렴. 그런 다음, 네 부족함을 있는 그대로 가지고 내 임재 안에 머물러라. 네 약함을 곧 내 능력으로 채워질 그릇으로 여기며, 네 속에 기운을 불어넣어 달라고 간구해라. 그 부족함으로 인해 네가 나를 계속 의지하게 됨을 감사하렴. 끝없이 풍성한 내 안에서 맘껏 기뻐해라!

    나는 네 길을 안전하게 하는 하나님이다. 네가 지나친 계획을 세우며 염려하지 않도록 보호해 주는 일도 그중 하나란다. 알 수 없는 미래를 뚫어지게 바라보지 말고, 오늘 하루를 지나는 동안 내게 집중하도록 노력해 보아라. 내 임재가 너를 바른 길로 인도할 수 있도록 계속 나와 소통해라. 내가 너보다 앞서갈 뿐 아니라 곁에서 함께하며, 네 앞길을 가로막는 장애물들을 치워 줄 거다. 나를 신뢰하렴. 네가 가는 길을 가장 최선의 길로 만들어 주마.

함께 읽어 보세요 시 103:12; 고후 4:7; 12:9

🙂 **기쁨 묵상 :**

11 | 02

**내 속에 근심이 많을 때에
주의 위안이 내 영혼을 즐겁게 하시나이다**(시 94:19).

네 안에 염려와 근심이 많아지면 내게 와서 위로를 얻으렴. '위로'를 다르게 표현하면 위안, 동정, 공감, 도움, 격려, 확신, 안심이라는 뜻이란다. 나는 내 자녀들에게 이 모든 것을, 그리고 그 이상의 것들을 기꺼이 내어 준다. 하지만 너는 불안을 느끼면 네 자신이나 너를 둘러싼 문제들에 집중하는 본성이 있지. 네가 이렇게 하면 할수록 나를 더욱 잊어버리게 되고, 내가 줄 수 있는 모든 도움을 생각하지 못하게 된단다. 이렇게 세상적인 관점으로 생각을 집중하면, 네 불안만 점점 더 커질 뿐이다! 그럴 때 느껴지는 불편함을, 네가 나를 소홀히 하고 있다는 경고라고 생각해 보렴. 나지막이 내 이름을 부르며, 네가 겪고 있는 어려움 속으로 나를 초대해라.

내 얼굴을 구해라. 너를 불쌍히 여기며, 네 마음을 공감해 주는 내 안에서 위안을 얻어라. 내가 주는 격려와 확신, 도움을 기대하렴. 나는 네게 있는 문제들을 모두 알고 있고, 그것들을 다룰 수 있는 최선의 방법도 알고 있단다. 내 사랑의 임재 안에서 쉼을 누릴 때, 내가 너에게 힘을 주고, 네가 느끼는 불안에서 구해 주마. 안심해라. 이 세상 어떤 피조물이라도 너를 내 사랑에서 절대로 끊을 수 없단다. 사랑하는 자녀야, 내가 주는 위안은 축복으로 가득하며 네 영혼을 즐겁게 한단다.

<u>함께 읽어 보세요</u> 시 27:8; 롬 8:38-39

 **기쁨 묵상 :**

11 | 03

들으라 너희 중에 말하기를 오늘이나 내일이나 우리가 어떤 도시에 가서 거기서 일 년을 머물며 장사하여 이익을 보리라 하는 자들아 내일 일을 너희가 알지 못하는도다 너희 생명이 무엇이냐 너희는 잠깐 보이다가 없어지는 안개니라(약 4:13-14).

네 삶을 스스로 통제할 수 있다는 환상을 포기해라. 별 탈 없이 일이 잘 풀릴 때는, 마치 네가 모든 것을 잘 관리하는 듯한 착각을 하기 쉽다. 네 자신을 삶의 주인으로 생각할수록, 그리고 그런 역할에 점점 더 익숙해질수록 너는 더 큰 어려움에 빠지게 될 거다.

나는 네가 순탄한 삶을 즐기고, 그것에 대해 감사하는 마음을 가졌으면 좋겠구나. 하지만 네 삶을 스스로 지배하고 있다는 기분에 도취되거나, 그것이 당연하다고 여기지는 마라. 삶에 풍파는 찾아올 거고, 지평선 위로 불확실한 미래가 떠오를 거다. 네가 삶을 스스로 통제하겠다고 고집을 부리고, 모든 일을 네 뜻대로 할 권리가 있다고 느낀다면 어려움이 닥칠 때 쉽게 주저앉게 될 거란다.

나는 네 피난처이다. 그러므로 네가 항상 나를 의지하도록 너를 훈련시키고 있다. 나는 네 스스로 삶을 주관하고 있다는 환상에서 자유롭게 하기 위해 역경을 사용한단다. 네 상황과 미래가 불확실함으로 가득할 때 나를 바라보아라. 나를 아는 것이 가장 안전한 삶이란다. 나는 네 인생의 폭풍을 다스리고, 삶의 모든 것을 주관하는 네 주인이다.

함께 읽어 보세요 시 62:8; 요 17:3

기쁨 묵상 :

11 | 04

내가 여호와를 항상 내 앞에 모심이여 그가 나의 오른쪽에 계시므로 내가 흔들리지 아니하리로다(시 16:8).

나와 친밀하게 대화하며 지내는 삶은 천국을 미리 맛보는 것과 같다. 그것은 멋진 삶이지만 어느 정도의 영적, 정신적 집중이 필요한 일이라 절대 쉬운 일은 아니란다. 시편에서 다윗은 "내가 여호와를 항상 내 앞에 모심이여"라고 선포하며 이 놀라운 삶의 방식에 대해 기록했다. 목자였던 다윗은 내 얼굴을 구하고, 내 임재를 즐거워하며 수많은 시간을 보냈단다. 나는 언제나 그의 앞과 곁에 있었고, 그는 나와 함께 지내는 나날들이 얼마나 아름다운지 발견했다. 나는 너도 이렇게 살 수 있도록 훈련시키고 있단다. 이런 삶을 살기 위해서는 꾸준히 노력하고 결단하며 애써야 한다. 하지만 나와 친밀하게 지내는 시간들이 네가 하는 일을 방해하기보다는, 오히려 네가 하는 활동들을 활기찬 생명으로 채우게 할 거다.

무슨 일을 하든 나에게 하듯 해라. 나와 함께, 나를 통해, 내 안에서 하자꾸나. 비록 하찮은 일들이라도 나를 위해 한다면, 나와 함께하는 기쁨으로 그 일들이 빛날 거다. 결국 어떤 피조물이라도 너를 나로부터 끊을 수 없단다. 너와 내가 함께하는 이 신나는 모험은 영원히 계속될 거다!

함께 읽어 보세요 골 3:23-24; 롬 8:39

 **기쁨 묵상 :**

11 | 05

**내가 사망의 음침한 골짜기로 다닐지라도 해를 두려워하지 않을 것은 주께서 나와 함께하심이라
주의 지팡이와 막대기가 나를 안위하시나이다**(시 23:4).

두려워하지 마라. 내가 곁에서 너를 지켜 주고, 네가 가는 모든 길을 인도하고 있단다. 나는 항상 너와 함께 있지만, 너는 내 임재를 알아채지 못할 때가 있구나.

두려움은 마치 자명종처럼 너를 깨워서, 나에게 다시 연결될 수 있도록 마음을 준비시켜 준단다. 마음에 걱정 근심이 밀려오기 시작하면 따로 시간을 내어 느긋이 쉬면서, 내 임재의 빛이 네 자신과 내면을 비추도록 하렴. 따스한 내 사랑의 빛 속에서 쉼을 누릴 때, 차갑고 모진 두려움이 녹아내리기 시작할 거다. 나를 향한 사랑과 믿음을 분명히 고백하며, 내 사랑에 반응하렴.

나는 너를 보호하고 네 길을 인도하는 하나님이라는 걸 기억해라. 내가 얼마나 많은 위험에서 너를 구해 내는지 네가 안다면, 아마 깜짝 놀랄 거다! 너를 보호하는 일 중 가장 중요한 것은 네 영혼을 지키는 일이지. 내가 네 영혼을 영원히 지켜줄 거다. 나를 믿고 따르는 네 영혼은 내 안에서 안전하단다. 아무도 너를 내 손에서 빼앗을 수 없다. 또한 천국을 향해 가는 네 인생 여정을 내가 인도한단다. 내가 이 세상 끝날까지 인도자가 되어 주마.

함께 읽어 보세요 요 10:28; 시 48:14

 기쁨 묵상 :

11 | 06

**사랑은 오래 참고 사랑은 온유하며 시기하지 아니하며
사랑은 자랑하지 아니하며 교만하지 아니하며**(고전 13:4).

  사랑은 오래 참는다. 사도 바울은 그리스도인의 사랑이 어떤 것인지 긴 목록으로 말해 주고 있는데, 그중에 제일 먼저 나오는 특징은 바로 '인내'란다. 이것은 역경을 침착하게 견뎌 내는 힘이지. 오랜 시간 기다리거나, 까다로운 사람들 또는 힘겨운 문제들을 해결해야 할 때 속상해하지 않는 능력을 말한단다. 바울이 강조하는 '인내'라는 덕목은 요즘 문화에 역행하는 것이라서, 나를 믿는 사람들도 미처 생각하지 못하고 지나칠 때가 있지. 인내는 분명 중요한 미덕인데도, 사람들이 사랑에 대해 생각할 때 인내를 가장 먼저 떠올리는 경우는 드물단다. 물론 헌신적인 부모들만은 예외란다. 어린아이들이 요구하는 것들을 채워 주는 일은 훌륭한 부모들이 인내심을 키우는 데 도움이 되지. 그들은 아이들에게 집중하려고 자신이 원하는 것들을 제쳐 둔 채, 그들의 필요를 섬세하게 보살핀단다.

  나는 내 자녀들이 인내가 넘치는 넉넉한 사랑으로 서로를 끌어안았으면 좋겠구나. 성령의 열매 중 네 번째 열매인 '인내'라는 이 도전 과제를 열심히 이루어 낼 수 있도록, 내 영이 너를 준비시킬 거다. 내가 완전하고 영원히 변하지 않는 사랑으로 너를 사랑한다는 걸 기억하렴. 끝까지 참아 주고 아낌없이 베푸는 내 사랑으로, 너도 다른 이들을 돌볼 수 있게 도와달라고 성령님께 구하렴.

함께 읽어 보세요 롬 12:12; 갈 5:22-23; 시 147:11

기쁨 **묵상 :**

11 | 07

**그러므로 내일 일을 위하여 염려하지 말라
내일 일은 내일이 염려할 것이요
한 날의 괴로움은 그 날로 족하니라**(마 6:34).

  오늘의 괴로움은 오늘 겪는 것만으로 충분하다. 이 말씀에는 네가 매일 어느 정도의 어려움을 불가피하게 만날 수 있다는 의미가 들어있단다. 나는 네가 뜻밖에 찾아오는 고난들을 침착하고 당당하게 대처하도록 돕고 싶구나. 나는 모든 것을 알고 있기에, 너를 깜짝 놀라게 하는 사건들이 내게는 전혀 놀랍지 않단다. 나는 처음과 마지막이다. 게다가 나는 네가 험난한 시간들을 지나는 동안 너를 인도하고 위로해 줄 만반의 준비가 되어 있단다.

  하루에 감당할 수 있을 만큼의 어려움은 네가 지금 이 순간을 살아내는 데 도움이 될 수 있지. 적극적으로 움직이며 깊이 생각할 거리를 찾고 있는 네 마음이 충분히 채워지지 않는다면, 너는 아마 미래를 염려하게 될 가능성이 많을 거다. 나는 네가 내 임재에 초점을 맞추며 오늘을 살아갈 수 있도록 너를 훈련시키고 있다.

  어떤 어려움도 네가 내 임재를 누릴 수 없게 막을 수는 없단다. 나와 협력하여 그 고난들을 다루어 나갈 때, 오히려 그것들이 너를 나에게 더 가까이 이끌어 주게 되지. 문제를 함께 해결해 나가면서, 너는 고난을 극복하는 네 능력에 자신감을 얻을 수 있단다. 무엇보다 내가 너와 함께한다는 즐거움이 너를 더욱 기쁨에 넘치게 할 거다!

<mark>함께 읽어 보세요</mark> 계 21:6; 롬 12:12

 기쁨 묵상 :

11 | 08

그들은 사람의 영광을
하나님의 영광보다 더 사랑하였더라(요 12:43).

  사람에게 칭찬받는 것을 하나님께 칭찬받는 것보다 더 좋아하지 않도록 조심해라. 타락의 한 결과로 사람들은 타인의 시선을 지나치게 신경쓰게 되었단다. 직장이나 사회에서의 성취, 자신의 신체적 매력 등에 대해 말이다. 화장품이나 유행하는 의류 광고들은 이러한 죄성을 부추겨 사람들이 자신의 겉모습과 인상에 더욱 집중하게 만들지.

  나는 네가 타인의 시선에 너무 집착하지 않았으면 좋겠구나. 나는 네가 다른 사람들의 마음과 생각을 읽어 내지 못하도록 애정 어린 마음으로 너를 보호해 주고 있단다. 그들이 너에 대해 어떻게 생각하든 너와는 아무 상관도 없는 일이다. 죄성, 연약함, 불안정함으로 왜곡되어 있는 사람들의 생각은 신뢰할 만하지 않단다. 그들이 네 앞에서는 너를 칭찬할지 몰라도, 너에 대한 그들의 속마음은 상당히 다를 수 있지.

  너의 진정한 모습을 있는 그대로 바라보는 존재는 오직 나뿐이란다. 비록 너는 완벽함과는 거리가 먼 사람이지만, 나는 내 완전한 의로움을 덧입어 빛을 발하는 너를 바라본단다. 사람의 인정과 칭찬을 구하는 대신, 너를 바라보고 있는 나를 찾아보렴. 너를 사랑하고 인정하는 마음이 내 얼굴에서 빛나고 있단다.

함께 읽어 보세요 사 61:10; 민 6:25-26

기쁨 묵상 :

11 | 09

**여호와는 그의 얼굴을 네게 비추사
은혜 베푸시기를 원하며**(민 6:25).

  오늘 하루 동안, 내가 네 걸음을 인도할 것을 신뢰해라. 나는 단지 오늘만을 밝히기에 충분한 빛을 하루에 한 번 공급해 준단다. 네가 미래를 들여다보려고 애써도, 캄캄한 암흑 속을 뚫어져라 볼 수밖에 없음을 알게 될 거다. 내 밝은 얼굴은 오직 현재의 시간에서만 너를 비춘단다! 영원히 변하지 않고, 지칠 줄 모르는 내 사랑을 발견할 수 있는 곳은 바로 여기란다. 너를 향한 내 사랑은 엄마와 아기 사이의 유대 관계보다 훨씬 더 강력하다. 혹시 엄마는 젖먹이 아기를 잊을지 몰라도, 나는 너를 잊지 않을 거다! 너는 내게 너무나 소중하기에 나는 너를 내 손바닥에 새겼다. 너를 잊는다는 것은 불가능한 일이다.

  나는 네가 내 사랑을 실제로, 경험을 통해 알게 됐으면 좋겠구나. 내 사랑은 단순한 지식을 훨씬 뛰어넘는 거란다. 네 영혼 가장 깊은 곳에 사시는 성령님이 너를 도와 줄 거다. 내 충만함으로 너를 가득 채워 주시기를 그분께 구해라. 내 거룩한 임재를 넘치도록 경험하고, 네 몸이 나로 가득 차 흘러넘치게 해달라고 기도하렴! 그렇게 너는 내 사랑을 넉넉히 경험할 수 있단다.

함께 읽어 보세요   아 8:7; 사 49:15-16; 엡 3:19

기쁨 묵상 :

찬송하리로다 그는 우리 주 예수 그리스도의 하나님이시요 자비의 아버지시요 모든 위로의 하나님이시며 우리의 모든 환난 중에서 우리를 위로하사 우리로 하여금 하나님께 받는 위로로써 모든 환난 중에 있는 자들을 능히 위로하게 하시는 이시로다(고후 1:3-4).

나는 네가 나에게 받은 위로로 다른 사람들을 위로했으면 좋겠구나. 지금 네가 어떤 상황을 견뎌 내고 있든지, 너에게 필요한 것은 내 충만한 임재와 위로란다. 그리스도인으로서 네가 겪는 모든 일에는 다 의미와 목적이 있다. 고통을 통해 네 인격이 길러져서 고난을 겪는 다른 이들을 도울 수 있게 준비될 거다. 그러니 삶에서 겪는 어려움에 대해 거리낌 없이 내게 이야기하고, 그 고난들을 내 목적을 위해 사용해 달라고 기도해라. 물론 어려움에서 벗어나게 해달라는 기도도 할 수 있지만, 고난 속에 감춰진 축복을 놓치지 않도록 조심하렴.

힘겨운 시간을 보내는 중에 내 도움을 구하며 나에게 더 가까이 다가오면, 너는 한층 더 성숙해지고 지혜롭게 성장하게 된단다. 이 시간을 통해 다른 사람들이 역경을 잘 견딜 수 있도록 도울 수 있는 사람으로 준비되지. 상처 입은 이들에 대해 공감하는 마음이 너에게 넘쳐 나와, 그들의 삶 속으로 흘러들어갈 거다. 네가 이미 통과한 시련을 지금 겪고 있는 사람들이 있다면, 너야말로 그들을 위로하기에 가장 적합한 사람이라는 걸 알게 될 거다.

비록 훈련은 고통스럽지만, 너는 평안 가운데 성장해 나갈 수 있단다. 당시에는 아프고 괴로워도, 후에는 의와 평강의 열매를 맺게 될 거다.

함께 읽어 보세요 빌 4:19; 히 12:11

기쁨 묵상 :

11 | 11

**우리가 너희와 함께 있을 때에도 너희에게 명하기를
누구든지 일하기 싫어하거든 먹지도 말게 하라 하였더니**(살후 3:10).

'세상이 나에게 빚을 지고 있다.'라고 생각하는 해로운 태도를 '특권 의식'이라고 한다. 이것을 해결할 수 있는 최고의 해독제는 '감사하는 마음'이란다. 이런 착각은 직업 세계에 널리 퍼져 있지만, 성경의 가르침과는 반대되지. 사도 바울은 그리스도인들에게 "게으르고 나태한 사람들을 멀리하라."고 명령했고, 스스로 본을 보이며 가르치기도 했다. 그는 다른 사람들에게 본이 되기 위해 밤낮으로 열심히 일했단다. 심지어 이런 규칙을 정하기도 했단다. "일하기 싫어하는 사람은 먹지도 말라."

'마땅히 뭔가를 받을 자격이 있다'고 여기는 기분이나 확신도 특권의식이라고 볼 수 있다. 반면, 감사하는 마음은 이미 가지고 있는 것에 대해 고마워하는 정반대의 태도란다. 내가 너에게 마땅히 받아야 하는 것을 주었다면, 네가 결국 도착할 곳은 구원의 소망조차 없는 지옥이었을 거다. 나는 긍휼이 풍성한 하나님이다. 나에게 감사하렴. 너는 은혜로 구원을 받았단다. 지금 가진 것보다 더 많은 것을 마땅히 받아야 한다고 생각한다면, 우울하고 비참해질 거다. 하지만 감사하는 태도는 네 삶을 기쁨으로 채워 줄 거다. 게다가 네가 나에게 감사하는 마음을 가질 때, 경건함과 두려움으로 예배하며 나를 기쁘게 할 수 있단다.

함께 읽어 보세요 살후 3:6-9; 엡 2:4-5; 시 107:1; 히 12:28

기쁨 묵상 :

11 | 12

말씀이 육신이 되어 우리 가운데 거하시매 우리가 그의 영광을 보니 아버지의 독생자의 영광이요 은혜와 진리가 충만하더라(요 1:14).

나는 은혜와 진리가 충만한 하나님이다. '은혜'란 내가 너에게 베푸는 과분한 호의와 사랑을 말한다. 받을 자격이 없는 어떤 것을 받을 때 너는 겸손해지지. 그리고 그 겸손은 네가 교만하지 않도록 지켜 주는 유익한 거란다. 은혜는 네 영원한 구원을 지켜 주기에 무한한 가치가 있는 선물이다. 사랑하는 자녀야, 네가 나를 구원자로 알고 있으니, 나는 언제까지나 너에게 은혜를 베풀 거다. 너를 향한 내 사랑은 너무나 과분할 만큼 아무런 대가 없이 주어지는 영원한 것이란다. 너는 그 사랑을 절대 잃어버릴 수 없다. 그저 변하지 않는 내 사랑을 신뢰하며, 내가 주는 구원을 크게 기뻐해라.

나는 진리로 가득할 뿐 아니라, 내가 곧 진리란다. 오늘날 사람들은 조작과 거짓이 가미된 뉴스와 정보의 공격을 받고 있다. 그 결과 이 세상에는 냉소가 넘쳐나지. 하지만 너는 내 안에서, 그리고 말씀 속에서 절대적이고 변하지 않는 진리를 발견할 수 있단다! 나를 아는 지식은 네 발을 반석 위에 세워 굳건한 곳에 설 수 있도록 인도한다. 이것이 네 삶의 안전한 기초가 되어, 어둡고 상대주의가 팽배한 세상에서 밝은 등대로 살게 해줄 거다. 네 빛을 사람들에게 비추어 많은 이들이 그 빛을 보고 나를 믿을 수 있게 하렴.

함께 읽어 보세요 요 14:6; 시 13:5-6; 마 5:16

 **기쁨 묵상 :**

11 | 13

**주 여호와 이스라엘의 거룩하신 이가 이같이 말씀하시되
너희가 돌이켜 조용히 있어야 구원을 얻을 것이요 잠잠하고 신뢰하여야
힘을 얻을 것이거늘 너희가 원하지 아니하고**(사 30:15).

나는 네가 나를 잠잠히 신뢰했으면 좋겠구나. 나는 살아 있는 네 하나님이다. 선지자 이사야가 기록했듯이, 잠잠히 나를 신뢰하는 것이 네 능력이 된단다. 사람들은 큰 목소리로, 혹은 터무니없는 약속으로 다른 사람들을 지배하려 들 때가 있다. 이렇게 소란스러운 연사들은 돈을 내는 이들에게 건강과 부를 가져다줄 능력이 있는 것처럼 보일지 모르지만, 사실 그들은 기생충과 다를 바 없다. 그들은 다른 사람들의 소중한 재산을 빨아먹으면서 살아가지.

진정한 능력은 나와 내 약속을 잠잠히 신뢰하는 데서 온단다. 내가 생명 없는 우상이 아니라, 살아 있는 하나님임을 기뻐해라. 나는 살아 있는 하나님이다. 내가 전에 죽었으나 보아라, 이제 내가 영원 무궁토록 살아 있다. 나는 능력이 무한한 하나님이지만, 부드럽고 사랑스럽게 너에게 다가간다. 내 소중한 자녀야, 나에 대한 전적인 믿음으로 나와 관계를 맺으며, 함께 시간을 보내자꾸나. 네가 내 안에서 안식할 때 내가 너에게 힘을 주며, 네 앞길에서 만나게 될 도전들을 대비할 수 있게 할 거다. 내 임재에 집중하는 동안에는 성경 말씀을 활용하여 어떻게 기도해야 할지 도움을 얻으렴. "나의 힘이신 주님, 내가 주님을 사랑합니다."라고 속삭이며 내 곁에 가까이 다가오너라.

함께 읽어 보세요 계 1:18; 시 18:1

 **기쁨 묵상 :**

11 | 14

**여호와께서는 자기에게 간구하는 모든 자
곧 진실하게 간구하는 모든 자에게 가까이하시는도다**(시 145:18).

  사랑하는 자녀야, 네가 내 임재를 알아차리든 그렇지 않든 나는 언제나 너와 함께 있단다. 지금 있는 그곳에서는 나와의 다정한 교제가 전혀 없어서 너무나 외롭게 느껴질 때도 있을 거다. 하지만 내가 네 곁에서 너를 간절히 돕고 싶어 한다는 걸 명심하고 큰 소리로 나를 불러 보아라. 나는 나를 부르는 모든 사람 곁에 가까이 있단다. 모든 의심을 날려 버리고, 신뢰함으로 내 이름을 나지막이 불러 보렴. 네 고민을 이야기하고, 내 조언을 구해라. 그런 다음, 주인공을 나로 바꾸어 보아라. 내 위대함과 영광을 찬양하고, 내 능력과 위엄을 높여라! 내가 네 삶 속에서 행한 일들과 지금도 내가 행하고 있는 선한 일들에 대해 감사해라. 그러면 네 찬양과 감사 속에 충만하게 거하는 나를 발견하게 될 거다.

  내가 얼마나 선하고 좋은지 살피고 맛보아라! 네가 나에게 집중하고, 내가 주는 축복에 집중할수록 내 선함을 더욱더 맛보게 될 거다. 늘 한결같은 내 사랑이 얼마나 달콤한지 누려 보아라. 내 능력이 얼마나 풍성한지 맛보렴. 내 임재 안에서 기쁨과 평안을 느끼며, 네 영혼의 굶주림을 채워 보렴. 네가 어디로 가든지 내가 너와 함께하며, 너를 지켜 주마.

<u>함께 읽어 보세요</u> 시 34:8; 사 54:10; 창 28:15

기쁨 묵상 :

11 | 15

**수고하고 무거운 짐진 자들아 다 내게로 오라
내가 너희를 쉬게 하리라**(마 11:28).

나에게로 와서 내 임재 안에서 쉬어라. 나는 평화의 왕이다. 너에게 내가 매 순간 필요한 것처럼 내가 주는 평안도 계속 필요하단다. 네 삶이 순탄하게 흘러갈 때 너는 네가 실제로 얼마나 나를 의지하고 있는지 잊어버리곤 하지. 나중에 사소한 장애물이라도 만나면 불안해하고 실망하다가, 결국 나에게 돌아와 내가 주는 평안을 구하는구나. 나는 이 영광스러운 선물을 너에게 기꺼이 준단다. 물론 네가 잠잠하게 기다릴 때까지 그 평안을 얻기가 쉽지는 않겠지만 말이다. 네가 늘 나와 가까이 동행한다면 얼마나 더 좋을까.

내가 너의 왕임을 기억해라. 하늘과 땅의 모든 권세가 내게 있다. 지금 인생의 어려운 시기를 경험하고 있다면 내게로 와서 모든 것을 말해라. 하지만 내가 누구인지 꼭 기억하렴! 내게 주먹을 휘두르거나 네 뜻대로 해달라고 요구하지는 마라. 대신 다윗처럼 기도하며 용기를 얻으렴. "주님, 누가 뭐라고 해도 나는 주님만 의지하며, 주님이 나의 하나님이라고 말할 것입니다. 내 앞날은 주님의 손에 달렸습니다."

> 함께 읽어 보세요 사 9:6; 마 28:18; 시 31:14-15

기쁨 묵상 :

11 | 16

너희 염려를 다 주께 맡기라
이는 그가 너희를 돌보심이라(벧전 5:7).

  너는 내 안에 있을 때 안전하고, 보호받고, 완전하단다. 그러니 불안한 마음으로 애쓰지 말고, 걱정되는 일들을 가지고 내게 오렴. 나를 완전히 신뢰하면서 너를 짓누르는 문제들에 대해 터놓고 솔직하게 이야기하렴. 모든 걱정을 다 내게 맡겨라. 내가 너를 돌본단다. 지금도 나는 너를 보살피고 있다! 그러니 안전한 내 임재의 쉼터에서 잠시 쉬어라.

  네가 나에게서 떠나 있거나 네 삶에서 나를 제외시킨다면, 너는 더 이상 삶에서 충만함을 느끼지 못할 거다. 그럴 때 경험하게 되는 초조함은 내가 주는 선물이란다. 너에게 처음 사랑으로 돌아가야 함을 다시 기억하게 해주지. 나는 네 생각과 감정, 계획과 행동의 중심에 있고 싶구나. 이를 통해 너는 내 뜻을 따라 의미 있는 삶을 살 수 있게 된단다.

  너는 지금 천국을 향해 가는 중이다. 그리고 나는 너의 변함없는 동반자란다. 나와 함께 여행을 하는 중에 문제도 만나게 될 거다. 하지만 담대해라. 내가 세상을 이겼단다. 너는 내 안에서 진정으로 안전하고, 보호받고, 완전하단다.

> 함께 읽어 보세요   시 31:19-20; 계 2:4; 요 16:33

기쁨 묵상 :

**주의 말씀의 강령은 진리이오니
주의 의로운 모든 규례들은 영원하리이다**(시 119:160).

내 말은 본질적으로 '진리'란다. 절대적이고, 변하지 않으며, 영원한 진리이다! 점점 더 많은 사람들이 진리는 상대적이라거나, 진리가 아예 존재하지 않는다는 거짓에 속아 넘어가고 있다. 그들은 너무 냉소적이거나 마음이 상해 있어서 참되고, 고상하며, 옳고, 정결하며, 사랑스럽고, 존경할 만한 것들을 볼 수 없단다. 오히려 거짓되고, 그릇되며, 부도덕하고, 추악한 것들에 주목하는 경향이 있지. 이런 해로운 관점은 많은 사람들을 절망과 자기 파괴적인 행동으로 이끈단다. 믿지 않는 사람들의 마음을 이 시대의 신이 어둡게 하여, 내 영광을 드러내는 복음의 빛을 보지 못하게 했단다.

복음은 순결하고, 강력한 빛을 발산하며, 내 영광을 비춰 준다. 또한 내가 누구인지와 내가 행한 일에 대한 경이로움을 밝히 보여 준단다. 복음의 기쁜 소식에는 사람들의 삶을 절망에서 기쁨으로 변화시키는 무한한 능력이 있다. 성령으로 충만한 내 자녀들은 모두 다른 이들의 삶 속에 복음의 광채를 비춰 줄 수 있도록 빛의 전달자로 잘 준비된단다. 너도 나에게 받은 은사와 기회들을 사용하여 이 영광스러운 모험에 동참했으면 좋겠구나. 나는 네 연약함을 잘 알고 있다. 하지만 그 약함은 내 목적을 이루는 데 꼭 필요한 부분이란다. 내 능력은 네 약함에서 가장 온전해지기 때문이다.

함께 읽어 보세요 빌 4:8; 고후 4:4; 12:9

 기쁨 묵상 :

11 | 18

나의 힘이시여 내가 주께 찬송하오리니 하나님은 나의 요새이시며 나를 긍휼히 여기시는 하나님이심이니이다(시 59:17).

나는 너의 주인이며, 너의 힘이다. 너에게 능력이 있다고 느껴지는 날에는 이 말씀이 그리 호소력 있게 들리지 않을 거다. 하지만 이것은 격려와 소망으로 가득한 생명줄이란다. 너는 언제든 이 말씀을 붙들 수 있단다. 무력감이 느껴질 때마다 너는 그 무능력으로 인해 나를 바라보며, 이 안전한 생명줄에 매달리면 된다. 언제든 나를 향해 "주님, 저를 구해 주세요!"라고 소리쳐 부르렴.

영원히 변하지 않는 내 사랑으로 너를 위로해 주마. 네가 힘겨운 고난 속으로 빠져드는 듯 보일 때는 끝까지 너를 포기하지 않고, 네 인생을 내어 맡길 수 있는 무언가를 붙드는 것이 가장 중요하단다. 내 강력한 임재가 너에게 힘을 줄 뿐 아니라, 너를 안고 절대 놓지 않는단다. 사랑하는 자녀야, 내가 너를 꼭 붙잡고 있다.

나는 항상 네 곁에 있기에 약해지는 걸 두려워할 필요가 없단다. 사실 내 능력은 네 약함 속에서 진가를 드러내지. 너의 약함과 내 강함은 서로 완벽하게 잘 맞는단다. 그러니 늘 곁에 있는 내 힘과 능력을 신뢰하며, 네 약함에 대해 감사하렴.

함께 읽어 보세요 마 14:30; 시 119:76; 고후 12:9

기쁨 묵상 :

11 | 19

**만일 우리가 죄가 없다고 말하면 스스로 속이고
또 진리가 우리 속에 있지 아니할 것이요
만일 우리가 우리 죄를 자백하면 그는 미쁘시고 의로우사 우리 죄를
사하시며 우리를 모든 불의에서 깨끗하게 하실 것이요**(요일 1:8-9).

네가 저지른 죄와 마주하는 것을 두려워하지 마라. 지금까지 나 외에는 죄가 없는 사람이 아무도 없었다. 만일 네가 죄가 없다고 주장하면 스스로를 속이고, 진실을 회피하는 거란다. 하지만 내가 네 죄를 모두 용서하고 모든 잘못을 깨끗하게 해줄 것을 알고 나면, 실제로 아무 거리낌 없이 네 죄를 고백할 수 있단다. 내가 네 모든 죄에 대해 완전한 대가를 지불하고 너를 샀다. 이것이 바로 복음이다. 네가 잘못을 고백하면, 네가 진리와 함께하고 있다는 것을 공개적으로 알리는 거다. 내가 바로 그 진리이기에 너는 죄를 고백하며, 나에게 더 가까이 나아오게 된다. 죄를 고백하면 성가신 죄책감에서도 자유롭게 된단다.

생각이나 언행으로 죄지었음을 깨닫거든 그 자리에서 인정해라. 너무 길고 유창한 말로 고백할 필요는 없다. "주님, 저를 용서해 주시고, 깨끗하게 해주세요."와 같이 간단하게 말해도 괜찮다. 네 죄를 대신해서 십자가에서 죽는 일처럼 어려운 부분은 내가 이미 다했단다. 네가 할 일은 진리의 빛 안에서 살아가는 거다. 너의 구원자인 내가 바로 이 세상의 빛이란다.

함께 읽어 보세요 요 8:12, 32; 14:6

 기쁨 묵상 :

11 | 20

**사람이 장래 일을 알지 못하나니
장래 일을 가르칠 자가 누구이랴**(전 8:7).

현재 이 시간을 더 잘 보낼 수 있는 방법을 가르쳐 주마. 많은 이들이 상상하는 미래는 실제로는 존재하지 않는다. 내일 일을 멍하니 생각하며 앞일을 예측해 보는 것은 그저 상상력을 발휘하는 것일 뿐이지. 나는 시간의 제약을 받지 않기에 오직 나만이 '아직' 일어나지 않은 일을 내다볼 수 있단다. 네가 매일 한 걸음씩 앞으로 걸어 나가면, 내가 네 앞길에 미래를 펼쳐 준다. 하지만 네가 시간을 통과하여 앞으로 나아가는 동안 너는 오직 현재의 시간에만 발을 디딜 수 있지. 아직 오지 않은 시간들을 바라보는 게 얼마나 쓸데없는 일인지 깨닫게 되면, 너는 현재를 훨씬 충실하게 살 수 있는 자유를 누릴 수 있을 거다.

자유롭게 되는 것은 시간과 노력이 필요한 과정이란다. 네 마음이 미래의 시간 속으로 떠도는 것에 익숙해져 있기 때문이지. 앞일에 대한 생각에 사로잡혀 있는 네 모습을 발견하면, 네가 지금 환상의 나라를 헤매고 있음을 알아차리렴. 이 진리를 깨닫고 나면 현재의 시간으로 곧 돌아오게 될 거다. 내가 그곳에서 변함없는 사랑으로 너를 안아 주려고 간절히 기다리고 있단다.

<u>함께 읽어 보세요</u> 계 1:8; 시 32:10

 **기쁨 묵상 :**

11 | 21

**그러므로 우리가 흔들리지 않는 나라를 받았은즉 은혜를 받자
이로 말미암아 경건함과 두려움으로 하나님을 기쁘시게 섬길지니
(히 12:28).**

　네가 감사하는 마음을 가질 때 너는 존경과 경외심으로 내가 기뻐하는 예배를 드리는 거란다. 감사는 추수감사절을 기념하여 1년에 한 번씩만 드리는 게 아니란다. 감사는 기쁨을 자아내는 마음의 태도인 동시에, 성경의 명령이기도 하지. 감사의 마음 없이는 내가 기뻐하는 예배를 드릴 수 없다. 예배하는 시늉은 할 수 있겠지만, 은혜를 모르는 네 마음이 예배의 걸림돌이 되고 말 거다.
　영적으로나 감정적으로 힘겹게 씨름할 때면, 잠시 멈추어 서서 너의 '감사 지수'를 한번 점검해 보렴. 감사의 정도가 낮아 보이면 감사할 거리를 더 늘려 달라고 기도해라. 나에게 감사할 이유를 열심히 찾아보고, 원한다면 적어 보렴. 잘못된 것들에만 초점을 맞추던 네 관점이 서서히 바뀌면서, 올바르게 된 일들을 보며 기뻐하게 될 거다.
　무슨 일이 생기든지, 너를 구원하신 하나님으로 인해 너는 기쁨을 누릴 수 있단다. 내가 십자가에서 완성한 일로 인하여 너는 영원히 보장되는 영광스러운 미래를 소유하게 되었다! 너를 비롯하여, 나를 구원자로 믿는 모든 이들에게 거저 주어지는 이 구원의 선물을 맘껏 즐거워해라. 네 마음을 감사로 가득 채워 흘러넘치게 하렴. 내 기쁨으로 너를 충만히 채워 주마.

함께 읽어 보세요　시 100:4; 고전 13:6; 합 3:17-18

기쁨 묵상 :

11 | 22

**너희는 그 은혜에 의하여 믿음으로 말미암아 구원을 받았으니
이것은 너희에게서 난 것이 아니요 하나님의 선물이라
행위에서 난 것이 아니니 이는 누구든지 자랑하지 못하게 함이라**
(엡 2:8-9).

영광스러운 은혜의 선물로 인하여 내게 감사해라! 너는 믿음을 통하여 은혜로 구원을 얻었다. 이것은 네 힘으로 된 게 아니라, 하나님의 선물이란다. 행위로 얻은 게 아니기에 아무도 자랑할 수 없다. 내가 십자가 위에서 완성한 일과 나를 구원자로 믿는 네 믿음을 통해서 너는 가장 최고의 선물인 '영원한 생명'을 받았다. 구원을 얻는 데 필요한 믿음 또한 선물이다. 그 놀라운 선물을 거저 받은 사람이 보이는 최선의 반응은 '감사하는 마음'이란다. 네가 받은 은혜에 대해 생각날 때마다 얼마든지 감사를 표현해도 좋다.

이번 추수감사절 기간을 보내면서 네 모든 죄가 다 용서받았다는 것이 어떤 의미인지 곰곰이 생각해 보렴. 이는 네가 더 이상 지옥으로 가는 길 위에 있지 않고, 네가 가는 목적지가 새 하늘과 새 땅이 되었다는 것을 의미한다. 이것은 네가 살아가는 매일의 일상이 다 소중하다는 말이기도 하지. 오늘 하루를 보내면서 놀라운 은혜의 선물을 준 나에게 자주 감사를 표현해 보렴. 이렇게 은혜에 대해 감사하면 네 마음에 기쁨이 넘치고, 내가 주는 다른 모든 축복에 대해서도 더 많이 감사하게 된단다.

함께 읽어 보세요 요 3:16; 마 10:28; 계 21:1

 **기쁨 묵상 :**

— JESUS ALWAYS —

11 | 23

**여호와께 감사하라
그는 선하시며 그 인자하심이 영원함이로다**(시 107:1).

나에게 감사해라. 나는 선하고, 내 사랑은 영원하다. 따로 시간을 내어서 내가 준 수많은 축복들을 한번 생각해 보았으면 좋겠구나. 네가 사랑하는 사람들과 너에게 준 '생명'이라는 선물에 대해 감사하렴. 또한 의식주 등 매일 쓸 것을 공급하는 나에게 감사해라. 하지만 다른 어떤 것보다도 가장 좋은 최고의 선물을 꼭 기억하렴. 영원한 생명이 나를 구원자로 믿는 모든 이들에게 선물로 주어졌단다.

내가 너를 위해 행한 모든 일을 곰곰이 생각할 때, 내가 누구인지 떠올리며 즐거워하렴. 나는 완벽하게 선한 존재란다! 내 안에는 어두운 티끌이 한 점도 드리워진 적이 없었고, 앞으로도 그럴 거다. 나는 세상의 빛이다! 게다가 너를 향한 내 사랑은 앞으로도 계속될 거다. 영원토록!

지금 이 순간에도 내 사랑의 임재가 너를 감싸고 있단다. 어떤 일이 있어도 나는 언제나 나를 믿고 따르는 이들 곁에 있단다. 그러니 내 임재가 느껴지든, 그렇지 않든 염려하지 마라. 그저 내가 너와 함께 있다는 걸 믿으며, 내 영원한 사랑 안에서 평안을 누려라.

함께 읽어 보세요 요 8:12, 58; 시 107:8

기쁨 묵상 :

11 | 24

**그러므로 내일 일을 위하여 염려하지 말라
내일 일은 내일이 염려할 것이요
한 날의 괴로움은 그날로 족하니라**(마 6:34).

내가 너에게 부어 주는 축복을 기쁨과 감사로 받되, 그 축복에 집착하지는 마라. 언제든 나에게 돌려줄 수 있도록 그 축복을 느슨하게 잡고 있으렴. 동시에, 내가 주는 좋은 것들을 충분히 누렸으면 좋겠구나. 이런 삶을 사는 가장 좋은 방법은 내일을 위해 염려하는 마음을 떨쳐 버리고, 현재를 충실히 살아가는 거란다. 내가 준 축복을 즐겁게 누릴 수 있는 시간은 바로 오늘이란다. 너는 내일 어떤 일이 생길지 알 수 없기에 오늘 너에게 주어진 가족 관계, 친구, 재능, 소유 등을 최대한 즐겨라. 그리고 다른 이들에게 축복을 나눌 수 있는 기회를 찾아보아라.

네가 소중하게 여기는 것들이나 소중한 사람들이 너에게서 떨어져 나갈 때, 상실감을 느끼며 슬퍼하는 것은 정상적인 반응이다. 하지만 이런 시기에 내게 더 가까이 나아오는 것도 중요하단다. 사랑하는 자녀야, 나와 맺는 관계는 절대로 빼앗기지 않으니 내게 꼭 붙어 있으렴. 내가 네 피할 바위가 되어 주마. 가끔씩 나는 너를 위로하고 네 앞길을 인도하기 위해 예기치 못한 새로운 축복을 공급한단다. 내가 너를 위해 준비한 모든 것을 한번 잘 지켜보아라!

함께 읽어 보세요   눅 10:41-42; 시 18:2; 사 43:19

기쁨 묵상 :

범사에 감사하라 이것이 그리스도 예수 안에서 너희를 향하신 하나님의 뜻이니라(살전 5:18).

나는 나를 영화롭게 하기 위해 너를 창조했단다. 오늘 하루도 이 말씀을 명심하며 인생길을 따라 걸어가렴. 감사와 찬양, 예배를 드림으로 나를 영화롭게 할 수 있단다. 나에게 감사를 자주 표현해라. 숨겨진 보물을 찾듯이 내가 준 축복을 세심히 살펴보아라. 기도와 노래로, 또한 다른 사람들과 나누는 대화 속에서도 나를 찬양해라. 내가 얼마나 위대한지 선포하고, 내가 행한 놀라운 일들을 그들에게 알려 주어라! 다른 사람들과 교회에 함께 모여 나를 경배하렴. 그곳에서 내 영광의 무게를 더욱 뚜렷이 느낄 수 있을 거다.

결단을 해야 할 때는 어떤 결정이 나를 영화롭게 하고, 기쁘게 할 것인지 잘 생각해 보렴. 이를 통해 너는 지혜로운 선택을 할 수 있고, 내 임재를 더 많이 인식하며 살 수 있게 될 거다. 무언가를 생각해야 할 때는 네 내면만 성찰하며 그 안에서 답을 찾으려 하기보다는, 네 마음을 인도해 달라고 기도하렴. 나는 너와 네가 처한 상황에 대해 모든 것을 알고 있단다. 네가 나를 더 알아 갈수록 네가 결정한 것들을 내가 훨씬 효과적으로 이끌어 줄 수 있단다. 그러니 열심을 내어 나를 더욱 알아 가렴. 내 말은 네 발의 등이요, 네 길의 빛이란다.

`함께 읽어 보세요` 시 96:3; 119:105, 고후 4:17-18

 기쁨 묵상 :

11 | 26

**너희는 그 은혜에 의하여 믿음으로 말미암아 구원을 받았으니
이것은 너희에게서 난 것이 아니요 하나님의 선물이라
행위에서 난 것이 아니니 이는 누구든지 자랑하지 못하게 함이라
(엡 2:8-9).**

나에게 감사하는 마음은 네 마음을 깨워 주고, 생각을 민감하게 하여 내 임재를 누릴 수 있게 한다. 그러니 네 마음의 중심이 나에게서 벗어나거나 멀어진 듯 느껴지면, 내게 감사하려고 노력해 보렴. 감사거리들은 언제나 넘친다. 구원, 은혜, 믿음과 같이 영원히 변하지 않는 선물뿐 아니라, 평범한 일상의 축복들에서도 얼마든지 찾을 수 있단다. 지난 24시간을 되돌아보며 그 짧은 시간 동안 내가 너에게 준 좋은 것들을 모두 적어 보아라. 이런 습관은 네 영혼을 북돋우고, 네가 더욱 분명하게 생각할 수 있도록 마음을 일깨워 준단다.

원수 마귀가 우는 사자같이 삼킬 자를 찾아 두루 다니고 있다는 걸 기억해라. 자신을 다스리고 정신 차리며 깨어 있는 게 매우 중요한 이유가 바로 이것이다. 네 마음이 초점을 잃고 방황하도록 그냥 내버려 두면, 사탄의 공격에 훨씬 더 취약해진다. 하지만 해결책은 간단하다. 어떤 일이 생겼다는 걸 알아차리자마자 나에게 감사를 표현하고, 나를 찬양함으로 원수를 쫓아 버릴 수 있다. 이렇게 나를 예배하며 싸우는 전쟁은 확실한 효과가 있단다!

함께 읽어 보세요 벧전 5:8; 고후 9:15

 **기쁨 묵상 :**

11 | 27

> **지존자여 십현금과 비파와 수금으로 여호와께 감사하며 주의 이름을 찬양하고 아침마다 주의 인자하심을 알리며 밤마다 주의 성실하심을 베풂이 좋으니이다**(시 92:1-3).

감사와 믿음은 친한 친구들처럼 항상 너를 도울 준비가 되어 있다. 네 삶이 암울해 보이고 세상이 두렵게 느껴진다면, 이 신실한 친구들을 의지해야 할 때가 된 거다. 잠시 멈추어 서서 심호흡을 몇 번 해보렴. 주위를 둘러보며 아름다운 것들과 축복들을 찾아보고, 네가 발견한 것들로 인해 내게 감사해라. 이렇게 하면 놀라운 방식으로 너와 내가 연결된단다. 내가 너에게 준 온갖 좋은 선물들에 대해 찬사를 표현해 보렴. 네 기분이 어떠하든 상관없이 나에게 열정적으로 감사를 표현하려 애써 보렴. 감사하는 마음을 계속 밖으로 나타내다 보면, 네 안에 기쁨이 충만해지는 것을 알게 될 거다.

나에 대한 믿음을 틈날 때마다 말로 표현해 보는 것도 도움이 된다. 믿음을 고백할 때마다 내가 너와 함께 있으며, 절대적으로 신뢰할 만한 존재라는 것을 계속 기억하게 될 거다. 네 삶 속에는 나를 더욱 온전히 신뢰해야 할 영역들이 항상 있단다. 어려운 시기가 찾아오면 믿음을 발휘하여 이 힘겨운 시기를 살아 내며, 그것들을 나에 대한 신뢰의 범위를 넓히는 기회로 여기렴. 이 기회들을 낭비하지 말고, 그 일을 계기로 나에게 더욱 가까이 나아오렴. 내가 두 팔을 활짝 벌리고 너를 따뜻하게 맞아 주마!

함께 읽어 보세요 시 118:28; 고후 5:7; 약 4:8

 **기쁨 묵상**:

11 | 28

**우리가 사랑함은
그가 먼저 우리를 사랑하셨음이라**(요일 4:19).

네가 나를 사랑하는 것은 내가 먼저 너를 사랑했기 때문이다. 사실 너는 죄로 인해 죽어 있었고, 절대로 나를 사랑할 수 없는 상태였다. 내 영이 네 존재의 깊은 곳에서 역사하여 너를 영적으로 살린 후에야 그 일이 가능하게 되었단다. 성령의 역사로 인해 너는 죄악에서 돌이켜, 영원한 생명과 영원히 변하지 않는 사랑을 얻게 되었다. 이 기적 같은 구원의 선물을 깊이 생각하는 동안 네 안에 감사가 일어나게 하고, 네 마음이 기쁨으로 가득 채워지게 하렴.

네가 은혜 안에서 성장해 가려면 감사가 매우 중요하단다. 감사는 말씀을 향해 마음과 생각을 열어서, 너에게 지혜와 명철을 더해 준단다. 그리고 감사하는 태도는 힘겨운 시절 한가운데에서도 내가 쏟아부어 주는 무수한 축복들을 발견할 수 있도록 도와준단다. 감사하는 마음은 낙심과 자기 연민에서 너를 지켜 준다. 또한 그 마음은 변함없는 내 임재를 더 민감하게 깨달을 수 있게 해 주고, 너를 향한 광대한 내 사랑을 더욱 온전히 이해하도록 도와주지. 그러니 사랑하는 자녀야, 감사하는 마음을 잘 가꾸어 보렴. 감사가 나를 향한 네 사랑에 자양분이 되어, 밝고 강한 사랑으로 자라게 할 거란다.

함께 읽어 보세요 엡 2:1; 3:16-18

 **기쁨 묵상 :**

11 | 29

**의인의 소망은 즐거움을 이루어도
악인의 소망은 끊어지느니라**(잠 10:28).

의인의 소망은 이루어져 즐거움을 준다. 이는 네 앞날이 희망으로 가득하다는 뜻이다. 내가 의의 겉옷을 너에게 입혀 주었기에, 너는 의인이란다. 그러니 내가 너를 위해 준비해 둔 기쁨을 간절히 바라며 하루를 시작해라.

나를 따르는 사람들 중에도 내가 그들을 위해 준비한 즐거움을 발견하지 못하는 이들이 있다. 삶 속에서 만나는 문제들과 세상의 어려움에 마음을 너무 빼앗겨서 그렇다. 그들은 삶을 충만하게 누리기보다는 고통과 위험을 최소화하기 위해 애쓰며, 지나치게 신중한 삶을 살아간다. 그렇게 되면 내 나라에서 누릴 수 있는 기쁨도 줄어들고, 자신들이 얼마나 잘할 수 있는지 알 수 있는 기회도 함께 줄어든단다. 내가 너를 위해 준비한 삶은 그런 것이 아니란다.

매일 아침 눈을 뜰 때마다 희망찬 기대를 가지고 내 얼굴을 구하렴. 나를 네 삶 속으로 초청해 다오. 나와 함께 네 길을 준비하자꾸나. 네 앞길에 놓인 어려움에 대비하기 위해서만 나를 찾지 마라. 내가 네 삶의 여정마다 심어 둔 기쁨들을 맞이하기 위해서도 나를 찾아라. 이제 내 손을 잡고 하루의 여행을 시작하렴. 즐거운 이야기들을 포함해서 길을 가며 만나는 모든 것에 대해 나와 함께 이야기하자!

함께 읽어 보세요 사 61:10; 요 10:10

 **기쁨 묵상 :**

11 | 30

너희는 내 얼굴을 찾으라 하실 때에 내가 마음으로 주께 말하되 여호와여 내가 주의 얼굴을 찾으리이다 하였나이다(시 27:8).

기쁨은 선택이란다. 네가 이 세상을 살아가는 동안 하루에도 몇 번씩 이 선택의 기로에 서게 된단다. 이 세상의 삶을 마치고 천국에 갈 때, 너는 특별히 노력하지 않고도 말로 다할 수 없는 영광스러운 기쁨을 소유하게 될 거다. 일부러 기뻐하려고 애쓰지 않아도, 기쁨이 저절로 끊임없이 흘러나올 거다.

이 타락한 세상을 살아가는 동안, 나는 네가 점점 더 지혜로운 선택을 할 수 있도록 돕고 싶구나. 너는 순간순간 긍정적이고 희망 가득한 삶을 선택할 수 있는 존재란다. 하루를 보내면서 기쁨을 발견하는 것을 목표로 삼아 보렴. 낙심과 좌절, 또는 다른 부정적인 감정들이 느껴지면 그런 껄끄러운 감정들이 나를 기억하게 하는 자극제가 되었으면 좋겠구나. 내 얼굴을 구하며, 내게 말을 걸어라. 너는 이렇게 기도할 수 있단다. "예수님, 주님은 나를 구원하시는 하나님이기에 저는 기뻐하기로 선택합니다. 사랑이 가득한 당신의 임재로부터 저를 떼어 놓을 수 있는 것은 아무것도 없어요."

사랑하는 자녀야, 네 삶의 더 많은 순간 속에서 나를 발견하려고 노력하고 승리하는 삶을 살아라.

<u>함께 읽어 보세요</u> 합 3:18; 롬 8:38-39

 **기쁨 묵상 :**

JESUS ALWAYS

12

DECEMBER

그러므로 너희가 기쁨으로
구원의 우물들에서 물을 길으리로다
(사 12:3)

12 | 01

**무슨 일을 하든지 마음을 다하여 주께 하듯 하고
사람에게 하듯 하지 말라**(골 3:23).

무슨 일을 하든지 사람에게 하듯이 하지 말고 나에게 하듯이 진심을 다해라. 성의 없는 마음은 나를 기쁘게 할 수도 없고, 네 자신에게도 유익하지 않단다. 단조로운 일상의 일들을 처리할 때는 서둘러서 아무렇게나 끝내 버리고 싶은 마음이 들겠지만, 이런 좋지 않은 태도는 너를 좌절시키고 자신을 하찮게 여기게 만든단다. 같은 일을 하더라도 감사하는 마음으로 한다면, 기쁘게 일을 즐기면서 훨씬 더 좋은 성과를 낼 수 있을 거다.

네 삶의 모든 순간이 내가 준 선물임을 기억하는 것도 도움이 될 거다. 자신이 더 나은 대우를 받을 자격이 있는 사람이라고 여기기보다는, 내가 허락한 것이라면 어떤 환경에서든 최선을 다해라. 네 일에 대해서도 마찬가지다. 아담과 하와를 에덴동산에 두면서 나는 그들에게 동산을 일구고 지키도록 지시했다. 그곳은 완벽한 환경이었지만, 그렇다고 일하지 않고 게으름을 피우거나 한가하게 놀기만 하는 곳은 아니었단다.

사랑하는 자녀야, 무슨 일을 하든지 내게 하듯이 하기를 바란다. 나를 위해 최선을 다하면, 내가 기쁨을 누리게 해주마.

함께 읽어 보세요 창 2:15; 살후 3:11-12

 **기쁨** 묵상 :

12 | 02

**또 내게 말씀하시되 이루었도다
나는 알파와 오메가요 처음과 마지막이라
내가 생명수 샘물을 목마른 자에게 값없이 주리니(계 21:6).**

목마른 자들에게 내가 생명수 샘물을 값없이 줄 거다. 내가 네 안에서 충만하게 살 수 있도록 이 샘물에서 나오는 물을 깊이 들이키렴. 이 생명수가 너에게 기운을 주고 너를 새롭게 할 수 있도록, 네 존재 깊숙한 곳까지 흠뻑 잠기게 해라. 이 생명수는 거저 주는 것이니 네가 원하는 만큼 마음껏 마실 수 있단다. 네가 원하는 만큼 나를 갖게 되는 거란다. 나는 네 안에 사는 그리스도, 영광의 소망이다!

나는 네 하나님이다. 나는 네가 나를 점점 더 갈망했으면 좋겠구나. 갈증은 아주 강렬한 욕구이다. 생명을 유지하는 데는 물이 음식보다 훨씬 더 중요하기 때문에 반드시 필요한 욕구이기도 하지. 당분과 화학 물질들로 가득한 음료수보다 생수가 훨씬 더 건강한 선택이다. 마찬가지로 다른 어떤 것보다 나를 더욱 갈망하는 것은 네 영적 건강에서 매우 중대한 일이란다. 다른 것들이 잠시 동안 너에게 만족을 주는 듯 보일 수 있겠지만, 그것들이 네 영혼의 갈증을 풀어 줄 수는 없단다.

너에게 가장 필요한 것을 값없이 얻을 수 있음에 크게 기뻐해라! 구원의 우물에서 기쁨으로 물을 길어라.

함께 읽어 보세요 골 1:27; 시 63:1; 사 12:3

 기쁨 묵상 :

12 | 03

**예수를 너희가 보지 못하였으나 사랑하는도다 이제도 보지 못하나
믿고 말할 수 없는 영광스러운 즐거움으로 기뻐하니
믿음의 결국 곧 영혼의 구원을 받음이라**(벧전 1:8-9).

비록 네가 나를 볼 수 없다 해도 나를 믿으렴. 나는 네가 눈으로 볼 수 있는 것보다 훨씬 더 실제적인 존재란다. 완전하고 변함없으며, 그 능력이 한이 없지. 네가 나를 신뢰할 때 너는 바위처럼 든든하게 실제로 존재하는 대상을 믿고 있는 거란다. 나는 절대로 무너지지 않는 반석이다. 지금 네 상황이 어떠하든 그 위에 서 있으면 된다. 너는 내게 속하였으므로 나는 너를 헌신적으로 돌본단다. 사랑하는 자녀야, 용기를 내어 내게로 피하렴.

나를 믿으면 수없이 많은 유익을 얻게 된단다. 그중에서도 가장 귀한 것은 네 영혼이 영원한 구원을 얻게 된다는 거다. 나를 믿는 믿음을 통해 네 자신이 누구이고, 네가 누구의 것인지 알게 될 거다. 또한 네 삶도 엄청나게 향상될 거다. 네가 계속 나와 소통을 이어 가면, 이 타락한 세상 속에서 마음에 소망을 품고 네 길을 찾아갈 수 있게 도와줄 거란다. 이 모든 것들로 인해 너는 더욱 큰 기쁨을 누릴 수 있을 거다. 네가 나를 더 많이 찾고 더 많이 알아 갈수록, 나는 말로 표현할 수 없을 만큼 영광스러운 기쁨으로 너를 채워 줄 수 있단다!

함께 읽어 보세요 시 18:2; 롬 8:25

기쁨 묵상 :

12 | 04

**백성들아 시시로 그를 의지하고 그의 앞에 마음을 토하라
하나님은 우리의 피난처시로다**(시 62:8).

네가 나를 신뢰함으로 느긋하게 쉬면서 내 임재를 맘껏 즐길 수 있었으면 좋겠구나. 극도로 긴장된 상태로 사는 것은 애초에 내가 너를 지은 모습이 아니란다. 그런데 너는 계속 비상 사태 속에 있는 사람처럼 느끼며 행동하고 있구나. 네 몸은 놀랍도록 신기하게 만들어져서 필요할 때는 기어를 올리고, 위기 상황이 지나가면 다시 기어를 내릴 수 있단다. 하지만 너는 분열된 세상에 살고 있기에 경계를 늦추며 마음의 긴장을 놓기가 어려울 거다. 내가 항상 함께 있다는 것과, 완전히 신뢰할 만한 존재임을 기억했으면 좋겠다. 너를 괴롭히는 모든 일을 내가 다스리고 돌볼 것을 믿고, 내게 마음을 쏟아 놓으렴.

나를 의지하면 할수록 내 임재를 더욱 온전히 즐길 수 있게 된단다. 네가 내 치료의 광선 안에서 편히 쉬는 동안, 나는 네 생각과 마음속에 평화롭게 빛을 비춰 준단다. 너는 네 곁에 있는 내 임재를 더욱 깊이 깨달을 것이고, 변함없는 내 사랑이 네 내면에 스며들게 되지. 사랑하는 자녀야, 마음을 다하고 뜻을 다하여 나를 신뢰해라.

함께 읽어 보세요 시 52:8; 잠 3:5

 기쁨 묵상 :

12 | 05

하나님이 자기 형상 곧 하나님의 형상대로 사람을 창조하시되 남자와 여자를 창조하시고(창 1:27).

  나는 너를 내 형상대로 창조했단다. 나와 소통할 수 있는 놀라운 능력을 포함시켜서 말이다. 내 모습을 닮은 너는 마음을 어디에 두고 살지 선택할 수 있다. 네 마음속에서 많은 생각들이 제멋대로 왔다갔다하지만, 너는 네가 생각하는 것보다 훨씬 더 그 생각들을 잘 조절할 수 있는 사람이란다. 성령님이 바울에게 영감을 주어 이런 말씀을 기록하게 했다. "선함을 추구하며, 가치가 있는 것들에 마음을 쏟기 바랍니다. 참되고, 고상하고, 옳고, 순결하며, 아름답고, 존경할 만한 것들을 생각하십시오." 네가 그렇게 하는 게 불가능하다면, 내가 너에게 이런 식으로 생각하라고 가르치지도 않을 거다.

  세상은 선과 악을 동시에 담고 있기에 너는 훌륭하고 칭찬할 만한 것들과, 끔찍하고 속상하게 하는 일들 중 어느 쪽에 마음을 집중할지 선택할 수 있다. 네 주변의 깨어진 상황들을 다뤄야 할 때도 있지만, 순수하고 사랑스러운 것들을 마음껏 생각할 수 있는 순간들도 주어진단다. 이런 생각들로 네 마음을 부지런히 채우지 않으면, 과거에 대한 후회나 미래에 대한 염려와 같은 부정적인 것들로 마음이 옮겨 가곤 하지. 그러는 동안에도 나는 지금 이 순간 너와 함께하며, 네가 내 임재를 다시 떠올리기를 기다리고 있다. 나를 자주 바라보는 훈련을 해라. 가장 힘겨운 순간에도 이렇게 연습하는 시간들이 너에게 기쁨을 더해 주며, 네 삶을 밝혀 줄 거다.

함께 읽어 보세요 빌 4:8; 마 1:23; 행 2:28

기쁨 묵상:

12 | 06

**여호와여 그러하여도 나는 주께 의지하고 말하기를
주는 내 하나님이시라 하였나이다 나의 앞날이 주의 손에 있사오니
내 원수들과 나를 핍박하는 자들의 손에서 나를 건져 주소서**
(시 31:14-15).

사랑하는 자녀야, 나를 신뢰해라. 염려와 두려운 생각이 찾아올 때마다 나를 바라봐야 한단다. 내가 네 곁에서 도울 준비가 되어 있다는 걸 다시금 기억할 수 있도록 내 이름을 불러 주렴. "나는 주께 의지하고 말하기를 주는 내 하나님이시라 하였나이다 나의 앞날이 주의 손에 있사오니"와 같은 성경 말씀을 인용하여 내게 고백해라. "나의 힘이신 여호와여 내가 주를 사랑하나이다"와 같은 말씀으로 나를 향한 사랑을 표현하렴. 네 구원자이며 왕인 내가 너로 인해 기쁨을 이기지 못한다는 걸 잊지 마라. 너는 영원히 내 왕국의 소중한 가족이란다!

나와 연결되어 있으면 네 마음속을 흘러 다니는 부정적인 생각들이 멈춘단다. 네가 나와 끊임없이 소통하면 할수록 너는 더욱 자유로워질 거다. 내가 바로 진리이기에 내 곁에서 친밀하게 살면, 왜곡과 거짓들을 깨닫고 거기에서 벗어날 수 있단다.

나와의 관계에서 가장 중요한 것은 네가 나를 신뢰하고 사랑하는 거란다. 사랑과 신뢰라는 아름다운 방식으로 네가 나에게 가까이 이끌려 올 때, 나는 네 자신과 두려움들에 지나치게 빠지지 않도록 보호해 준단다. 네 피난처가 되어 주는 내 임재를 신뢰하며, 몇 번이고 나를 향해 돌아서라.

함께 읽어 보세요 시 18:11; 습 3:17; 요 14:6

기쁨 묵상 :

12 | 07

**항상 기뻐하라 쉬지 말고 기도하라 범사에 감사하라
이것이 그리스도 예수 안에서 너희를 향하신 하나님의 뜻이니라**
(살전 5:16-18).

나는 네가 항상 기뻐하며 사는 법을 배웠으면 좋겠구나. 너의 기쁨을 무엇보다도 가장 먼저 나와 연결시켜 보렴. 그중 한 가지 방법은 언제나 어떤 상황에서나 내가 너를 사랑한다는 걸 기억하는 거란다. 산들이 옮겨지고, 언덕이 흔들린다 해도 내 변함없는 사랑은 절대로 흔들리지 않는단다. 네가 원하는 대로 일이 풀리지 않거나, 어떤 식으로든 실패를 경험하게 될 때 내 사랑을 의심하려는 유혹에 굴복하지 마라. 내 사랑의 임재는 견고한 바위와 같단다. 그 위에 항상 굳게 서서 너는 내 안에서 영원히 안전하다는 것을 명심해라. 나는 너를 긍휼히 여기는 네 주인이란다!

네 기쁨이 더 커질 수 있는 또 다른 방법은, 모든 상황에서 감사하는 거다. 네 삶을 감사의 렌즈를 통해 볼 수 있게 해달라고 성령님께 도우심을 구해라. 네 삶의 여정을 따라 뿌려 놓은 축복들을 찾아보며, 그 하나하나에 대해 감사하렴. 인생의 가장 힘든 시기에도 감사할 거리는 늘 있기 마련이란다. 덕이 되고 칭찬할 만한 것을 생각하며, 계속 모든 일을 감사의 눈으로 바라보는 네가 되기를 응원하마.

함께 읽어 보세요 사 54:10; 빌 4:8

기쁨 묵상 :

12 | 08

평강의 주께서 친히 때마다 일마다 너희에게 평강을 주시고 주께서 너희 모든 사람과 함께하시기를 원하노라(살후 3:16).

나는 평화의 주님이다. 진정한 평안은 오직 내 안에서만 얻을 수 있다. 너에게 주는 이 '평안'이라는 선물은 내 존재의 일부란다. 이 축복은 이리저리 돌아다니다 그냥 손에 쥘 수 있는 게 아니다. 평안을 누리기 위해서는 따로 시간을 구분해서 나에게 초점을 맞추고, 내 임재를 즐거워해야 한다.

너는 치열한 영적 전쟁의 한가운데 살고 있기에, 내가 주는 평안으로 무장하는 게 가장 중요하다. 전쟁 중에 굳건히 서 있으려면 튼튼한 전투화가 필요하지. 평안의 복음을 신으렴. 이 복음은 내가 너를 사랑한다는 것과 내가 너를 위해 존재한다는 걸 확신하게 해준단다.

나를 믿고 따르는 많은 이들이 평안을 빼앗기는 이유는, 내가 비판적인 눈으로 늘 자신들을 감시하고 있다고 생각하기 때문이다. 하지만 그와 반대로, 나는 완전한 사랑의 눈으로 너를 바라보고 있단다. 네 실패에 대해 스스로 자책하기보다는, 내가 십자가에서 죽음으로 네 모든 죄를 덮었다는 사실을 기억해라. 나는 그저 네가 내 것이라는 이유만으로 영원히 변함없이 너를 사랑한다. 복음이 주는 이 평안 속에서 크게 기뻐해라. 이것은 네가 언제나, 어떤 상황에서나 누릴 수 있는 축복이란다.

함께 읽어 보세요 엡 6:15; 롬 8:31; 시 90:14

 기쁨 **묵상** :

12 | 09

**그러나 너희는 택하신 족속이요 왕 같은 제사장들이요 거룩한 나라요
그의 소유가 된 백성이니 이는 너희를 어두운 데서 불러내어
그의 기이한 빛에 들어가게 하신 이의
아름다운 덕을 선포하게 하려 하심이라**(벧전 2:9).

나와 함께하는 삶의 여정을 통해 네 앞날을 환히 밝혀 주고, 네 길을 비춰 주는 천국의 소망을 바라보렴. 너는 나에게 선택받고, 나에게 속한 내 백성이란다. 내가 너를 어둠에서 불러내어 내 놀라운 빛 속으로 인도했음을 기억해라. 이 말이 얼마나 귀한 의미를 담고 있는지 잘 음미해 보렴. 이 세상이 창조되기 전, 내가 너를 선택했기에 너를 나에게서 끊을 수 있는 것은 아무것도 없단다. 너는 영원히 내 것이다! 나는 너를 죄와 죽음의 어둠에서 끌어내어 '영원한 생명'이라는 아름다운 빛으로 이끌었다.

내 임재의 밝은 빛이 다양한 방법으로 너를 돕고 있단다. 나와 더 친밀하게 지낼수록 너는 네 앞길을 더 분명하게 볼 수 있다. 사랑이 가득한 이 빛 속에 네가 흠뻑 젖어들 때 내가 너에게 힘과 평안의 복을 줄 거란다. 내 빛이 네 존재 전부에 스며들어, 너와 함께 다른 이들도 축복할 거다. 내게 집중하며 보내는 이 시간을 통해 너는 나를 더욱 닮아 가며, 다른 사람들의 삶에 빛을 비춰 줄 수 있게 될 거다. 나는 지금도 여전히 내 사랑하는 자녀들을 어두운 데서 끌어내어 나의 놀라운 빛 속으로 인도하고 있단다.

함께 읽어 보세요 엡 1:4; 롬 8:2; 시 29:11

기쁨 묵상 :

12 | 10

여호와 앞에 잠잠하고 참고 기다리라 자기 길이 형통하며 악한 꾀를 이루는 자 때문에 불평하지 말지어다(시 37:7).

내 임재 안에서 잠잠히 인내하며, 내가 일하기를 기다려라. 사랑하는 자녀야, 나와 함께 소중한 시간을 보내는 것은 무척 유익한 일이란다. 네가 네 관심을 끌려고 하는 많은 일들을 밀어내고, 나에게 온 마음을 다해 집중할 때 나는 정말 기쁘단다. 네가 나와 함께 조용하게 앉아 있는 게 얼마나 어려운 일인지 안다. 나는 네가 완벽하기를 기대하는 게 아니란다. 나는 네가 끊임없이 내 얼굴을 구하는 것을 귀히 여긴단다. 네가 온 마음을 다해 나를 찾을 때 너를 인정해 주고 사랑으로 비춰 주마. 너와 내가 친밀하게 연결되어 있으면 너는 나를 신뢰하며, 내가 일할 때까지 기다릴 수 있을 거란다.

악인들이 성공하는 것을 보며 염려하거나, 그들의 악한 계획들을 보며 초조해하지 마라. 지금도 내가 통치하고 있으며, 결국 공의가 승리할 것을 믿어라. 내가 정의로 세상을 심판하고, 내 진실함으로 백성들을 다스릴 거다. 그동안 너는 이 세상에서 내 왕국을 발전시킬 수 있는 방법을 찾아보아라. 오늘 하루를 지내는 동안 네 시선을 나에게 고정시키고, 내가 이끄는 곳이 어디든 기꺼이 따라오렴. 악에게 지거나 그로 인해 낙심하지 말고, 선으로 악을 이겨라!

함께 읽어 보세요 렘 29:13; 시 96:12-13; 롬 12:21

 기쁨 묵상 :

12 | 11

**내 마음이 약해질 때에 땅 끝에서부터 주께 부르짖으오리니
나보다 높은 바위에 나를 인도하소서**(시 61:2).

나는 너보다, 네 상황보다 더 높은 곳에 있는 반석이다. 너는 언제 어디서든 내 안에서 피할 수 있단다. 사랑하는 자녀야, 나에게로 와서 내 임재의 평안 가운데 쉼을 누려라. 모든 것을 알아내려고 애쓰지 마라. 네 이해를 뛰어넘고 네가 통제할 수 없는 일들이 세상에 너무 많다는 걸 인정하렴. 내 길은 네 길보다 높고, 내 생각은 네 생각보다 높은 곳에 있단다.

너를 둘러싼 세상이 혼란스럽고, 악이 이기고 있는 것처럼 보인다면 이것을 기억해라. 나는 모든 상황 속에서 변함없이 빛나는 빛이란다. 빛과 어둠이 서로 마주하게 될 때는 언제든지 빛이 어둠을 이긴단다.

너는 내 제자이므로 네가 이 고통스러운 세상을 환히 밝혀 주면 좋겠구나. 내 이름을 속삭이고 찬양의 노래를 불러라. 나는 주 예수 그리스도, 너의 구원자이다. 이 좋은 소식의 큰 기쁨을 사람들에게 전해라! 또한 나는 끊임없이 너와 함께 있는 하나님이다. 계속해서 나를 바라보아라. 그러면 내 임재가 네 길을 밝히 비춰 줄 거란다.

함께 읽어 보세요 시 18:2; 사 55:9; 눅 2:10-11

 **기쁨 묵상 :**

12 | 12

자기 땅에 오매 자기 백성이 영접하지 아니하였으나(요 1:11).

하나님인 내가 사람이 되어서 네 세상에 들어왔을 때, 내가 내 소유의 땅에 온 것이었다. 모든 것이 내게 속해 있단다! 많은 사람들은 자기 소유를 자신만의 것으로 여기지만, 사실 너에게 속한 모든 것과 너는 다 내 것이다. 때때로 너는 고립되어 너 홀로 있는 것처럼 외로움을 느끼겠지만, 그것은 단지 착각일 뿐이란다. 내가 천문학적인 값을 지불하고 너를 샀으니, 너는 내 것이고 내 보물이다. 내가 지불한 그 엄청난 값은 네가 나에게 얼마나 귀중한 존재인지 보여 준다! 네 자신의 가치를 의심하게 될 때마다 이 강력한 진리를 곰곰이 생각해 보렴. 나를 구주로 믿어 은혜로 구원을 받은 너는 내 소중한 자녀란다.

너는 나에게 정말 귀한 존재이기 때문에 네가 영적으로, 감정적으로, 신체적으로 스스로를 잘 돌봤으면 좋겠구나. 네 생각과 마음으로 성경 말씀을 깊이 묵상하는 시간을 가져라. 네 몸은 성령님이 살고 계시는 집이라는 걸 기억하고, 너를 이용하려 드는 사람들에게서 너의 감정과 신체를 지켜야 한다. 게다가 영생의 선물이 나를 믿는 모든 이들에게 값없이 주어졌으니, 이 영광스럽고 기쁜 소식을 다른 사람들도 알 수 있도록 네가 그들을 도와주면 좋겠구나.

함께 읽어 보세요 엡 2:8-9; 고전 6:19-20; 요 3:16

 기쁨 묵상 :

12 | 13

**빌라도가 이르되 그러면 네가 왕이 아니냐 예수께서 대답하시되
네 말과 같이 내가 왕이니라 내가 이를 위하여 태어났으며
이를 위하여 세상에 왔나니 곧 진리에 대하여 증언하려 함이로라
무릇 진리에 속한 자는 내 음성을 듣느니라 하신대(요 18:37).**

진리에 속한 자는 내 음성에 귀 기울인다. 나는 인간의 모습으로 성육신한 진리란다. 진리에 대하여 증언하기 위해 내가 태어났고, 이 세상에 왔다.

절대적인 것은 없고 모든 게 상대적일 뿐이라고 믿는 사람들이 많이 있다. 부도덕한 사람들은 자기 계획대로 일을 꾸미기 위해 속임수로 정보를 조작하고, 잘못된 관점을 퍼뜨리며 이용하지. 그들은 악을 선인 것처럼, 선을 악인 것처럼 묘사한다. 나는 그런 행동들이 정말 싫다! 내가 이미 말했듯이, 회개하지 않는 거짓말쟁이들은 모두 불과 유황으로 타는 못에 던져질 거다.

마귀는 거짓말쟁이요, 거짓의 아비라는 걸 기억해라. 내 말에 귀를 기울일수록, 특별히 성경 말씀을 열심히 읽을수록 진리를 더욱 소중히 여기게 될 거다. 그리고 살아 있는 진리인 나를 기뻐하게 될 거다. 성령은 진리의 영이시니 그분께 분별력을 달라고 구하렴. 이 세상에는 노골적인 거짓말과 편견을 부추기는 일이 다반사지만, 그럼에도 네가 올바른 길을 찾아갈 수 있게 성령님이 도와주실 거다. 나와 가까이 살며 내 임재를 즐겁게 누릴 수 있도록 진리 가운데 계속 거하기를 힘써라.

함께 읽어 보세요 계 21:8; 요 8:44; 16:13

🙂 **기쁨 묵상 :**

12 | 14

믿음의 주요 또 온전하게 하시는 이인 예수를 바라보자 그는 그 앞에 있는 기쁨을 위하여 십자가를 참으사 부끄러움을 개의치 아니하시더니 하나님 보좌 우편에 앉으셨느니라 너희가 피곤하여 낙심하지 않기 위하여 죄인들이 이같이 자기에게 거역한 일을 참으신 이를 생각하라(히 12:2-3).

피곤에 지쳐 낙심하지 마라. 끝나지 않는 어려운 문제들을 계속 상대하다 보면 너무 힘들어서 포기하고 싶을 수도 있다. 골치 아픈 일들 때문에 지쳐 나가떨어질 수도 있다. 그런 문제들에 지나치게 집중한다면, 너는 자기 연민이나 좌절이라는 끝없는 늪에 빠져들 위험이 크단다.

피곤에는 몇 가지 종류가 있지. 육체적으로 피곤한 상태가 계속되면 감정적인 소모가 커지고, 정신적으로도 약해져서 금세 낙심하게 될 거다. 하지만 네가 나에게 시선을 고정한다면 모든 어려움을 극복할 수 있다. 너를 위해 십자가를 참아 내는 값비싼 대가를 치름으로, 이미 너에게 그런 능력을 주었단다. 내가 기꺼이 견뎌 낸 그 많은 고난을 잘 생각해 보렴. 그 묵상 시간이 너를 강하게 만들어, 네 앞의 어려움들을 인내할 수 있게 해줄 거다.

나를 예배하는 것은 내 임재 안에서 네 힘을 회복하는 훌륭한 방법이다. 어려움 속에서도 나를 찬양하면서 믿음의 발걸음을 내디딜 때 내 영광의 빛으로 너를 비춰 주마. 내게 집중하며 인내할수록 너는 내 영광을 다른 이들에게 반사하는 통로가 될 거고, 점점 더 영광스럽게 나와 같은 형상으로 변화되어 갈 거란다.

함께 읽어 보세요 고후 3:18; 5:7

 기쁨 묵상 :

12 | 15

> **이는 한 아기가 우리에게 났고 한 아들을 우리에게 주신 바 되었는데**
> **그의 어깨에는 정사를 메었고 그의 이름은 기묘자라, 모사라,**
> **전능하신 하나님이라, 영존하시는 아버지라, 평강의 왕이라 할 것임이라**
> **(사 9:6).**

이사야 선지자는 내 탄생에 대하여 예언하면서 나를 '영원히 살아계신 아버지'라고 불렀다. 삼위일체는 세 인격으로 이루어져 있지만, 그 본질은 셋이 하나로 연합되어 있단다. 유대인들이 성전에서 내게 질문을 던졌을 때 나는 "나와 아버지는 하나이니라"고 대답해 주었다. 이후에 빌립이 내게 아버지를 제자들에게 보여 달라고 요청했을 때도 "나를 본 자는 아버지를 보았거늘"이라고 알려 주었지. 그러니 나를 그저 위대한 스승 정도로 생각하지 마라. 나는 하나님이다. 그리고 아버지와 나는 완전한 연합을 이루어 살아간다.

나를 더욱더 깊고 넓게 알아 갈수록 아버지 하나님께도 더욱 가까워지고 있다는 걸 네가 깨달았으면 좋겠구나. 삼위일체의 신비가 너무 깊고 풍성해서 이해할 수 없다 해도 너무 혼란스러워하지 마라. 내가 바로 네가 진정으로 필요로 했던 모든 것이 됨을 인식하고, 그냥 내게 나아오너라. 너의 유일한 구원자인 나 하나만으로 너는 충분하단다.

이 분주한 대강절 기간을 보내며, 네 관심을 계속해서 내 거룩한 임재로 돌이키는 데 힘쓰렴. 임마누엘의 하나님이 오셨음을 기억하고 큰 기쁨을 누려라!

함께 읽어 보세요 요 10:30; 14:9; 마 1:23

 **기쁨 묵상 :**

12 | 16

**그 지역에 목자들이 밤에 밖에서 자기 양 떼를 지키더니 주의 사자가
곁에 서고 주의 영광이 그들을 두루 비추매 크게 무서워하는지라
천사가 이르되 무서워하지 말라 보라 내가 온 백성에게 미칠
큰 기쁨의 좋은 소식을 너희에게 전하노라**(눅 2:8-10).

한 천사가 베들레헴에서 양 치던 목자들에게 나타나, 내 탄생을 알리며 이렇게 말했다. "무서워하지 마라. 보라, 내가 온 백성에게 미칠 큰 기쁨의 좋은 소식을 너희에게 전하노라." 무서워하지 말라는 명령의 말씀은 성경 속에서 다른 어떤 명령보다 자주 반복된다. 이것은 온유하고 자비로운 명령이며, 바로 너를 위한 거다! 네가 얼마나 쉽게 두려움을 느끼는지 잘 알고 있단다. 그것 때문에 너를 비난하지는 않지만, 네가 그런 성향으로부터 자유로워지면 정말 좋겠구나.

기쁨은 두려움을 물리칠 강력한 해독제이다! 기쁨이 클수록 치료 효과도 더욱 커지지. 천사는 목자들에게 큰 기쁨의 소식을 전해 주었단다. 복음이 얼마나 놀랍고 좋은 소식인지 결코 잊지 마라. 너는 죄를 회개하고, 나를 구원자로 믿었다. 나는 네 모든 죄를 용서하고, 네 궁극적인 목적지가 지옥이 아닌 천국이 되게 해 줬다. 게다가 너에게 내 사랑을 아낌없이 부어 주고 내 영원한 임재를 약속함으로 나 자신을 너에게 주었단다. 천사가 목자들에게 선포한 그 영광스러운 소식을 묵상하는 시간을 가져 보아라. 사랑하는 자녀야, 나를 기뻐해라.

함께 읽어 보세요 요일 3:1; 빌 4:4

 **기쁨 묵상 :**

12 | 17

**우리의 능력이 되시는 하나님을 향하여 기쁘게 노래하며
야곱의 하나님을 향하여 즐거이 소리칠지어다**(시 81:1).

  너의 힘인 나를 향해 기쁘게 노래해 다오. 크리스마스 음악은 그 계절의 가장 은혜로운 축복 중 하나란다. 그리고 아무런 비용을 들일 필요가 없지. 교회에서, 집 안의 개인적인 공간이나 차 안에서도 너는 성탄을 축하하는 노래들을 부를 수 있단다. 기쁘게 노래 부르면서 가사에 집중해 보렴. 그 노래의 내용들은 처녀가 잉태함으로 세상에 오게 된 나에 대한 이야기이고, 기적적인 내 탄생에 대한 이야기란다. 네 마음 깊은 곳에서 노래를 부르면 네 기쁨과 에너지가 커지고, 나를 높이는 찬양이 된단다.

  나는 네가 영원히 나를 찬양하고 기뻐하도록 창조했다. 그래서 네가 노래를 부르며 나를 찬양할 때 더욱 활기를 갖게 되는 거란다. 네 삶의 더 많은 영역에서 나를 기뻐하는 법을 배웠으면 좋겠구나. 매일 아침 잠자리에서 일어나기 전에, 너와 함께하는 내 임재를 깨닫도록 노력해라. 스스로에게 이렇게 말해 주렴. "주님이 분명 이곳에 계신다." 그러면 너는 경이롭고 끊임없는 우리의 친밀한 관계를 향해 다시금 깨어나게 될 거란다. 내가 너를 내 임재 안의 충만한 기쁨으로 채워 주마.

                                함께 읽어 보세요 시 5:11; 창 28:16; 행 2:28

기쁨 묵상 :

12 | 18

이는 한 아기가 우리에게 났고 한 아들을 우리에게 주신 바 되었는데 그의 어깨에는 정사를 메었고 그의 이름은 기묘자라, 모사라, 전능하신 하나님이라, 영존하시는 아버지라, 평강의 왕이라 할 것임이라
(사 9:6).

나는 너의 구세주, 전능한 하나님이다! 대강절 기간 동안은 구유에 누인 아기에게 주로 초점이 맞춰진단다. 이 땅에서의 내 삶은 실제로 이렇게 겸손하게 시작되었지. 나는 내 영광을 버리고 사람의 모습을 취했다. 하지만 나는 여전히 하나님이었기에 죄 없이 온전한 삶을 살며, 강력한 기적을 행할 수 있었다. 너의 하나님인 나 여호와가 너와 함께 있단다. 나는 구원을 베푸는 전능자 하나님이다. 나의 다정한 친밀함과 위풍당당한 권능이 합쳐져 너를 위한 축복이 되었으니 이 축복을 누려라.

내가 이 세상에 왔을 때, 나는 내 소유인 땅에 왔던 거란다. 모든 것이 나를 통해 지어졌기 때문이지. 내 백성들은 나를 영접하지 않았다. 하지만 나는 나를 영접하는 사람, 곧 내 이름을 믿는 사람 모두에게 하나님의 자녀가 될 수 있는 권세를 주었단다. 이 '구원'이라는 선물에는 무한한 가치가 있다. 네 삶에 의미와 방향을 제시해 주고, 천국을 네 최종 목적지가 되도록 해주지. 선물을 주고받는 이 계절에 잘 기억하렴. 최고의 선물은 영원한 생명을 주는 거란다. 내 안에서 항상 기뻐함으로 이 놀라운 선물에 보답해라!

함께 읽어 보세요 습 3:17; 요 1:11-12; 빌 4:4

기쁨 묵상 :

12 | 19

**보라 처녀가 잉태하여 아들을 낳을 것이요
그의 이름은 임마누엘이라 하리라 하셨으니
이를 번역한즉 하나님이 우리와 함께 계시다 함이라**(마 1:23).

나는 언제나 너와 함께하는 임마누엘의 하나님이다. 이 약속을 기반으로 네 기쁨이 견고히 세워질 수 있단다. 많은 사람들은 그들의 즐거움을 일시적인 것을 통해서만 얻으려고 하지. 하지만 너와 함께하는 내 임재는 영원하단다. 사랑하는 자녀야, 크게 기뻐하고 즐거워하렴. 너의 구원자는 결코 너를 떠나지도 않고, 버리지도 않을 거다.

시간은 결국 흘러가게 되어 있다. 이 자연의 법칙은 네가 삶을 즐기는 데 방해가 될 수 있지. 모든 일이 순조롭게 흘러가는 흔치 않은 날에, 이렇게 좋은 상황은 순식간에 지나가 버릴 거라고 생각한다면 그날의 기쁨을 만끽하기 어려울 거다. 가장 신나는 휴가 기간이라도 마침내 끝나기 마련이다. 때로는 '시간을 멈추어서' 모든 것이 지금 이대로 머물러 있기를 원하겠지만, 인생의 계절은 오고 가게 되어 있단다.

일시적인 즐거움을 무시하지 마라. 하지만 그 한계를 깨닫는 게 중요하다. 잠깐의 즐거움만으로는 네 영혼의 갈증이 해결될 수 없단다. 나를 궁극적인 탐구의 목표로 삼지 않는 한, 영원히 지속되는 기쁨은 발견할 수 없을 거다. 내가 너에게 생명의 길을 보여주마. 내 앞에는 충만한 기쁨이 흘러넘친단다.

함께 읽어 보세요 신 31:8; 시 16:11

 **기쁨** 묵상 :

12 | 20

내가 여호와로 말미암아 크게 기뻐하며 내 영혼이 나의 하나님으로 말미암아 즐거워하리니 이는 그가 구원의 옷을 내게 입히시며 공의의 겉옷을 내게 더하심이 신랑이 사모를 쓰며 신부가 자기 보석으로 단장함 같게 하셨음이라(사 61:10).

네가 아무리 외로움을 느끼더라도 너는 결코 혼자가 아니란다. 사랑하는 사람들과 떨어져 있는 이들에게는 크리스마스는 오히려 힘든 시간이 될 수 있다. 떨어져 지내야 하는 이유로는 죽음, 이혼, 거리상의 이유 등 여러 가지 원인이 있을 수 있겠지. 모두가 유쾌하고 떠들썩하게 크리스마스를 보낼 때, 너 홀로 있다면 외로운 감정이 더욱 커질 거다. 하지만 내 모든 자녀에게는 얼마든지 그들을 돕고도 남을 넉넉한 능력의 원천이 있다. 나의 끊임없는 임재 안에 그 모든 능력이 있단다.

나에 대한 예언을 떠올려 보아라. "처녀가 … 아들을 낳을 것이요 그의 이름은 임마누엘이라 하리라." 임마누엘은 "우리와 함께 계시는 하나님"이라는 뜻이다. 나는 태어나기 오래전부터 너와 함께하는 하나님이 될 거라고 이미 선포되었단다. 이것은 그 누구도, 그 어떤 상황도 너에게서 빼앗아 갈 수 없는 확고한 진리의 말씀이다.

외롭다고 느껴질 때마다 내 임재에 집중하는 시간을 가져라. 너를 의롭게 하기 위해 내가 너에게 의의 겉옷을 입혀 주었음을 감사해라. 기쁨과 평강으로 너를 충만하게 채워 달라고 소망의 하나님인 내게 간구하렴. 그러면 너를 돕는 내 영을 통해 네 안의 기쁨이 다른 사람들의 삶에 흘러넘칠 만큼 가득해질 수 있단다.

함께 읽어 보세요 마 1:23; 고후 5:21; 롬 15:13

기쁨 묵상 :

12 | 21

우리 주 예수 그리스도의 은혜를 너희가 알거니와 부요하신 이로서 너희를 위하여 가난하게 되심은 그의 가난함으로 말미암아 너희를 부요하게 하려 하심이라(고후 8:9).

너를 부요하게 하기 위해 나는 가난하게 되었단다. 크리스마스의 본질인 내 성육신은 무한하고 위대한 가치를 지닌 선물이었다. 하지만 성육신으로 인해 나는 말할 수 없이 가난해졌다! 천국의 장엄한 영광을 포기하고 힘없는 아기가 되었지. 내가 베들레헴 마구간에서 태어났을 때 내 부모님은 젊고, 가난했고, 집에서 멀리 떨어진 곳에 계셨다.

평생 동안 나는 많은 기적을 행했지만, 그것은 나 자신이 아닌 다른 이들의 유익을 위한 거였단다. 광야에서 40일을 밤낮으로 금식한 후, 돌을 떡덩이가 되게 하라는 마귀의 시험을 받았지. 너무나 배가 고팠지만, 나는 그런 기적을 행하는 일을 거절했다. 나는 여러 해 동안 집 없는 사람처럼 살기도 했단다.

내가 기꺼이 가난한 삶을 살았기 때문에 너는 그만큼 부요함을 누릴 수 있는 거야! 나의 삶과 죽음, 그리고 부활은 나를 믿고 따르는 이들에게 길을 열어 주었단다. 그 길을 통해 그들은 하나님의 자녀가 되고, 영광스럽고 영원한 부의 상속자가 되었지. 변함없이 계속되는 내 임재도 너를 위한 귀중한 선물이란다. 감사하는 마음과 넘치는 기쁨으로 이 놀라운 선물들을 세상에 알려라!

함께 읽어 보세요 마 4:1-4; 요 1:12; 눅 2:10

 **기쁨 묵상 :**

12 | 22

**예수께서 또 말씀하여 이르시되 나는 세상의 빛이니
나를 따르는 자는 어둠에 다니지 아니하고 생명의 빛을 얻으리라
(요 8:12).**

나는 세상의 빛이다! 많은 사람들이 촛불과 크리스마스 트리로 집을 환하게 밝히며 대강절을 기념하지. 이것은 내가 세상 속으로 들어왔음을 상징적으로 보여 주는 방법이란다. 내 영원한 빛이 어둠을 뚫고 들어와 천국으로 가는 길을 열었다. 이 놀라운 구원의 계획을 뒤집을 수 있는 것은 아무것도 없단다. 나를 구세주로 믿는 모든 이들이 영원히 내 왕족의 자녀가 되었다!

내 빛이 어둠 속에 비치니 어둠이 그 빛을 이기지 못했다. 이 어두운 세상에 아무리 많은 악과 불신이 있더라도, 나는 진실을 바라보는 이들을 위해 희망의 불빛을 끊임없이 비추고 있단다. 그러니 그 빛을 가능한 한 많이 바라보는 게 정말 중요하단다. 사랑하는 자녀야, 네 눈을 내게 고정시키렴! 삶의 여정에서 너는 수천 가지 좋은 생각을 선택하는 과정을 통해 나를 찾을 수 있고, 결국 나를 '보게' 될 거다. 계속해서 나를 바라보는 즐거운 훈련을 네가 잘 견뎌 낼 수 있도록 내 영의 도움을 받으렴. 나를 따르는 자는 어둠 속으로 다니지 않고 생명의 빛을 얻게 될 거란다.

함께 읽어 보세요 엡 1:5; 요 1:5; 히 12:2

🍯 **기쁨 묵상 :**

12 | 23

**오직 여호와를 앙망하는 자는 새 힘을 얻으리니
독수리가 날개치며 올라감 같을 것이요
달음박질하여도 곤비하지 아니하겠고
걸어가도 피곤하지 아니하리로다**(사 40:31).

나를 의지하는 사람은 새 힘을 얻는단다. 나와 단 둘이 보내는 시간은 너에게 정말로 유익한 시간이지. 하지만 한편으로는 점점 더 시대의 흐름에 역행하는 일이 되어 가고 있구나. 요즘에는 동시에 여러 가지 일을 하고, 바쁘게 지내는 걸 당연하게 생각하는 경향이 있다. 대강절 기간에는 해야 할 일이나 갈 곳이 훨씬 더 많아질 거다. 나는 네가 그 모든 활동과 부담으로부터 잠시라도 자유로워지면 좋겠구나. 크리스마스의 주인은 '나'라는 걸 기억하며, 내 얼굴을 찾고 내 임재를 누리렴.

기도하면 정말로 변화가 일어난다고 믿고 나를 기다리는 마음은, 믿음에서 비롯되는 거다. 네 모든 수고와 무거운 짐을 가지고, 솔직하고 진실하게 내게 오렴. 내 임재 안에서 안식하며, 네 걱정거리들을 말해 다오. 네 아픈 어깨에서 무거운 짐을 들어 올려 주마. 나는 네가 구하거나 생각하는 모든 것보다 훨씬 더 많은 것으로 채워 줄 수 있다는 사실을 신뢰해라.

이 묵상 시간에서 깨어난 후에는, 온종일 이렇게 속삭이는 내 음성을 들어보렴. "내가 너와 함께 있단다." 나와 같이 있으면서 얻게 된 새로운 힘을 기뻐하고 즐거워해라.

함께 읽어 보세요 시 27:8; 마 11:28; 엡 3:20

 **기쁨 묵상 :**

12 | 24

**광야에 외치는 자의 소리가 있어 이르되
너희는 주의 길을 준비하라
그의 오실 길을 곧게 하라 기록된 것과 같이**(막 1:3).

나의 탄생을 축하하기 위한 마음의 준비를 하렴. 세례 요한의 목소리에 귀 기울여 보아라. "주의 길을 준비하라 그의 오실 길을 곧게 하라."

크리스마스는 내 성육신이라는 기적을 기뻐하고 즐거워하는 시간이다. 말씀이 육신이 되어 너희 가운데 살았다. 나는 인간과 완전히 동일한 모습이 되어, 인간으로서 너의 세상에서 생활했다. 이 놀라운 기적에 너무 익숙해져서 은혜마저 둔감해지지 않기를 바란다. 세상의 그 어떤 선물보다 가장 귀한 선물이 바로 '나'라는 걸 깨닫고 내 안에서 기쁨을 누려라!

어지러운 주변을 정리하고, 나를 향해 마음을 열어 다오. 인류의 역사 속에 내가 들어갔던 그 경이로운 사건에 대하여 깊이 생각해 보렴. 밤에 양 떼를 지키던 목자의 관점에서 이 일을 바라보면 좋겠구나. 그들은 먼저 한 천사를 보았고, 그 후에 수많은 천사들이 하늘을 밝히며 이렇게 선포하는 모습을 보았다. "지극히 높은 곳에서는 하나님께 영광이요 땅에서는 하나님이 기뻐하신 사람들 중에 평화로다." 목자들이 그랬던 것처럼, 내 영광스러운 탄생을 바라보며 어린아이 같은 기쁨과 놀라움으로 반응해라.

함께 읽어 보세요 요 1:14; 빌 4:4; 눅 2:13-14

기쁨 묵상 :

12 | 25

**태초에 말씀이 계시니라 이 말씀이 하나님과 함께 계셨으니
이 말씀은 곧 하나님이시니라**(요 1:1).

  나는 사람이 되었던 말씀이다. 나는 늘 말씀으로 존재해 왔고, 앞으로도 언제나 그럴 거다. 태초에 말씀이 있었단다. 이 말씀은 하나님과 함께 계셨고, 이 말씀이 곧 하나님이었다. 나를 그저 베들레헴에서 태어난 아기로 생각하며 내 신성을 간과하지 마라. 훗날 사람을 구원하는 구세주로 자라난 그 아기는 동시에 전지전능한 하나님이었다! 이것은 명백한 진실이란다. 내가 하나님이 아니었다면, 내 헌신적인 삶과 죽음만으로는 턱없이 부족했을 거다. 힘없는 아기로 세상에 왔던 말씀이, 곧 세상을 창조한 하나님과 동일한 존재라는 사실에 기뻐하렴.

  부요했던 내가 너를 위해 가난하게 되었고, 내 가난이 너를 부요하게 만들었다. 그 어떤 크리스마스 선물도 네가 내 안에서 얻은 보물과 결코 비할 수 없단다. 동이 서에서 먼 것처럼 내가 네 죄를 멀리 치워 주마. 이제 너는 모든 비난으로부터 자유로워질 거다. 상상도 하지 못할 만큼 영광스럽고, 영원히 계속될 생명의 삶을 너에게 선물해 주마. 이 놀라운 선물에 대한 최선의 보답은 그것을 기뻐하고, 감사하며, 받아들이는 거란다.

함께 읽어 보세요 요 1:14; 히 1:1-2; 고후 8:9; 시 103:12

기쁨 묵상 :

12 | 26

**나의 하나님이 그리스도 예수 안에서 영광 가운데
그 풍성한 대로 너희 모든 쓸 것을 채우시리라**(빌 4:19).

나는 가장 위대한 선물이다! 네가 나와 함께 있는 한, 너는 이 세상에서 그리고 저 천국에서 너에게 필요한 모든 것을 가진 셈이란다. 내가 너에게 필요한 모든 것을 풍성하게 채워 주겠다고 이미 약속했단다. 하지만 감사할 줄 모르는 태도 때문에 내 사랑하는 자녀들조차 내가 공급해 준 풍성한 것들을 즐기지 못할 때가 많구나. 자기가 가진 것에 대해 기뻐하기보다는 갖지 못한 것을 갈망하지. 그러다 보면 결국 불평불만이 가득 차게 될 거다.

나는 네가 범사에 감사하며, 감사의 찬양을 올리도록 훈련시키는 중이다. 먼저, 네 삶에서 누리고 있는 축복들을 찾아보고 그것에 대해 감사해라. 그런 다음, 잠시 멈추어서 나를 알게 되었다는 이 놀라운 선물에 대해 깊이 생각해 보아라. 나는 살아 있는 너의 하나님이며, 너를 사랑하는 구세주요, 너의 신실한 벗이란다. 이 세상에서 네가 가진 것이 많든 적든, 나와의 관계로 인해 너는 헤아릴 수 없이 부요한 사람이 되었단다. 그러니 받은 은혜를 세어 볼 때마다 나를 통해 소유하게 된 무한한 부요함도 꼭 포함시켜라. 그리고 거기에 나를 더해 주렴. 그러면 감사하는 마음이 기하급수적으로 커질 거다. 네가 가진 모든 것에 내가 더해지면, 계산할 수 없을 만큼 엄청난 재산이 된단다!

함께 읽어 보세요 시 116:17; 살전 5:18

 **기쁨 묵상 :**

12 | 27

그 안에는 지혜와 지식의 모든 보화가 감추어져 있느니라(골 2:3).

상황에 따라 변하지 않는 기쁨을 너에게 주마. 그 기쁨은 바로 '나'란다! 내 안에는 지혜와 지식의 모든 보화가 감추어져 있지. 나는 무한히 지혜로우며 모든 것을 알고 있기 때문에, 내 안에서 네가 찾게 될 보화는 결코 부족함이 없을 거다.

나는 마르지 않는 기쁨의 원천이다. 내 기쁨이 네 삶 속으로 흘러 들어갔으면 좋겠구나. 나를 온전히 받아들일 수 있도록 네 마음과 생각과 영혼을 활짝 열어 다오. 내 기쁨은 이 세상에 속한 게 아니기 때문에, 가장 힘든 상황 속에서도 너는 그 기쁨을 누릴 수 있단다. 네 삶에 무슨 일이 일어나고 있든지, 내 임재의 빛은 끊임없이 너를 비추고 있단다. 신뢰하는 마음으로 나를 바라보렴. 네가 나를 끊임없이 구한다면, 내 기쁨의 빛은 짙은 먹구름도 뚫고 나갈 수 있단다. 천국의 빛이 네 안으로 스며들게 해라. 그 빛이 너에게 긍정적인 관점을 갖도록 도와주고, 모든 것을 초월하는 기쁨으로 너를 채워 줄 거다.

썩지 않고, 더러워지지 않고, 없어지지도 않는 유산이 저 하늘에 너를 위해 준비되어 있음을 기억하렴. 말할 수 없이 영광스러운 즐거움이 영원토록 네 것이 될 수 있었던 이유는, 네가 나를 믿었기 때문이다!

함께 읽어 보세요 시 89:15-16; 벧전 1:3-4, 8

 **기쁨 묵상:**

12 | 28

**하나님이여 주의 인자하심이 어찌 그리 보배로우신지요
사람들이 주의 날개 그늘 아래에 피하나이다**(시 36:7).

  내 변함없는 사랑은 얼마나 귀중한 것이냐! 이 사랑은 진정 천국과 같은 선물이란다. 너에게 이 선물을 주기 위해 나는 말할 수 없이 혹독한 대가를 치러야 했음을 기억하렴. 나는 극심한 고통과 모욕과 죽음을 견뎌 냈단다. 그 많은 고통을 너를 위해 기꺼이 인내했다는 걸 생각하면, 내가 너를 얼마나 사랑하는지 알 수 있을 거다.

  내 안에 있는 네가 얼마나 놀랍도록 부유한 사람인지 충분히 이해했으면 좋겠구나. 나는 너에게 내 영원한 사랑이라는 너무나 귀중한 보물을 주었다! 이 세상에서 네 소유는 아주 보잘것없는 것일지라도, 내 사랑으로 인해 너는 억만장자보다 훨씬 더 부유해졌단다. 그러니 네 삶의 여정 위에서 당당해져라. 네가 가는 걸음마다 이 영광스러운 내면의 보물이 네 몫으로 약속되어 있음을 잊지 마라.

  보배롭고도 한결같은 내 사랑을 기뻐하렴. 내 사랑은 매일 떠오르는 태양보다도 훨씬 더 신실한 것이니, 너는 언제든지 믿고 의지해도 된단다. 네가 나와 함께 생명의 길을 걸어가는 동안, 내 변함없는 사랑이 너를 기쁨으로 가득 넘치게 할 거다.

_{함께 읽어 보세요} **고후 4:7; 시 16:11**

 기쁨 묵상 :

12 | 29

**그리스도의 평강이 너희 마음을 주장하게 하라
너희는 평강을 위하여 한 몸으로 부르심을 받았나니
너희는 또한 감사하는 자가 되라**(골 3:15).

내 평강으로 네 마음을 다스려라. 그리고 감사하는 사람이 되어라. 이 노력이 힘겨울 수 있으니 내 영에게 도움을 받으렴. 성령님은 네 안에 거하시기 때문에, 너는 언제라도 그분의 열매인 사랑과 희락과 화평을 누릴 수 있단다. 이렇게 기도함으로 성령님께 금방 도움을 받을 수 있다. "성령님, 당신의 평안으로 저를 채워 주세요." 마음이 안정되고 편안해질 때까지 조용한 곳에 앉아 있어 보렴. 네가 충분히 편안함을 느낄 때, 내 얼굴을 구하고 내 임재를 누리기가 더 쉬워진단다.

내 임재 안에서 안식하는 동안 내가 준 많은 좋은 것들에 대해 감사하는 시간을 가져라. 내 아낌없는 은혜와 나에게 초점을 맞출 때, 네 마음은 감사로 벅차 올라 큰 기쁨을 경험하게 될 거다. 상상을 뛰어넘는 가장 귀중한 선물들 중 한 가지는, 네 죄를 덮어 준 내 공의의 겉옷이란다. 이 놀라운 구원의 옷은 나를 구세주로 믿는 모든 이들을 위한 아주 값진 축복이다. 내 핏값으로 산 영원한 공의의 선물이 너에게 평강과 기쁨의 견고한 기반이 되어 준단다.

함께 읽어 보세요 갈 5:22-23; 시 28:7; 사 61:10

기쁨 묵상 :

12 | 30

**또 내게 말씀하시되 이루었도다
나는 알파와 오메가요 처음과 마지막이라
내가 생명수 샘물을 목마른 자에게 값없이 주리니**(계 21:6).

나는 알파와 오메가요, 처음과 마지막이다. 내 관점은 시간의 제약을 받지 않는단다. 나는 무한한 능력을 가졌기 때문에 모든 것을 한번에 보고 이해할 수 있지. 이런 이유들이 내가 네 삶을 책임질 최고의 적임자라는 것을 나타낸단다. 나는 이 땅에서 네 삶의 시작과 끝을 알고, 그 사이의 모든 것을 알고 있다. 너는 유한하고 타락한 인간이지. 네가 이해할 수 있는 능력에는 한계가 있고 결코 완전하지 못하다. 그러니 네 명철을 의지하지 말고, 나를 신뢰해라. 그것이 분별력 있고 즐거운 삶을 살 수 있는 가장 좋은 방법이란다.

인생이 끝나는 순간을 두려워하지 마라. 단지 천국으로 가는 네 여정의 마지막 계단일 뿐이란다. 내가 지금 너를 보고 있는 것처럼 나는 그 장면도 생생히 볼 수 있지. 나는 오메가, 즉 마지막이기 때문에 이미 그곳에 가 있단다. 네가 그 영광스러운 목적지에 도착할 때 내가 너를 기다리고 있으마. 그러니 이 세상을 살아가는 여정이 부담스럽게 느껴질 때마다 마지막 순간을 바라보아라. 그리고 기뻐해라!

함께 읽어 보세요 잠 3:5; 시 73:24; 히 12:2

 기쁨 묵상 :

12 | 31

**이는 나 여호와 너의 하나님이 네 오른손을 붙들고
네게 이르기를 두려워하지 말라 내가 너를 도우리라 할 것임이니라**
(사 41:13).

한 해를 끝마치면서 지나간 일들을 되돌아보는 시간을 가져라. 그리고 앞을 내다보는 시간도 가져라. 올해 있었던 중요한 일들을 다시 점검하는 일에 내 도움을 구하렴. 좋았던 일들뿐만 아니라, 힘들었던 일들까지 그 모든 기억 속에서 나를 찾아보렴. 네 모든 걸음마다 나는 네 곁에 가까이 있었단다.

네가 고난 속에서 도와달라고 매달렸을 때, 사랑이 가득한 내 임재로 너를 위로했었지. 네 안에 큰 기쁨이 충만했을 때도 나는 당연히 너와 함께 있었다. 높은 산의 정상에서, 깊은 골짜기에서, 그 사이 모든 곳에서 너와 함께했단다.

너의 미래가 지금 네 앞에서 영원에 이르기까지 펼쳐져 있단다. 나는 결코 너를 떠나지 않을 네 동반자이며, 네 앞의 모든 길을 알고 있는 인도자이다. 말로 다 표현할 수 없이 영광스러운 기쁨이 천국에서 너를 기다리고 있다! 새해를 시작할 준비를 할 때 천국의 빛을 의지해라. 그 빛이 너를 비추고, 네 앞에 놓인 길을 밝혀 줄 거다.

함께 읽어 보세요 시 16:11; 48:14; 벧전 1:8-9

 기쁨 묵상 :

JESUS ALWAYS

52주
나눔 가이드

예수님의 임재 안에서 기쁨을 누리다

이 나눔 가이드의 질문들은
지저스 올웨이즈(Jesus Always) 묵상의 내용을
기초로 만들었습니다.
이 질문들을 통해 개인이나 소그룹에서
"예수님의 임재 안에서 누리는 기쁨"을
더 깊이 알아가게 될 것입니다.
선별된 본문들은 지저스 올웨이즈(Jesus Always)의
날짜순으로 되어 있지만,
실제적인 나눔은 꼭 정해진 날짜에 따라 하지 않아도 됩니다.
함께 수록된 참고 구절들을 활용하여
내용과 관련된 성경 말씀을 수월하게 찾아볼 수도 있습니다.
나눔 질문들은 일 년 중 어느 때라도
소그룹 나눔과 개인 묵상용으로 사용할 수 있습니다.

52주 나눔 주제들 JESUS ALWAYS

1주	충만한 기쁨	27주	영원한 약속
2주	한이 없는 기쁨	28주	네 염려를 주님께
3주	눈부시게 빛나는 빛	29주	하나님의 변함없는 사랑
4주	믿음의 반석	30주	천국으로 가는 길
5주	즐거운 여행	31주	하나님이 하시는 일들
6주	주 안에서 기뻐하기	32주	최고의 친구
7주	잠시 맛보는 천국	33주	온전히 기쁘게 여기라
8주	든든한 기쁨의 원천	34주	기쁨으로 의지하기
9주	아름다운 마음	35주	초자연적인 기쁨
10주	하나님의 때	36주	사랑으로 귀 기울이기
11주	감사의 닻	37주	하나님께 배우기
12주	즐거운 귀환	38주	하나님과 약속을 하세요
13주	최고의 보화	39주	하나님 안에서의 쉼
14주	너의 시각을 밝히며	40주	둘도 없는 친구
15주	소망의 이유	41주	마음 훈련
16주	희생적인 사랑	42주	하나님의 메시지
17주	의미 있는 삶	43주	느슨하게 붙들기
18주	든든한 하늘나라	44주	포로됨을 면하다
19주	늘 도우시는 분	45주	하나님의 일
20주	진리를 말하는 법	46주	은혜와 자비
21주	자족하는 삶	47주	폭풍 전야
22주	하나님 나라 공동체	48주	네 길의 빛
23주	새롭게 바라보기	49주	하나님을 향한 목마름
24주	견딜 수 없는 것을 견디는 힘	50주	평화의 왕
25주	은혜로우신 우리의 인도자	51주	아버지 하나님
26주	새로운 자아를 입기	52주	세상의 빛

1주 충만한 기쁨

1월 1일

주제 말씀 | 사 43:18-19; 시 16:11; 118:24

1. 과거 당신의 삶에 일어난 일들 중에서 지금도 여전히 상처로 남아 있는 사건이 있습니까? 지난날의 실패와 나를 실망시켰던 일들이 오늘의 삶까지 영향을 주고 있지는 않나요? 서로의 생각을 나누어 보세요.

___

2. 오늘 본문은 우리에게 "오늘은 귀중한 선물"이며 "오늘을 즐거워하고 기뻐하라."고 말합니다. 오늘 일어나는 일에 집중하며, 우리 앞에 놓인 시간에 대해 감사할 수 있는 방법에는 어떤 것들이 있을까요?

___

3. 오늘의 말씀인 시편 16:11은 "주께서 생명의 길을 내게 보이시리니 주의 앞에는 충만한 기쁨이 있고 주의 오른쪽에는 영원한 즐거움이 있나이다."라고 약속하고 있습니다. 당신은 매일 하나님을 찾고 구하면 "충만한 기쁨"을 경험하게 된다는 것을 믿습니까? 일상 속에서 어떻게 하나님을 찾고 구하고 있는지 나누어 보세요.

___

2주 한이 없는 기쁨

1월 8일

주제 말씀 | **벧전 1:8; 고후 6:10; 고전 13:12**

1. 지금 당신은 어떤 어려움을 겪고 있습니까? 이보다 힘겨운 상황에서도 여전히 기쁨을 누리는 것이 가능할까요? 고난 속에서도 기쁨을 발견했던 경험이 있다면 그때의 이야기를 나눠 주세요.

   _____
   _____
   _____

2. 오늘 본문은 "나(주님)로 인해 누리는 즐거움을 고난이 방해하지 못하게 하라."고 조언합니다. 힘든 시간을 지나는 동안 하나님께 기대는 것이 왜 중요할까요? 본문에서는 우리의 소망을 하나님께 단단히 묶어 둘 때 어떤 일이 일어날 것이라고 말하고 있나요?

   _____
   _____
   _____

3. 오늘 주제 말씀에서는 "예수를 너희가 보지 못하였으나 믿고 말할 수 없는 기쁨과 충만한 영광으로 기뻐하니"(벧전 1:8)라고 설명합니다. 지금 겪는 고난을 담대하게 마주할 수 있는 용기를 주셔서 주님 안에서 말로 표현할 수 없는 기쁨을 발견하게 해달라고 간구하는 기도문을 적어 보세요.

   _____
   _____
   _____

3주 눈부시게 빛나는 빛

1월 15일

주제 말씀 | 요일 1:7; 시 62:8; 139:10; 요 1:5

1. 삶의 힘겨운 시기를 지날 때 당신에게 힘이 되었던 것은 무엇이었나요? 캄캄한 터널처럼 어려운 시간을 보내며 "빛"을 필요로 하는 사람들에게 당신은 어떤 도움을 주었나요?

___

2. 우리는 오늘 묵상을 통해 하나님께서 우리를 영원히 붙들고 계시며 절대로 놓지 않으신다는 것을 확실히 알게 되었습니다. 비록 짧은 기도일지라도 그분의 도움을 구하며 외칠 때, 우리는 무엇을 얻을 수 있나요? 그런 경험이 있다면 그때의 이야기를 나눠 주세요.

___

3. 시편 62:8 말씀처럼 항상 그분을 신뢰하고 마음을 토할 때, 하나님께서 우리의 피난처가 되심을 알 수 있습니다. 하나님은 어떻게 당신의 피난처가 되어 주시는지 생각해 보세요. 우리가 고난의 그림자에서 벗어나 본문에서 말하는 "탁월한 광채로 빛나는" 하나님의 빛을 보려면 어떻게 해야 할까요?

___

4주 믿음의 반석

1월 22일

주제 말씀 | 시 18:2; 46:1-3; 고후 10:5; 잠 29:25

1. 오늘의 묵상 말씀을 읽으며 "하나님은 우리의 믿음과 신뢰를 전부 걸 수 있을 만큼 귀한 존재"라는 사실을 다시 기억하게 되었습니다. 당신의 삶에 일어난 변화나 달라진 상황을 받아들여야 할 때, 하나님께서 당신이 믿음을 가질 수 있도록 어떻게 도와주셨는지 서로 이야기를 나누어 보세요.

   _____
   _____

2. 시편 18:2의 말씀은 우리를 이렇게 격려합니다. "여호와는 나의 반석이시요 나의 요새시요 나를 건지시는 이시요 나의 하나님이시요 내가 그 안에 피할 나의 바위시요 나의 방패시요 나의 구원의 뿔이시요 나의 산성이시로다." 주님이 우리의 반석이심을 알게 되면 우리 삶의 어려운 결정들을 대하는 자세에 어떤 변화가 생길 수 있을까요?

   _____
   _____

3. 마음이 불안해지면 그때마다 염려가 찾아옵니다. 그러나 우리의 반석이신 하나님을 신뢰하기로 선택하면, 불안한 감정을 이겨낼 수 있습니다. 이번 주 염려가 찾아올 때마다 따로 시간을 내어 하나님께 당신의 감정을 말씀드리세요. 걱정에 시달리는 마음을 벗어버리고 하나님 안에서 온전한 기쁨을 누리게 해달라고 하나님께 간구하는 기도문을 적어 보세요.

   _____
   _____

5주 즐거운 여행
1월 29일

주제 말씀 | 렘 29:13-14; 히 12:1; 롬 5:3; 벧후 1:5-6

1. 오늘 본문은 "우리가 적극적으로 하나님을 찾고 구할 때, 실제로 살아 계신 그분을 더욱 생생하게 깨닫게 된다."고 말합니다. 하나님을 추구한다는 것이 당신에게는 어떤 의미인가요? 당신의 삶 속에서 당신은 어떻게 하나님을 찾고 구하고 있는지 나누어 보세요.

   _____
   _____
   _____

2. 오늘 주제 말씀은 "너희가 온 마음으로 나를 구하면 나를 찾을 것이요 나를 만나리라 … 너희를 포로된 중에서 다시 돌아오게 하되 내가 쫓아 보내었던 나라들과 모든 곳에서 모아 사로잡혀 떠났던 그 곳으로 돌아오게 하리라 이것은 여호와의 말씀이니라."(렘 29:13-14)라고 말합니다. 당신이 포로처럼 사로잡혀 있던 인생의 사건들을 떠올려 볼 때 하나님께서는 어떤 방법으로 당신을 구해 주시고 돌아오게 해주셨나요?

   _____
   _____

3. 계속 하나님을 찾고 구하며 살아가는 우리의 인생 여정은 즐거울 것입니다. 이번 한 주 동안 시간을 따로 내어 하나님께 집중하는 시간을 갖기로 결단하세요. 그리고 매일매일 어떻게 하나님의 임재를 깨달아 알게 되었는지 기록해 보세요.

   _____
   _____

6주 주 안에서 기뻐하기

2월 5일

주제 말씀 | 합 3:17-18; 시 105:4; 빌 4:4

1. 당신의 삶에 어떤 일이 일어나든 여전히 주님 안에서 기뻐할 수 있다는 것을 믿나요? 빌립보서 4:4에서는 "항상 주안에서 기뻐하라. 내가 다시 말하노니 기뻐하라."고 말씀합니다. 오늘 당신의 삶에 허락해 주신 기쁨들을 쭉 기록해 보세요. 그리고 지금 어려운 상황에 있을지라도 기뻐할 수 있는 이유를 적어 보세요.

___

2. 오늘 본문은 "하나님께서 믿음의 눈을 통해 천국의 관점으로 삶을 바라보도록 훈련하고 계신다."고 말합니다. 매 순간의 문제들을 해결해야 하는 상황 속에서, 믿음의 눈으로 문제 너머를 바라보며, 하나님이 여전히 내 삶에서 일하고 계심을 믿음으로 고백할 수 있나요? 서로의 생각을 나누어 보세요.

___

3. 이번 주에 여러 상황들을 만날 때마다 "예수님, 그럼에도 불구하고 저는 주님 안에서 기뻐할 수 있어요."라고 말하는 연습을 해 보세요. 한 주간 매일 이렇게 연습하면서, 이 훈련이 상황을 기쁘게 바라볼 수 있도록 당신의 시각을 바꾸는 데 얼마나 도움이 되었는지 적어 주세요.

___

7주   잠시 맛보는 천국

2월 12일

주제 말씀 | 벧전 1:8; 시 73:23-24; 요일 4:19; 요 20:29

1. 지금껏 살면서 "천국의 영광"을 맛보는 것 같은 느낌이 들었던 순간이 있었나요? 하나님께서 어떤 특별한 은사를 통해 자신을 나타내셨거나, 어떤 상황 속에서 그분의 선하심을 강력하게 드러내셨을 것입니다. 이런 경험이 있다면 한 가지만 나누어 보세요.

_____

_____

2. 오늘 본문에서는 하나님께서 우리에게 "말로는 표현할 수 없는 영광스러운 기쁨, 천국에서 곧장 내려오는 기쁨"을 주신다고 말합니다. 우리는 "부활하시고 지금도 살아 계신 구주 예수님"을 섬긴다는 사실에 기뻐할 수 있습니다. 비록 지금은 눈으로 볼 수 없고, 믿음으로만 그분을 알 수 있지만, 언젠가는 그분을 만나게 될 것을 고대합니다. 지금 당장은 그분과 얼굴을 맞대고 볼 수는 없지만, 우리 하나님 아버지와 교제하며 사귐을 나눌 수 있는 방법에는 어떤 것들이 있을까요?

_____

_____

3. 우리는 눈으로 본 적 없는 살아 계신 하나님을 사랑하고 믿습니다. 이것은 그리스도인의 신앙에 있어서 중요한 부분입니다. "도마야, 네가 나를 보았기에 믿느냐. 나를 보지 못하고 믿는 자들은 복이 있도다."라고 말씀하시는 요한복음 20:29을 묵상하며 다음의 질문을 생각해 보세요. 하늘에 계신 아버지와 영원히 함께한다는 사실을 믿고 확신함으로써, 우리는 어떤 축복들을 누릴 수 있을까요?

8주 든든한 기쁨의 원천

2월 19일

주제 말씀 | 시 16:8; 71:23; 90:14; 빌 4:6

1. 시편 16:8은 "내가 여호와를 항상 내 앞에 모심이여 그가 나의 오른쪽에 계시므로 내가 흔들리지 아니하리로다."라고 말씀합니다. 하나님께서 항상 내 곁에 계시다는 사실은 놀라운 기쁨의 원천임이 틀림없습니다. 하나님께서 절대로 당신과 멀리 계시지 않는다는 사실을 기억하게 해주는 상징이나 물건, 대상 등이 있다면 이야기해 주세요.

_____
_____
_____

2. 오늘 본문을 통해 우리는 "기도 속에서 하나님을 진정으로 만나야 하며, 그렇게 하나님과 친밀한 소통을 이어갈 때 그분의 임재 안에서 누리는 기쁨은 우리 것"이라는 사실을 다시 기억하게 되었습니다. 매일 일상 속에서 하나님과의 교제를 반복적으로 이어가려면 어떻게 해야 될까요? 기도가 내 삶의 일부가 되게 하려면 어떻게 해야 할지 생각을 나누어 보세요.

_____
_____
_____

3. 우리가 말씀을 공부하고 묵상할 때, 하나님과의 교제가 이루어집니다. 하나님의 말씀을 더욱 친밀하게 알아가면서 당신의 마음은 어떻게 바뀌게 되었나요?

_____
_____

9주 아름다운 마음

2월 26일

주제 말씀 | 삼상 16:7; 잠 4:23; 마 1:23

1. 오늘 본문에서는 "사람은 겉으로 드러나는 외모를 보지만 하나님은 마음의 중심을 보신다. 또한 그분은 우리의 마음 상태에 가장 관심이 있으시고, 그 속에서 아름다운 것들을 창조하기 위해 일하신다."라고 말합니다. 하나님께서는 우리가 즐겁게 누릴 수 있도록 시각적으로 아름다운 것들을 많이 창조해 주셨습니다. 그러나 마음의 관점에서 바라볼 때, 당신의 삶에는 어떤 아름다움이 있을까요?

___

___

2. 잠언 4:23은 "무릇 지킬 만한 것보다 더욱 네 마음을 지키라. 생명의 근원이 이에서 남이니라."고 말씀합니다. 당신에게 "마음을 지키라."는 말씀은 어떤 의미인가요? 마음을 지킬 수 있는 방법을 나누어 보세요.

___

___

3. 성경에 있는 하나님의 가르침에 따라 우리 삶의 우선순위를 맞추고, 이 원칙을 마음에 간직해 두면, 하나님께서는 이 세상의 아름다움보다 훨씬 더 아름다운 것들을 우리 삶 속에 창조하십니다. 하나님의 말씀으로 당신의 마음을 아름답게 가꿔 가기 위해, 이번 주부터는 성경을 읽을 때 마음에 와 닿는 말씀들을 암송해 보세요. 그리고 그 중 몇 구절을 아래에 적어 주세요.

___

___

10주 하나님의 때

3월 4일

주제 말씀 | 사 30:18; 시 143:8; 잠 3:5

1. 우리들 대부분은 살면서 기다리는 것을 그리 좋아하지 않습니다. 오히려 서둘러서 과정을 진행하고 일을 처리하는 편이지요. 오늘 본문은 "참을성 있게 기다리는 것이 쉬운 일은 아니지만, 그럼에도 불구하고 그 기간은 아주 유익한 시간이다."라는 사실을 일깨워 줍니다. 인내하며 기다리면, 그 결과로 어떤 유익이 있을까요?

___

___

2. "적절한 타이밍이 모든 것을 좌우한다."는 말을 흔히 합니다. "하나님의 때"라는 의미를 곰곰이 생각해 보면서, 자신이 선택하지 않았던 상황이 일어났던 때가 있었는지 떠올려 보세요. 결국 "하나님의 때"가 되어 좋은 결과를 얻게 되었나요? 서로의 경험을 나누어 보세요.

___

___

3. 이사야 30:18은 "여호와께서 너희에게 은혜를 베풀려 하심이요 일어나시리니 이는 너희를 긍휼히 여기려 하심이라 대저 여호와는 정의의 하나님이심이라 그를 기다리는 자마다 복이 있도다."라고 말씀합니다. 비록 우리는 미래를 알 수 없지만 하나님은 알고 계신다는 사실을 계속 떠올리면서, 이번 주에는 인내심을 구하는 기도를 해보세요. 그리고 하나님께서 모든 일을 주관하심을 인정하며 그분의 완벽한 때에 대해 감사드리는 기도문을 적어 보세요.

___

___

11주 감사의 닻

3월 11일

주제 말씀 | 시 13:5; 118:24; 골 2:6-7; 고후 9:15

1. 오늘 본문에는 "감사하는 마음은 우리를 하나님께 연결시키고 현재의 시간에 닻을 내려 흔들리지 않게 해주는 반면, 걱정은 우리를 미래로 떠밀어서 불안하고 메마른 땅을 방황하게 만든다."는 내용이 있습니다. 오늘 당신의 삶에서 현재에 닻을 내리게 해주는 선물 같은 감사의 제목에는 어떤 것들이 있나요?

2. 골로새서 2:6-7은 "그러므로 너희가 그리스도 예수를 주로 받았으니 그 안에서 행하되 그 안에 뿌리를 박으며 세움을 받아 교훈을 받은 대로 믿음에 굳게 서서 감사함을 넘치게 하라."고 말씀합니다. 감사가 가득한 삶은 걱정과 염려를 덜어 주는 데 어떤 도움이 될까요?

3. 이번 주에는 염려로 가득한 생각을 감사로 바꾸어 보세요. 마음속에 불안한 생각이 떠오를 때마다 나지막이 감사의 기도를 읊조리세요. 이렇게 일주일을 보낸 후, 상황을 바라보는 당신의 시각에 어떤 변화가 있었는지 이야기를 나눠 주세요.

12주 즐거운 귀환

3월 18일

주제 말씀 | 마 6:34; 사 41:10; 습 3:17

1. 오늘 본문을 읽으며 "하나님께서는 우리가 그분의 도움을 힘입어 하루에 감당할 수 있는 어려움의 정도를 정확히 알고 계신다."는 것을 기억하게 되었습니다. 지금까지 살면서 한계에 다다랐다고 느낀 적이 있었나요? 그렇다면 어떤 힘으로 그 시기를 헤쳐 나왔나요?

___

___

2. 격한 감정에 휩싸일 때도 있겠지만, 당신은 언제든지 "늘 가까이에서 힘과 용기를 주시며 우리를 위로하시는 하나님"께로 생각을 되돌릴 수 있습니다. 하나님께서 어떤 특별한 상황을 통해서나 친구와의 대화 속에서, 또는 직접적으로 당신에게 용기를 주셨던 경험이 있으신가요? 그렇다면 그 때의 일을 떠올려 보고, 그 일이 당신의 관점을 어떻게 변화시키고 희망을 주었는지 이야기해 주세요.

___

___

3. "그러므로 내일 일을 위하여 염려하지 말라 내일 일은 내일이 염려할 것이요 한 날의 괴로움은 그날로 족하니라."는 마태복음 6:34 말씀을 통해 우리는 삶의 고난을 어떤 마음으로 바라보아야 할지 배울 수 있습니다. 한 주를 시작하기 전, 염려의 길에 들어설 때마다 하나님께 올려 드릴 수 있는 간단한 기도문을 적어 보세요. 그리고 기쁜 마음으로 하나님께 계속 초점을 맞추고 생활할 수 있도록 이 기도문을 활용해 보세요.

___

13주 최고의 보화

3월 25일

주제 말씀 | 요 11:25; 11:43-44; 14:6; 골 2:2-3; 마 11:28

1. 오늘 본문에서 "이 세상에서도 천국에서도 우리에게 필요한 전부는 바로 하나님이며, 세상 모든 보물을 품고 있는 최고의 보물이 바로 그분"이라는 사실을 다시 깨달았습니다. 진정한 보물이 무엇인지를 잊게 만들 정도로 당신이 삶에서 귀중하게 여기는 것들은 무엇입니까?

   _____
   _____

2. "이는 그들로 마음에 위안을 받고 사랑 안에서 연합하여 확실한 이해의 모든 풍성함과 하나님의 비밀인 그리스도를 깨닫게 하려 함이니 그 안에는 지혜와 지식의 모든 보화가 감추어져 있느니라."고 말씀하시는 골로새서 2:2-3을 묵상해 보세요. 당신은 어떤 질문들을 가지고 살아가고 있나요? 우리가 그리스도를 깨달아 알아갈수록 지혜와 지식이 자라게 된다는 말씀을 대하면서 어떤 마음이 드는지 서로 나누어 보세요.

   _____
   _____

3. 우리의 진정한 보물은 오직 하나님 안에 있음을 알게 되었습니다. 그분은 "우리가 몸부림치는 모든 문제들에 대한 해답이며, 어떠한 때와 형편에서도 차고 넘쳐나는 기쁨"이시라는 사실을 이번 주 내내 기억하세요. 매일의 삶 속에서 당신의 눈을 열어 하나님의 보화를 볼 수 있게 해달라고 구하는 기도를 써보세요. 그리고 당신이 발견한 보화들을 적어 보세요.

14주 너의 시각을 밝히며

4월 1일

주제 말씀 | 사 42:7; 시 119:105; 히 4:12

1. 우리에게는 매일 여러 가지 시련과 승리가 찾아옵니다. 힘겨운 시간에도 하나님의 사랑을 기억하며 살기로 선택할 수 있습니다. 당신이 더 많은 것을 누릴 자격이 있다는 생각에 혼란스럽다면, 당연히 누려야 한다고 생각하는 것들을 하나씩 내려 놓을 수 있도록 기도해 보세요. 필요한 모든 것을 하나님께서 채워 주실 것을 신뢰하세요. 그리고 이미 받은 것들 중에서 가장 감사한 것이 무엇인지 함께 이야기를 나눠 보세요.

---

2. 오늘 본문은 "하나님께서는 우리 눈을 밝히고, 빛을 비추어 우리가 바른 시각을 갖도록 돕는 일을 참 좋아하신다."고 말합니다. 또한 "눈먼 사람의 눈을 뜨게 하고, 감옥에 갇힌 사람을 자유롭게 하고, 어둠 속에 사는 사람을 이끌어내기 위해" 예수님께서 이 세상에 뛰어드셨다고 말합니다. 하나님께서는 어떤 방법으로 당신의 눈을 뜨게 하셨고, 어둠 속에서 이끌어내어 자유롭게 해주셨나요?

---

3. 시편 119:105 말씀은 "주의 말씀은 내 발의 등이요 내 길에 빛이니라."라고 선포합니다. 말씀을 공부할 때 내 앞 길에 밝은 빛이 비춰지는 것을 느꼈던 경험이 있다면 서로 나누어 보세요. 이번 주간에 기도하고 말씀을 보면서, 하나님께서 그분의 지혜와 은혜를 드러내 보여 주신 빛나는 순간들을 기록으로 남겨 보세요.

15주 소망의 이유

4월 8일

주제 말씀 | 벧전 3:15; 롬 5:5; 시 27:4

1. 로마서 5:5은 "소망이 우리를 실망시키지 않는다."(새번역)고 말씀합니다. 로마서 5장 전체를 읽어 보고 당신에게 소망을 주는 것들을 몇 가지 적어 보세요.

___

2. 시편 27:4에서 다윗이 기도한 것처럼 우리도 이렇게 기도할 수 있습니다. "내가 여호와께 바라는 한가지 일 그것을 구하리니 곧 내가 내 평생에 여호와의 집에 살면서 여호와의 아름다움을 보며 그의 성전에서 사모하는 그것이라." 여호와의 집에서 사는 것이 소원이라는 다윗의 고백을 보며 어떤 마음이 드시나요?

___

3. 살다보면 절망감을 일으키는 상황들을 만나게 될 것입니다. 오늘 본문은 "어려움 속에서 씨름할 때마다, 복음의 진리를 깊이 묵상하고 영광스러운 소망인 하나님을 바라보며 우리 자신을 다독이라."고 일깨워 줍니다. 절망하게 될 때마다 잠시 멈추어서 주님의 임재를 깨닫게 해달라고 간구하세요. 문제의 해결책이 아직 보이지 않을지라도, 하나님께서 계속 붙들어 주실 것을 확신할 수 있는 이유는 무엇인가요?

___

16주 희생적인 사랑

4월 15일

주제 말씀 | 고후 8:9; 요 3:36; 벧전 5:7

1. 희생적인 사랑을 베풀거나 받는 일은 흔히 할 수 있는 경험이 아닙니다. 지금까지 살면서 누군가로부터 희생적인 사랑을 받아보았다면, 그 때의 경험을 이야기해 주세요.

   _____
   _____

2. 오늘 본문을 읽으면 우리에게 베풀어 주신 예수님의 희생을 다시 기억하게 됩니다. 예수님께서는 "우리를 위해 완벽한 천국의 영광을 떠나셨고, 무기력한 아기로 마구간에서 태어나 우리가 사는 이 세상의 삶을 시작하셨습니다." 우리의 죄 짐을 대신 지게 하시려고 아들을 보내 주신 하나님의 깊고 놀라운 사랑을 차분히 묵상해 보세요. 어떤 말로 이런 사랑을 설명할 수 있을지 마음속에 떠오르는 단어들을 표현해 보세요.

   _____
   _____

3. 하나님이 우리에게 보여주신 희생과 사랑의 크기를 생각하면, 자연스럽게 그분을 신뢰하게 됩니다. 베드로전서 5:7에서는 "너희 염려를 다 주께 맡기라 이는 그가 너희를 돌보심이라."라고 합니다. 지금 당신이 씨름하고 있는 문제와 걱정거리들을 생각한 다음, 그것들을 하나님께서 처리하시도록 넘겨 드리는 상상을 해보세요. 인생의 무거운 짐을 홀로 감당하던 우리를 자유롭게 해주시는 하나님을 알고 나니 어떤 마음이 드나요?

   _____
   _____

17주 의미 있는 삶

4월 22일

주제 말씀 | **마 6:32-34; 시 37:4; 103:14**

1. 당신의 삶에서 의미와 목표는 무엇인가요?

_____

_____

2. 그리스도의 제자인 우리는 하나님께서 우리에게 필요한 모든 것을 아신다는 믿음 안에서 기쁨을 누리게 됩니다. 그분이 우리를 인도하시는 길을 항상 이해할 수는 없지만, 오늘의 본문은 하나님이 최고의 인도자시라는 진리를 우리에게 일깨워 줍니다. 스스로는 선택하지 않았을 길이었지만 결국 의미 있는 길이 되었음을 알게 된 경험이 있다면 떠올려 보고, 그 때가 당신의 삶에서 얼마나 중요한 시간이 되었는지 구체적으로 이야기를 나누어 보세요.

_____

_____

_____

3. 하나님께서 우리의 발걸음을 인도하시도록 전심으로 기꺼이 허락해 드릴 때, 그분은 예기치 못했던 즐거운 방법으로 우리 삶을 축복해 주실 것입니다. 시편 37:4은 "여호와를 기뻐하라 그가 네 마음의 소원을 이루어 주시리라."고 말씀합니다. 당신의 삶을 인도하시는 그분의 길을 따라가다 보면, "내 마음의 소원"을 어떻게 깨달을 수 있을까요?

_____

_____

18주 든든한 하늘나라

4월 29일

주제 말씀 | 시 36:5; 145:18; 고후 4:17

1. 당신의 삶에서 든든한 안정감과 확신을 갖게 해주는 것은 무엇인가요?

   ___

2. "하나님은 우리의 모든 믿음과 확신을 다 걸어도 될 만큼 가치 있는 존재"라고 말해 주는 오늘의 본문을 통해, 궁극적으로 우리를 안전하게 지켜 주실 하나님을 의지해야 한다는 것을 다시 깨닫게 됩니다. 나를 안전하게 해줄 거라고 믿은 학벌, 재산, 능력 같은 것이 허망하게 사라져 버릴 수 있다는 걸 알게 된 경험이 있습니까? 세상의 것들을 덜 의지하고 점점 더 하나님을 의지하는 삶은 어떤 것일까요? 서로의 생각을 나눠 보세요.

   ___

3. 오늘의 주제 말씀 중 "여호와여 주의 인자하심이 하늘에 있고 주의 진실하심이 공중에 사무쳤으며"라는 시편 36:5은 하나님의 성품을 찬양하는 기도입니다. 영원히 안전한 곳이 어디인지를 깨닫고 나면, 이 세상이 우리에게 믿고 의지하라고 말하는 것들에 덜 매달리게 될 수 있습니다. 하나님을 더욱 깊이 의지하고 그분의 무한하고 영원한 사랑을 볼 수 있도록 도와주시기를 구하는 기도문을 써 보세요.

   ___
   ___
   ___

19주 늘 도우시는 분

5월 6일

주제 말씀 | 사 44:2; 시 23:6; 46:1

1. 미래에 대한 세세한 부분까지 구체적으로 계획을 세우십니까? 미래를 생각할 때 앞으로 어떤 일이 닥칠지 몰라 두려워하며 걱정하는 편인가요, 아니면 늘 당신 곁에서 도와주시는 하나님을 신뢰하나요?

   _____

   _____

2. 오늘 본문은 우리 삶 속에 친밀하게 관여하시는 하나님에 대해 알려 주며 그분을 의지하라고 말합니다. "그분의 핏값으로 우리를 사셨기에 우리는 그분의 것이며, 이 세상을 살아가는 삶의 여정 속에서 우리를 돕겠다는 그분의 약속을 믿으면 된다. 늘 우리를 돕고 있는 하나님을 신뢰하는 것이 온갖 두려움을 극복하고 승리를 얻는 비결이다." 삶의 모든 영역에서 하나님께서 일하고 계심을 당신은 어떻게 알 수 있나요? 당신의 삶 속에서 일하시는 주님을 생각하면, 그분을 믿고 미래를 맡길 수 있을 것 같은 마음이 드나요?

   _____

   _____

3. 시편 23:6은 "내 평생에 선하심과 인자하심과 영원한 사랑이 정녕 나를 따르리니 내가 여호와의 집에 영원히 살리로다."라는 말씀으로 우리에게 확신을 줍니다. 삶의 힘든 시간들을 지나면서도 늘 하나님의 선하심과 인자하심과 사랑을 누리려면 어떻게 해야 할까요? 언제나 함께하시겠다는 하나님의 약속은 고난에 대처하는 당신의 태도에 어떤 영향을 줄까요? 서로의 생각을 나누어 보세요.

20주 진리를 말하는 법

5월 13일

주제 말씀 | 요 7:24; 마 7:1; 엡 4:15

1. 진실에 대해 말하기 어려운 상황에서 용기를 내어 이야기를 나눴던 경험이 있나요? 서로의 경험을 나누어 보세요.

   _____

   _____

   _____

2. 오늘 본문을 읽으며 "독선적이고 위선적이며 겉만 보고 내리는 피상적인 판단"과 "사랑 안에서 참된 것을 말할 수 있는 용기"에는 분명한 차이가 있음을 알게 되었습니다. 어떻게 해야 우리는 상대방을 판단하지 않고 사랑 안에서 진리를 말할 수 있을까요?

   _____

   _____

   _____

3. 에베소서 4:15는 "우리는 사랑으로 진리를 말하고 살면서, 모든 면에서 자라나서, 머리가 되시는 그리스도에게까지 다다라야 한다."고 말씀합니다. 남을 판단하는 말을 삼가는 것은 당신이 예수님 안에서 자라나고, 다른 이들을 예수님께로 인도하는 데 어떤 도움이 될까요?

   _____

   _____

   _____

21주 자족하는 삶

5월 20일

주제 말씀 | 요 10:9-10; 딤전 6:6-8; 시 63:8; 요 3:16

1. 재산이나 소유 또는 사회적 지위 등으로 다른 사람과 자신을 비교해 본 적이 있나요? 다른 사람과의 비교로 자신을 평가할 때 어떤 마음이 드나요?

___

2. 디모데전서 6:6-8은 "자족하는 마음이 있으면 경건은 큰 이익이 되느니라. 우리가 세상에 아무 것도 가지고 온 것이 없으매 또한 아무것도 가지고 가지 못하리니 우리가 먹을 것과 입을 것이 있은즉 족한 줄로 알 것이니라."라고 말씀합니다. 점점 더 많은 것을 소유하려고 하는 우리의 성향에 이 말씀은 어떤 도전이 됩니까?

___

3. 오늘 본문 말씀은 우리의 마음에 이렇게 새겨 주었습니다. "우리가 이 세상에서 무엇을 소유하고 있든 꼭 기억할 것이 있다. 소유가 많든 적든 하나님을 가진 사람은 모든 것을 가진 것이다." 매일 자족하며 살아가려 애쓰는 우리에게 "받은 복을 세어 보라."는 말씀은 어떤 도움이 되는지 생각해 보고 서로 나누어 보세요.

___

22주 하나님 나라 공동체
5월 27일

주제 말씀 | 마 26:53; 행 2:21; 요 16:33; 18:36

1. 오늘날의 세상을 바라보는 당신의 마음은 어떻습니까? 세상이 점점 좋아지고 있다고 생각하나요? 아니면 더 나빠지고 있는 걸까요?

   _____
   _____
   _____

2. 오늘 본문은 우리가 살아가는 세상이 어떤 곳이든지, "우리는 영원한 생명과 빛이 있는 하나님 나라의 일부"라는 것을 기억하라고 격려합니다. 하나님이 여전히 세상을 다스리고 계시며 우리는 하나님 나라에 속해 있음을 알면, 타락한 세상을 바라볼 때 어떤 마음을 갖게 될까요?

   _____
   _____
   _____

3. "이것을 너희에게 이르는 것은 너희로 내 안에서 평안을 누리게 하려 함이라 세상에서는 너희가 환난을 당하나 담대하라 내가 세상을 이기었노라." 요한복음 16:33의 예수님 말씀을 읽으면 마음이 놓입니다. 이 세상이 혼란을 거듭할지라도 그리스도 안에서 기쁨과 평안을 누릴 수 있는 방법을 생각해 보고 서로 나누어 보세요.

   _____
   _____
   _____

23주 새롭게 바라보기

6월 3일

주제 말씀 | 시 27:4; 고전 13:12; 렘 29:13

1. 우리는 매일 하나님의 영광을 목격합니다. 하나님의 영광은 때론 일상 속에 매우 평범한 모습으로 나타납니다. 오늘 본문은 "경이로운 자연 속에서 하나님의 아름다움을 얼핏 엿볼 수 있지만, 그것들은 그분의 광대한 영광을 아주 희미하게 드러낼 뿐이다. 하나님의 아름다움을 바라보려면, 기도와 말씀 묵상을 통해 보이지 않는 하나님의 임재에 집중해야 한다."고 조언합니다. 기도와 말씀 읽기를 통해 하나님께 집중하며 그분의 아름다움을 발견했던 경험을 서로 이야기해 보세요.

___

2. 늘 하나님을 추구하다 보면, 보이지 않는 그분의 아름다움을 보게 될 것입니다. 하나님의 참된 영광을 깨달아 가기 위해 지속적으로 그분께 귀 기울일 수 있는 방법에는 어떤 것이 있을지 나눠 보세요.

___

3. 예레미야 29:13은 "깊은 갈망으로 우리 삶에 절실히 필요한 하나님을 계속 구하며, 온 마음을 다해 하나님을 찾으면, 그분을 만나게 된다."는 약속의 말씀입니다. 이번 한 주 동안 하나님을 추구하는 시간을 가지면서, 기도 시간에 희미하게나마 경험한 영광의 흔적들을 적어 보세요. 이런 기록이 하나님을 더욱 깊고 친밀하게 경험하는 데 어떻게 도움이 되었는지 서로 나누어 보세요.

___

24주 견딜 수 없는 것을 견디는 힘

6월 10일

주제 말씀 | **골 1:11; 사 40:10; 마 25:25; 엡 3:16**

1. 벗어날 수 없을 것 같은 문제를 만나면, 마음이 점점 부정적으로 변하기 쉽습니다. 지금까지 살면서 크게 실망했던 때를 한번 떠올려 보세요. 그때 어떻게 반응했나요? 마음을 가다듬고 다시 노력했나요, 아니면 상황을 탓하며 수렁에 빠졌나요?

2. 오늘 본문에는 "상황이 어려울수록 그것을 통해 더 많은 것을 얻을 수 있다. 하나님께서는 기꺼이 우리에게 영광의 능력을 주신다. 성령이 우리의 속사람을 강건하게 하시며 친히 그 능력을 부어 주시므로, 그 능력은 대단히 강력하다."는 내용이 있습니다. 그분의 능력을 힘입어, 도저히 앞이 안 보이는 상황을 해결했던 적이 있었는지 생각해 보고, 그 힘든 시간이 내 모습에 긍정적인 영향을 주었는지 서로 이야기해 보세요.

3. 골로새서 1:11을 메시지 성경으로 읽어보면, "하나님께서 일하시는 방식을 알면 알수록 여러분은 여러분의 일을 어떻게 해야 하는지 더욱 알게 될 것입니다. 우리는 여러분이 여러분의 일을 끝까지 해낼 수 있는 힘, 이를 바득바득 갈면서 마지못해 하는 힘이 아니라 하나님이 주시는 그 영광스러운 힘을 받게 되기를 바랍니다."라고 말씀합니다. 하나님께서 주시는 영광스러운 능력을 힘입어 어려운 상황을 좀 더 기쁘게 감당하려면 어떤 훈련이 필요할까요? 각자의 생각을 나누어 보세요.

25주 은혜로우신 우리의 인도자

6월 17일

주제 말씀 | 애 3:25; 엡 5:17; 시 28:7; 71:16

1. 지금까지 살면서 결코 결실을 얻지 못할 것 같은 일을 마냥 기다리고 있는 듯한 기분을 느낀 적이 있나요? 하나님께서 그분의 때에 일하실 것을 성실하게 신뢰하면서, 초조한 기다림을 성숙한 기다림으로 바꿀 수 있는 방법에는 어떤 것이 있을까요?

---

2. 오늘 본문에서는 "하나님은 그분께 소망을 두고, 그분을 기대하며 기다리는 모든 이들에게 선한 하나님"이라고 합니다. 그러나 기다림에 지치면, 퍼즐조각을 맞추어 가시는 하나님을 신뢰하며 인내하기보다 스스로 일에 뛰어드는 것이 더 효율적으로 보일 때도 있습니다. 기다림이 필요한 상황에서 인내하지 않고 일을 추진했던 적이 있는지 한번 떠올려 보세요. 그 결과, 어떤 일이 있어났나요? 서로의 경험을 나누어 보세요.

---

3. 오늘 본문에는 "내가 우아하게 네 삶을 이끌어 갈 테니, 너는 나를 따라오너라."라고 하시며 우리를 인도하길 원하시는 하나님의 바람이 나타나 있습니다. 예레미야애가 3:25 말씀을 더 자세히 살펴보면, "주님은 그를 기다리는 자들과, 하나님의 말씀을 통해 그를 찾는 자들에게 선하심"을 약속합니다. 지금 기다리는 것이 무엇인지 생각해 보고, 기다리는 동안 무엇을 배우고 있는지 나누어 보세요. 스스로 성급하게 얻어낸 것보다 조용히 기다려서 얻은 것이 어떻게 훨씬 더 좋을 수 있을까요?

26주 새로운 자아를 입기

6월 24일

주제 말씀 ㅣ 엡 4:22-24; 고후 5:17; 롬 12:2; 시 89:15

1. 하나님께서 당신을 끊임없이 새롭게 하시며 변화시키고 계신다는 것에 대해 생각해 본 적이 있나요? 작년에 당신의 삶은 어땠는지 회상해 보고, 자기 자신과 삶에 어떤 변화가 있었는지 나누어 보세요.

___

2. 오늘 본문은 하나님께서 우리를 새롭게 하시는 과정이 "죽는 날까지 계속될 엄청난 공사"라고 말씀하고 있습니다. 또한 지속적으로 "예전 방식으로 일하고 생각하는 옛사람을 벗어 버리고, 새로운 자아를 입으라."고 우리에게 도전을 줍니다. 옛사람을 벗고 새로운 사람을 입는 과정이 당신에겐 어떤 의미인가요? 서로 이야기를 나누어 보세요.

___

3. 끊임없이 "새로운 사람을 입는다."는 것은 점점 더 예수님을 닮아 가는 과정입니다. 이것은 그분을 알기 위해 애쓰며 그분의 임재 안에서 걸어갈 때 일어나는 일입니다. 고린도후서 5:17은 이렇게 말씀합니다. "그런즉 누구든지 그리스도 안에 있으면 새로운 피조물이라 이전 것은 지나갔으니 보라 새것이 되었도다." 하나님께서 당신을 빚으셔서 가장 최상의 모습으로 만들어 가시는 과정을 생각하며, 삶의 모든 영역들을 그분이 주관하시도록 하나씩 맡겨 드리는 기도문을 적어 보세요.

___

27주 영원한 약속

7월 1일

주제 말씀 | 사 49:15-16; 빌 3:8-9; 시 43:4

1. 약속에서 가장 중요한 원칙은 무엇일까요? 나와 다른 사람 사이에 이루어지는 약속에 있어서 각자 중요시하는 가치나 행동이 있다면 서로 나누어 보세요. 대부분의 경우에 사람들은 이러한 약속의 원리들을 잘 실천할 수 있을까요?

___

___

2. 오늘 본문을 읽으며, 하나님께서 우리에게 베풀어 주신 무엇과도 비교할 수 없는 약속을 기억하게 됩니다. "나는 너의 이름을 내 손바닥에 새겼다. 이것은 영원한 약속의 의미란다. 이렇게 새겨진 네 이름은 그 어떤 것으로도 지우거나 녹슬게 할 수 없단다. 너는 나의 핏값으로 산 소중한 나의 소유이기 때문이다." 지금도 흔들림 없이 약속을 지키고 계신 하나님을 알고 나니 어떤 기분이 드나요?

___

___

3. "여인이 어찌 그 젖 먹는 자식을 잊겠으며 자기 태에서 난 아들을 긍휼히 여기지 않겠느냐 그들은 혹시 잊을지라도 나는 너를 잊지 아니할 것이라!" 이사야 49:15 말씀은 하나님이 우리에게 주신 약속이 자식을 향한 어머니의 약속을 뛰어넘는 것임을 보여 줍니다. 오늘 본문을 다시 읽으며 하나님께서 주신 영원한 사랑의 약속을 묵상해 보세요. 하나님은 우리 한 사람 한 사람을 왜 그렇게 소중한 보물로 여기실까요? 이런 하나님의 사랑에 우리는 어떻게 반응할 수 있을까요? 서로의 생각을 나누어 보세요.

28주 네 염려를 주님께   7월 8일

주제 말씀 | **시 18:1; 히 12:28-29; 살전 5:18**

1. 당신의 삶에서 더 갖고 싶은 것이 있나요? 내게 없는 것을 더 얻기 위해 어떻게 애를 쓰고 있나요?

   _____
   _____
   _____

2. 아침에 일어날 때 나에게 부족한 것을 떠올리는 대신, 지금 가지고 있는 것과 오늘이라는 축복의 선물에 대해 더 많이 생각해 보세요. 오늘 본문의 내용처럼 "우리는 하나님을 더욱 신뢰할 뿐 아니라, 그분께 더욱 감사하며 성장하는 것이 중요"합니다. 내게 없는 것에만 집중하다 보면 "영적으로나 감정적으로" 무너지고 말 것입니다. 부족한 것들을 생각하는 마음을 바꾸어 지금 가진 것들에 감사할 수 있는 기회로 삼아 보세요. 오늘 감사할 일은 무엇인지 서로 이야기를 나눠 보세요.

   _____
   _____

3. 데살로니가전서 5:18은 "범사에 감사하라 이는 그리스도 예수 안에서 너희를 향하신 하나님의 뜻이니라."고 말씀합니다. 이번 한 주 동안 무슨 일이 있든 하나님께 감사하기로 약속하는 기도를 적어 보세요. 그리고 그 약속을 지킬 수 있게 하나님께 도움을 요청하는 기도를 드리세요.

   _____
   _____

29주 하나님의 변함없는 사랑

7월 15일

주제 말씀 | 시 36:7; 63:3; 마 13:45-46; 엡 3:17-18

1. 사랑이란 무엇이라고 생각하나요? 당신은 다른 이들에게 사랑을 어떤 식으로 표현하나요? 지금까지 받은 사랑 중에서 당신에게 가장 의미 있게 다가온 것은 어떻게 표현된 사랑이었나요?

_____

_____

2. 사랑하고 사랑 받았던 아름다운 추억들을 떠올리면서, 우리를 향한 하나님의 한없는 사랑을 상상해 보세요. 하나님의 사랑은 "생명보다 더 귀한 것"입니다. 오늘 본문은 이렇게 설명합니다. "세상이 주는 어떤 것과 비할 수 없이 좋고, 결코 닳아 없어지지 않는다. 끝없는 그분의 사랑은 너무나 귀해서 값으로 따질 수가 없다." 하나님의 사랑이 얼마나 광대한지 묵상하며, 모든 것을 아우르는 그분의 사랑을 알고 온전히 받아들이기로 결단해 보세요. 매일 하나님의 사랑에 초점을 맞추려면 어떻게 하면 좋을까요?

_____

_____

3. 시편 36:7에서 다윗은 하나님의 사랑을 깨닫습니다. "하나님이여 주의 인자하심이 어찌 그리 보배로우신지요 높은 자나 낮은 자 할 것 없이 모든 사람들이 주의 날개 그늘 아래에 피하나이다." 이번 한 주 동안 하나님께 기도 드릴 때 나를 향한 그분의 위대하신 사랑을 마음 깊이 깨닫고 온전히 믿게 해달라고 간구해 보세요. 그리고 어떻게 해야 다른 사람들과 더 사랑스러운 관계를 맺을 수 있을지 서로의 결심을 나누어 보세요.

30주 천국으로 가는 길

7월 22일

주제 말씀 | 벧전 1:3; 고전 15:17; 엡 2:1; 요 10:30

1. 예수님께서 이 땅에 오셔서 죽으시고 죽은 자 가운데서 다시 살아나심으로 우리는 새로운 생명을 경험하게 되었습니다. 오늘 본문이 말하듯이 "우리의 죄를 고백하고 예수님을 우리 구주로 신뢰함으로써, 우리는 천국을 향해 그분과 함께 걸어가는 하나님의 소유"가 되었습니다. 자신이 구속 받았음을 알고 난 후, 삶에 대해 어떤 소망을 갖게 되었나요?

   _____
   _____

2. 하나님께서 우리를 위해 예비해 두신 내리막길을 따라 가는 것은 쉬운 일이 아닙니다. 특히 암울한 시기에 처해 있을 때는 더욱 어렵습니다. 세상의 환경이 당신을 다른 길로 이끌어 가려할 때, 하나님이 정하신 방향으로 계속 나아갈 수 있는 힘은 어디에서 얻을 수 있을까요? 서로 이야기를 나누어 보세요.

   _____
   _____

3. 베드로전서 1:3은 "그의 많으신 긍휼대로 예수 그리스도를 죽은 자 가운데서 부활하게 하심으로 말미암아 우리를 거듭나게 하사 산 소망이 있게 하시며"라고 말씀합니다. 우리 인생 여정의 끝에 결국 천국이 있다는 것을 알고, 그 길을 가는 동안 "산 소망"을 따라 살기 위해서는 어떻게 해야 할까요? 구체적인 방법을 함께 이야기해 보세요.

   _____
   _____

31주 하나님이 하시는 일들

7월 29일

주제 말씀 | **계 1:9; 롬 8:17; 빌 2:14-15**

1. 하나님은 우리가 의지하며 다가갈 수 있는 가장 강렬한 능력이십니다. 힘든 시간 속에서도 주님은 우리의 체력, 인내심, 지능을 넘어서 오래 견딜 수 있는 성품들을 우리 안에 만들어 가십니다. 지금까지 살면서 겪은 어려운 시간을 통해 속사람이 얼마나 견고하게 다듬어졌는지 서로의 경험을 나누어 보세요.

　
　

2. "어둡고 추한 것들을 가져다가 사랑스럽게 변화시켜 달라고 구해라. 아름다운 무늬가 드러날 때까지는 오랜 시간이 걸리겠지만, 이 기다림이 인내의 성품을 빚어갈 것이다." 오늘 본문은 우리의 문제를 하나님께 가지고 나아갈 수 있음을 일깨워 줍니다. 고통의 시기를 통과할 때 참고 견디기 어려울 수도 있습니다. 고통을 "끈기 있게 인내"하는 시간이 어떻게 우리를 하나님께 더 가까이 이끌어 갈까요?

　
　

3. 성경은 고난의 시기를 통과하는 자녀를 위해 이렇게 말씀하십니다. "자녀이면 또한 상속자 곧 하나님의 상속자요 그리스도와 함께 한 상속자니 우리가 그와 함께 영광을 받기 위하여 고난도 함께 받아야 할 것이니라"(롬 8:17). 우리가 그리스도와 함께 공동 상속자가 되었다는 것을 알면, 어려운 시기에도 주님의 영광을 비추며 사는데 어떤 도움이 될까요? 함께 나누어 보세요.

32주 최고의 친구
8월 5일

주제 말씀 | 대상 16:10-11; 고후 11:2; 요 15:13-14; 빌 2:9-10

1. 오늘 본문에서 하나님과 함께할 때, 하나님의 마음이 마치 사랑하는 연인처럼 기쁨으로 고동친다는 내용을 읽었습니다. "우리는 하나님의 약혼자이고 그분은 우리 영혼의 영원한 연인이다. 우리를 향한 이 말도 안 되는 사랑을 마음껏 기뻐하라!" 당신은 예수님이 당신의 주인이며, 구원자이실 뿐 아니라 가장 가까운 친구라는 것을 믿으십니까? 당신의 친한 친구들에게서 당신이 소중히 여기는 자질은 무엇이 있나요? 삶에서 예수님이 그 부분을 채워 주셨던 경험이 있다면 서로 나누어 보세요.

---

2. 예수님은 우리의 친한 친구와 같은 자질을 가지고 계실 뿐 아니라, "우리가 그분의 이름을 높이고 찬양하면, 우리를 더 강건하고 즐겁게 살 수 있게 해주십니다. 또한 우리 기도에는 능력이, 마음에는 기쁨이 더해질" 것입니다. 예수님을 친구로서 신뢰하는 모습이 당신의 삶에서 어떻게 나타나고 있나요? 세상 그 누구도 해줄 수 없지만 그분과의 관계 안에서 누리고 있는 것이 있나요?

---

3. 요한복음 15:13은 "사람이 친구를 위하여 자기 목숨을 버리면 이보다 더 큰 사랑이 없나니"라고 말씀합니다. 예수님은 우리를 위해 목숨을 내어주셨습니다. 우리는 그분을 위해 어떻게 생명을 내려놓을 수 있을까요? 목숨을 내어놓는다는 의미를 구체적으로 생각해 보세요.

33주 온전히 기쁘게 여기라

8월 12일

주제 말씀 | 약 1:2-3; 신 33:27; 합 3:17-18; 마 19:26

1. 우리는 날마다 크고 작은 역경을 마주합니다. 어떤 상황은 우리의 능력을 벗어나 감당할 수 없을 것처럼 보일 때도 있습니다. 당신의 삶에 이런 순간들이 있었는지 떠올려 보세요. 내 능력으로는 도저히 그 문제를 해결할 수 없다는 것을 깨달았을 때 하나님을 의지했나요? 자신의 능력을 의지하기 전에 먼저 하나님을 의지하려면 어떻게 해야 할까요?

   _____
   _____

2. 오늘 본문은 우리가 "불가능한 상황"에 부딪힐 때, 하나님께서 "영원한 팔을 활짝 벌려 우리를 붙듯시고, 마음에 평안을 주시며, 할 수 없을 것 같은 일을 해내도록" 도우신다는 사실을 상기시켜 줍니다. 하나님의 팔에 자신을 온전히 내어맡긴 경험이 있다면 서로 나누어 보세요.

   _____
   _____

3. 야고보서 1:2-3에서는 "너희가 여러 가지 시험을 당하거든 온전히 기쁘게 여기라 이는 너희 믿음의 시련이 인내를 만들어 내는 줄 너희가 앎이라."고 말씀합니다. 또 우리는 오늘 본문을 통해 "항상 기뻐하며 하나님을 믿고 의지는 삶"이 어떤 것인지 알게 되었습니다. 앞으로 불가능해 보이는 문제들을 만날 때 어떻게 대처하면 좋을지 이야기해 보세요.

   _____
   _____

34주 기쁨으로 의지하기

8월 19일

주제 말씀 | **마 7:24-27; 시 89:15-16; 살전 5:16-17**

1. 우리는 자신과 다른 사람들을 돌보는 데 많은 시간을 쓰고 스스로 모든 일을 해결하려고 애씁니다. 오늘 본문은 그분을 의지하는 삶에 대한 하나님의 시각을 통찰력 있게 전해 줍니다. "하나님은 비바람이 몰아칠 때는 물론이고, 삶의 날씨가 고요하고 잔잔할 때에도 그분을 의지하길 원하신다. 이렇게 되려면 매일매일 연습해야 한다." 독립적인 삶을 추구하면서도 하나님께 의지하는 삶이 최선임을 인정하는 것이 가능할까요? 그런 삶을 살려면 어떻게 해야 될까요?

---

2. 우리 마음을 하나님께로 향하게 하면, 그분과 날마다 대화를 나누며 사는 것이 "엄청난 특권"이며, 그 속에서 우리 스스로 성취할 수 있는 것보다 훨씬 풍성한 삶을 얻게 된다는 것을 알게 됩니다. 하나님을 의지하는 법을 배워 갈 때, 하나님께서 우리 삶에 내려 주시는 축복에는 어떤 것들이 있을까요? 서로의 경험이나 생각을 나누어 보세요.

---

3. 시편 89:15-16은 "즐거운 노래로 주를 찬양하며 주의 빛 가운데 사는 자는 복이 있습니다. 그들은 하루종일 주의 이름과 의 때문에 기뻐하고 즐거워합니다."(현대인의 성경)라고 합니다. 현재 자신의 삶을 어떻게 일구며 살아가고 있는지 생각해 보세요. 우리에게 필요한 모든 것은 바로 하나님이시라는 약속을 받아들일 준비가 되었나요? 이것은 당신이 추구하는 미래에 어떤 영향을 주나요?

35주 초자연적인 기쁨

8월 26일

주제 말씀 | 합 1:6-7; 3:18; 시 100:2; 107:21-22

1. 내 뜻대로 되는 일이 하나도 없을 때 감사는 불가능한 일처럼 보일지 모릅니다. 그러나 오늘 본문은 용기를 줍니다. "우리 삶에 어떤 일이 일어나더라도 그분은 우리를 구원한 하나님이므로, 우리는 그분 안에서 즐거워하고 기뻐할 수 있다. 이 같은 기쁨은 그분을 따르는 모든 사람들 속에 살아 계신 성령님께서 주시는 초자연적인 능력이다." 하나님과 연결되어 있다는 것을 알고, 힘겨운 환경에서도 초자연적인 기쁨을 누린 자신의 경험이나 주변 사람의 경험이 있다면 나누어 보세요.

---

2. 살면서 어려운 상황을 헤쳐 나온 경험이 있을 것입니다. 힘겨운 시절을 지나는 동안 하나님께서 동행해 주셔서, 설명할 수 없는 눈부신 기쁨을 경험했던 순간이 있었나요? 고통 속에서도 하나님의 도움으로 깨닫게 된 축복들이 있었다면 서로 나누어 보세요.

---

3. 하박국 3:18은 "나는 여호와로 말미암아 즐거워하며, 나의 구원의 하나님으로 말미암아 기뻐하리로다."라고 말씀합니다. 하나님을 기뻐하면 하나님께 더 가까이 가게 되고, 우리 삶 속에 그분의 임재가 임하게 됩니다. 오늘 본문은 어떻게 하면 이 기쁨을 더욱 충만히 누릴 수 있다고 말하나요? 본문을 다시 읽으며 서로 나누어 보세요.

36주 사랑으로 귀 기울이기

9월 2일

주제 말씀 | 출 3:5; 시 143:8; 요 7:38-39

1. 우리 모두는 힘든 일을 겪을 때 내 이야기를 들어줄 누군가가 필요합니다. 오늘 본문은 "사람들이 너에게 속마음을 털어놓을 때 너는 그 순간 거룩한 땅 위에 서 있는 것이다. 네가 할 일은 그들에게 귀를 기울여 주고 그들을 사랑하는 것이다."라고 합니다. 사람들이 다가올 때 사랑으로 그들에게 귀를 기울여 주고 있나요? 그들의 문제를 내 생각대로 해결해 주려는 경향이 있지는 않나요? 서로 이야기를 나누어 보세요.

2. 다른 사람의 문제를 도우러 다가갈 때, 우리는 시편의 기도를 기억해야 합니다. "아침에 나로 하여금 주의 인자한 말씀을 듣게 하소서 내가 주를 의뢰함이니이다 내가 다닐 길을 알게 하소서 내가 내 영혼을 주께 드림이니이다"(시 143:8). 어려움을 겪고 있는 사람들을 도우려 할 때, 먼저 하나님의 마음과 생각을 구하시나요? 하나님의 치유가 임하시는 통로가 되기 위해 우리가 할 수 있는 역할은 무엇일까요?

3. 이번 한 주는 대화를 나누며 다른 사람의 말에 사랑으로 귀 기울이는 연습을 해보세요. 다른 이들의 걱정을 들어 주는 동안, 하나님께서 당신을 사용하셔서 그분의 빛으로 그 상황을 비춰 주시길 기도하세요. 이렇게 다가갔을 때, 그들이 속마음을 털어놓는 태도에 변화를 보이며 그들의 초점이 하나님을 향하게 되었나요? 서로의 경험을 나누어 보세요.

37주 하나님께 배우기

9월 9일

주제 말씀 | 렘 33:3; 엡 1:18; 시 143:10; 계 21:23

1. 지식을 얻기 위해, 또는 이해할 수 없는 삶의 문제를 조금이나마 풀어보기 위해 스스로 노력하는 방법들이 있나요?

   _____

   _____

2. 하나님은 배우려는 자세를 귀하게 여기십니다. 오늘 본문은 "그분께 놀라운 것들을 배우기를 바라는 마음을 주님이 참으로 귀하게 여기시며, 전에 알지 못했던 크고 놀라운 일들에 대해 기꺼이 배우려고 하나님께 나아오는 모습"을 정말 기뻐하신다고 묘사하고 있습니다. 종전의 방법으로는 답을 찾을 수 없는 일들이 있을 때 하나님의 가르침을 찾아가려면 어떻게 해야 될까요? 떠오르는 방법이 있다면 나누어 보세요.

   _____

   _____

3. 최고의 스승에게 가르침을 얻고자 할 때 주로 시편 143:10 말씀으로 기도를 올리게 됩니다. "주는 나의 하나님이시니 나를 가르쳐 주의 뜻을 행하게 하소서 주의 영은 선하시니 나를 공평한 땅에 인도하소서." 당신은 지혜와 지식을 구해야 되는 상황에서, 모든 지식의 근원이 누구신지 기억하고 있나요? 하나님께 배우는 일은 세상의 방식과는 전혀 다르게 보입니다. 지금까지 그분께 배우는 일에 얼마나 마음이 열려 있었는지 서로의 경험을 이야기해 보세요.

   _____

   _____

38주 하나님과 약속을 하세요

9월 16일

주제 말씀 | 골 4:2; 요 15:26; 시 100:4

1. 평소 아침 시간을 어떻게 보내고 있는지 떠올려 보세요. 급히 서두르며 하루를 시작하는 편인가요? 이렇게 시작하는 하루는 나머지 시간에 어떤 영향을 미치게 되나요? 서로의 이야기를 나누어 보세요.

   _____
   _____
   _____

2. 오늘 본문은 "감사하는 마음으로 늘 깨어서 열심히 기도에 힘쓰라."고 말합니다. 또 "다른 일을 하는 중에도, 나를 부르며 기도하는 훈련을 계속할 수 있다."고도 말합니다. 각자 일상을 떠올려 보세요. 하루 일과 중 단 몇 분일지라도 하나님께 기도를 올려 드리고 그분과 대화할 수 있는 시간은 언제인가요?

   _____
   _____

3. 골로새서 4:2는 "기도를 계속하고 기도에 감사함으로 깨어 있으라."고 말합니다. 이번 주에 하나님과 만날 약속 시간을 잡는다면 언제가 좋을까요? 다른 일을 하는 중이라도 괜찮습니다. 하나님과 대화하는 시간을 갖게 되면 우리가 하는 일을 더 순조롭게 진행하는 데 도움이 될까요? 그 시간이 한 주 동안 우리에게 뿌듯한 성취감과 평안을 가져다 줄까요? 서로의 생각을 나누어 보세요.

   _____
   _____

39주 하나님 안에서의 쉼

9월 23일

주제 말씀 | 사 42:3; 54:10; 빌 4:6-7; 잠 3:5

1. 지금까지 살면서 에너지와 능력이 완전히 고갈되어 무력감을 느낀 적이 있었나요? 질병이나 곤경, 또는 그저 복잡한 일상의 스트레스로 인해서도 한계에 다다를 수 있습니다. 이런 상황에 처했을 때 당신은 어떻게 반응하나요? 그리고 누구에게 도움을 청하시나요?

   _____

   _____

2. 오늘 본문은 기운을 회복하기 위해서는 때때로 쉬어야 한다는 사실을 일깨워 줍니다. "내가 너를 지켜 보며 너를 대신해서 일하고 있다는 것을 신뢰하면서 너는 잠시 일을 내려놓고 쉬어라." 바쁜 일상 속에서 일을 멈추고 쉰다는 것은 상상할 수도 없겠지만, 하나님의 임재 안에서 쉼을 누리며 영혼의 치유를 얻기 위해서는 꼭 필요한 시간입니다. 쉼을 위해 잠시 내려놓을 수 있는 일들이 무엇인지 각자 나누어 보세요.

   _____

   _____

3. 잠언 3:5은 "마음을 다하여 여호와를 신뢰하고 네 명철을 의지하지 말라."고 말합니다. 긴 휴가를 낼 수는 없더라도, 하나님과 자신의 문제를 이야기할 수 있는 짧은 휴식 시간을 가져 보세요. 모든 결과를 하나님께 맡기기로 결단한다면 주님이 약속하신 "사람의 생각을 뛰어넘는 평강"(빌 4:7)을 누리게 될까요? 그렇게 생각하는 이유 또는 그렇게 생각하지 않는 이유가 있다면 서로 이야기해 보세요.

40주 둘도 없는 친구

9월 30일

주제 말씀 | 고후 4:4, 6; 시 27:8

1. 오랫동안 알고 지낸 친한 친구 한 명을 떠올려 보세요. 어떻게 서로 알게 되었나요? 서로의 우정이 더 깊어진 어떤 계기가 있었나요? 당신이 다른 누구보다 그 친구를 가장 잘 안다고 생각하고 있나요?

   _____

   _____

2. 성경은 우리가 예수님과의 관계를 추구할 때, 그분의 영광을 경험하게 된다고 거듭 말하고 있습니다. 그분은 우리가 아는 한 가장 매력적이고 특별한 분입니다. 고린도후서 4:6은 "어두운 데에 빛이 비치라 말씀하셨던 그 하나님께서 예수 그리스도의 얼굴에 있는 하나님의 영광을 아는 빛을 우리 마음에 비추셨느니라."고 말합니다. 당신에게 "그리스도의 얼굴에 비친 하나님의 영광을 아는 것"은 어떤 의미인가요?

   _____

   _____

3. 가장 친한 친구와 누리는 사랑과 이해의 관계를, 예수님과의 관계에서는 훨씬 더 깊이 누릴 수 있습니다. 오늘 본문의 언급처럼 그분은 "영광스러운 복음의 빛"을 주시는 유일한 친구이십니다. "예수님을 안다는 것은 그분의 임재를 경험함으로써 그분을 깨닫는 것"을 뜻합니다. 한 주 동안 일상 속에서 하나님을 추구하며 그분의 임재를 더욱 의식하며 지낼 수 있는 방법은 어떤 것이 있을지 서로의 생각을 나누어 보세요.

   _____

   _____

41주 마음 훈련

10월 7일

주제 말씀 | 요 16:33; 계 1:8; 19:16

1. 아침에 일어나서 가장 먼저 보고 듣는 것이 무엇인지 잠시 생각해 보세요. TV나 인터넷, 스마트폰에서 얻는 내용은 아닌가요? 가차 없이 쏟아져 들어오는 바깥세상의 문제들이 하루의 첫 생각을 가득 채우고 있지는 않나요? 서로 이야기를 나누어 보세요.

_____
_____

2. 우리의 관심을 끌기 위해 경쟁하는 그 어떤 것보다 중요한 것은 "우리를 사랑하시는 구세주, 신실한 친구가 되어 주시는 하나님께서 세상을 이기셨다."라는 진리입니다. 수많은 통로를 통해 쏟아져 들어오는 "어둠을 몰아내고" 우리의 생각을 하나님의 진리로 가득 채우려면 어떻게 해야 할까요?

_____
_____

3. 요한복음 16:33은 "이것을 너희에게 이르는 것은 너희로 내 안에서 평안을 누리게 하려 함이라 세상에서는 너희가 환난을 당하나 담대하라 내가 세상을 이기었노라."고 말합니다. 오늘 본문의 제안처럼, 시간을 내어 성경의 진리로 마음을 가득 채워 보세요. 시편을 읽거나, 찬양을 불러 보세요. 세상의 온갖 소식이 들어와 마음을 흐려놓기 전에 하루를 그렇게 시작해 보세요. 이런 습관이 생기면 절망이 찾아오는 날에도 하루를 더 잘 이겨낼 수 있을까요? 서로의 생각과 다짐을 나누어 보세요.

_____
_____

42주 하나님의 메시지
10월 14일

주제 말씀 | **시 25:5; 48:14; 73:23-24; 119:105**

1. 삶 속에서 들리는 목소리가 너무 많으면, 그 중 가장 힘 있어 보이는 사람을 따라가고 싶은 유혹을 받게 되지만 그 길이 항상 유익한 길은 아닙니다. 오늘 본문이 말하듯 "비양심적인 지도자는 자신을 따르는 사람들을 조종하여 그들이 자유롭게 선택할 수 있다면 결코 하지 않을 일들을 억지로 하게끔" 만듭니다. 지금까지 지도자의 위치에 있는 사람에게 조종당하고 있다고 느낀 적이 있었나요? 그런 상황을 어떻게 대처했는지 경험을 이야기해 보세요.

---

2. 오늘 본문을 읽으며 "하나님께서는 우리가 올바른 결정을 내릴 수 있도록 진리로 인도하시며 말씀으로 우리를 가르치신다."는 것을 알게 되었습니다. 무엇인가 옳지 않은 것을 직감적으로 깨달았던 순간이 있었나요? 그것이 다른 방향으로 이끄시는 성령님의 메시지일지도 모른다는 생각을 한 적이 있나요? 이런 일이 있었다면 그 때를 설명하고 그 결과는 어떻게 되었는지 서로 나누어 보세요.

---

3. 성경 말씀을 읽고 더 깊이 기도하다 보면 하나님의 지도를 따라 사는 일이 점점 익숙해집니다. 또 "완벽하게 신실하고 믿을 만한" 지도자이신 예수님을 더욱 온전히 의지하게 됩니다. 시편 73:23-24은 "내가 항상 주를 가까이하므로 주께서 내 오른손을 붙드셨습니다. 주는 나를 주의 교훈으로 인도하시니 후에는 영광으로 나를 영접하실 것입니다."(현대인의 성경)라고 말씀합니다. 각자 삶에서 이 말씀이 어떤 의미로 다가오는지 나누어 보세요.

43주 느슨하게 붙들기

10월 21일

주제 말씀 | 골 2:6; 계 2:4-5; 시 73:23-26

1. 오늘 본문은 우리에게 일과 사람과 상황을 "느슨하게" 붙들라고 말해 줍니다. 지나치게 집착하는 물건이나 사람이 있나요? 그것이 하나님과의 관계보다 더 중요한 자리를 차지하고 있지는 않은지 나누어 보세요.

   _____
   _____

2. 물건이나 사람에 대한 애착이 반드시 건강하지 못한 것은 아닙니다. 그러나 "결국 모든 것의 주인은 하나님"이시라는 것을 깨닫고 관계의 균형을 잡아야 합니다. 어떻게 하면 친구들과 가족을 소중히 여기면서도 그들을 삶의 우선순위에 두지 않을 수 있을까요? 절박하지 않은 상황에서나 삶이 평안해 보일 때, 하나님을 찾고 구하는 것을 잊지 않고 더 잘 기억할 수 있는 방법이 있을까요?

   _____
   _____

3. 우리는 자신의 진정한 가치가 오직 예수님께로부터 온다는 것을 잊어버린 채 인간관계나 소유, 지위로 자기 삶을 규정하려는 경향이 있습니다. 골로새서 2:6의 말씀을 다시 떠올려 보세요. "그러므로 너희가 그리스도 예수를 주로 받았으니 그 안에서 행하되." 삶에서 어떤 것을 추구하면서도 동시에 예수님을 따르는 일과 균형을 이루기 위해서는 어떻게 해야 할까요? 구체적인 생각들을 나누어 보세요.

   _____
   _____

44주 포로됨을 면하다　　　10월 28일

주제 말씀 | 롬 8:1; 시 118:5; 126:3

1. 당신이 하나님께 나아가는 것을 방해하는 것은 어떤 것들이 있는지 과거 또는 현재의 경험을 나누어 보세요. 지금 혼자라고 느껴지는 상황에 있거나, 두려움, 죄책감, 수치심 같은 기분을 느끼고 있나요? 이런 감정들을 너무 오랫동안 지니고 살아온 나머지, 그런 감정이 없을 때보다 있을 때를 오히려 더 자연스럽게 받아들이고 있지는 않나요?

---

2. 시편 126:3은 "여호와께서 우리를 위하여 큰일을 행하셨으니 우리는 기쁘도다."라고 말씀합니다. 우리가 오랫동안 붙들고 살아온 감정보다 하나님이 훨씬 더 강하시다는 것을 믿나요? 삶의 모든 부분, 심지어 세상에 숨기고 싶은 부분까지도 그분의 치유하시는 능력과 은혜가 미칩니다. 자신을 죄책감과 두려움과 수치심으로 얽매었던 일들을 하나씩 떠올리며, 그 모든 일에서 당신을 자유롭게 하실 능력이 예수님께 있다는 것을 인정하는 기도문을 적어 보세요.

---

3. 오늘 본문은 하나님께서 우리의 몸부림을 다 알고 계시며, 우리를 고통스러운 습관에서 자유롭게 해주길 원하신다는 것을 일깨워 줍니다. 마음 깊은 곳의 생각과 두려움을 하나님께 고백하는 과정을 통해, 새로운 생각과 삶의 방식을 만들어 가는 데 어떤 도움을 얻게 될까요? 서로의 생각을 나누어 보세요.

45주 하나님의 일
11월 4일

주제 말씀 | 시 16:8; 골 3:23-24; 롬 8:39

1. 오늘 본문은 "하나님과 친밀하게 대화하며 지내는 삶은 천국을 미리 맛보는 것과 같다."고 말합니다. 일상이 기대만큼 항상 흥미진진하지는 않다 해도, 하나님께 하듯 힘을 다해 일할 때 "비록 하찮은 일들이라도 그분과 함께하는 기쁨으로 빛나게 될 것입니다." 당신은 어떤 자세로 일상에 임하고 있나요? 퇴근 시간을 손꼽아 기다리며 하루 일과를 힘겹게 끌고 가고 있나요, 아니면 모든 일을 하나님께 하듯 하고 있나요?

___

___

2. 예수님과 함께 그분이 주시는 힘으로 일을 하다 보면, 언제나 우리 곁에 계신 그분과 함께 살아가는 날들의 아름다움을 발견하게 됩니다. 골로새서 3:23-24은 "무슨 일을 하든지 마음을 다하여 주께 하듯 하고 사람에게 하듯 하지 말라 이는 기업의 상을 주께 받을 줄 아나니 너희는 주 그리스도를 섬기느니라."고 말합니다. 우리가 하는 모든 일을 하나님께 하듯이 대하면, 일을 바라보는 우리의 시각이 어떻게 바뀌게 될까요?

___

3. 하나님을 섬기는 자세로 하루하루를 대하면서, "어떤 피조물이라도 우리를 하나님으로부터 끊을 수 없다."는 사실을 기억하세요. 끝도 없고, 항상 변함이 없는 하나님의 사랑을 알게 되면, 당신이 삶 속에서 하는 모든 일들이 빛날 수 있을까요? 어떻게 그런 일이 가능할지 서로의 생각을 나누어 보세요.

___

46주 은혜와 자비

11월 11일

주제 말씀 | 살후 3:6-10; 엡 2:4-5; 시 107:1; 히 12:28

1. 특권 의식의 반대말은 무엇일까요? 오늘 본문에서는 그것을 "감사"라고 합니다. "감사는 우리가 이미 가진 것에 대해 고마워하는 태도"입니다. 당신은 이미 가진 것에 대해 감사하고 있나요? 아니면 마땅히 받아야 하는 것을 갖지 못했다는 기분이 들어 괴로워하고 있나요?

___

___

2. 오늘의 본문은 이렇게 말합니다. "지금 가진 것보다 더 많은 것을 마땅히 받아야 한다고 생각한다면, 너는 우울하고 비참해 질 것이다. 그러나 감사하는 태도는 너의 삶을 기쁨으로 채워 줄 것이다." 당신의 삶에서 빠져 있다고 여겨지는 것들에 계속 미련을 두고 자꾸 생각하면, 실제로 그것들이 삶 속에 허락될까요? 아니면 좌절감만 더할 뿐일까요?

___

3. "긍휼이 풍성하신 하나님이 우리를 사랑하신 그 큰 사랑을 인하여 허물로 죽은 우리를 그리스도와 함께 살리셨고"라고 하신 에베소서 2:4-5 말씀을 기억하세요. 하나님은 우리가 마땅히 받아야 하는 것보다 훨씬 더 많은 것을 주셨습니다. 원래 우리가 마땅히 받아야 하는 것은 무엇인가요? 그러나 예수님 때문에 우리는 무엇을 받게 되었나요? 본문을 다시 읽으며 이야기해 보세요.

___

47주 폭풍 전야

11월 18일

주제 말씀 | 시 59:17; 119:76; 마 14:30; 고후 12:9

1. 당신이 생각하기에 강한 사람은 어떤 특징을 가지고 있나요? 반대로 약한 사람의 특징은 무엇이라고 생각하나요?

   _____
   _____

2. 고린도후서 12:9에서 바울은 하나님께서 약함을 어떻게 바라보시는지 보여 줍니다. "나에게 이르시기를 내 은혜가 네게 족하도다 이는 내 능력이 약한 데서 온전하여짐이라 하신지라." 곧이어 바울은 이렇게 덧붙입니다. "나는 그 말씀을 듣자마자 이렇게 된 것을 기쁘게 받아들였습니다. 나는 장애에 집착하는 것을 그만두고 그것을 선물로 여기며 감사하기 시작했습니다."(메시지 성경) 자신이 약하다고 느꼈을 때 하나님을 구하며 새 힘을 얻었던 경험이 있다면 서로 나누어 보세요.

   _____
   _____

3. 오늘 본문은 "나의 강력한 임재가 너에게 힘을 줄 뿐 아니라, 너를 안고 절대 놓지 않는단다. 사랑하는 자녀야, 내가 너를 꼭 붙잡고 있다."라고 말하며 우리가 참된 능력을 어디서 찾을 수 있는지 강조하고 있습니다. 각자 손을 내밀어 하나님의 힘과 능력의 생명줄을 붙잡을 수 있는 방법들을 생각해 보고 그 중 몇 가지를 적어 보세요.

   _____
   _____

48주 네 길의 빛

11월 25일

주제 말씀 | 살전 5:18; 시 96:3; 119:105; 고후 4:17-18

1. 지금까지 중요한 결정을 앞두고 해답과 방향을 구해야 할 때, 지나치게 "자기 내면만 성찰"하며 그 안에서 답을 찾으려 했던 경우가 있었나요? 인생의 중요한 기로에서 선택을 해야 했을 때, 지금까지 당신은 무엇을 의지했나요? 서로의 경험을 나누어 보세요.

_____

_____

2. 오늘 본문은 우리의 인도자 되시는 하나님과 함께 중요한 결정을 내릴 수 있는 방법을 통찰력 있게 전해 줍니다. "결단을 해야 할 때는 어떤 결정이 나를 영화롭게 하고 나를 기쁘게 할 것인지 잘 생각해 보아라. 이를 통해 너는 지혜로운 선택을 할 수 있고, 내 임재를 더 많이 인식하며 살 수 있게 될 거야." 우리가 내리는 결정들을 통해 하나님의 영광이 드러나야 한다는 사실을 기억하면, 힘든 결정을 내려야 하는 상황을 맞이할 때 어떻게 하게 될까요?

_____

3. 결정을 내리기 어려울 때는 하나님께서 우리와 우리 상황에 대해 누구보다 잘 알고 계시다는 사실을 기억하세요. 주님의 도움을 구하지 않고, 자기 내면만 들여다보며 시간을 허비하면 점점 더 결정을 내릴 수 없게 됩니다. "주의 말씀은 내 발에 등이요 내 길에 빛"(시 119:105)입니다. 앞으로 결정을 내려야 할 문제를 떠올리며 당신의 마음을 인도해 달라고 간구하는 기도문을 적어 보세요.

_____

_____

49주 하나님을 향한 목마름

12월 2일

주제 말씀 | 계 21:6; 골 1:27; 시 63:1; 사 12:3

1. 갈증을 느낀다는 것은 어떤 것일까요? 자신의 말로 표현해 보세요. 이제 그 갈증이 풀리는 느낌은 어떤 것일지 자세히 묘사해 보세요.

---

2. 우리는 생명을 유지하는 데 물이 꼭 필요하다는 것을 압니다. 하나님께서는 우리가 물을 갈망하듯이, 그분에 대해서도 갈증을 느끼기를 원하십니다. "갈증은 아주 강력한 욕구이며, 생명을 유지하는 데는 물이 음식보다 훨씬 더 중요하기 때문에 반드시 필요한 욕구"입니다. 이와 마찬가지로 "다른 어떤 것보다 하나님을 더욱 갈망하는 것은 우리의 영적 건강에서 매우 중대한 일"입니다. 물이 충분히 공급되지 않으면 어떻게 될지 생각해 보세요. 그리고 우리를 지탱해 줄 하나님의 생명수가 없다면 어떻게 될지 상상해 보세요. 우리에게 기운을 주시고, 새롭게 하시는 그분의 임재가 삶 속에 없다면 어떻게 될지 서로 생각을 나누어 보세요.

---

3. "또 내게 말씀하시되 다 이루었도다 나는 알파와 오메가요 처음과 마지막이라 내가 생명수 샘물을 목마른 자에게 값없이 주리니." 요한계시록 21:6은 하나님을 향한 갈증을 상징적으로 그리고 있습니다. 무더운 날 시원한 물 속으로 풍덩 빠지는 느낌은 어떤 것일지 한번 묘사해 보세요. 마음속에 떠오르는 형용사들을 적어 가며, 우리 영혼을 새롭게 하시는 주님께 "생명수"를 받는 기쁨을 이와 비교해 보고 서로 나누어 보세요.

50주 평화의 왕

12월 8일

주제 말씀 | 살후 3:16; 엡 6:15; 롬 8:31; 시 90:14

1. 하나님을 떠올리면 내 모든 잘못을 하나하나 세고 있는 재판관의 모습이 그려진 적이 있나요? 하나님에 대한 이런 시각은 우리가 매일 행동하는 데 어떤 영향을 미치게 될까요?

2. 오늘 본문은 "하나님을 믿고 따르는 많은 이들이 평안을 빼앗기는 이유는 하나님이 비판적인 눈으로 항상 자신들을 감시하고 있다고 생각하기 때문"이라고 말합니다. 하지만 하나님은 완전한 사랑의 눈으로 당신을 바라보십니다. 하나님께서 우리를 이렇게 바라보신다는 것을 생각하면 어떤 기분이 드나요? 하나님께서는 벌주기를 원치 않으시는데, 우리는 왜 실패할 때 자신을 벌주려고 하는 걸까요? 서로 나누어 보세요.

3. 우리를 향한 하나님의 사랑과 은혜를 자각하게 되면, 우리의 실패는 아무 문제가 되지 않습니다. 늘 불안해 하기보다는 그분의 평안을 구하며 받아들여야 합니다. 로마서 8:31은 우리 자신에게 물어야 하는 질문을 던지고 있습니다. "그런즉 이 일에 대하여 우리가 무슨 말 하리요. 만일 하나님이 우리를 위하시면 누가 우리를 대적하리요." 하나님의 다함없는 사랑을 알게 되면, 우리가 힘들어하는 사람들과 상황을 대하는 방식이 어떻게 달라질까요? 자신에게 질문하며 답해 보세요.

51주 아버지 하나님

12월 15일

주제 말씀 | 사 9:6; 요 10:30; 요 14:9; 마 1:23

1. 본이 되는 멋진 아버지 밑에서 자란 사람이 있는가 하면, 그렇지 못한 이들도 있습니다. 만약 완벽한 아버지가 있다면 어떤 자질을 가지고 있을까요? 각자 마음속에 있는 좋은 아버지 상을 나누어 보세요.

___

___

2. 오늘 본문은 "나를 더 깊고 넓게 알아갈수록 아버지 하나님께도 더욱 가까워지고 있다는 것을 네가 깨달았으면 좋겠다."라고 하며, 우리가 하나님을 아버지라고 부를 수 있는 이유와, 예수님과 가까워질수록 하늘 아버지와도 더욱 친밀해진다는 사실을 설명해 줍니다. 이 땅에서 가장 완벽한 아버지의 모습을 구체적으로 떠올려 보며, 나에게 그 모든 자질들을 풍성하게 지니신 하나님 아버지가 계시다는 사실이 어떤 느낌으로 다가오는지 나누어 보세요.

___

___

3. 아버지 하나님께 가까이 다가가는 데 마음을 집중하며, 요한복음 10:30에 나오는 예수님의 말씀을 생각해 보세요. "나와 아버지는 하나이니라." 당신은 예수님과 하나님, 그리고 성령님을 통해 당신을 돌보시는 아버지의 진정한 사랑을 점점 더 깊이 경험하게 됩니다. 내게 그런 아버지가 계시다는 것을 깨닫게 되면, 나와 다른 이들을 바라보는 눈이 어떻게 달라질까요? 삶을 사는 방식에는 어떤 변화가 있을까요?

52주 세상의 빛

12월 22일

주제 말씀 | 요 1:5; 8:12; 엡 1:5; 히 12:2

1. 오늘 본문은 대강절 기간 동안 우리 삶 속에 임하신 예수님의 임재를 기념하고 있습니다. "나는 세상의 빛이다! 내 빛이 어둠 속에 비치니 어둠이 그 빛을 이기지 못했다." 살면서 그리스도의 빛이 어둠 속에서 나를 이끌어 내어 더 나은 곳으로 인도해 주신 경험이 있다면 나누어 보세요.

---

2. "예수께서 또 말씀하여 이르시되 나는 세상의 빛이니 나를 따르는 자는 어둠에 다니지 아니하고 생명의 빛을 얻으리라." 요한복음 8:12 말씀은 우리에게 예수님이 주시는 희망의 메시지에 대해 자세히 이야기해 줍니다. "생명의 빛을 얻는다."는 말이 당신에게는 어떻게 다가오나요? 서로의 생각을 나누어 보세요.

---

3. 예수님은 우리의 "소망의 불빛"이십니다. 또한 그분이 이 세상 속으로 들어오신 이유는 "영원한 빛이 어둠을 뚫고 들어와 천국으로 가는 길을 열기 위함"입니다. 이 지식 위에 굳게 서십시오. 하나님께서 예수님을 통해 우리에게 주신 빛이라는 선물을 떠올릴 때, 가장 감사하게 되는 것은 무엇인가요? 하나님께서 이 세상 속으로 들어오심을 축하하고 기뻐하는 마음을 담아 하나님께 드리는 감사의 기도문을 적어 보세요.

저자 | **사라 영**

사라 영의 묵상 글들은 성경읽기, 기도, 묵상일기 쓰기 등을 통해 매일 주님과의 시간을 누린 개인 경건 생활의 흔적들이다. 사라 영은 지금까지 전 세계적으로 약 1,600만 권 이상이 판매된 『지저스 콜링(Jesus Calling)』을 비롯하여, 『지저스 투데이(Jesus Today)』, 『나는 지금 이 순간 너와 함께 있단다(Dear Jesus)』, 『우리 아이를 위한 지저스 콜링(Jesus Calling for Little Ones)』, 『내가 좋아하는 그림 성경(Jesus Calling Bible Storybook)』, 『Jesus Lives』, 『My First Bible Storybook』, 『Peace in His Presence』 등의 작품들을 통해 독자들을 그리스도와의 친밀한 여정 속으로 인도한다.

사라와 그녀의 남편은 수년간 일본과 호주에서 선교사로 생활했으며, 현재는 미국에 살고 있다.

그녀는 작품들을 통해 독자들이 살아 계신 말씀인 예수님은 물론, 절대적으로 무한한, 유일한 하나님의 말씀인 성경과 연결될 수 있도록 돕는 일에 헌신해 왔으며, 자신의 묵상 글들이 영원히 변함없는 성경의 기준과 일관되도록 끊임없이 노력했다. 사라 영의 책을 읽고 영적으로 성장하여 이제는 하나님의 말씀을 더욱 사랑하게 되었다고 고백하는 독자들의 나눔이 이어진다. 사라 영의 글들은 그녀의 조언처럼 "가능하면 고요한 장소에서, 성경을 펴 놓고, 천천히" 읽어 가면 더욱 좋은 내용들이다.

그녀의 신앙은 성경적으로는 보수적이며, 교리적으로는 개혁주의 성향을 취한다. 세인트 루이스 커버넌트 신학교(Covenant Theological Seminary)에서 상담학 석사 학위를 받았고, 현재 남편 스테판이 담임 목사로 있는 미국장로교회(PCA)에 소속되어 있다. 스테판과 사라는 PCA 선교 위원회의 세계 선교 사역을 계속해 나가고 있다.

사라는 기도와 성경 읽기, 말씀 암송을 하며 대부분의 시간을 보낸다. 특별히 자신의 작품을 읽는 전 세계의 독자들을 위해 하루도 거르지 않고 기도하는 시간이 가장 즐겁다.

////////////////////////// **사라 영의 다른 책들, 함께 읽어 보세요.**

지저스 콜링
예수님과의 대화하며 동행하는 하루

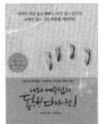

나와 예수님의 동행 다이어리
(지저스 콜링 다이어리북)
날마다 예수님과 가까워지는 365일 대화식 큐티

지저스 투데이
오늘 예수님이 직접 들려주시는 소망의 말씀

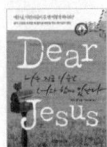

나는 지금 이 순간 너와 함께 있단다
삶의 고민을 토로할 때 용기와 희망을 주는
예수님의 대답

내가 좋아하는 그림성경
아이들도 예수님과 개인적인 관계를 발전시킬 수
있도록 성경 이야기와 접목시킨 예수님의 말씀

우리 아이를 위한 지저스 콜링
『지저스 콜링』의 유아 버전! 아이들에게 예수님의
따뜻한 목소리를 들려주는 특별한 그림책!

사명선언문

너희가 흠이 없고 순전하여……세상에서 그들 가운데 빛들로
나타내며 생명의 말씀을 밝혀 _ 빌 2:15-16

1. 생명을 담겠습니다
만드는 책에 주님 주신 생명을 담겠습니다.
그 책으로 복음을 선포하겠습니다.

2. 말씀을 밝히겠습니다
생명의 근본은 말씀입니다.
말씀을 밝혀 성도와 교회의 성장을 돕겠습니다.

3. 빛이 되겠습니다
시대와 영혼의 어두움을 밝혀 주님 앞으로 이끄는
빛이 되는 책을 만들겠습니다.

4. 순전히 행하겠습니다
책을 만들고 전하는 일과 경영하는 일에 부끄러움이 없는
정직함으로 행하겠습니다.

5. 끝까지 전파하겠습니다
모든 사람에게, 땅 끝까지, 주님 오시는 그날까지
복음을 전하는 사명을 다하겠습니다.

서점 안내

광화문점 서울시 종로구 새문안로 69 구세군회관 1층
02)737-2288 / 02)737-4623(F)

강남점 서울시 서초구 신반포로 177 반포쇼핑타운 3동 2층
02)595-1211 / 02)595-3549(F)

구로점 서울시 동작구 시흥대로 602, 3층 302호
02)858-8744 / 02)838-0653(F)

노원점 서울시 노원구 동일로 1366 삼봉빌딩 지하 1층
02)938-7979 / 02)3391-6169(F)

일산점 경기도 고양시 일산서구 중앙로 1391 레이크타운 지하 1층
031)916-8787 / 031)916-8788(F)

의정부점 경기도 의정부시 청사로47번길 12 성산타워 3층
031)845-0600 / 031)852-6930(F)

인터넷서점 www.lifebook.co.kr